클라우드 사회과학연구 자동화를 이용한

사회과학 논문 작성하기

윤철호

정독
DEEP READING

머리말

논문 작성은 졸업을 위한 마지막 관문으로서 학생들에게 힘들고 고된 작업이다. 이러한 과정을 마친 교수나 전문연구자들에게도 새로운 논문을 작성하는 것은 그리 녹녹한 작업은 아니다. 저자는 이렇게 어렵고 힘든 논문 작성 작업을 좀 더 쉽고, 편리하고 신속하게 수행하고자 오랜 기간 동안 고민해왔으며, 그 고민의 결과로서 10여 년 전에 클라우드 사회과학연구 자동화(www.ssra.or.kr, SSRA) 시스템을 개발하였다. 아울러 동료 연구자들과 이러한 노력의 결과물을 나누고자 무료로 시스템을 개방하였다.

초기 온라인 설문조사와 일부 통계분석 기능만 제공하였던 클라우드 사회과학연구 자동화 시스템은 지난 10년 동안 많은 기능적 발전이 있었고 지금은 문헌연구부터 연구설계, 자료수집, 통계분석 및 보고서 작성에 이르는 사회과학 논문 작성의 전체를 지원하는 통합 도구로서 모습을 갖추었다. 아울러 일반통계 분석, 위계적 회귀분석, 구조방정식모델링, 매개효과 분석, 조절효과 분석, 그룹비교 분석, 계층과정분석(AHP), 데이터 분석 및 그래프 작성, 자료포락분석(DEA), 다층모형분석(HLM), 데이터마이닝, 텍스트마이닝, 소셜네트워크 분석 등의 다양한 분석기능들을 통합적으로 지원하는 세계 유일 GUI(그래픽 유저 인터페이스) 방식의 분석 플랫폼이 되었다.

이 책은 클라우드 사회과학연구 자동화 시스템을 활용하여 졸업 논문을 작성해야 하는 학생들은 물론 교수나 전문 연구자들이 좀 더 쉽고, 간편하게 논문을 작성할 수 있도록 도와주는데 초점을 맞추고 있다. 특히 이 책은 연구 자동화란 관점에서 초보 연구자들이 사회과학연구 방법론이나 통계적인 지식이 미비하여도 책을 따라면서 관련 지식 습득은 물론 지속적으로 논문을 작성할 수 있는 능력을 배양할 수 있도록 구성하였다. 이를 위하여 이 책은 사회과학 논문 작성에서 필요한 사회과학 연구 기초개념, 사회과학 연구방법론, 사회과학의 주요 이론들 그리고 다양한 통계분석 기법들에 대하여 폭넓게 소개하고 있으며, 클라우드 사회과학연구 자동화 시스템을 활용하여 연구주제의 선정부터 시작하여 관련 문헌자료에 대한 수집 및 분석 방법, 연구계획 수립 및 연구설계, 설문지 작성 및 자료수집, 수집된 자료에 대한 통계분석과 최종 논문 작성에 이르는 전 과정을 예를 들어 설명하여 실습 및 논문작성이 가능하도록 하였다.

독자들은 이 책을 통하여 본인들이 소망하는 논문을 좀 더 쉽고, 빠르게 작성하기를 바라며, 또한 이 책의 근간인 클라우드 사회과학연구 자동화 시스템 사용이 활성화되어 국내 사회과학연구 분야 발전에 기여하기를 바란다. 마지막으로 이 책의 출간을 위하여 적극적인 도움을 주신 도서출판 정독의 김중용 대표님과 세심한 편집을 맡아주신 심성보 이사님에게 감사를 드린다. 아울러 클라우드 사회과학연구 자동화 시스템 서비스를 위한 장비를 아낌없이 지원해 주시는 ㈜더솔루션스 박진순 대표님과 이영훈 이사님에게도 깊은 감사의 마음을 전한다.

2022년 5월

저자 윤철호

책의 구성 및 특징

구성

본 클라우드 사회과학연구 자동화를 이용한 사회과학 논문 작성하기는 사회과학 논문 작성을 위한 연구방법에 대한 포괄적인 이해와 클라우드 사회과학연구 자동화를 이용한 논문 작성의 실제적인 역량을 제공하기 위하여 사회과학연구방법과 클라우드 사회과학연구 자동화의 2부의 12장으로 구성되어 있다. 제1부는 논문 작성을 위한 연구방법에 대한 기초 지식을 제공하기 위한 부분으로 사회과학 연구방법론, 주요 이론들, 통계분석 기초 및 연구모형 분석기법들을 다루고 있다. 제2부는 클라우드 사회과학연구 자동화를 이용한 논문 작성 부분으로 연구주제의 선정 문헌자료 분석, 연구계획 수립 및 설계, 설문지 작성 및 자료수집, 수집된 자료에 대한 통계분석과 논문 작성 방법을 다루고 있다. 다음은 이 책의 전체적인 구성을 보여주고 있다.

제1부 사회과학연구방법	제2부 클라우드 사회과학연구 자동화
1장 사회과학연구와 논문	7장 연구주제 선정 및 문헌자료 분석
2장 사회과학 연구방법론	8장 연구계획 수립 및 연구설계
3장 사회과학 이론	9장 설문지 작성 및 자료수집
4장 사회과학연구 통계분석	10장 자료분석 (I)
5장 사회과학 연구모형 분석기법	11장 자료분석 (II)
6장 사회과학연구 자동화	12장 보고서 작성

1장 사회과학연구와 논문

사회과학연구 및 논문에 대한 전반적인 소개 부분으로 사회과학연구와 논문에 대한 개념, 사회과학연구의 유형, 사회과학연구를 위한 사전 지식 및 능력에 대하여 기술되어 있다. 또한 클라우드 사회과학연구 자동화에 대하여 간략하게 소개하고 있다.

2장 사회과학 연구방법론

사회과학연구를 수행하기 위한 절차인 사회과학 연구방법론에 대한 소개 부분으로 연구문제 정의, 가설의 구성, 연구설계, 자료 수집 및 분석 그리고 결과 해석 및 결론도출 등 세부적인 사회과학 연구절차 및 방법들에 대하여 다루고 있다.

3장 사회과학 이론

사회과학 이론에 대한 부분으로 이론의 정의 및 사회과학 연구에서의 역할 그리고 사회과학 분야의 주요 이론들인 계획된 행동이론, 사회인지이론, 자기결정이론, 공정성 이론, 사회교환이론, 사회자본이론 등에 대하여 소개하고 있다.

4장 사회과학연구 통계분석

사회과학 연구들에서 필요한 통계에 대한 기초적인 소개 부분으로 통계학 기초, 기술통계 분석, 추론통계 분석, 그리고 구조방정식모델링들에 대하여 다루고 있다. 특히 최근 사회과학연구에서 활용도가 높은 PLS 구조방정식모델링을 포함하고 있다.

5장 사회과학 연구모형 분석기법

사회과학 연구모형들에 대한 분석기법에 대한 부분으로 사회과학 연구들에서 주로 다루지고 있는 인과관계 모형에 대한 분석은 물론 매개효과모형, 조절효과모형, 그룹비교모형 등의 다양한 사회과학 연구모형들에 대한 적합한 분석 및 검증 방법들을 다루고 있다.

6장 클라우드 사회과학연구 자동화

클라우드 사회과학연구 자동화에 대한 전반적인 소개 및 사용법에 대한 부분으로 클라우드 사회과학연구 자동화 시작 방법과 주요기능들에 대한 소개 그리고 일반통계분석 예시를 이용한 기초적인 사용법에 대하여 소개하고 있다.

7장 연구주제 선정 및 문헌자료 분석

클라우드 사회과학연구 자동화를 이용한 논문 작성을 위한 첫 부분으로 연구주제 선정 및 문헌자료 분석에 대하여 소개하고 있다. 연구주제에 대한 선정 및 검토 방법, 아울러 클라우드 사회과학연구 자동화의 문헌관리 자동화를 이용하여 문헌자료 수집 및 분석 방법에 대하여 소개하고 있다.

8장 연구계획 수립 및 연구설계

연구계획 수립 및 연구설계 방법에 대하여 소개하고 있다. 클라우드 사회과학연구 자동화의 연구계획/설계 자동화를 이용하여 연구문제 정의 및 연구계획서 작성과 연구계획 수립 및 연구설계 절차에 대하여 소개하고 있다. 연구설계 절차는 연구모형 구성, 가설설정, 조작적 정의, 측정지표 개발, 설문지 작성 등 세부적인 사회과학 연구설계 절차들에 대하여 다루고 있다.

9장 설문지 작성 및 자료수집

설문지 작성 및 자료수집 방법에 대하여 소개하고 있다. 클라우드 사회과학연구 자동화의 설문지 작성 자동화와 자료수집 자동화를 이용하여 다양한 설문지 작성 및 자료수집 방법에 대하여 기술되어 있다. 사회과학연구에서 주로 사용되는 리커트 척도형의 설문지, 개별 척도형 설문지 등의 설문지 작성 방법 및 다양하고 효율적인 자료수집 방법들에 대하여 다루고 있다.

10장 자료분석 (I)

자료분석 방법에 대하여 소개하고 있다. 클라우드 사회과학연구 자동화의 통계분석 자동화를 이용하여 구조방정식모델링을 이용한 인과관계 연구모형 분석 방법에 대하여 소개하고 있다. 일반현황분석, 기술분석, 구조방정식모형 설정 및 실행, 신뢰도 분석, 타당도 분석, 가설 검증 등의 세부 절차 및 수행방식들에 대하여 다루고 있다.

11장 자료분석 (II)

추가 자료분석 방법에 대하여 소개하고 있다. 클라우드 사회과학연구 자동화의 통계분석 자동화를 이용하여 매개효과모형 분석, 조절효과모형 분석, 그룹비교모형 분석 방법에 대하여 소개하고 있다. 부트스트랩 기법을 이용한 간접효과 분석, Sobel-Test, 위계적 구조방정식모델링, 다중그룹 분석기법 등을 이용한 분석모형에 적합한 검증 기법들에 대하여 다루고 있다.

12장 보고서 작성

보고서 작성 방법에 대하여 소개하고 있다. 클라우드 사회과학연구 자동화의 보고서 작성 자동화를 이용하여 자료분석 결과를 근간으로 최종적으로 연구결과서인 논문을 작성하는 방법을 소개하고 있다. 결과보고서 초안 생성, 결과보고서 작성, 참고문헌 등록, 결과보고서 검토 및 완료 등의 세부 절차들에 대하여 다루고 있다.

특징

- 이 책은 사회과학 논문 작성을 위한 사회과학연구 기초개념, 연구방법론, 주요 이론, 통계기법은 물론 연구주제 발굴 및 선정, 연구설계, 설문지 작성 및 자료수집, 그리고 자료분석 및 논문 작성의 모든 내용을 다루고 있다. 따라서 이 책 한 권으로 논문 작성을 위한 지식과 능력을 습득할 수 있다.

- 이 책은 사회과학 논문 작성 전 과정을 지원하는 클라우드 사회과학연구 자동화 시스템

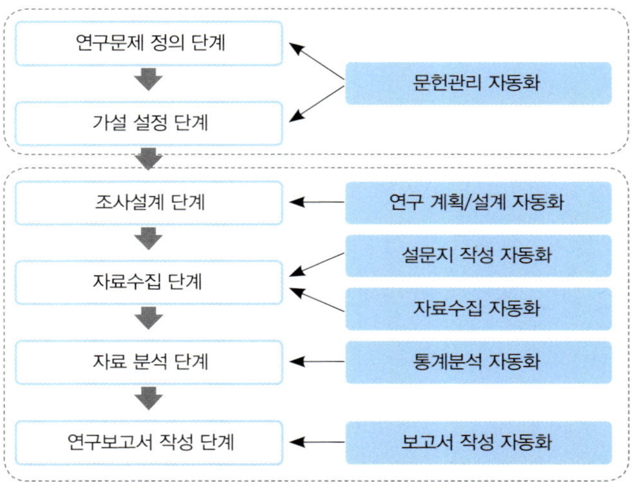

사회과학 논문 작성 과정과 클라우드 사회과학연구 자동화 시스템

을 기반으로 하고 있다. 따라서 연구방법론이나 통계 지식이 미비하여도 이 책을 따라면서 논문을 쉽고 간편하게 작성할 수 있다.

- 이 책은 무료로 제공되고 있는 클라우드 사회과학연구 자동화 시스템을 기반으로 하고 있다. 따라서 온라인 설문조사는 물론 공분산 기반 구조방정식모델링과 PLS 구조방정식모델링과 같은 최신의 다양한 통계분석을 값비싼 통계패키지의 구매 없이 수행할 수 있다.

  "무료 온라인 설문조사, 통계분석, 보고서 작성 등 사회과학연구 및 논문 작성을 위한 통합도구, 일반통계, 위계적 회귀분석, 구조방정식모델링, 매개효과분석, 조절효과분석, 그룹비교분석, 계층과정분석(AHP), 데이터 분석 및 그래프 작성, 자료포락분석(DEA), 다층모형분석(HLM), 데이터마이닝, 텍스트마이닝 등 다양한 분석기능들을 통합적으로 지원하는 세계 유일 GUI(그래픽 유저 인터페이스) 방식의 무료분석 플랫폼"

- 이 책은 논문 작성을 위한 사회과학연구 방법을 예시를 통해 간략하고 쉽게 설명하고 있다. 따라서 사전 지식이 미비한 연구자들도 사회과학 연구에 대한 이해는 물론 논문을 쉽게 작성할 수 있도록 구성되었다.

- 이 책은 논문의 핵심인 연구모형 구축에 도움이 되도록 계획된 행동이론, 사회인지이론, 자기결정이론, 공정성 이론, 사회교환이론, 사회자본이론 등의 20여 개의 사회과학연구들에서 빈번하게 활용되는 주요 이론들을 소개하고 있다.

- 이 책은 사회과학 연구들에서 주로 다루지고 있는 인과관계모형 분석은 물론 매개효과 분석, 조절효과 분석, 그룹비교 분석 등의 고급통계 분석 기법들을 포함하고 있다. 따라서 이러한 고급 통계분석을 기반으로 한 논문 작성에 유용하도록 구성되었다.

차 례

PART 1
사회과학연구방법

PART 2

클라우드 사회과학연구 자동화

P / A / R / T

01

사회과학연구방법

Chapter 1

사회과학연구와 논문

사회과학연구와 논문 1.1

일반적으로 논문(thesis)이란 무언가의 새로운 것을 주장하는 것을 말하며, 과학(science)은 사물의 구조, 성질, 법칙 등과 같은 현상에 대하여 이론적인 설명이 가능한 체계적 지식으로 정의된다. 한편 연구(research)는 지식의 축적을 증가시키기 위해 수행되는 창의적이고 체계적인 작업을 말한다. 따라서 과학 논문(science thesis)이란 체계적인 작업인 연구를 통해 얻은 새로운 이론적 지식을 주장하는 것으로 정의될 수 있다.

- 논문: 무언가의 새로운 것을 주장하는 것
- 과학: 사물의 구조, 성질, 법칙 등과 같은 현상에 대한 설명 가능한 지식
- 연구: 지식의 축적을 위해 수행되는 창의적이고 체계적인 작업

현실적으로 과학 논문은 체계적인 절차에 따라 수행한 연구의 결과를 주장하기 위하여 보고서를 작성한 것으로 정의될 수 있다. 따라서 사회과학 연구논문은 사회과학연구 방법론에 따라 연구를 수행 후 수행한 연구에 대한 "결과 보고서"를 의미한다. 이로 인해 사회과학 논문을 작성하기 위해서는 [그림 1-1]과 같이 문헌분석(고찰) 연구, 사례연구, 실험연구나 실증분석 연구와 같은 일반적인 사회과학연구에 대한 이해와 수행 능력이 우선된다. 즉, 사회과학 논문은 소설이나 느낌이나 생각을 적을 글을 작성한 에세이가 아니고 과학을 위한 연구수행에 대한 결과보고서이다.

[그림 1-1] 사회과학연구와 논문

1.2 사회과학연구의 유형

논문을 작성하기 위한 사회과학연구의 종류는 [그림 1-2]와 같이 기존 연구들에 대한 폭넓은 검토와 분석을 통해 새로운 사실을 제시하는 문헌분석 연구, 사례에 대한 분석을 통해 새로운 사실을 발견하는 사례연구, 실험을 통해 현상을 검증하거나 차이를 비교하는 실험연구, 그리고 조사 및 통계분석을 통해 변수들 간의 관계를 검증하는 실증분석 연구 등이 있다.

[그림 1-2] **사회과학연구 유형**

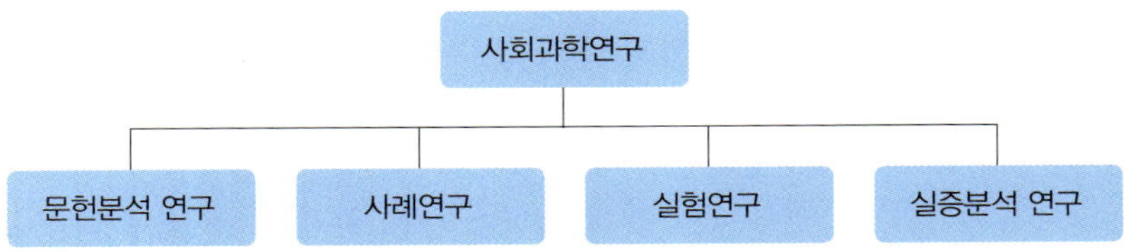

1.2.1 문헌분석 연구

문헌분석 연구(literature review study) 또는 문헌고찰 연구는 기존 연구들에 대한 폭넓은 검토와 분석을 통해 새로운 사실을 발견하고 제시하는 사회과학연구이다. 일반적으로 문헌분석 연구는 기존의 수많은 실증분석 연구들에서 발견된 결과들을 통합함으로써 단일 연구가 제시하지 못하는 연구문제를 해결할 수 있다는 장점이 있다. 문헌분석 연구를 위한 세부적인 분석 유형은 체계적 문헌분석, 비체계적 문헌분석, 그리고 메타분석 등이 있다.

(1) 체계적 문헌분석

체계적인 문헌분석(systematic literature review)은 특정한 연구 문제에 대한 답을 찾기 위하여 체계적이고 객관적으로 확보된 기존 연구를 모아서 그 결과를 고찰하고 분석하는 것을 말한다. 체계적 문헌분석은 주로 질적 접근(qualitative research)[1] 방법에 따라 수행된다.

1) 질적 접근 방법은 연구의 결과를 도출하기 위하여 해석학적 방법을 사용하는 것으로 일반적으

(2) 비체계적 문헌분석

비체계적인 문헌분석(semi-systematic literature review)은 특정한 연구문제에 대한 해답을 찾기 위하여 연구자의 주관적 관점에 따라 수집된 연구들을 모아서 그 결과를 고찰하고 분석하는 것을 말한다. 비체계적 문헌분석도 질적 접근 방법에 따라 수행된다.

(3) 메타분석

메타분석(meta-analysis)은 양적 접근(quantitative research)[2] 방법으로 일반적으로 실험이나 실증분석 연구 결과들을 일정 기준에 따라 수집한 후 통계적 분석 절차를 거쳐 결과의 평균을 제시하는 연구 방법이다. 메타분석은 실험을 통해 비교 가능한 결과들을 제시하는 생물학과 같은 자연과학 분야나 의학 같은 분야에서 주로 활용되어 왔으나, 최근에는 사회과학연구 분야에서도 적용·확대되고 있다.

1.2.2 사례연구

사례연구(case study)는 하나 또는 몇 개의 사례를 중심으로 특정 집단, 사건들, 또는 공동체에 대하여 심층적으로 분석하여 결과를 도출하는 연구이다. Yin (2003)에 따르면 사례연구 형태는 설명적 사례연구, 기술적 사례연구, 묘사적 사례연구, 탐색적 사례연구, 메타평가 사례연구로 구분된다.

(1) 설명적 사례연구

설명적 사례연구(explanative case study)는 복잡하고 실제적인 상황과 현상 안에서 발생하는 사건에 대한 특정한 원인과 결과 간의 관계성에 대하여 분석하여 설명하는 연구를 의미한다. 특정 기업, 사건, 기술 등에 대한 성공사례 분석 연구가 대표적인 설명적 사례연구이다.

로 비구조화된 연구 자료나 연구 대상에 대한 인터뷰를 통하여 문제를 해석하고 결과를 도출하는 방법이다.

2) 양적 접근 방법은 실증적 방법을 사용하는 것으로 주로 정량적 자료에 대한 통계적 분석을 통하여 결과를 도출하는 방법이다.

(2) 기술적 사례연구

기술적 사례연구(descriptive case study)는 실제적인 상황과 현상에 대하여 맥락에 기반을 두어 상황에 대한 설명과 해결 방법들을 기술하는 연구를 의미한다. 일반적으로 기술적 사례연구는 새로운 사실을 발견하는 학술적인 연구보다는 교육자료 작성과 같은 목적에서 수행된다.

(3) 묘사적 사례연구

묘사적 사례연구(illustrative case study)는 기술적 사례연구보다 한층 심화된 주제에 대한 생생한 묘사를 기반으로 독자들의 간접경험을 극대화시키기 위한 목적으로 수행되는 연구이다. 기술적 사례연구와 같이 묘사적 사례연구도 학술적 목적보다는 교육적 목적에서 수행된다.

(4) 탐색적 사례연구

탐색적 사례연구(exploratory case study)는 특정한 사례가 적용된 상황을 탐색하는 데 중점을 두는 연구로 결과에 영향을 미치는 관련 요인들을 탐색하는 수준의 연구이다. 따라서 일반적으로 인과관계를 분석하는 설명적 사례연구의 이전 단계의 연구로 활용된다.

(5) 메타평가 사례연구

메타평가 사례연구(meta-evaluation case study)는 사례연구들의 집합적 결과에 대한 해석을 목적으로 하는 연구로 정량적 연구방법인 메타분석 기법을 이용하여 수행되는 사례분석 연구를 의미한다.

1.2.3 실험연구

실험연구(experimental research)는 실험을 통해 현상을 검증하거나 차이를 비교하는 사회과학연구 유형으로 일반적으로 통제된 상황에서 실험을 통해 변인 간의 인과관계를 파악한다. 실험연구는 주로 자료를 실험군(experimental group)과 통제군(control group)으로 구성하고 실험군에 대한 조작(manipulation)을 통하여 변인의 영향을 분석하면서 연구를 수행한다. 사회과학 분야에서의 실험연구는 통제환경의 구축이 용이하고 외적 타당도[3]의 중요성이 비교적 낮은 교육학이나 심리학, 간호학 등의 분야에서 주로 활용된다.

1.2.4 실증분석 연구

실증분석 연구(empirical analysis research)는 설문조사와 통계분석을 통해 변수들 간의 관계를 검증하는 연구이다. 일반적으로 사회과학연구가 사회현상에 대한 원인을 찾기 위한 인과관계 분석을 주로 수행하기 때문에 실증분석 연구는 사회과학연구에서 가장 일반적으로 수행되는 연구 유형이다. 실증분석 연구에서 연구문제 해결이 연구의 핵심이기 때문에 연구문제를 해결하고자 가설이 설정되고 설정된 가설을 검증하고자 설문을 이용한 자료수집과 자료에 대한 통계분석이 수행된다.

1.3 사회과학연구를 위한 사전 지식 및 능력

사회과학연구는 이론적인 지식의 축적을 위하여 체계적인 연구방법론에 따라 연구를 수행하여야 한다. 따라서 원활한 사회과학연구 수행을 위해서는 사회과학에 대한 기초지식과 수행 능력이 필요하다. [표 1-1]은 사회과학연구를 위한 사전 지식 및 필요 능력을 보여주고 있다. 사회과학연구 기초지식은 사회과학연구 기초개념과 기초이론들이 기반이 되고 필요 능력은 사회과학연구 유형에 따라 문헌분석 연구에서는 문헌분석 연구방법론과 메타분석 능력 등이 사례연구에는 사회과학 이론, 사례연구 연구방법론과 포커스그룹인터뷰(FGI)[4] 능력 등이, 실험연구에서는 실험연구설계와 통계분석 능력, 그리고 실증분석

3) 연구결과가 일반화(generalization)될 수 있는 정도로 결과가 실험실만 아닌 현실에도 적용이 가능한 정도를 의미한다.

4) 숙달된 진행자가 6~12명 규모의 참여자와 함께 밀도 있게 진행하는 소규모 논의를 통하여 개인의 행동 이유나 신념, 감정 등을 연구하기 위한 분석기법

[표 1-1] **사회과학연구를 위한 사전 지식 및 능력**

구분	기초 지식	필요 능력
문헌분석연구	사회과학연구 기초개념, 기초이론들(예 TRA, TBP, TAM, SCT, 사회적 자본, 공정성 이론)	문헌분석연구 방법론, 메타분석
사례연구		사회과학 이론, 사례연구 방법론, 포커스그룹인터뷰(FGI)
실험연구		실험연구설계, 통계분석
실증분석 연구		사회과학 이론, 실증분석 연구 방법론, 통계분석

연구에서는 폭넓은 사회과학 이론에 대한 지식, 실증분석 연구방법론, 통계분석 능력 등이 필요하다.

1.3.1 사회과학연구 기초개념

사회과학연구 기초개념은 사회과학연구를 수행하는 데 기초가 되는 개념들로 사회과학연구가 무엇인지에 대한 정의, 사회과학연구 활동인 과학적인 조사에 대한 기초적인 이해, 사회과학 이론의 개념 및 연구에서의 이론의 필요성, 그리고 사회과학연구의 기본절차 등과 같은 사회과학연구를 수행함에 있어서 필요한 기초적인 개념들에 대한 지식을 의미한다.

1.3.2 기초이론

사회과학연구를 통하여 다양한 이론(theory)들이 제시되어 왔으며, 이러한 이론들 중에서 기초이론들은 새로운 사회과학연구에서 연구문제 해결을 위한 연역법[5] 기반의 가설을 설정하는 데 근간으로 활용된다. 따라서 이러한 기초이론들에 대한 이해는 초기에 사회과학연구를 수행하는 데 필수적인 지식이다. 일반적으로 사회과학연구에서 가설 설정 및 연구모형의 근간으로 활용되는 주요 사회과학 분야의 이론들은 합리적 행동이론, 계획된 행위 이론, 기술수용모형, 사회교환이론 등이 포함된다.

---

5) 일반적인 것으로부터 특별한 것을 추론해 가는 추리(reasoning) 기법

1.3.3 연구방법론

사회과학 연구방법론(research methodology)은 사회과학연구를 수행하기 위한 절차(procedure)와 방법(method)들을 의미한다. 따라서 사회과학연구를 수행하기 위해서는 연구방법론에 대한 이해는 필수적이다. 사회과학 연구방법론은 연구 유형에 따라 다르다. 즉, 사회과학 연구방법론은 문헌분석 연구방법론, 사례연구 방법론, 실험연구설계, 실증분석 연구방법 등이 있다. 특정한 사회과학 연구를 수행하는 데 있어서 그 연구 유형에 대한 연구방법론은 연구를 수행하는 데 필수적인 능력이다.

1.3.4 통계분석

실험연구와 실증분석 연구 유형의 사회과학연구들은 실험집단과 통제집단의 차이 분석이나 가설에 대한 검증을 위하여 평균차이 분석, 분산분석, 상관관계분석, 회귀분석과 같은 검증에 적합한 통계분석 기법을 활용한다. 실험연구와 실증분석 연구가 사회과학연구의 주류를 이루기 있기 때문에 사회과학연구를 수행하는 데 있어서 통계분석 능력은 필수적 요소가 된다. 특히 최근 경로분석, 회귀분석, 요인분석이 합성되어 발전된 통계분석 기법인 구조방정식모델링(Structural Equation Modeling, SEM)이 사회과학연구에 있어서 주로 사용되고 있으므로 이에 대한 활용 능력도 사회과학 연구자가 갖추어야 할 필수적인 능력이다.

1.4 사회과학연구 기초개념

1.4.1 사회과학연구

사회과학(social science)은 인간과 인간 사이의 관계에서 일어나는 사회현상과 인간의 사회적 행동을 탐구하는 과학의 한 분야로 사회과학연구(social science research)는 이러한 사회현상이나 인간의 사회적 행동을 정확하게 이해하고 예측하기 위한 목적으로 탐구를 기반으로 한 연구자의 활동을 의미한다. 이러한 사회과학연구의 탐구 활동은 일반적으로 '과학적인 조사' 과정을 거친다.

1.4.2 과학적 조사

과학적 조사(scientific investigation)는 사회현상 중 관계가 있을 것으로 생각되는 가설[6)]들을 체계적, 통계적, 경험적, 비판적으로 탐구하는 활동을 말한다. 사회과학에서의 일반적인 과학적 조사 과정은 연구문제를 설정하고, 문제를 해결할 수 있는 가설들을 설정하고, 가설들을 검증하기 위한 조사의 설계 및 자료를 수집하고, 수집된 자료에 대하여 분석과 분석 결과에 대한 보고서의 작성을 포함한다.

과학적 조사 과정에서 가장 핵심인 과정은 연구문제를 해결할 수 있는 가설들을 설정하는 것으로 연역법과 귀납법을 통하여 설정한다. 연역법은 일반적인 것으로부터 특별한 것을 추론해 가는 것으로 일반적으로 이론을 기반으로 가설을 유추해 나가는 방법을 의미한다. 귀납법은 특수한 사실을 전제로 일반적 진리 또는 원리로 결론을 내리는 방법으로 특정 사실에 대한 관찰과 경험을 통한 가설을 유추해 나가는 방법을 의미한다.

- 연역법: 일반적인 것으로부터 특별한 것을 추론해 가는 것
- 귀납법: 특수한 사실을 전제로 일반적 진리 또는 원리로 결론을 내리는 것

6) 연구문제를 해결하기 위해 만들어진 잠정적인 해답으로 논리적인 추론 과정을 통하여 설정된다. 가설은 검증과정을 통하여 채택 또는 기각된다.

연역적 추론의 일반적인 형태는 삼단논법이다. 예를 들면 "사람들은 죽는다. 나는 사람이다. 그래서 나도 죽을 것이다"라고 추론될 수 있다. 귀납적 추론은 객관적인 관찰을 통하여 가정을 추출하는 방식이다. 예를 들면 "많은 사람이 컴퓨터가 유용하다고 관찰되면 컴퓨터는 일반적으로 유용하다"고 추론될 수 있다. 과학적 조사 과정에서 연역법과 귀납법을 이용한 가설 설정은 배타적이 아니라 상호 보완적인 관계이다. 즉, 하나의 가설을 설정하는데 있어서 연역적 추론과 귀납적 추론을 모두 사용하여 가설을 설정하면 좀 더 설득력 있는 가설이 된다.

1.4.3 이론의 의의

이론(theory)이란 과학적 조사나 실험을 통하여 알아낸 지식의 체계로 특정 현상을 논리정연하고 시스템적이며 일관성 있게 설명할 수 있도록 하는 것을 말한다. 사회과학에서의 이론들은 일반적으로 구성개념(constructs)들 간의 집합체이며, 그들의 관계성을 규명하는 명제(proposition)들로 이루어져 있다. 이론은 사회과학연구에서 연역법 기반의 가설 설정에 있어 근간으로 활용되고, 특히 사회과학연구에서 연구모형의 근간으로 주로 활용된다.

- 이론은 연역법 기반의 가설 설정에 사용됨
- 이론은 연구모형의 근간으로 주로 활용

사회과학 분야의 대표적인 이론인 [그림 1-3]의 합리적 행동이론(Theory of Reasoned Action, TRA)은 개인의 기존 태도와 행동의도를 기반으로 개인이 어떻게 행동할지 예측하는 데 주로 사용된다. 따라서 사회과학연구가 사람들의 특정 행동에 대한 예측을 수행하는 연구들이 많기 때문에 이러한 연구들에서 연구모형의 근간으로 자주 사용된다.

[그림 1-3]의 합리적 행동이론에서 구성개념은 사각형 모양으로 표시된 것들로 행위에 대한 믿음, 행위결과에 대한 평가, 규범적 믿음, 순응동기, 태도, 주관적 규범, 행위의도 그리고 행동이며, 명제는 구성개념들 간의 경로와 화살

[그림 1-3] 합리적 행동이론

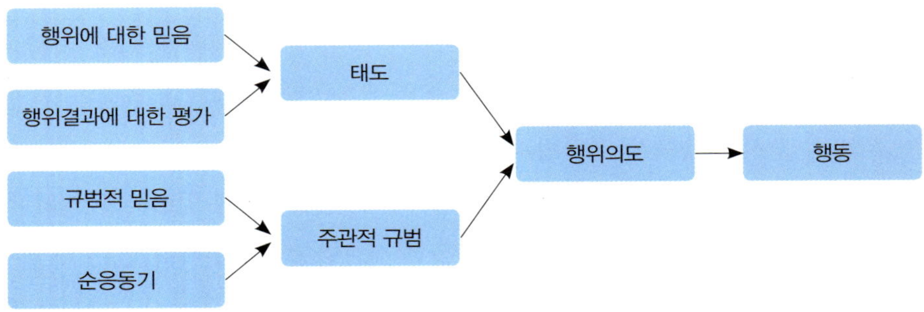

표로 나타낸 것들로 행의에 대한 믿음은 태도에 영향이 있다, 태도는 행위의도에 영향이 있다 등과 같은 관계성들이 해당한다.

1.4.4 사회과학연구의 기본절차

사회과학연구의 기본절차는 [그림 1-4]에서와 같이 연구 목적을 달성하기 위하여 연구 가설들을 설정하는 단계, 설정된 가설에 대한 검증을 위하여 다양한 자료를 수집·분석하여 연구 가설들을 검증하는 단계, 그리고 검증 결과를 토대로 결론을 도출하는 단계로 구성된다.

[그림 1-4] 사회과학연구의 기본절차

실질적으로 대부분의 사회과학연구에서 가설들에 대한 검증은 통계분석 기법을 이용한 실증분석 형태로 진행된다.

1.4.5 실증분석 연구방법론

사회과학연구에서 가장 일반적으로 사용되는 실증분석 연구방법론은 [그림

[그림 1-5] 실증분석 연구방법론

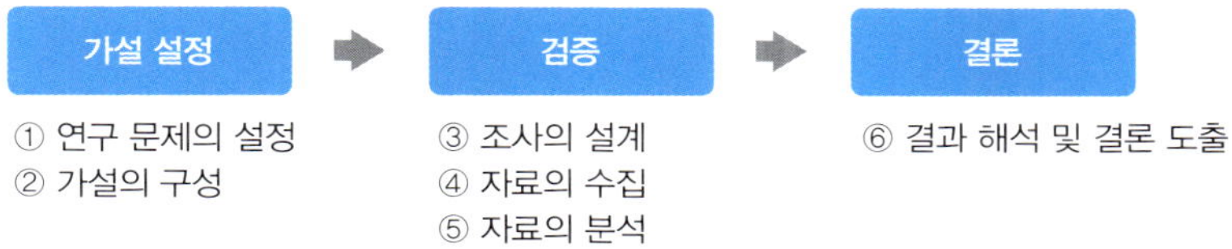

1-5]와 같이 연구문제 정의, 가설의 구성, 조사의 설계, 자료의 수집, 자료의 분석, 결과 해석 및 결론의 과정을 걸친다. 실증분석 연구방법론은 검증을 위한 자료의 분석 과정에서 다양한 통계분석 기법을 활용한다.

1.4.6 통계분석 기법

사회과학연구 절차에서 연구자는 가설에 대한 검증을 위하여 검증에 적합한 통계분석 기법을 활용한다. 사회과학연구에서 가설 검증을 위한 통계분석 기법은 일반적으로 표본을 이용하므로 [표 1-2]에서와 같이 평균차이 분석(t-test), 분산분석(analysis of variance, ANOVA), 상관관계분석(correlation analysis), 회귀분석(regression analysis) 등과 같은 추론통계[7] 기법들이 주로 활용한다.

평균차이 분석이나 분산분석은 실험집단과 통제집단과의 차이를 검증하는데 활용되는 통계분석이기 때문에 실험연구에서 주로 사용되는 통계기법이고 상관관계분석이나 회귀분석은 변수 간의 관계에 대한 검증을 위한 통계기법으

[표 1-2] 사회과학연구를 통계분석

통계기법	설명
평균차이 분석	두 집단 간의 평균차이가 통계적으로 유의하였는지를 파악할 때 이용하는 통계기법
분산분석	두 집단 이상의 평균치에 대한 차이를 검정하는 통계기법
상관관계분석	변수들 간의 관련성 여부 및 정도를 분석할 때 사용되는 통계기법
회귀분석	변수들 사이의 인과관계를 규명하는 통계기법

7) 추론통계(inferential statistics): 표본(sample)을 추출하여 특성을 파악한 후 모집단의 특성으로 일반화할 수 있는지 여부를 판단하여 모수를 추정하거나 가설을 검정하는 데 사용되는 통계분석을 의미한다.

로 실증분석 연구들에서 주로 활용된다.

- 실험연구: 가설 검증을 위하여 평균차이 분석, 분산분석이 주로 사용
- 실증분석 연구: 가설 검증을 위하여 상관관계분석, 회귀분석이 주로 사용

오늘날 대부분의 사회과학연구들은 변수들 간의 인과관계에 대하여 가설들로 설정하고 이를 연구모형으로 구성하여 실증적으로 분석하고 있다. 이러한 연구모형 형태의 실증분석 연구들에서 대다수는 전통적으로 사용되었던 인과관계 분석기법인 회귀분석 대신에 구조방정식모델링 기법을 이용하여 가설들을 검증하고 있다.

1.4.7 구조방정식모델링

구조방정식모델링(Structural Equation Modeling, SEM)은 경로분석, 회귀분석, 요인분석이 합성되어 발전된 통계분석 기법이다. 구조방정식모델링은 인과관계 분석을 위한 1세대의 회귀분석에서 진화된 2세대 분석기법으로 최근 사회과학연구들에서 급격하게 사용되고 있다. 구조방정식모델링은 [그림 1-6]과 같은

[그림 1-6] 사회과학 연구모형 예시

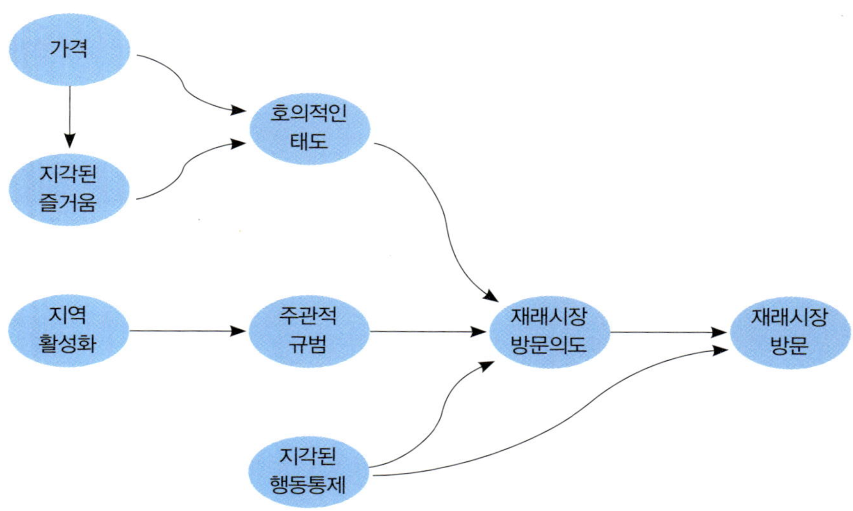

전형적인 사회과학 연구모형[8]에 대한 가설 검증을 위한 신뢰도 분석, 타당도 분석 및 가설 검증을 한 번에 분석할 수 있는 편리성을 제공한다.

1.5 사회과학 연구논문

사회과학 연구논문은 [그림 1－7]에서 보이는 바와 같이 문헌분석 연구, 사례연구, 실험연구, 실증분석 연구 등의 다양한 유형의 사회과학연구를 수행하고 연구결과를 학위 취득이나 학술지 발표와 같이 논문의 사용 목적에 따라 일정한 형식에 맞추어 작성한 보고서를 말한다. 논문을 위한 사회과학연구는 적합한 절차와 방법에 따라 수행되어야 하며, 연구결과인 논문은 논문의 종류에 따라 형식에 맞추어 작성되어야 한다.

[그림 1－7] **사회과학 연구논문**

1.5.1 논문의 종류

사회과학 연구논문의 종류는 [표 1－3]에서와 같이 논문의 사용 목적 및 용도에 따라 학위 취득에 사용되는 학위 논문, 연구결과를 학계에 발표하는데 사용되는 학술지 논문 및 학술대회발표 논문으로 구분된다.

---

8) 구성개념들의 관계인 가설들을 구조화, 도식화시켜 놓은 것으로 사회과학연구에서 복잡하게 설정된 가설들을 쉽고 간결하게 표현하기 위해 사용된다.

[표 1-3] 사회과학 연구논문의 종류

학위 논문	학술지 논문	학술대회 논문
학사 학위 논문 석사 학위 논문 박사 학위 논문	SCI급 논문(SCI/SCIE, SSCI, A&HCI) SCOPUS 등재 논문 한국연구재단 등재지와 등재후보지 논문	국내외 학회 학술대회 논문

(1) 학위 논문

학위 논문(dissertation)은 학위를 받기 위한 졸업을 위해 학교에 제출하는 논문을 말한다. 이로 인해 학위 논문을 졸업 논문이라고도 한다. 학위 논문은 학위 과정에 따라 학사 학위 논문, 석사 학위 논문, 박사 학위 논문으로 구분되며, 학위 논문을 학교에 제출하기 위해서는 지도교수를 포함한 논문 심사위원들이 참여하는 논문심사 과정을 통과하여야 한다.

(2) 학술지 논문

학술지 논문(journal paper)은 국내외 학술지에 투고하여 연구결과를 학계에 알리는 논문이다. 교수와 전문연구자들이 작성하는 논문으로 학술지 논문은 연구자들의 주요 연구업적이 된다. 학술지 논문은 연구결과를 공식적으로 학계에 알리기 때문에 학술지에 출판되기 전에 동료평가(peer review) 형태의 심사과정을 받는다. 심사과정을 통하여 학술지는 투고 원고(manuscript)들을 거절하거나 필요에 따라 수정요구를 하며, 최종적으로 통과된 원고에 대하여 학술지 논문으로 게재(publishing)를 허용한다. 연구업적이 인정되는 학술지는 [표 1-4]와 같이 분류된다.

[표 1-4] 학술지 구분

국내 학술지	국제 학술지
한국학술지인용색인(KCI) 등재지	SCI급(SCI/SCIE, SSCI, A&HCI)
KCI 등재후보지	SCOPUS

국내 학술지의 경우 크게 한국학술지인용색인(Korea Citation Index, KCI) 등재지와 등재후보지로 구분되며, 국제 학술지의 경우 SCI급(SCI/SCIE, SSCI, A&HCI)과 SCOPUS 등재 학술지 등이 있다. SCI(Science Citation Index)는 미국과학정보연구소(Institute for Scientific Information, ISI)에서 1960년에 만든 논문 인용색인으로 SCI급 학술지는 ISI가 엄격한 선정 기준에 의하여 선별된 저명한 학술지들을 의미한다. SCI급에는 SCI 이외에 SCI 확장판인 SCIE, 사회과학 논문 인용색인인 SSCI, 예술 및 인문과학 논문 인용색인인 A&HCI 4가지를 포함한다.

- SCI(Science Citation Index): 과학기술 논문 인용색인
- SCIE(Science Citation Index Expanded): SCI 확장판
- SSCI(Social Sciences Citation Index): 사회과학 논문 인용색인
- A&HCI(Arts and Humanities Citation Index): 예술 및 인문과학 논문 인용색인

2020년 1월 3일에 공식적으로 SCI가 SCIE로 통합되어 현재는 SCIE로만 제공되고 있으며, SCI급 학술지 목록은 Web of Science에서 확인할 수 있다. Web of Science는 인용색인 데이터베이스인 SCIE, SSCI, A&HCI를 웹에서 동시에 검색할 수 있는 데이터베이스를 말한다. 최근 일부 대학에서 SCI급 학술지로 SCOPUS에 등재된 학술지들도 인정하는 경우도 있다. SCOPUS는 네덜란드의 엘스비어(Elsevier) 출판사가 2004년에 만든 학술논문 데이터베이스이다.

한편, 최근 새로운 학술지 유형으로 오픈 액세스 저널(open access journal)이 급격하게 확산하고 있다. 오픈 액세스 저널은 온라인 기반으로 무료로 제공되는 학술지 논문을 의미한다. 전통적인 학술지의 경우 논문 출판에 소요되는 비용을 출판사가 부담하고 이후 학술데이터베이스를 통한 유료로 논문을 제공하여 수익을 창출한다. 그러나 오픈 액세스 저널은 APC(Article Processing Charges)라는 출판 비용을 논문 저자가 부담하고 출판된 논문을 일반 대중에게 무료로 공개하고 있다. 현재 오픈 액세스 저널이 빠른 심사과정을 수행한다는 장점을 제공하고 있지만, 아직 대부분의 오픈 액세스 저널이 연구업적이 인정이 안 되는 학술지들이다. 그러나 최근 SCI급 오픈 액세스 저널들이 등장하고 있고 현재 학술지

발행을 담당하고 있는 주요 출판사들도 오픈 액세스 저널들을 후원하는 추세라 향후 학술지 저널의 중심이 될 것으로 보인다.

(3) 학술대회 논문

학술대회 논문(proceeding)은 국내외 학회의 학술대회에서 발표되는 논문으로 일반적으로 학술지 논문에 투고하기 전에 다른 연구자들로부터 연구결과에 대한 조언을 얻기 위한 목적으로 활용되는 경우가 많다. 학술대회 논문은 별도의 심사 없이 진행되는 경우가 많기 때문에 일반적으로 연구업적으로 인정받지 못한다.

1.5.2 논문의 구성

논문은 종류에 따라 형식과 내용 분량이 다소 차이가 있으나, 사회과학 연구논문의 경우 일반적으로 다음과 같이 제목, 초록, 서론, 이론적 배경, 연구모형 및 가설, 연구방법, 연구결과, 논의(discussion), 결론, 참고문헌 순으로 구성되어 있다. 추가적으로 부록과 사사(acknowledgement) 등이 포함될 수 있다.

제목

초록

1. 서론
2. 이론적 배경
    개념적틀(이론), 선행연구, 연구변수들
3. 연구모형 및 가설
    연구모형, 가설 설정
4. 연구방법
    자료수집, 측정지표 개발
5. 연구결과
    신뢰도 및 타당도, 모형적합도, 가설 검증
6. 논의
7. 결론
    연구의 기여도, 시사점, 연구의 한계 및 향후 연구 제시

참고문헌

사회과학 연구논문의 구성 요소들인 서론, 이론적 배경, 연구모형 및 가설, 연구방법, 연구결과, 논의 그리고 결론 등의 작성을 위한 일반적이고 기본적인 권고 사항들은 다음과 같다.

(1) 서론

서론은 연구에 대한 전반적인 소개 부분으로 연구 중요성과 독창성이 명확하게 전달될 수 있도록 작성한다.

(2) 이론적 배경

이론적 배경은 연구의 이론적 근거를 제시하고 보여주는 부분으로 연구모형의 근간이 되는 이론, 선행연구들 그리고 연구모형에 사용될 변수들에 대하여 주로 설명한다.

(3) 연구모형 및 가설

연구모형은 일반적으로 그림을 이용하여 변수간의 관계로 구성하고, 가설들은 연역법 및 귀납법 근간의 논리적인 추론을 수행하여 설정한다.

(4) 연구방법

연구방법은 전반적인 연구절차에 대하여 설명한다. 일반적으로 자료수집방법, 변수의 조작적 정의, 측정지표 개발과 같은 내용들이 포함된다.

(5) 연구결과

연구결과는 전반적인 연구분석 절차 및 통계분석 도구에 대하여 설명한다. 사회과학연구에서는 일반적으로 측정지표들의 신뢰도 및 타당도 분석, 모형적합도, 가설 검증 결과들이 포함된다.

(6) 논의

논의는 연구결과에 대한 요약 후 창의적인 방식으로 주요 결과에 대하여 기술한다. 일반적으로 가설이 기각된 경우 기각된 이유에 대한 추정이 포함된다.

(7) 결론

결론은 연구에 대하여 전반적으로 요약 후 연구결과를 근간으로 기여도를 도출한 후 시사점, 연구의 한계 및 향후 연구 등을 제시한다.

1.6 클라우드 사회과학연구 자동화

클라우드 사회과학연구 자동화(Social Science Research Automation, SSRA)는 클라우드 기반으로 사회과학연구에 대한 자동화를 지원하는 시스템으로 연구자들의 설문지 작성을 도와주고, 웹과 모바일을 이용한 자료수집을 지원하며, 수집된 자료를 자동적으로 통계분석 처리하며, 결과물은 근간으로 연구결과 보고서 작성을 지원한다. 또한 최근 문헌연구 및 연구계획서 수립을 위한 기능이 추가되어 사회과학연구의 전체 과정을 지원하는 사회과학연구 지원 플랫폼이다.

[그림 1-8] 클라우드 사회과학연구 자동화

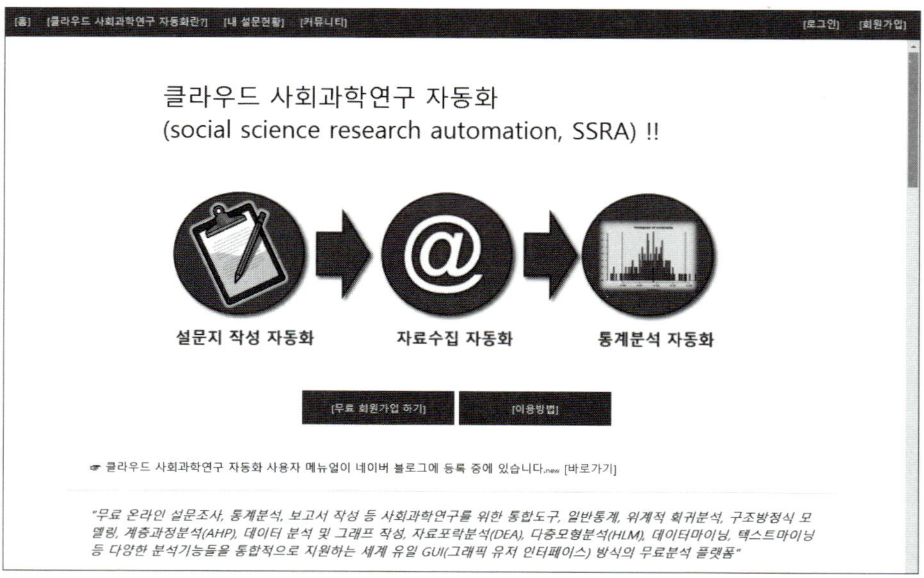

1.6.1 클라우드 사회과학연구 자동화 기능

클라우드 사회과학연구 자동화는 기능적인 측면에서 온라인 설문조사, 통계분석, 보고서 작성 등 사회과학연구를 위한 통합도구이며, 일반통계, 위계적 회귀분석, 구조방정식모델링, 계층과정분석, 데이터 분석 및 그래프 작성, 자료포락분석, 다층모형분석, 데이터마이닝, 텍스트마이닝, 소셜네트워크분석 등 다양한 분석기능들을 통합적으로 지원하는 세계 유일 GUI(그래픽 유저 인터페이스) 방식의 분석 플랫폼이다.

1.6.2 클라우드 사회과학연구 자동화 구성

클라우드 사회과학연구 자동화는 사회과학연구의 자동화 지원을 위하여 [그림 1-9]와 같이 문헌관리 자동화, 연구계획/설계 자동화, 설문지 작성 자동화, 자료수집 자동화, 통계분석 자동화, 보고서 작성 자동화로 구성되어 있다.

[그림 1-9] **클라우드 사회과학연구 자동화 구성**

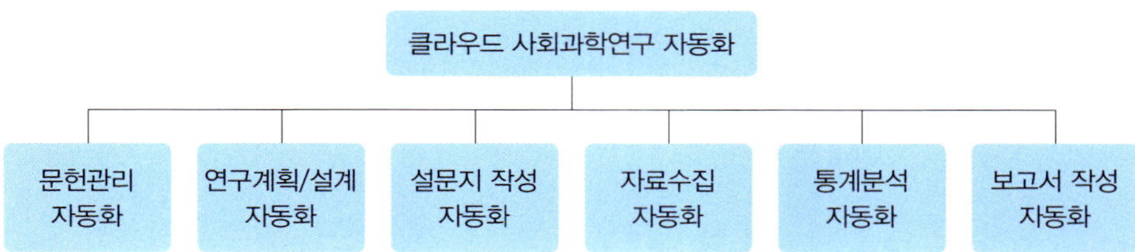

(1) 문헌관리 자동화

문헌관리 자동화는 문헌연구 수행을 위한 기능으로 문헌연구를 위한 문헌자료의 보관 및 분석기능을 제공한다. 다양한 학술검색사이트(예 구글 학술검색, RISS, ScienceON)나 학술데이터베이스(예 KiSS, DPpia, Science Direct 등)에서 제공하는 논문관리 파일(예 EndNote, Mendeley, RefWorks)이나 인용형식(예 APA style)의 자료를 이용하여 문헌연구를 수행할 수 있는 문헌자료 등록과 등록된 문헌자료에 대한 연구분류, 연구대상, 근간이론, 연구모형, 독립변수 등의 다양한 분류를 지원하고 분류된 문헌들에 대한 검색기능, 다양한 통계 및 마이닝 분석(예 빈도분석, 교차분석, 주제어 분석, 소셜네트워크 분석) 그리고 그래프 작성 기능 등을 제공한다. 이를 통해 연구문제 정의 및 연구모형 구성을 위한 시사점을 제공한다.

(2) 연구계획/설계 자동화

연구계획/설계 자동화는 문헌자료 분석 결과를 근간으로 연구계획서 작성 및 연구설계 기능을 제공한다. 연구계획서 작성은 문헌자료 분석시에 생성한 다양한 표와 그래프를 사용할 수 있으며, 연구설계 기능은 작성된 연구계획서를 근간으로 구조방정식모델링 방식의 연구 수행시의 연구설계를 지원한다. 이를 위해 연구모형 구성, 가설 설정, 조작적 정의, 측정지표 개발 및 설문지 작성에 이르는 연구설계 전 과정을 자동화 형식으로 지원한다.

(3) 설문지 작성 자동화

설문지 작성 자동화는 구글 설문지나, 서베이몽키(SurveyMonkey)의 설문지와 같이 다양한 척도로 이루어진 개별 척도형 설문지 작성 기능뿐 아니라 이용 목적에 따라 쉽고 간편하게 온라인 설문지 작성을 위한 다양한 설문지 작성 기능(예 리커트 척도형, AHP 척도형, 파일 작성)들을 제공한다.

(4) 자료수집 자동화

자료수집 자동화는 다양한 자료수집 방식을 제공한다. 웹으로 작성된 설문지에 대하여 이메일과 웹링크을 이용한 자료수집 기능을 제공한다. 또한, 네이버밴드, 카카오톡, 페이스북, 블로그, 카페 등과 연계된 최신의 자료수집 방식을 제공한다. 또한 QR코드와 모바일을 이용한 집단설문을 지원하고, 아울러 전통적인 종이 설문지를 이용한 자료수집을 지원한다.

(5) 통계분석 자동화

통계분석 자동화는 사회과학연구를 위한 다양한 통계분석 기능을 제공한다. 기술통계, 모수 및 비모수 통계, 위계적 회귀분석, 구조방정식모델링, 매개효과분석, 조절효과분석, 그룹비교분석, 계층과정분석, 데이터 분석 및 그래프 작성, 자료포락분석, 다층모형분석, 데이터마이닝, 텍스트마이닝, 소셜네트워크분석 등의 다양한 분석기능들을 통합적으로 지원한다.

(6) 보고서 작성 자동화

보고서 작성 자동화는 통계분석 생성 자료들을 이용하여 결과보고서 작성을 지원한다. 초록을 비롯하여 연구결과 부분(일반현황, 신뢰도, 타당도 평가, 가설검증 결과 등)은 생성된 표와 그림이 맞추어 보고서 내용이 자동 생성하고 구글의 학술검색 기능과 연계하여 기존의 EndNote 지원 소프트웨어 기능들보다 편리한 참고문헌 등록기능을 제공한다.

Chapter 2

사회과학 연구방법론

사회과학 연구방법론 2.1

방법론(methodology)은 일반적으로 주어진 목표를 달성하기 위해 일정하게 정해진 수행 절차로 해석된다. 따라서 사회과학 연구방법론은 사회과학연구를 수행하기 위한 절차를 의미한다. 일반적으로 사회과학연구의 절차는 연구목적과 연구 가설을 설정하고, 가설을 검증하기 위하여 다양한 자료를 수집·분석하여 연구 가설을 검증하고 결론을 해석하여 일반화하는 과정을 걸친다. 따라서 사회과학 연구방법론은 [그림 2-1]에서와 같이 크게 가설 설정, 검증, 그리고 결론을 내리는 3개 부분의 단계들로 구성되어 있으며, 이러한 연구방법론의 단계를 걸쳐 최종적으로 논문이 작성된다.

사회과학 연구방법론의 가설 설정, 검증 그리고 결론의 단계들은 세부적으로 연구문제의 정의, 가설의 구성, 연구설계, 자료의 수집 및 분석 그리고 결과 해석 및 결론을 도출하는 과정을 거친다. 이러한 연구방법론에 따른 사회과학 연구의 세부적인 과정들이 수행된 후 연구결과 및 도출된 결론에 대한 논문이 작성된다.

[그림 2-1] 사회과학 연구방법론

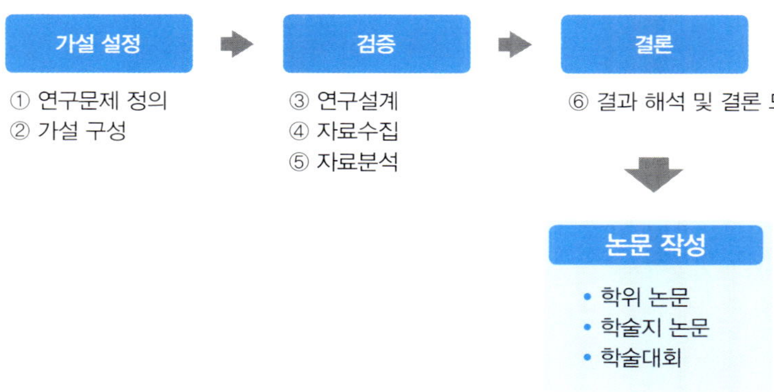

2.2 연구문제 정의

연구문제 정의는 사회과학연구의 출발점으로 사회현상들 간의 관계에 대하여 적절한 의문점을 제기하는 것을 의미한다. 연구문제 정의 절차는 [그림 2-2]에서와 같이 연구주제를 설정하고 설정된 연구주제에 대한 문헌연구를 통하여 연구자가 해결하고자 하는 연구문제를 정의한다.

[그림 2-2] **연구문제 정의 절차**

2.2.1 연구주제 설정

연구주제는 연구자가 연구를 통해 알고 싶은 사회현상이나, 사건, 행동과 같은 주제들을 의미한다. 연구주제는 연구자의 생활, 관심과 흥미, 지도교수나 동료의 학술적 조언 등에 의하여 직관적으로 설정될 수 있으나, 일반적으로 학술연구에서는 사회과학연구가 미래를 예측하거나 문제 원인을 밝혀 처방을 내리기 위한 목적으로 수행되는 경향이 있기 때문에 연구주제는 주로 의미 있는 종속변수[1]를 근간으로 설정된다. 이러한 의미 있는 종속변수는 주로 고객 만족도, 고객충성도, 정보시스템 사용, 학업 성과, 학업만족도, 조직의 성과 등과 같이 연구관련 학문분야에서 성공(成功)으로 간주되는 변수들이 선정되는 경우 많다. 또한 연구주제는 코로나, 스마트팩토리, 메타버스, 블록체인 등과 같이 새로운 현상이나 기술들도 활용된다.

1) 종속변수는 영향을 받는 결과에 해당하는 변수를 의미하며 원인이 되는 변수를 독립변수라 한다. 예를 들어 고객만족도라는 종속변수는 가격, 품질, 서비스와 같은 독립변수들의 영향에 대한 결과라고 할 수 있다.

2.2.2 문헌연구

사회과학연구 과정에서 문헌연구는 필수적이고 매우 중요한 작업으로 연구문제 정의, 가설 및 연구모형 설정, 측정지표[2] 개발 등의 다양한 목적으로 사용된다. 연구문제 정의를 위한 문헌 연구의 경우 연구주제가 설정되면 연구자는 반드시 다양한 학술 데이터베이스에서 키워드(keywords) 검색을 통해 연주주제와 관련된 논문들을 살펴보아야 한다. 또한 학술 데이터베이스에서 살펴본 논문들은 문헌연구를 위하여 엑셀과 같은 표를 활용하여 정리할 필요가 있다. 정리는 체계적인 문헌자료 분석을 위하여 논문들의 연구방법, 연구대상, 근간이론 등으로 구분하여 기록하는 것이 바람직하다.

상기와 같은 문헌연구를 통하여 초기의 연구문제가 이전 연구를 통해 이미 수행되어 검증되었는지 살펴보고, 아울러 새롭고 흥미로운 연구문제를 발굴한다.

2.2.3 연구문제 정의

연구문제는 연구자가 해결하고자 하는 것으로 연구자가 대답하고자 하는 질문을 확인하고 기술하는 것이다. 연구문제의 도출은 연구주제의 중요성과 필요성이란 관점에서 문헌연구를 수행하여 다음과 같은 방법들을 이용하여 도출할 수 있다.

(1) 기존지식의 미비

문헌연구를 통해 연구주제에 대해 현재까지 알려진 것과 또한 모르고 있는가를 찾아내어 이를 연구문제로 정의할 수 있다. 즉, 기존지식의 미비점을 보완하기 위한 연구문제를 정의한다.

(2) 기존 연구결과의 상충

연구주제에 대한 기존의 연구결과들이 상충하여 나타났을 경우 이를 기초

---

2) 가설은 계량적으로 검증하기 위해 사용되는 도구

로 연구문제를 도출할 수 있다. 즉, 어떠한 결과가 올바른지 판단하기 위한 연구문제를 정의한다.

(3) 새로운 현상과 기존지식체계와의 연결

새로운 현상이 나타났을 때 이론이나 선행연구와 같은 기존의 지식체계와 연결지어 연구문제를 도출할 수 있다. 이러한 새로운 현상에는 기술들도 포함될 수 있다.

상기와 같은 방법에 따라 연구문제가 도출되면 학문적/현실적 가치, 실행가능성, 그리고 창의성 관점에서 도출된 연구문제에 대한 평가가 필요하다.

(1) 학문적/현실적 가치

연구문제는 이를 해결할 때 학문적 공헌도와 실용적인 효용성이 있어야 한다. 즉, 연구결과는 연구주제와 관련한 분야의 지식축적에 상당한 이론적, 실무적 기여도가 있어야 한다.

(2) 실행가능성

연구문제는 해결을 위한 실증적인 검증이 가능해야 한다. 따라서 연구주제가 설정되면 검증하기 위한 자료획득이 가능한지, 비용과 시간은 물론 윤리적인 측면에서 실행 가능성이 있는지 등이 확인되어야 한다.

(3) 창의성

연구문제는 기존에 수행된 적이 없는 새로운 관점에서 문제를 제시하는 창의성을 가져야 한다, 이를 통해 연구결과의 새로움(novelty)을 반드시 제공해야만 한다.

논문의 주제란 무엇인가?

논문은 연구를 통해 새로운 발견 사실을 제시하는 것이다. 따라서 기존의 논문들을 살펴보면 두 가지 관점 ① 연구문제의 독창성과 ② 연구문제의 창의적 해결 방법을 근간으로 논문의 새로움(novelty)을 제시하고 있다. 특히 우수한 논문들은 상기의 두 가지 관점 모두를 고려하여 논문의 새로움을 배가시키고 있다.

논문의 주제는 첫째, '연구문제의 독창성'을 근간으로 개발할 수 있다. 기존 연구들에 대한 체계적인 문헌분석을 통하여 이전에 다루어지지 않았던 연구문제를 도출한다. 이러한 연구문제들은 기존 연구들에서 수행된 적이 없는 영역, 알려지지 않은 행동, 새롭게 출현된 기술이나 현상들이 대상이 되며 이를 논문 주제로 설정할 수 있다. 둘째, 논문의 주제는 '연구문제의 창의적 해결' 방법을 발굴하여 개발할 수 있다. 이전에 여러 번 수행된 연구 문제들이라도 다른 행태의 해결방법, 즉 새로운 가설들과 연구모형을 제시하여 논문의 주제로 설정할 수 있다. 이를 위해서는 기존 연구들에 대한 연구모형의 철저한 분석은 물론 새로운 가설 설정을 위한 다른 영역의 다양한 이론들도 충분히 이해하고 적용할 수 있는 능력이 필요하다.

상기 두가지 관점에서 논문 주제가 선정되면, 연구자는 연구를 수행하고 논문을 작성하고, 아울러 논문에 대한 심사를 통과하는 데 어려움이 없을 것이다.

2.3 가설 구성

가설의 구성은 연구 문제를 해결하기 위한 잠정적인 해답인 가설들을 설정하는 단계로 과학적인 추론 과정을 통해 가설들을 제시한다. 사회과학연구에서의 가설은 현실 세계의 현상인 사실을 추상화한 개념인 변수들 간의 관계성을 서술하는 형식으로 표시한다.

2.3.1 변수

개념(concept)이란 일정하게 관찰된 현상을 추상화하여 의미를 부여한 것으로 그 자체를 직접 측정할 수는 없다. 따라서 사회과학연구에서는 개념을 측정하기 위하여 변수를 이용한다. 변수(variable)는 연구자가 연구하려는 현상이나 사실에 대한 구성개념이나 속성을 말하며, 구성개념(construct)[3)]은 특정 연구나 이론을 위하여 체계적이고 의도적으로 고안된 개념을 의미한다. 따라서 사회과학연구에서는 개념(concept)을 추상성이 높은 개념인 구성개념으로 이론적 관점에서 정의하여 사용한다. 이러한 것을 개념적 정의(conceptual definition)라 한다. 일반적으로 사회과학에의 변수와 구성개념(construct)은 동의어로 혼용되어 사용된다.

- 개념: 관찰된 현상을 추상화하여 의미를 부여한 것
- 구성개념: 특정 연구나 이론을 위하여 의도적으로 고안된 개념

2.3.2 가설 설정

가설(hypothesis)은 하나의 사실과 다른 사실과의 관계를 잠정적으로 나타내는 것으로 이를 검증함으로써 특정 현상에 대한 설명이 가능하게 한다. 즉 가설

3) 사회과학연구들에서 변수와 구성개념은 동의어로 혼재되어 사용된다. 또한 구성개념은 짧게 개념이란 용어로 사용되기도 하는데 이런 경우 개념(concept)과 구별시키기 위해 영어가 병기된 '개념(construct)'을 사용하는 것이 바람직하다.

[그림 2-3] 가설의 예시

- **H1** 서비스 질은 고객충성도에 긍정적인 영향을 미친다.
- **H2** 서비스 질은 고객신뢰에 긍정적인 영향을 미친다.
- **H3** 고객신뢰는 고객충성도에 긍정적인 영향을 미친다.
- **H4** 호의적인 경험은 고객신뢰와 고객충성도 간의 관계에 긍정적인 영향을 미친다.

은 연구자가 제기한 연구문제를 해결하는데 기초로서 역할을 한다. 가설은 [그림 2-3]에서와 같이 현실 세계의 사실을 추상화한 개념인 변수들 예를 들면, 서비스 질, 호의적인 경험, 고객신뢰, 고객충성도 간의 관계를 서술하는 문장으로 구성된다. 가설은 연구문제를 해결해 줄 수 있어야 하며, 검증을 위해 가설은 변수들로 구성되어 그들 간의 관계를 나타내고 있어야 한다. 이를 통해 가설은 검증될 수 있어야 한다.

사회과학연구들에서 일반적인 가설 설정 방법은 귀납법과 연역법을 혼용하여 사용된다. 귀납법은 관찰된 특정 사실을 전제로 일반적 진리 또는 원리로 결론을 내리는 것으로 귀납법을 이용한 가설 설정을 위해서는 현상에 대한 심도 있는 관찰과 논리적인 추론이 필요하다. 귀납법을 이용한 가설 설정은 일반적으로 이론(theory)이나 선행 연구들에서 알려지지 않은 현상을 발견하여 가설 설정을 수행하는 것이기 때문에 탐색적인 연구에서 주로 활용된다. 연역법은 일반적인 것으로부터 특별한 것을 추론해 가는 것으로 연역법을 이용한 가설 설정은 일반적으로 기존의 이론들이 근간이 된다. 연역법을 이용한 가설 설정은 문헌고찰을 통하여 이미 밝혀진 사실이나 이론을 검토하고 아울러 관련된 선행연구의 결과들을 자세히 분석한 다음에, 이러한 과정에서 얻은 지식을 근거로 하여 특정 현상에 대한 가설을 설정한다. 따라서 연역법을 이용한 가설 설정은 확인적인 연구에서 주로 활용된다.

가설 설정에 있어서 귀납법과 연역법은 배타적인 접근방법이 아니라 상호 보완적인 방법이다. 따라서 실질적으로 대부분의 사회과학연구에서 가설들은 귀납법과 연역법이 혼용되어 설정된다.

2.3.3 연구모형

연구모형(research model)은 변수화된 개념들의 관계, 즉 가설들을 구조화, 도식화시켜 놓은 것으로서, 연구문제 해결을 위한 복잡하게 설정된 가설들을 쉽고 간결하게 표현하기 위하여 작성된다. 따라서 연구모형을 구성하기 위해서는 가설 설정이 선행되어야 한다. 즉 연구 변수들 간의 논리적인 관계 설정이 우선되어야 한다.

사회과학 연구모형에서 변수들은 논리적인 관계에 따라 독립변수, 종속변수, 통제변수, 조절변수, 매개변수 등으로 구분된다. 독립변수(independent variable)는 다른 변수에 영향을 주는 원인에 해당하는 변수를 의미하고, 영향을 받는 결과에 해당하는 변수를 종속변수(dependent variable)라 한다. 매개변수(mediator variable)는 독립변수와 종속변수를 중개하는 변수를 의미하며, 조절변수(moderator variable)는 독립변수와 종속변수간 관계(relationship)를 강화하거나 약화시키는 변수를 말한다. 통제변수(control variable)는 연구결과에 왜곡을 통제하기 위한 변수로 일반적으로 통계분석시 독립변수로 설정되어 수행되나 해석을 하지 않는다.

- 독립변수: 다른 변수에 영향을 주는 원인에 해당하는 변수
- 종속변수: 영향을 받는 결과에 해당하는 변수
- 매개변수: 독립변수와 종속변수를 중개하는 변수
- 조절변수: 독립변수와 종속변수간 관계를 강화하거나 약화시키는 변수
- 통제변수: 연구 결과에 대한 왜곡을 통제를 위한 변수

[그림 2-3]의 가설들은 [그림 2-4]와 같은 연구모형으로 구성될 수 있다. [그림 2-4]의 연구모형에서 서비스 질은 고객충성도에 영향을 주기 때문에 독립변수가 되고 고객충성도는 영향을 받기 때문에 종속변수가 된다. 고객신뢰는

[그림 2-4] 연구모형 예시

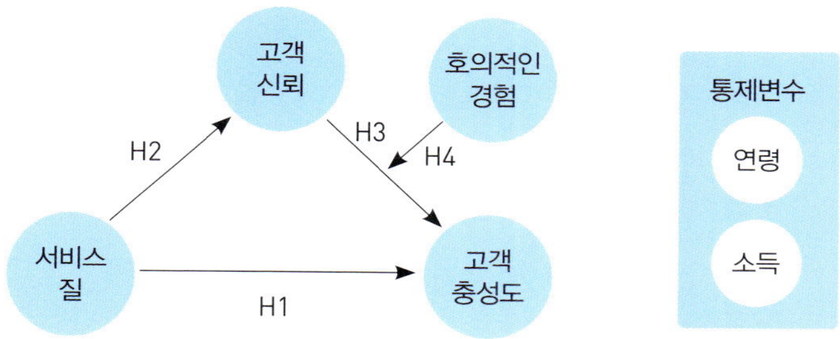

서비스 질과 고객충성도의 관계에 있어서 독립변수인 서비스 질과 고객충성도를 중개하는 매개변수이며, 호의적인 경험은 독립변수인 고객신뢰와 종속변수인 고객충성도 간의 관계에 있어서 두 변수간의 관계를 강화시키는 조절변수이다. 아울러 통제변수들로 연령과 소득이 설정될 수 있다.

연구설계 2.4

연구설계(research plan)는 체계적인 방법에 따라 연구를 진행하기 위한 일단의 작업 지침을 의미한다. 사회과학연구에서의 일반적인 연구설계의 구성은 [그림 2-5]와 같이 실험(조사) 방법 선정, 표본의 설계, 변수의 조작적 정의, 측정지표 개발 등의 작업들이 포함된다.

[그림 2-5] 연구설계의 구성

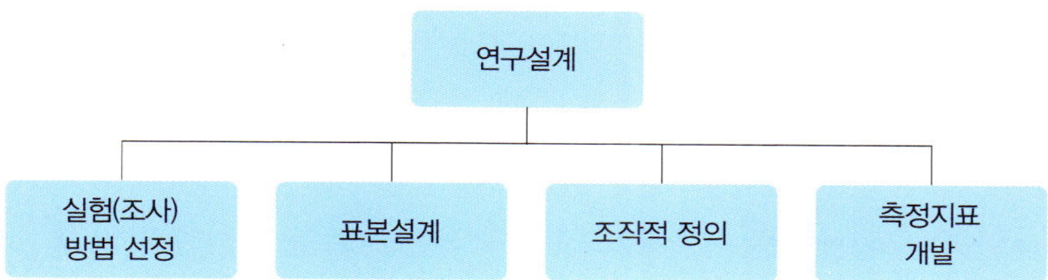

2.4.1 실험(조사) 방법 선정

실험(조사) 방법 선정은 가설을 검증하기 위한 방법을 선정하는 작업으로 사회과학연구에서의 실험(조사) 방법은 설문조사, 실험, 현장조사, 이차자료분석, 포커스 그룹 인터뷰 등이 있다.

(1) 설문조사

설문조사 방식(survey method)은 사회과학연구에서 가장 일반적인 실험(조사) 방법으로 설문지(questionnaire)를 통하여 자료를 수집하고 수집된 자료에 대한 통계분석을 통하여 가설 검증을 하는 실증분석 연구(empirical analysis research)에서 주로 사용된다.

(2) 실험

실험 방식(experiment method)은 실험을 통해 자료를 수집하고 수집된 자료에 대한 통계분석을 통하여 가설 검증을 하는 실험(조사) 방법이다. 설문조사가 일반적으로 통제가 불가능한 변수들은 대상으로 한 연구들에 사용된다면 실험은 통제된 상황에서 독립변수들을 인위적으로 조작하는 실험연구(experimental research)에서 주로 사용된다.

(3) 현장조사

현장조사(field survey) 방식은 일반적으로 현장에서의 심층 면접 등을 통해 연구 대상의 실제 행동, 신념, 처한 상황 등에 대하여 파악하는 방식으로 현장조사를 수행하고 이를 통해 가설을 검증하는 연구에서 사용된다. 따라서 현장조사 방식은 사례연구에서 주로 사용된다.

(4) 이차자료분석

자료는 사용 여부에 따라 1차 자료와 2차 자료로 구분된다. 1차 자료(primary sources)는 연구를 위해 직접 수집한 자료를 의미하고 2차 자료(secondary sources)는 기존의 다른 목적으로 이용된 자료를 의미한다. 따라서 이차자료분석(secondary data analysis)은 연구자가 직접 수집한 자료를 분석하지 않고 이미 있는 자료를 분석하여 가설 검증을 하는 실험(조사) 방법을 의미한다.

(5) 포커스 그룹 인터뷰

포커스 그룹 인터뷰(Focus Group Interview, FGI)는 연구자가 6~10명으로 구성된 작은 집단을 한 장소에 모여 두고 한 시간 반에서 두 시간 정도 특정 현상에 대해 질의응답을 통해 가설을 검증하는 실험(조사) 방법이다. 주로 질적 연구에서 사용된다.

연구설계에서 실험(조사) 방법은 사회과학연구의 유형, 연구의 목적, 그리고 가설 검증의 적합성 및 효율성을 고려하여 선정되어야 한다.

2.4.2 표본의 설계

사회과학연구에서 가장 일반적인 실험(조사) 방법인 설문조사에서 전수조사가 불가능한 경우나 최소의 비용과 시간으로 결론을 도출하기 위하여 연구 대상 전체인 모집단의 부분집합인 표본(samples)을 이용한다. 경우에 따라서는 표본조사(sample survey)가 오히려 전수조사보다 정확도를 증가시킬 수 있다. 따라서 사회과학연구 대부분은 전수조사 대신에 표본을 이용하여 가설 검증을 수행한다. 사회과학연구에서 표본은 연구에 소요되는 비용뿐만 아니라 연구 결과와 밀접한 관계가 있기 때문에 합리적인 표본의 수와 적절한 표본을 선정하기 위한 표본설계가 필요하다.

(1) 표본설계 과정

표본설계는 [그림 2-6]과 같이 모집단의 확정, 표본 프레임의 결정, 표본추출 방법의 결정, 표본크기의 결정, 그리고 표본추출과 같은 체계적인 과정을 거친다.

[그림 2-6] **표본설계 과정**

모집단은 연구에 대상이 되는 전체를 의미하며, 표본프레임(sampling frame)은 연구 대상이나 표본 단위가 수록된 목록을 의미한다. 표본추출 방법은 연구 목적을 달성하기 위하여 최선의 표본을 추출하는 것으로 확률표본과 비확률표본추출기법들로 분류된다. 일반적으로 표본크기는 오차한계와 신뢰수준에 따라 결정되며, 표본이 클수록 오차가 줄어든다.

(2) 표본추출 방법

표본추출 방법은 [그림 2-7]에서와 같이 크게 확률표본추출과 비확률표본추출 방법으로 구분된다. 확률표본추출(probability sampling)은 무작위적인 방법을 통해 표본을 추출하는 방법으로 모집단의 각 표집단위가 표본으로 고르게 추출될 확률을 가지고 있는 표본추출 방법이다. 비확률표본추출(non-probability sampling)은 모집단의 요소들이 표본으로 뽑힐 확률을 고려하지 않고 연구자의 주관적 판단에 따라 임의로 표본을 추출하는 방법을 말한다.

확률표본추출은 모집단을 구성하는 각 구성원에게 고르게 표본으로 추출될 확률을 부여하는 방법인 단순무작위 표본추출, 모집단을 동질적인 몇 개의 층으로 나눈 후, 각 층으로부터 표본을 단순무작위로 추출하는 표본추출방법인 층화표본추출, 모집단 목록에 번호를 부과하여 일정한 간격에 따라 표본을 추출하는

[그림 2-7] 표본추출 방법

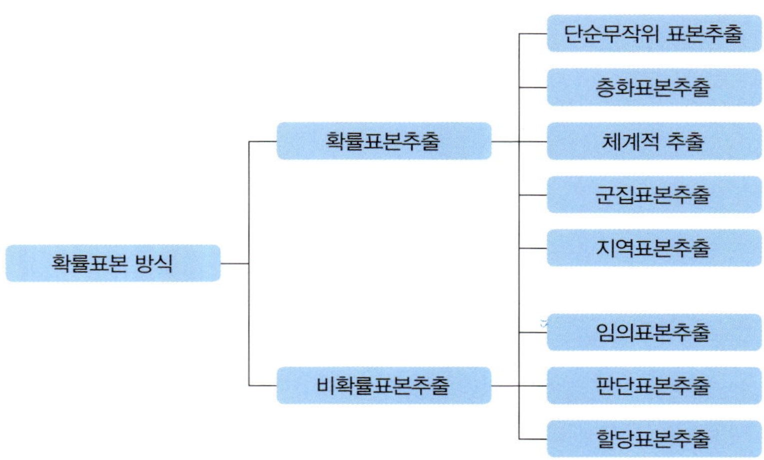

체계적 추출, 모집단을 여러개의 집단으로 분류한 후 무작위로 몇 개의 집단을 표본으로 추출한 후, 표본으로 추출된 집단을 전수조사하는 방법인 군집표본추출, 모집단을 지역으로 분류한 후, 지역에서 단순무작위로 추출하는 지역표본추출 기법들이 있다.

비확률표본은 연구자가 표본추출하기 쉬운 사람을 대상으로 표본을 추출하는 임의표본추출, 연구자의 주관적 판단에 따라 모집단을 잘 대표하리라고 믿는 사례들을 의도적으로 표본추출하는 판단표본추출, 모집단의 특성을 대표할 수 있게 몇 개의 하위집단을 구성한 후, 각 집단별로 표본의 수를 할당하여 임의로 표본을 추출하는 할당표본추출 등이 있다.

최근의 사회과학연구들은 연구의 편의성을 위하여 비확률표본인 임의표본추출을 하는 경우가 다수를 차지하고 있다.

2.4.3 조작적 정의

조작적 정의(operational definition)는 추상적인 구성개념(constructs)이나 변수를 조사연구가 가능하도록 현재의 사실이나 현상을 기반으로 측정할 수 있도록 정의하는 것을 말한다. 사회과학연구의 대상이 되는 구성개념들은 추상적인 특성을 가진 경우가 많다. 따라서 조작적 정의의 과정을 거쳐 측정이 가능한 수준으로 만들게 된다. 이로 인해 조작적 정의는 변수에 대한 측정지표 개발에 앞서 수행된다.

개념적 정의(conceptual definition)가 변수의 의미를 밝히는 것임에 반면, 조작적 정의는 그런 의미를 지닌 변수를 어떻게 측정했는지를 밝히는 과정이기 때문에 조작적 정의는 사전적 정의인 개념적 정의에 근간하여 현실적인 측면에서 정의된다. 즉 변수에 대한 정확한 개념적인 이해와 이를 측정하기 위한 구체적인 사실들을 이용하여 조작적 정의를 수행한다. 이러한 개념에 대한 조작적 정의는 그 개념에 대한 측정지표 개발의 기반이 된다.

- 개념적 정의: 구성개념에 대하여 사전(辭典)적인 정의를 하는 것
- 조작적 정의: 구성개념에 대하여 측정할 수 있도록 정의하는 것

[그림 2-8] 개념의 정의 과정

[그림 2-8]은 사회과학연구에서의 개념의 정의 과정을 보여주고 있다.

2.4.4 측정지표 개발

측정지표(measurement item) 또는 지표(indicator)는 구성개념 또는 변수를 개량적으로 측정하기 위한 도구로 조작적 정의를 기반으로 개발된 질의 내용과 척도로 구성되어 있다. 측정(measurement)은 연구하고자 하는 개념이나 변수를 일정한 규칙에 따라 수치를 부여하는 것을 말하며, 측정은 척도를 이용하여 수행된다.

(1) 척도

척도(scale)는 관측 대상의 속성을 측정하여 그 값이 수치로 나타나도록 일정한 규칙을 정하여 바꾸는 도구이다. 사회과학연구에서의 척도는 [그림 2-9]와 같이 명목척도, 서열척도, 등간척도, 비율척도가 있다.

명목척도(nominal scale)는 변수가 가지는 질적, 추상적 속성을 배타적으로 분류 또는 구분하기 위하여 사용되는 척도로 성별, 연령대, 직업 등과 같은 인구통계학적 특성을 파악하기 위한 자료를 수집시 주로 사용된다. 서열척도(ordinal

[그림 2-9] 척도의 유형

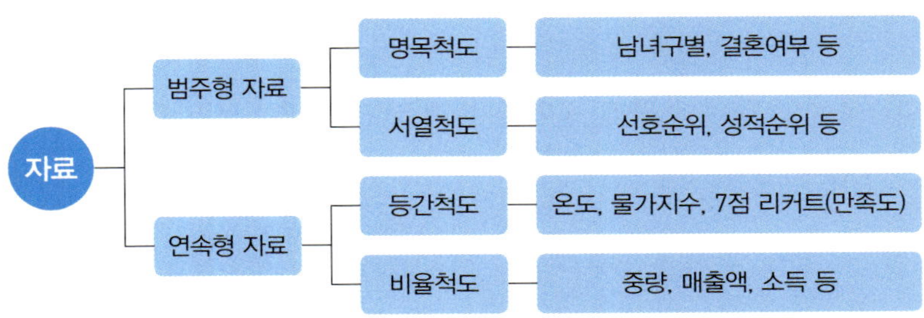

scale)는 측정 대상 간에 높고 낮음의 관계를 순서에 따라 값을 부여한 것으로 측정대상 간의 해당 속성의 양적인 비교는 불가능하다. 등간척도(interval scale)는 각 수준 간의 간격이 동일하지만 절대원점을 갖고 있지 않은 척도로서 척도 간격 간의 양적 차이는 알 수 있지만, 양의 절대적 크기는 알 수가 없다. 사회과학 연구에서 일반적으로 사용되는 개념을 측정하기 위한 지표를 만들 때 사용되는 척도이다. 마지막으로 비율척도(ratio scale)는 각 수준 간의 간격이 같으면서도 동시에 절대원점을 갖는 척도이다.

(2) 리커트 척도

리커트 척도(Likert scale)는 [그림 2 - 10]에서 보이는 바와 같이 5나 7개로 구성된 측정값을 중간을 기준으로 좌우 균형이 맞도록 배치한 등간척도를 말한다. 일반적으로 사회 현상에 대한 개인의 믿음이나 태도, 성향 등의 정도(degree)를 측정하는 데 사용되는 척도로 다수의 사회과학연구에서 개발된 지표를 측정할 때 주로 사용되는 척도이다. 지표(indicator)는 하나의 개념이나 변수를 측정하기 위한 도구이다. 아래에서 보이는 바와 같이 사회과학 연구에서 '고객만족도'라는 개념을 측정하기 위하여 '나는 전반적으로 이 온라인 쇼핑몰에 대하여 만족한다?'라는 사실적인 현상을 이용한 질의를 통하여 측정을 할 수 있다. 이때 이러한 질의와 척도를 지표 또는 측정지표라고 한다.

[그림 2 - 10] **리커트 척도 사용 예시**

개념: 고객 만족도
지표: 나는 전반적으로 이 온라인 쇼핑몰에 대하여 만족한다.

매우 만족함	다소 만족함	보통	다소 만족하지 않음	매우 만족하지 않음

(3) 잠재변수

사회과학연구에서 관심이 되는 변수들은 [그림 2-4] 연구모형에서의 서비스 질, 고객신뢰, 고객충성도 등과 같이 눈에 보이지 않고 직접적인 측정이 불가능하다. 이러한 변수들을 사회과학연구에서 잠재변수라 부른다. 잠재변수(latent variable)는 구성개념(construct)이 직접적으로 관찰되거나 측정이 되지 않는 변수를 의미한다. 따라서 이러한 잠재변수들을 측정하기 위하여 관측변수들을 사용한다. 즉 관측변수(observed variable)는 잠재변수를 측정하기 위한 변수들로 관측변수로 수집된 자료를 가지고 통계분석을 수행한다. 관측변수는 일반적으로 측정변수 또는 측정지표란 용어로도 불린다.

- 잠재변수: 직접 관찰되거나 측정되지 않는 변수
- 관측변수: 잠재변수를 측정하기 위한 변수

사회과학연구에서 구성개념 또는 잠재변수는 일반적으로 측정의 오류를 줄이기 위하여 다수의 측정지표를 이용하여 측정된다. 예를 들어 '고객만족도' 잠재변수를 측정하기 위하여 다음과 같은 3개의 측정지표로 개발하여 사용할 수 있다.

고객 만족도

1. 이 재래시장의 방문은 기대보다 좋았다.
2. 이 재래시장으로의 방문은 만족스럽다.
3. 나는 전반적으로 이 온라인 쇼핑몰에 대하여 만족한다.

자료수집 2.5

자료수집(data collection)은 가설을 통계적으로 검증하기 위하여 표본으로부터 자료를 수집하는 것으로 실증분석 연구의 경우 주로 설문지를 이용하여 수집한다.

2.5.1 설문지 작성

설문지(questionnaire)는 실증분석 연구에서 연구목적에 맞는 자료를 수집하기 위해 사용되는 도구이다. 실증분석 연구는 수집된 표본 자료에 대한 통계분석을 통하여 가설 검증을 수행하는 연구이기 때문에 설문지는 일반적으로 응답자가 설문 문항을 읽고 주어진 선택지로부터 답을 고르는 구조화된 형식으로 구성된다.

(1) 설문지의 구성

설문지는 조작적 정의에 근거한 연구 변수들에 대한 측정지표를 이용하여 작성된 설문 문항들이 내용의 중심이 된다. 또한 설문지에는 응답자들에게 정확하고 신뢰성 높은 설문자료 획득을 위하여 설문에 대한 협조요청과 지시사항, 그리고 응답자 분류를 위한 문항 등이 포함된다.

[그림 2-11]은 정형적인 사회과학연구를 위한 설문지를 보여주고 있다. [그림 2-11]에서 보면 상단에 설문에 대한 협조요청이 있으며, 그다음으로 간략한 설문에 대한 지시사항이 있다. 이후 연구 변수들을 측정하기 위한 측정지표들이 7점 리커트 척도로 구성되어 있으며 마지막 하단에는 성별, 연령대, 직업과 같은 응답자를 분류하기 위한 문항들이 있다.

(2) 설문 문항

설문 문항은 자료수집의 목적인 가설 검증을 위한 가장 중요한 내용으로 설문 문항 구성시 아래와 같은 일반적인 권고 사항들을 점검하는 것이 바람직하다.

[그림 2-11] 설문지 예시

국립목포대학교
http://www.mokpo.ac.kr

본 설문은 "한국대학교"에서 "재래시장 재방문 의도 관련한 연구를 하기 위한 목적으로 만들어 진것입니다. 제공하신 정보는 학문적인 연구이외의 어떠한 목적으로도 사용하지 않을 것을 약속 드립니다. 많은 협조 바랍니다.

설문은 귀하가 자주 이용하는 "재래시장 재방문 의도"에 대하여 작성하는 것입니다.

* 귀하가 느끼고 있는 바에 대하여 체크해주시기 바랍니다

	문항	동의안함	-	-	보통	-	-	매우동의
1.	이 재래시장에서 판매되는 물건들은 가격의 저렴한 편이다.	○	○	○	○	○	○	○
2.	이 재래시장에서 판매되는 물건들은 품질 대비 가격이 적정하다고 생각된다.	○	○	○	○	○	○	○
3.	이 재래시장에서 판매되는 물건들은 전반적으로 가격이 합리적이다.	○	○	○	○	○	○	○
4.	이 재래시장에서 판매되는 물건들은 품질이 우수하다.	○	○	○	○	○	○	○
5.	이 재래시장에서 판매되는 물건들의 품질은 믿을할 만하다.	○	○	○	○	○	○	○
6.	이 재래시장에서 판매되는 물건들은 전반적으로 품질이 좋다	○	○	○	○	○	○	○
7.	이 재래시장의 주차시설은 부족하다.	○	○	○	○	○	○	○

다음은 귀하의 일반적인 현황에 대한 설문입니다. 각 항목마다 질의에 맞게 기입해 주시길 바랍니다.

1. 귀하의 성별은 무엇입니까?
   ○ 남자 ○ 여자
2. 귀하의 연령대은 무엇입니까?
   ○ 20세 미만 ○ 20-24세 ○ 25-29세 ○ 30-34세 ○ 35-39세 ○ 40-44세 ○ 45-49세
   ○ 50세 이상
3. 귀하의 직업은 무엇입니까?
   ○ 없음 ○ 학생 ○ 회사원 ○ 주부 ○ 전문직 ○ 기타 ○ 소상공인

- 설문 문항은 명료하고 구체적이어야 한다.
- 설문 문항에 편견이 있거나 어떤 특정한 답을 요구해서는 안 된다.
- 설문 문항은 모든 응답자가 실제로 응답할 수 있어야 한다.
- 설문 문항은 읽기 편하게 구성되어야 한다.
- 설문 문항에서 비약이나 과도한 축약은 배제해야 한다.
- 하나의 설문 문항에 두 가지 내용을 질문하는 이중적인 질의 방식은 배제되어야 한다.

(3) 설문지 작성

과거에는 종이로 인쇄한 설문지들이 주로 사용하였으나, 최근 인터넷과 스마트폰 등의 정보통신기술의 발전으로 사회과학연구에서도 온라인 설문지가 자

[표 2 - 1] 온라인 설문조사 서비스 제공업체

구분	특징
구글 설문지	구글이 제공하는 설문 관리 기능으로 구글 문서 편집기 제품군의 일부로서 포함되어 있음
네이버 설문지	네이버에서 제공하는 온라인 설문지를 네이버 오피스 사이트에서 제공
서베이 몽키(SurveyMonkey)	세계 최고 인기의 온라인 설문조사 도구
클라우드 사회과학연구 자동화	웹, 모바일 설문지 및 연관된 통계분석 기능 제공

리를 잡아가고 있다. 따라서 연구목적에 위배되는 경우가 아니라면 자료수집에 효율성이 높은 온라인 설문지를 사용하는 것이 바람직하다. 사회과학연구에서 활용 가능한 주요 온라인 설문조사 서비스 제공업체는 [표 2 - 1]과 같다.

(4) 설문 테스트

설문 테스트는 파일럿 테스트(pilot test) 또는 사전 설문조사로 본격적인 설문조사를 실시하기에 앞서 전문가들에게 설문의 내용이나 흐름에 대한 조언을 얻기 위하여 수행된다. 연구자는 사전 설문조사를 통해서 설문지가 가지고 있는 문제점을 경험적으로 파악하여 오류를 수정할 수 있다. 설문 테스트는 본 설문조사에서 발생 가능한 오류를 줄일 수 있는 마지막 단계이기 때문에 철저하게 수행되어야 한다.

2.5.2 자료수집

설문지를 이용한 자료수집 방법으로는 전통적인 방법들인 대인면접, 전화, 우편 등과 최근의 온라인 설문조사에서 이용되는 인터넷을 이용하는 방법 등이 있다. 자료수집 방법들은 설문지의 내용과 자료수집 비용 관점에서 결정될 필요가 있다. 전통적인 방법인 대인면접은 상세하고 비정형화된 내용에 관한 질문이 가능한 장점이 있으나 온라인 설문조사에 비하여 많은 시간과 비용이 든다. 반면에 인터넷을 이용하는 방법은 비구조화되고 비정형화된 내용으로 구성된 설문지 사용에는 바람직하지 않으나, 대인면접에 비하여 인력, 시간, 비용 등을 절약할 수 있다.

2.6 자료분석

사회과학연구에서 일반적인 자료분석(data analysis)은 [그림 2-12]와 같이 표본 자료에 대한 기술통계 분석, 신뢰도 및 타당도 분석을 이용한 측정지표에 대한 검증 그리고 변수 간의 관계를 분석하는 가설 검증 등으로 구성된다.

[그림 2-12] **자료분석의 구성**

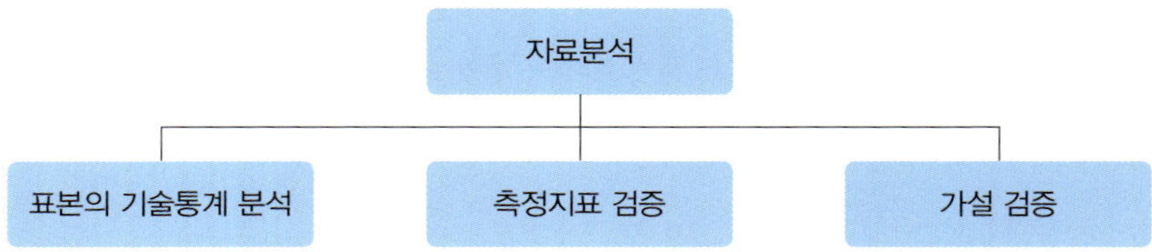

2.6.1 표본의 기술통계 분석

표본의 기술통계 분석은 응답자 표본의 정당성을 검증하기 위한 빈도분석과 표본 자료의 특성을 탐색적인 차원에서 살펴보는 표본 자료에 대한 기술분석이 주로 사용된다.

[표 2-2] **표본의 기술통계 분석 종류**

표본의 기술통계	설명
응답자의 빈도분석	응답자의 분포적 특성을 파악하는 것으로 빈도분석을 이용
표본 자료의 기술분석	수집한 자료의 주요 특성값들을 파악하는 것으로 기술 분석을 이용

(1) 응답자의 빈도분석

응답자의 빈도분석은 응답자의 분포적 특성을 파악하여 표본 선정의 정당성을 보여주기 위한 분석으로 통계분석 기법으로 빈도분석을 이용한다. 빈도분석(frequency analysis)은 [표 2-3]의 예시에서와 같이 자료의 특정 변수에 대하여 차지하는 측정값들의 수량 즉, 빈도와 비율을 산출하는 분석이다. 빈도분석은

[표 2-3] 응답자의 현황 예시

변수	항목	인원	백분율
성별	남자	288	92.9
	여자	22	7.1
	합계	310	100.0
연령대	20~29세	1	0.3
	30~34세	2	0.6
	35~39세	9	2.9
	40~44세	15	4.8
	45~49세	47	15.2
	50세 이상	236	76.2
	합계	310	100.0
직위	직원	20	6.5
	과장	23	7.4
	부장	40	12.9
	임원	86	27.7
	대표이사	141	45.5
	합계	310	100.0

가장 기초적인 기술통계 분석 기법으로 자료의 전체적인 분포를 이해하는 데 도움을 주는 표본의 현황 정보를 제공한다.

(2) 표본 자료의 기술분석

표본 자료의 기술분석은 수집한 자료의 주요 특성값들을 파악하는 것으로 기술통계 분석을 이용한다. 기술분석(descriptive analysis)은 자료의 특징을 쉽게 파악하는 것을 목적으로 수집한 자료의 주요 특성을 파악하는 통계분석 기법이다. 기술통계는 [표 2-4]의 예시에서 같이 주로 자료의 중심경향성을 파악하기 위한 평균값 등과 자료의 변동성을 측정하기 위한 최댓값, 최솟값, 표준편차, 왜도와 편도 등의 자료의 주요 특성들을 파악하는 분석 기법으로 일반적으로 수치계산이 가능한 연속성 자료인 측정지표들을 대상으로 한다.

[표 2-4] 측정지표에 대한 기술분석 예시

측정변수	표본수	최솟값	최댓값	평균	표준편차	왜도	첨도	평균의 표준오차
a1	310	1	5	4.74	0.63	-2.62	7.06	0.04
a2	310	1	5	4.64	0.67	-1.90	3.54	0.04
a3	310	1	5	4.66	0.63	-2.06	4.80	0.04
a4	310	2	5	4.73	0.63	-2.48	6.38	0.04
a5	310	1	5	4.60	0.73	-1.61	1.34	0.04
a6	310	1	5	4.70	0.63	-2.36	6.13	0.04
a7	310	1	5	4.71	0.60	-1.98	2.98	0.03
a8	310	1	5	4.60	0.73	-1.61	1.34	0.04
a9	310	1	5	4.70	0.63	-2.36	6.13	0.04
a10	310	1	5	4.71	0.60	-1.98	2.98	0.03

2.6.2 측정지표 검증

측정지표에 대한 검증은 일반적으로 신뢰도 분석과 타당도 분석을 통하여 이루어진다. 신뢰도와 타당도 분석은 측정지표가 눈에 보이지 않은 구성개념인 변수들을 측정하는 도구이기 때문에 사용된 측정지표의 유효성을 검증하기 위하여 수행되는 분석이다. 따라서 측정지표에 대한 신뢰도와 타당도 분석은 변수 간의 관계를 검증하는 가설 검증 전에 수행된다.

(1) 신뢰도 분석

신뢰도(reliability)는 측정지표가 임의오차(random error)를 범하는 정도가 적은 정도로 측정 대상들에 대하여 측정하였을 때 일관성 있는 측정 결과를 산출하는 정도를 의미한다. 신뢰도 분석 방법은 [그림 2-13]에서 보이는 바와 같이 재검사법과 복수양식법, 내적일관성 검사법이 있다. 재검사법은 동일 측정 대상에 대해, 동일한 상황에서, 동일 측정도구를 사용하여 측정 및 반복측정을 수행한 후 측정값들 사이의 차이의 정도를 기반으로 신뢰도를 평가하는 방법이고 복수양식법은 대등한 두 가지 형태의 측정도구를 사용하여 각각 동일한 측정 대상을 차례로 적용한 후 산출된 결과들을 기반으로 신뢰도를 측정하는 방법이다.

[그림 2-13] 신뢰도 분석 기법

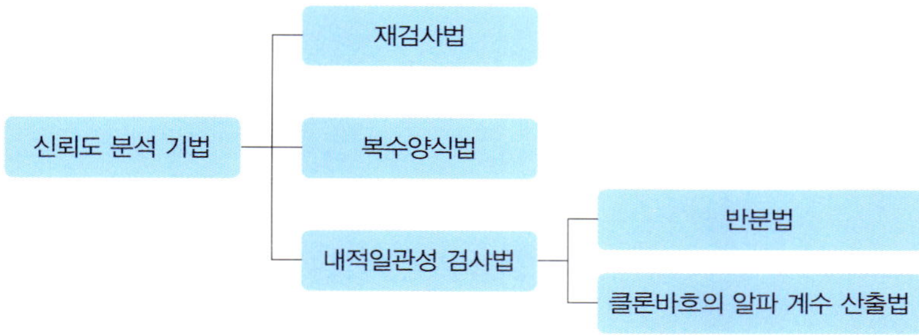

내적일관성 검사법(internal consistency reliability)은 항목 간의 상관관계를 기반으로 일관성을 검증하는 방법으로 반분법과 클론바흐 알파계수를 산출하여 평가하는 방법이 있다. 반분법은 다수의 측정항목을 서로 대등한 두 개의 그룹으로 나누고 두 그룹의 항목별 측정치 사이의 상관관계를 조사하여 신뢰도를 측정하는 방법이며, 클론바흐의 알파(Cronbach's alpha) 계수 산출법은 구성개념에 대한 클론바흐의 알파 계수값을 산출하여 평가기준과 비교하여 신뢰도를 측정하는 방법이다.

사회과학연구에서 가장 일반적으로 사용되는 신뢰도 분석기법은 내적일관성 검사인 클론바흐 알파계수 산출법으로 변수들에 대한 클론바흐의 알파계수를 산출하여 변수들에 대한 측정지표들의 신뢰도를 분석한다. 클론바흐의 알파계수 산출 기능은 SPSS를 포함한 대부분의 통계분석 도구들이 제공하고 있으며, 산출된 계수가 통상적인 기준 0.7 이상일 경우 변수의 신뢰도가 확보된 것으로 평가한다. [표 2-5]의 예시를 보면 변수들에 대한 산출된 클론바흐 알파계수 값들이 모두 0.7을 상위하고 있어 신뢰도가 있다고 평가할 수 있다.

[표 2-5] 내적일관성 신뢰도 예시

변수	항목 수	클론바흐의 알파계수 값
서비스 질	3	0.915
고객신뢰	3	0.909
고개충성도	3	0.897
호의적인 경험	3	0.933

사회과학연구에서 신뢰도를 높이기 위한 일반적인 방안은 측정지표의 모호성을 줄이고, 변수에 대한 측정항목 수를 늘리며, 측정항목의 일관성을 유지하면서, 선행 연구에서 이미 신뢰도가 입증된 측정지표들을 적극적으로 활용하는 것이다.

(2) 타당도 분석

타당도(validity)는 측정지표가 측정하고자 하는 개념이나 속성을 정확히 반영하고 있는 정도를 의미한다. 타당도는 [그림 2-14]에서 보이는 바와 같이 측정지표의 내용이 주어진 준거(準據)[4]에 어느 정도 일치하는지를 가지고 검증하는 내용 타당도, 구성개념을 정확히 측정하는지 보는 개념 타당도 그리고 한 가지 측정지표의 타당도 평가에 있어서 다른 기준들을 이용하는 기준 타당도가 있다.

내용 타당도(content validity)는 측정지표가 측정하고자 하는 행위나 속성 등을 제대로 측정하고 있는지를 판단하는 표면 타당도(face validity)와 측정지표가 측정하고자 하는 행위나 속성의 내용이 그 행위나 속성요소들의 모집단을 대표하고 있는지 평가하는 대표 타당도(representation validity)로 구분된다. 개념 타당도(construct validity)는 측정하고자 하는 개념들이 기존의 이론들을 중심으로 측정지표가 개발되었는지 검증하는 이해 타당도(nomological validity)와 동일한 개념을 측정키 위해 두 가지 측정지표를 개발하고 이들에 의해 얻어진 측정치들 간의 상관관계가 높은지를 평가하는 집중타당도, 그리고 상이한 개념을 측정할 때 양쪽의 상관관계가 낮은지를 확인하는 판별타당도가 있다. 마지막으로 기준 타당도는 변수를 선행변수들과 비교하여 타당도를 평가하는 사전기준(predictive) 타당도, 유사변수들과 비교하는 동시기준(concurrent) 타당도, 후행변수들과 비교하는 사후기준(postdictive) 타당도가 있다.

상기의 타당도에서 개념 타당도의 집중타당도와 판별타당도는 자료에 대한 통계분석을 통해 검증된다. 집중타당도와 판별타당도 분석은 일반적으로 측정지표들에 대한 요인분석을 통하여 수행된다. 요인분석은 탐색적 요인분석과 확인적 요인분석으로 분류가 되며, 탐색적 요인분석(Exploratory Factor Analysis,

---

4) 학술적·실무적 차원에서 일반적으로 알려진 내용

[그림 2-14] 타당도 분석기법

EFA) 기능은 SPSS와 같은 일반통계 분석 도구들이 확인적 요인분석(Confirmatory Factor Analysis, CFA) 기능은 구조방정식모델링 분석 도구들이 제공하고 있다.[5] 탐색적 또는 확인적 요인분석 결과를 통하여 상관관계가 높은 항목들끼리 하나의 요인으로 형성되는 것을 확인함으로써 변수에 대한 집중타당도 분석을 수행하고 아울러 형성된 요인 간에 상호독립적인 관계를 확인함으로써 판별타당도 분석을 수행한다.

[표 2-6]의 요인분석 예시를 살펴보면 같은 변수를 측정하는 지표들(예 서비스 질의 a1, a2 a3)은 다른 변수를 측정하는 변수들에 비하여 높은 수치를 보여주고 있어 집중타당도가 있음을 보여준다. 또한 변수들 간의 측정지표들은 뚜렷한 차이를 보여주고 있기 때문에 판별타당도가 있음도 보여준다. 따라서 요인분석 결과를 통하여 변수들에 대한 집중타당도와 판별타당도가 있음을 평가할 수 있다.

5) 탐색적 요인분석과 확인적 요인분석의 차이는 요인분석 수행시 잠재변수와 측정변수들 간의 관계에 대한 설정 여부에 있다. 즉, 잠재변수에 대한 어떠한 정보 없이 측정변수들만 가지고 요인분석을 수행하면 탐색적 요인분석이고, 측정변수들이 어떠한 잠재변수에 속한 변수들인지 설정해 주면 확인적 요인분석이 된다. 확인적 요인분석을 위한 잠재변수와 측정변수들 간의 관계는 구조방정식모형을 구성하는 과정에서 설정되므로 일반적으로 확인적 요인분석은 구조방정식모델링 분석 도구들이 제공한다.

[표 2-6] 요인분석 예시

측정지표	서비스 질	고객신뢰	고객충성도	호의적인 경험
a1	**0.921**	0.665	0.381	0.350
a2	**0.908**	0.645	0.433	0.466
a3	**0.946**	0.745	0.402	0.457
a4	0.698	**0.938**	0.449	0.400
a5	0.686	**0.938**	0.459	0.470
a6	0.664	**0.883**	0.430	0.518
a7	0.402	0.469	**0.968**	0.529
a8	0.445	0.471	**0.968**	0.519
a9	0.452	0.475	**0.962**	0.535
a10	0.453	0.515	0.499	**0.921**
a11	0.356	0.375	0.411	**0.881**
a12	0.446	0.493	0.564	**0.929**

(3) 가설 검증

가절 검증은 일반적으로 자료분석에 적절한 추론 통계분석 기법을 이용한다. 추론통계(inferential statistics)는 표본을 추출하여 특성을 파악한 후 모집단의 특성으로 일반화할 수 있는지 여부를 판단하여 모수를 추정하거나 가설을 검정하는 데 사용되는 통계분석으로 추론통계분석은 분석 기법에 부합하는 확률분포를 이용하여 통계적 추정이나 가설 검정을 수행한다.

사회과학연구에서 일반적인 가설의 유형은 [그림 2-15]에서 보이는 바와 같이 크게 특정 변수에 대한 집단 간의 차이를 검증하는 유형과 변수들 간의 인

[그림 2-15] 가설 검증 통계기법

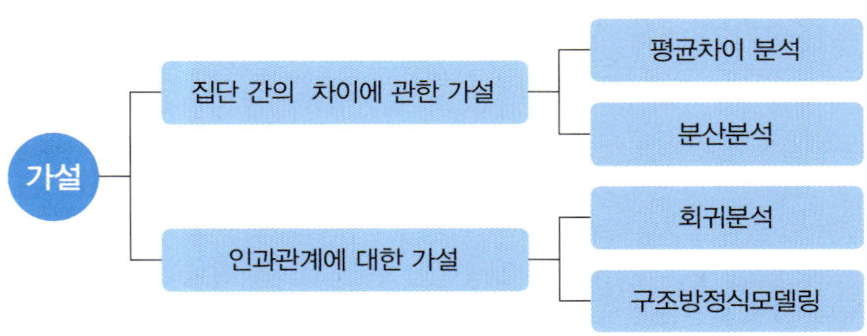

과관계를 검증 유형으로 분류된다. 집단 간의 차이를 검증하는 가설의 경우 평균차이 분석 또는 분산분석의 통계분석 기법들이 사용되며, 인과관계 검증을 위한 가설은 회귀분석 또는 구조방정식모델링이 일반적으로 사용된다.

1) 집단 간의 차이 검정

집단 간의 차이 검정을 위한 통계분석은 평균차이 분석과 분산분석이 이용된다. 평균 차이 분석은 두 집단 간의 특정 변수 평균의 차이가 통계적으로 유의하였는지를 파악할 때 이용하는 통계분석 기법으로 남성과 여성이 인지의 차이와 같은 가설 검증 시 주로 사용되며, 분산분석은 세 집단 이상의 특정 변수의 평균치에 대한 차이를 검정하는 통계분석 기법이다.

2) 인과관계 검정

인과관계 검증을 위한 가설은 회귀분석 또는 구조방정식모델링이 사용된다. 최근 다수의 사회과학연구들은 변수들 간의 인과관계를 가설로 설정하고 이를 실증적으로 분석하는 형태로 진행되고 있다. 즉, 종속변수에 영향을 주는 독립변수들을 제시하고 이를 통계적으로 검증하는 인과관계 분석 연구들이 주류를 이루고 있으며, 이러한 인과관계 분석을 위해 사용되는 통계분석 기법들은 회귀분석 또는 구조방정식모델링이다.

- 회귀분석(regression analysis): 1세대 분석 기법
- 구조방정식 모텔링(SEM, structural equation modeling): 2세대 분석 기법

회귀분석은 1세대 인과관계 분석을 위한 통계기법으로 관측된 변수들을 독립변수와 종속변수로 설정하고 이에 대한 관계들을 분석하는 데 사용된다. 회귀분석은 사회과학연구를 수행하는 데 다음과 같은 한계점이 있다. 첫 번째 한계점은 분석의 단위로 관측변수(observed variable)를 사용한다는 점이다. 사회과학연구의 관심변수는 일반적으로 눈에 보이지 않은 구성개념(construct)으로 잠재변수들이다. 따라서 과거 연구들에서는 하나의 개념을 측정하기 위하여 다수의 측정지표를 사용하였을 경우 이들 변수의 평균을 내어서 하나의 변수로 처리하여 회귀분석을 수행하는 방법을 사용한다. 두 번째 한계점은 경로분석에 있어

서의 불편함이다. 회귀분석은 독립변수와 종속변수 간의 관계에 대한 분석만 가능하다. 따라서 독립변수와 종속변수, 그리고 이 종속변수가 독립변수로서 다른 종속변수에 영향을 주는 경로분석의 경우 회귀분석은 경로를 분리하여 여러 번 분석을 수행한 후 결합해야 한다.

구조방정식모델링(Structural Equation Modeling, SEM)은 상기와 같은 회귀분석의 한계점들을 보완한 통계분석 기법이다. 즉, 구조방정식모델링은 잠재변수와 경로분석을 지원하는 장점이 있다. 따라서 최근 인과관계 분석을 수행하는 사회과학연구들 다수가 구조방정식모델링을 이용하여 실증적 분석을 수행하고 있다.

2.7 결과해석 및 결론 도출

결과해석과 및 결론 도출은 자료분석 결과를 이해하고 가설 검정 결과에 대하여 해석하고 연구의 결론을 도출하는 것을 말한다. 결론의 도출은 검증한 가설의 결과에 근거하여 요약하여 진술하여야 한다.

Chapter 3

사회과학 이론

사회과학 이론 3.1

이론(theory)은 자연적 혹은 사회적 사건 및 현상을 설명한 것을 의미한다. 사회과학 이론은 일반적으로 사회적 현상을 설명한 것으로 사회 현상을 추상화한 개념들과 개념들의 관계를 규명하는 명제들로 이루어져 있다. 즉, 사회과학 이론은 사회 현상을 논리정연하고 시스템적이며 일관성 있게 설명할 수 있도록 하는 것을 말한다.

3.1.1 이론의 구성

사회과학의 이론은 [그림 3-1]에서 보이는 바와 같이 구성개념, 명제, 논리, 한계적 조건/가정의 4가지 요소로 구성되어있다. 구성개념(construct)은 특정한 현상을 설명하기 위해 정의한 추상적인 개념으로서 이론의 '무엇(what)'에 해당하며, 명제(proposition)는 구성개념들 간의 관계에 대한 정의로서 '어떻게(how)'에 해당한다. 논리(logic)는 명제에 대한 논리적인 연관성의 이유에 해당하는 '왜(why)'이고 한계적 조건/가정(boundary condition/assumption)은 어떠한 상황에서 이론을 적용할 수 있는지에 대한 이론의 적용 범위에 해당하는 '누구(who), 언제(when) 그리고 어느 장소(where)' 등이 포함된다. 논리적 추론을 근간으로 구성개념 간의 관계를 정의한 명제는 단순히 예측으로만 끝날 수 있으나, 검증가능한 형태여야 한다.

[그림 3-1] 이론의 구성

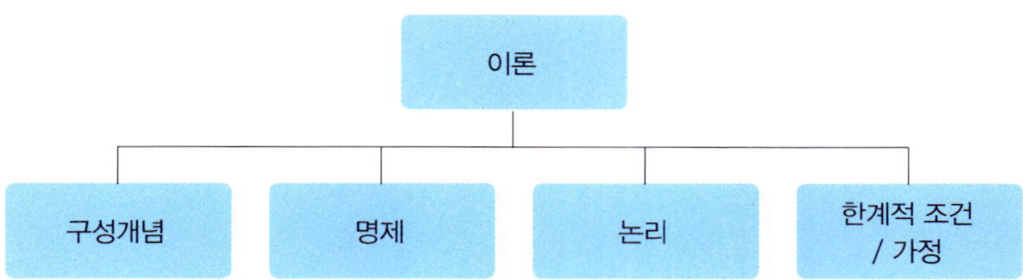

[그림 3-2] 기술수용모형

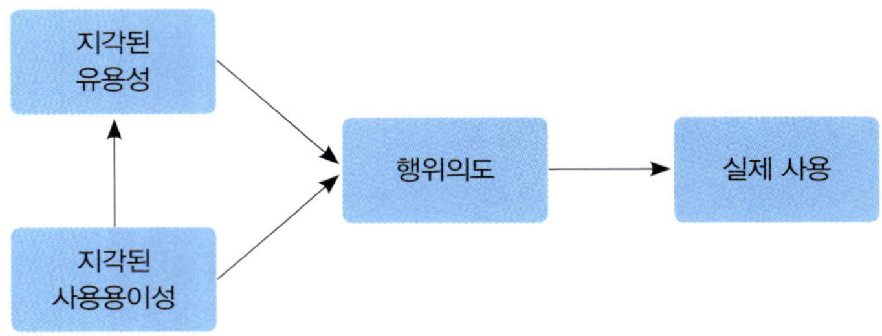

[그림 3-2]는 정보시스템 분야에서 대표적인 이론인 Davis(1989)가 제시한 기술수용모형(Technology Acceptance Model, TAM)이다. 아래의 기술수용모형에서 구성개념은 사각형 모양으로 표시된 것들로 지각된 유용성, 지각된 사용용이성, 행위의도, 실제 사용이며, 명제는 구성개념들 간의 경로와 화살표로 나타낸 것들로 지각된 사용용이성이 지각된 용이성에 영향을 준다는 명제, 지각된 사용용이성과 지각된 용이성이 행위의도에 영향을 준다는 명제, 지각된 유용성이 행위의도에 영향을 준다는 명제, 그리고 행위의도가 실제 사용에 영향을 준다는 명제들로 구성되어있다. 기술수용모형의 명제들은 기존의 Fishbein &Ajzen(1967)의 합리적 행동이론을 기반으로 개발되어 논리성을 가지고 있으며, 아울러 이론의 적용 분야는 타인의 강압에 의한 행동이 아닌 개인의 자율적인 정보기술 사용에 대한 행동이라는 이론의 한계적 조건을 포함하고 있다.

3.1.2 이론의 역할

사회적 현상이나 사람들의 행동들은 이론을 기반으로 설명될 수 있다. 따라서 사회과학연구에서 이론들은 연역법 기반의 가설 설정에 있어 근간으로 활용된다. 연역적 추론(deduction)은 이론적이거나 논리적인 이유를 바탕으로 현상이나 행동에 대해 결론을 이끌어 내는 것이다. 이론은 이러한 연역적 추론의 근간이 된다. 또한 이론은 사회과학연구에서 연구모형의 근간으로 활용된다. 예를 들면, [그림 3-3]과 같이 재래시장의 방문의도에 영향을 미치는 요인들을 분석

[그림 3-3] 이론 기반의 연구모형 예시

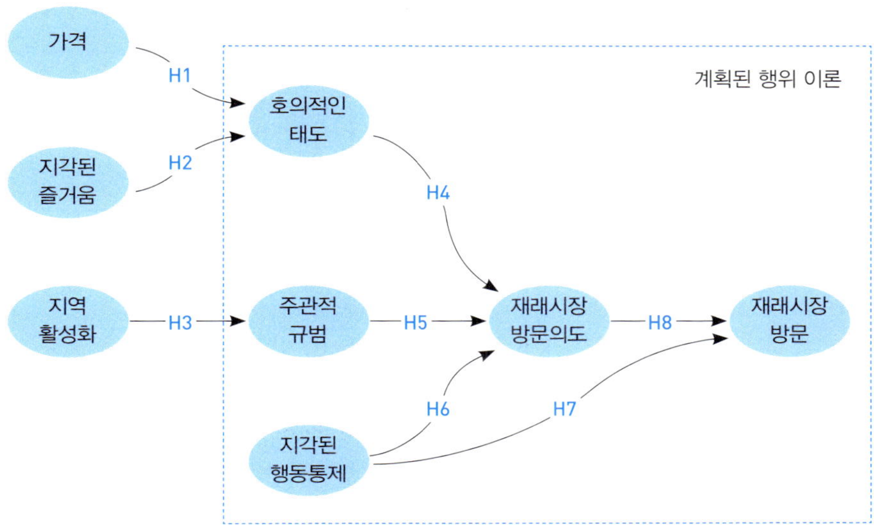

하는 연구에서 사람들의 행동을 설명하는 대표적인 이론인 계획된 행위이론[1]이 연구모형의 근간으로 활용될 수 있다.

3.1.3 사회과학연구의 이론들

다수의 사회과학의 이론들은 합리적 행동이론, 계획된 행동이론, 사회인지이론, 자기결정이론, 공정성 이론, 규범 활성화 이론, 사회교환이론, 이용과 충족 이론, 기대불일치 이론, 소비가치 이론, 기술수용모형, 혁신확산 이론, 보호동기이론, 건강신념모형, 이주 이론 등과 같이 사람들의 행동을 설명하기 위한 목적으로 제시되었다. 그러나 일부 이론들은 특정 개념을 자세하게 알기 위하여 제시되었다. 서브콜, 정보시스템 성과모형, 조직시민운동, 사회자본이론, 국가문화차원 이론 등은 알려지지 않은 복합개념(compound concept)에 대한 세부적인 구성요소들을 제시하는 이론들이다. 또한 빅5 성격 특성 이론과 같이 특정 개념의 유형들을 제시하는 이론들도 있다. [표 3-1]을 사회과학연구에서 자주 사용되는 이론들을 보여주고 있다.

1) 계획된 행위이론은 이후 주요 사회과학 이론을 설명하는 부분에서 자세하게 다루어진다.

[표 3-1] 사회과학연구의 이론들

이론	영문명	연구자
합리적 행동이론	Theory of Reasoned Action	Fishbein & Ajzen(1967)
계획된 행동이론	Theory of Planned Behavior	Ajzen(1991)
사회인지이론	Social Cognitive Theory	Bandura(1986)
자기결정이론	Self-Determination Theory	Deci & Ryan(1985)
공정성 이론	Equity theory	Adams(1963)
규범 활성화 모형	Norm Activation Theory	Schwartz(1977)
사회교환이론	Social Exchange Theory	Blau(1964)
이용과 충족 이론	Uses and Gratification theory	Katz & Blumler(1974)
기대불일치 이론	Expectancy Disconfirmation Theory	Olive(1977)
소비가치 이론	Theory of consumption values	Sheth, Newman & Gross(1991)
기술수용모형	Technology Acceptance Model	Davis(1989)
혁신확산 이론	Innovation Diffusion Theory	Rogers(2003)
보호동기이론	Protection Motivation Theory	Rogers(1975)
건강신념모형	Health Belief Model	U.S. Public Health Service
이주 이론	Push-Pull-Mooring Model	Moon(1995)
서브콸	SERVQUAL	Parasuraman, Zeithaml & Berry(1988)
정보시스템 성과모형	Information System Success Model	Delone & McLean(1992)
조직시민행동	Organizational Citizenship Behaviour	Organ(1988)
사회자본이론	Social Capital Theory	Nahapiet & Ghoshal(1998)
국가문화차원 이론	Hofstede's cultural dimensions theory	Hofstede(2001)
빅5 성격 특성	Big Five Personality Traits	Costa & McCrae(1999)

3.2 주요 사회과학 이론

사회과학연구에서 특정 이론들은 연역법 기반의 가설 설정에 있어 근간으로 활용되며, 특히 연구모형의 근간으로 활발하게 활용된다. 본 장에서 사회과학연구에서 연구모형의 이론적 근간(theoretical basis)으로 주로 사용되는 사회과학 이론들에 대하여 설명한다.

3.2.1 합리적 행동이론

합리적 행동이론(Theory of Reasoned Action, TRA)은 사회심리학의 선행 연구들을 근간으로 Fishbein & Ajzen(1967)이 제시한 이론으로 사람의 특정 행동과 그 행동의 영향을 미치는 과정을 설명하는 이론이다. 합리적 행동이론에 따르면 [그림 3-4]에서 보이는 바와 같이 사람의 행동(behavior)은 행위의도(behavioral intention)에 영향을 받고 행위의도는 그 행위에 대한 태도와 주관적 규범에 의하여 영향을 받는 것으로 설명한다. 아울러 태도(attitude)는 행위에 대한 믿음(behavioral belief)과 행위결과에 대한 평가(evaluation)에 기반하고 주관적 규범(subjective norm)은 그 행위에 대한 규범적 믿음(normative belief)과 순응 동기(motivation to comply)에 기인하는 것으로 제시하고 있다.

합리적 행동이론은 개인의 특정 행동에 대한 태도와 행동의도를 기반으로 개인이 어떻게 행동할지 예측하는 데 주로 사용된다. 따라서 사회과학 연구가 온라인 구매 행동, 무인점포 방문, 헌혈, 백신접종, 흡연 등과 같은 특정 행동에 대한 예측을 수행하는 연구들이 많기 때문에 이러한 연구들에서 연구모형의 근간으로 자주 사용된다. 특히 합리적 행동이론은 일반적으로 사회과학연구의 최종적인 종속변수가 행동(behavior)임에도 불구하고 대다수의 연구들이 행위의도(behavioral intention)를 최종 종속변수로 설정(예 ~ 구매의도에 영향을 미치는 요인에 관한 연구)하는 것에 대한 정당성을 부여해 주는 이론이다.

[그림 3-4] **합리적인 행동이론**

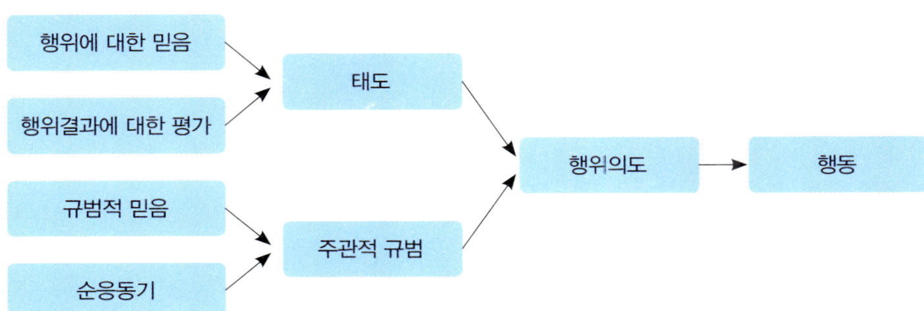

3.2.2 계획된 행동이론

계획된 행동이론(Theory of Planned Behavior, TRA)은 Fishbein & Ajzen(1967)의 합리적 행동이론(TRA)을 기반으로 Ajzen(1991)이 제시한 이론으로 사람의 특정 행위의도를 형성하는 요인으로 그 행동에 대한 태도와 주관적 규범에 지각된 행위 통제를 추가한 이론이다. 지각된 행위 통제(perceived behavioral control)는 특정 행동을 수행하는 데 있어 개인이 인지하는 용이성 또는 어려움을 의미하는 개념으로 특정 행동을 수행하는 데 그 행동에 대한 태도나 주관적 규범 못지않게 그 행동의 수행할 수 있는 능력이 필수적임을 주장한 이론이다.

계획된 행동이론에 따르면 [그림 3-5]에서 보이는 바와 같이 행위의도는 그 행위에 대한 태도와 주관적 규범과 지각된 행위 통제에 의하여 영향을 받는 것으로 설명한다. 이러한 지각된 행위 통제는 그 행위에 대한 통제적 믿음(control belief)과 지각된 능력에 기인하는 것으로 제시하고 있다. 지각된 능력(perceived power)은 행동 수행을 억제하거나 촉진하는 상황과 내부 요인의 능력에 대한 믿음을 의미한다. 계획된 행동이론에서 지각된 행위 통제는 행위의도는 물론 특정 행동을 수행하는데도 직접적인 영향이 있는 것으로 제시되고 있다.

[그림 3-5] 계획된 행동이론

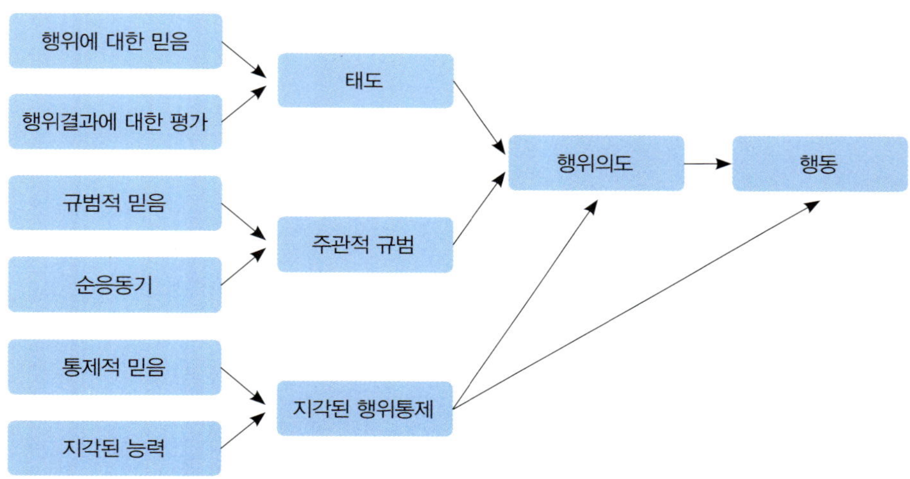

[그림 3-6] **계획된 행동이론의 확장**

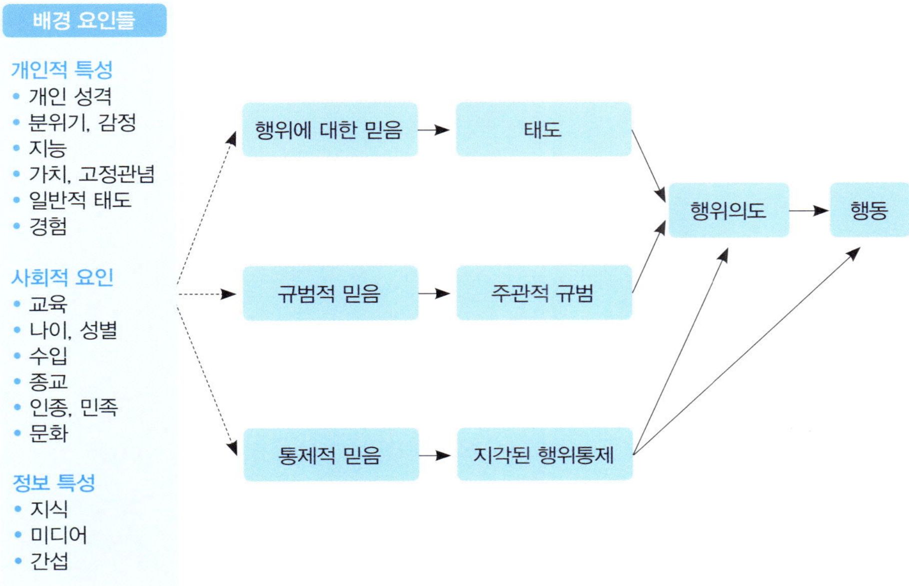

계획된 행동이론 역시 개인의 태도와 행동 의도를 기반으로 개인이 어떻게 행동할지 예측하는 데 주로 사용된다. 사회과학연구에서 계획된 행동이론은 능력이 필요한 특정 행동들, 예를 들면 명품구매, 디지털 해적행위, 모험스포츠 등과 같은 행동 예측을 분석하는 연구들에서 연구모형의 근간으로 자주 사용된다.

[그림 3-6]과 같은 계획된 행동이론의 확장을 제시하는 연구에서 Fishbein & Ajzen(2010)은 계획된 행동에 영향을 미치는 배경 요인들로 개인적 특성, 사회적 요인, 정보 특성 영역의 변수들을 포괄적으로 제시하였다.

3.2.3 사회인지이론

사회인지이론(Social Cognitive Theory, SCT)은 앨버트 반두라(Albert Bandura)의 사회학습 이론(Social Learning Theory)의 확장되어 발전된 이론으로 개인적 특성, 행동 및 환경 간의 상호작용을 통한 학습에 의하여 개인의 행동이 수행된다

[그림 3-7] 사회인지이론

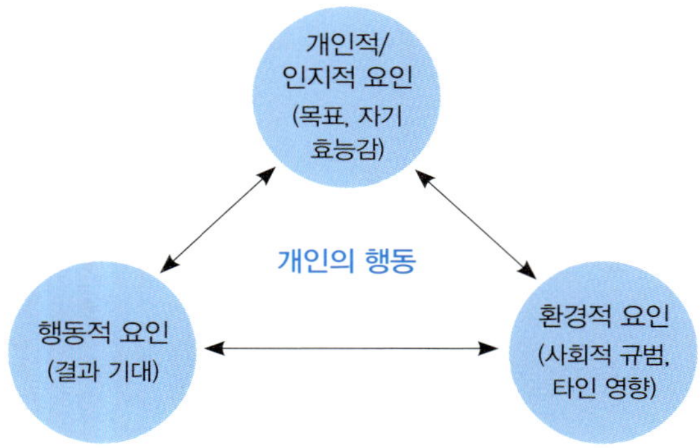

는 심리학, 교육 및 커뮤니케이션 분야의 이론으로 Bandura(1986)에 의하여 확립되었다. 개인의 특성(person)은 개인의 인지하고 있는 사실이나 능력을 의미하며, 행동(behavior)은 개인이 행동을 수행한 후 받을 수 있는 기대 결과(expectations), 그리고 환경(environment)은 행동을 성공적으로 완료할 수 있는 개인의 능력에 영향을 미치는 환경을 의미한다. 따라서 사회인지이론에서 개인의 행동은 [그림 3-7]에서와 같이 개인의 목표나 자기 효능감(self-efficacy)과 같은 개인의 개인적/인지적 요인, 결과 기대와 같은 행동적 요인, 그리고 사회적 규범이나 타인의 영향과 같은 환경적 요인들이 영향을 미치는 것으로 제시되고 있다.

사회인지이론에서 인지적 요인으로 자기 효능감은 개인의 행동을 변경하는데 지대한 영향이 있는 것으로 알려져 왔다. 따라서 사회인지이론의 시작 학문분야인 개인의 교육·학습 행동뿐 아니라 금연, HIV 예방, 안전한 성행위 등과 같이 다양한 건강증진 행동에 영향을 미치는 요인들을 분석하는 연구들에서 활발하게 사용되어 오고 있다. 한편 사회인지이론은 하위 이론으로 자기효능이론을 제시하고 있다(Bandura 1997). 자기효능이론(Self-Efficacy Theory, SET)은 개인의 행동에 영향을 미치는 가장 중요한 결정요인으로 인지된 자기 효능감과 결과 기대를 제시하고 있다. 자기 효능감(self-efficacy)은 특정한 성과 달성에 필요한 행동을 실행할 수 있는 자기 능력에 대한 개인의 믿음을 의미하고, 결과 기대(outcome expectancies)는 행동 수행의 긍정적이고 부정적인 인식 정도로 표현된다(Schwarzer & Fuchs 1996).

3.2.4 자기결정이론

자기결정이론(Self-Determination Theory, SDT)은 Deci & Ryan(2000)에 의하여 제시된 이론으로 외부 영향이나 간섭 없이 개인이 내리는 자기결정은 내적 동기에 의하여 형성되며 이러한 내적동기(intrinsic motivation)는 기본적인 심리적 욕구와 관련이 있다는 이론이다. [그림 3-8]에서 보이는 바와 같이 자기결정이론에서 제시되고 있는 기본적인 심리적 욕구는 능력, 자율성, 관계성이다. Deci & Ryan(2000)에 따르면, 상기 세 가지 기본적인 심리적 욕구에 대한 만족은 내재적으로 개인의 행동에 동기를 부여하고 개인의 지속적인 심리적 성장 및 웰빙(well-being)에 필수적인 심리적 영양소로 제공하는 것으로 제시되고 있다.

심리적 욕구인 능력(competence)은 행위 과정을 통해 개인이 자신이 유능하다고 느끼는 지각으로 사회인지이론에서 Bandura(1986)가 제시한 자기 효능감(self-efficacy)과 유사한 개념이다. 자율성(autonomy)은 개인이 외부의 환경으로부터 압박 혹은 강요받지 않으며 행동을 자신이 통제하게 조절을 할 수 있다는 지각으로 자신들이 추구하는 것이 무엇인지에 대하여 자유롭게 선택할 수 있는 정도를 의미한다. 관계성(relatedness)은 타인과 안정적 교제나 관계에서의 조화를 이루는 것에서 느끼는 안정성의 정도로 관계성은 타인에게 무언가를 얻거나 사회적인 지위 등을 획득하기 위한 것이 아니며 그 관계에서 나타나는 안정성 그 자체를 지각하는 것이다. 관계성이 타인과 연결되어 있다고 느끼는 감정에 기반을 두기 때문에 연구들에서는 공동체의 소속감 등으로 표현된다.

[그림 3-8] 자기결정이론

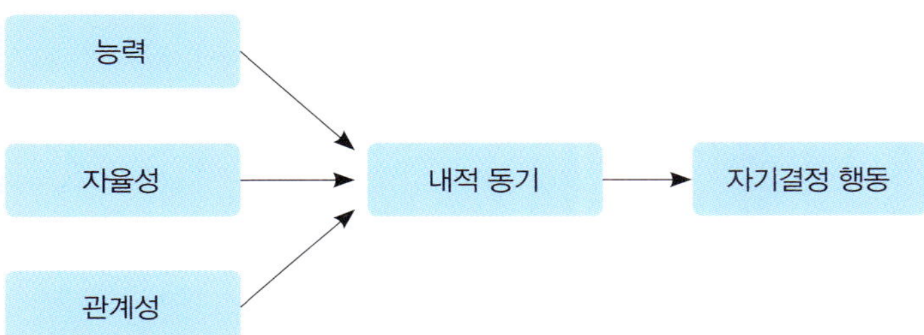

자기결정이론은 내재적 동기에 의한 자기결정이 중요한 학습 분야에서 활용됐으나, 사회인지이론과 같이 건강보건, 스포츠 영역, 기업 조직 분야는 물론 최근에는 가상커뮤니티에서의 정보공유와 같은 연구에서도 근간이론으로 사용되고 있다.

3.2.5 공정성 이론

공정성 이론(equity theory)은 1960년대 직장 및 행동 심리학자 Adams(1963)에 의해 처음 제안된 형평성 개념에 근간한 이론으로 공정한 대우 또는 공정성을 결정하는 방식과 관련성이 있는 이론이다. 공정성 이론과 관련한 연구(Clemmer & Schneider 1996)에 따르면 [그림 3-9]에서 보이는 바와 같이 공정성을 결정하는 방식은 분배적 공정, 절차적 공정 그리고 상호작용적 공정의 세 가지 차원에 근간하고 있다.

분배적 공정(distributive justice)은 인지된 결과의 공정성에 초점을 맞춘 개념으로 둘 이상의 당사자가 관련된 분쟁, 협상 또는 결정의 유형적 결과에 대해 인지된 공정성이다. 분배적 공정의 개념은 사회교환이론(Blau 1964)에 기원을 두고 있으며, 후속 교환을 형성하는 데 있어 형평성의 역할을 강조하고 있다. 절차적 공정(procedural justice)은 결과가 생성되는 정책과 절차의 공정성으로 분쟁이나 협상의 결과에 도달하기 위해 의사 결정자가 사용하는 정책, 절차 및 기준 등에 대한 공정성을 의미한다. 공정한 절차는 일관되고 편향되지 않으며 공정하며 모든 당사자의 이익을 대표하며 정확한 정보와 윤리적 기준을 기반으로 하고 있다. 상호작용적 공정(interactional justice)은 사람들이 경험하는 대인 관계에 중점

[그림 3-9] **공정성 이론**

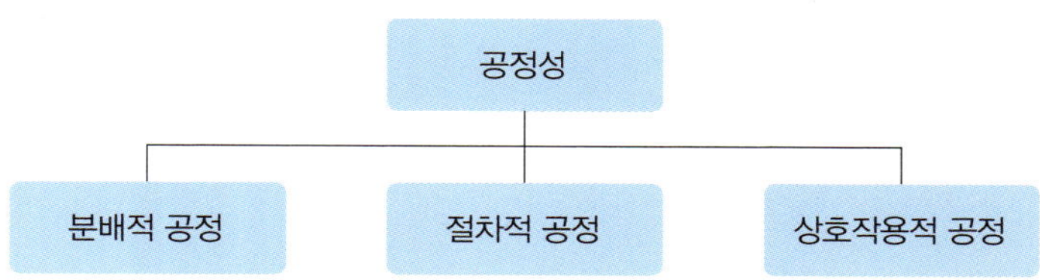

을 두고 있는 공정으로 갈등해결 과정에서 사람들이 대우받는 방식을 의미한다. 예를 들어, 예의와 존경심 또는 반대로 무례함 등이 여기에 포함된다.

조직에서의 형평성에 대한 인식이 종업원의 태도와 과업 성과를 결정하기 때문에 공정성 이론은 경영학 분야에서 많은 관심을 두고 조직에서의 사람들의 행동과 관련한 연구들에서 사용되었다. 특히 공정성 이론은 조직 내에서 조직원들의 불만 표출이나 부정적인 행동을 연구하는데 근간이론으로 주로 활용되어 왔다.

3.2.6 규범 활성화 모형

규범 활성화 모형(Norm Activation Model, NAM)은 Schwartz(1977)에 의해 개발된 이론으로 개인규범을 근간으로 사람들의 이타적 행동(altruistic behavior)을 설명하는 이론이다. 규범 활성화 모형에 따르면 [그림 3-10]에서 보이는 바와 같이 개인의 이타적 행동은 결과에 대한 기대나 외부 압력에 의한 의도가 아닌 도덕적 의무감에서 비롯되기 때문에 사회적 규범과 구별되는 개인규범이 이러한 행동에 지대한 영향을 미치는 것으로 제시하고 있다.

규범 활성화 모형에서 개인규범(personal norms)은 특정 행동을 수행할 때의 결과에 대한 인식(awareness of consequences)과 특정 행동을 수행함으로써 달성되는 책임감(responsibility)이라는 두 가지 요소에 의해 결정되며, 이러한 개인규범은 이타적 행동과 같은 친사회적인 행동에 영향을 준다. 규범 활성화 모형의 핵심 개념인 개인규범은 외부의 영향에 의하여 형성되는 사회적 규범(social norms)과 구별되는 개념으로 특정 행동을 수행하는 데 있어서 개인의 가지고 있는 도덕적 의무감(moral obligation)을 의미한다.

규범 활성화 모형은 사람들의 이타적 행동이나, 규정의 준수, 친환경적 행

[그림 3-10] **규범 활성화 모형(Groot & Steg, 2009)**

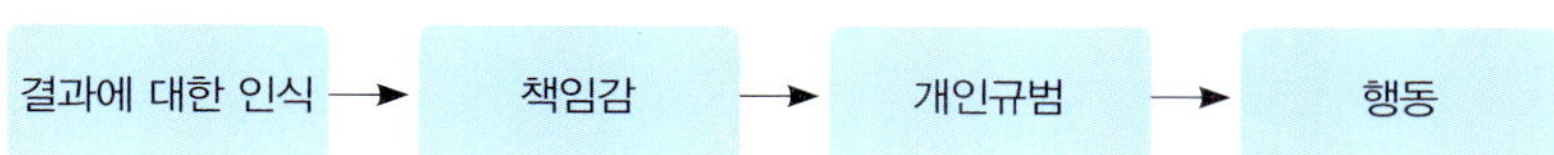

동과 같이 친사회적 행동들과 관련된 연구들에서 주로 활용되어 왔다. 또한 개인규범은 계획된 행동이론의 태도, 주관적 규범, 지각된 행위 통제 등과 결합되어 사람들의 다양한 행동을 설명하고 분석하는 데도 사용되고 있다.

3.2.7 사회교환이론

사회교환이론(Social Exchange Theory, SET)은 Blau(1961)가 제시한 이론으로 위험과 이익을 결정하기 위해 비용-편익 분석(cost-benefit analysis)을 기반으로 교환 당사자들 간의 상호작용에서 사회적 행동을 설명하는 사회학 및 심리학적 이론이다.

[그림 3-11]에서 보이는 바와 같이 사회교환이론에서의 사회적 관계는 경제적 함수 관계인 비용-편익이란 관점에서 당사자의 교환 가치가 상대방의 교환 가치와 동등할 때 발생하는 것으로 제시되고 있다. 비용(cost)은 경제적 비용, 시간, 노력 등으로 사회적 관계를 형성하기 위해 투입해야 하는 것들로 일반적으로 부정적인 영향을 미치는 요인들이 포함된다. 편익(benefit)은 경제적 이득은 물론 우정, 교제, 명성과 같은 사회적 이득과 재미와 흥분 등과 같은 정서적 이득도 포함되며 사회적 관계를 통해 얻을 수 있는 긍정적인 것들을 의미한다.

사회교환이론은 금전적 가치를 근간으로 한 기업과 고객 간의 경제적 거래 상황에서뿐만 아니라 연인 관계, 우정, 사회적 관계 등의 비금전적인 관계에서

[그림 3-11] 사회교환이론

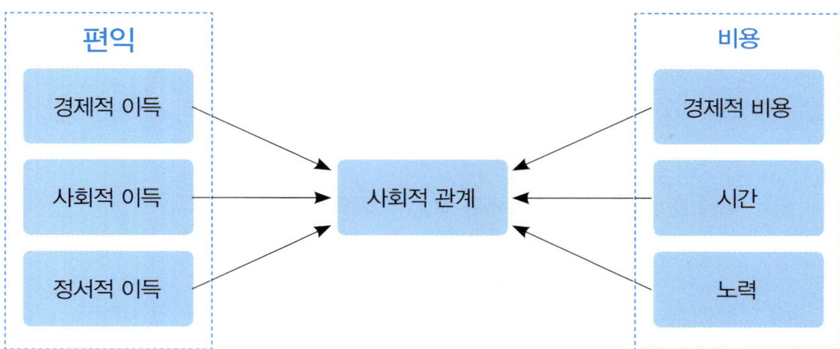

도 비용 – 편익 분석이 발생한다고 제안하고 있다. 따라서 사회교환이론은 관계에 큰 노력이나 돈을 투자하고 보답이 없는 경우와 같이 관계의 비용이 보상보다 높다고 평가되면 관계가 종료되거나 포기될 수 있다고 설명하고 있다. 사회교환이론은 사람들의 다양한 사회적 거래 행동을 설명하고 분석하는 데도 주로 활용되어 왔다.

3.2.8 이용과 충족 이론

이용과 충족 이론(Uses and Gratification Theory)은 대중 커뮤니케이션(mass communication) 분야에서 Katz & Blumler(1974)가 만든 이론으로 사람들이 특정 유형의 미디어(media)를 사용하는 이유를 설명하는 이론이다. 이용과 충족 이론에 따르면 사람들은 미디어를 사용하여 얻을 수 있는 만족(gratification)을 근간으로 특정 유형의 미디어를 사용한다고 주장되고 있으며, 이러한 사용에 대한 만족은 사람들이 가지고 있는 욕구들(needs)과 관련이 있는 것으로 제시되고 있다.

[그림 3 – 12]에서 보이는 바와 같이 이러한 욕구들은 인지적 욕구, 정서적 욕구, 개인의 정체성 욕구, 사회적 통합 욕구, 긴장 해소 욕구 등의 차원으로 구분된다. 인지적 욕구(cognitive needs)는 정보 및 지식 획득과 관련한 욕구를 의미하며, 인지적 욕구에는 정보 수집, 지식 획득, 호기심, 탐색 욕구 등이 포함된다. 정서적 욕구(affective needs)는 정서적 성취와 즐거움과 관련한 욕구를 의미

[그림 3 – 12] 이용과 충족 이론

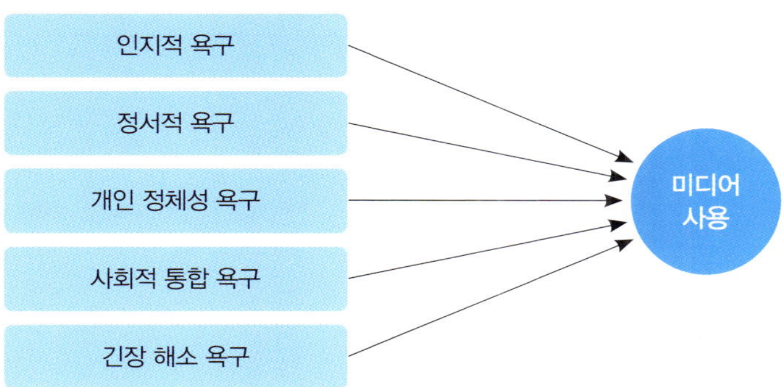

하며, 정서적 욕구에는 개인의 느끼는 미적, 정서적 경험, 즐거움 등이 포함된다. 개인의 정체성 욕구(personal identity needs)는 자존감과 존중과 관련한 욕구를 의미하며, 자신감, 개인의 안정성, 사회적 지위 등의 포함된다. 사회적 통합 욕구(social integrative needs)는 사회와 어울리고자 하는 각 개인의 욕구와 관련이 있으며, 사회적 통합 욕구에는 우정, 동료의식, 소속감 등이 포함된다. 마지막으로 긴장 해소 욕구(tension-release needs)는 스트레스 풀기나 지루함을 없애기 위한 욕구들과 관련이 있다.

이용과 충족 이론은 TV, 라디오, 소셜미디어, 인스턴트 메신저 등의 다양한 미디어에 대한 실증분석 연구들에서 근간이론으로 활용되어 왔으며, 인터넷, 모바일, 온라인 게임, 가상현실과 같은 정보기술들에 대한 사용을 분석하려는 연구들에서도 확대·적용되어 사용되고 있다.

3.2.9 기대불일치 이론

기대불일치 이론(Expectation Disconfirmation Theory, EDT)은 Oliver(1980)가 제시한 소비자 행동론 분야의 이론으로 소비자의 구매전 기대와 성과 간의 불일치에 의하여 소비자의 만족 또는 불만족이 발생한다는 이론이다. 기대불일치 이론에 따르면 [그림 3-13]에서 보이는 바와 같이 기대와 지각된 성과가 믿음의 불일치를 형성하고 이러한 믿음의 불일치와 지각된 성과가 만족도에 영향을 미치는 것으로 제시되어 있다.

[그림 3-13] 기대불일치 이론

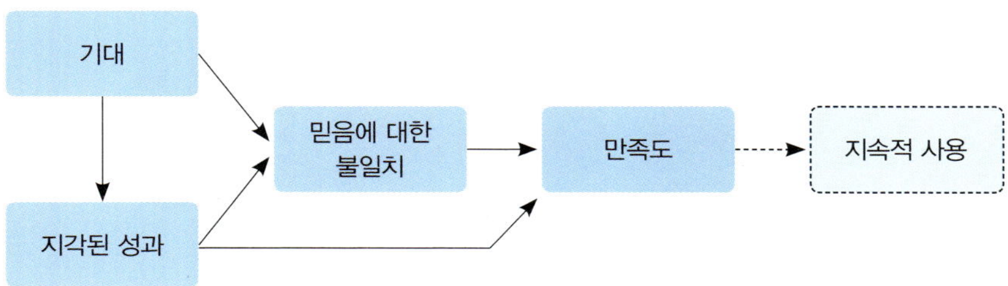

기대불일치 이론에서 기대(expectations)는 사람이 제품, 서비스 또는 기술과 같은 구매품과 연관될 것으로 예상하거나 예측하는 속성 또는 특성을 의미하며, 지각된 성과(perceived performance)는 제품, 서비스 또는 기술의 실제 성능에 대한 사람의 인식을 나타낸다. 믿음의 불일치(disconfirmation of beliefs)는 제품, 서비스 또는 기술과 관련하여 구매 후 또는 채택 후의 내리는 의사결정 또는 평가를 말하며, 만족도(satisfaction)는 제품, 서비스 또는 기술에 대한 직접적인 사용 경험에 대한 만족도 정도를 의미한다.

Oliver(1980)가 제시한 기대불일치 이론은 마케팅 분야에서 소비자의 지속적 행동의 탐구하는 연구에서 근간이론으로 주로 사용된다. 즉, 만족도(satisfaction)는 마케팅 문헌에서 소비자의 지속적 행동에 영향을 미치는 결정요인으로 간주되고 있다.

3.2.10 소비가치 이론

소비가치 이론(Theory of Consumption Values, TCV)은 Sheth, Newman & Gross(1991)가 제시한 이론으로 고객들의 소비 선택 행동에 영향은 미치는 소비가치 개념과 관련한 이론이다. [그림 3-14]에서와 같이 소비가치 이론은 기능적 가치, 사회적 가치, 감정적 가치, 진귀적 가치, 그리고 조건적 가치의 5가지

[그림 3-14] 소비가치 모형

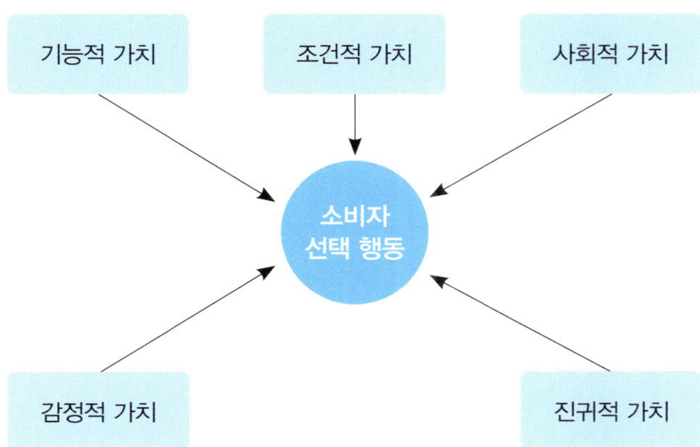

의 소비가치가 소비자의 선택 행동에 영향을 미친다고 제시하고 있다.

기능적 가치(functional value)는 기능적, 실용적 또는 물리적 속성의 소유를 통한 소비가치로, 기능적 가치의 주요 요소는 품질과 서비스, 가격 등이 있다. 사회적 가치(social value)는 소비하는 사회계층 집단과 관련된 소비가치로 인구통계학적, 사회경제적, 문화적 민족 집단 등에서의 소속감과 귀속감과 관련되어있다. 감정적 가치(emotional value)는 소비에 의한 긍정적, 또는 부정적 감정과 관련된 소비가치로 감성적 가치의 주요 요소는 감성, 느낌, 미학 등이 포함된다. 감정적 가치는 특히 소비경험의 중요성을 강조한다. 진귀적 가치(epistemic value)는 소비를 유발하게 되는 새로움, 지적인 욕구, 단순한 호기심과 관련된 소비가치로 소비자의 호기심, 지식에 대한 열망 등이 주요 요소들로 포함된다. 마지막으로 조건적 가치(conditional value)는 특별한 상황이나 소비자가 직면한 특정 환경에서의 소비가치로 조건적 가치의 주요 요소는 우발적인 사건 등이 포함된다.

소비가치 이론의 소비가치들은 다양한 제품이나 서비스에 대한 고객의 소비 행동을 설명하기 위한 연구들에서 주로 사용된다.

3.2.11 기술수용모형

기술수용모형(Technology Acceptance Model, TAM)은 Fishbein & Ajzen(1967)의 합리적 행동이론(TRA)을 기반으로 Davis(1986)가 제시한 이론으로 새로운 기술, 특히 정보기술에 대한 사용자들의 이용 행위를 설명하고 예측하기 위해 이론이다. 기술수용모형에 따르면 [그림 3-15]에서 보이는 바와 같이 사용자의

[그림 3-15] **초기 기술수용모형**

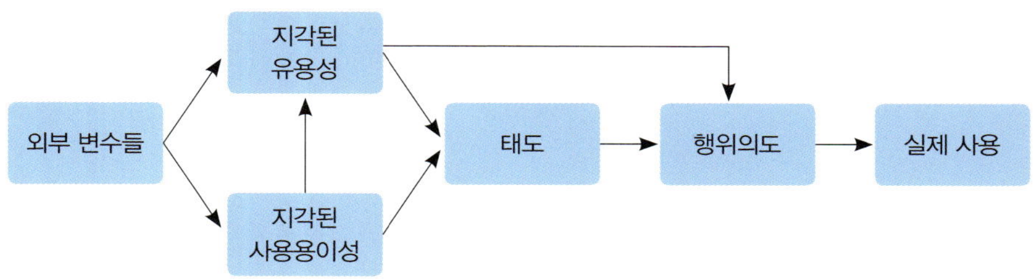

새로운 기술에 대한 사용은 합리적 행동이론에서와 같이 행위의도에 영향을 받으며 행위의도는 태도에 영향을 받는 것으로 제시되어 있다. 태도는 행위에 대한 신념 변수들인 지각된 유용성과 지각된 사용용이성에 영향을 받는 것으로 설명하고 있으며, 지각된 유용성은 태도는 물론 행위의도에도 직접적인 영향을 미치는 것으로 제시하고 있다.

기술수용모형의 핵심 변수는 지각된 유용성과 지각된 사용용이성으로 지각된 유용성(perceived usefulness)은 특정 정보기술을 사용함으로써 자신의 업무 성과가 개선될 것이라고 믿는 정도이며, 지각된 사용용이성(perceived ease-of-use)는 특정 정보기술을 사용하는 것에 많은 노력이 필요하지 않는다고 믿는 정도로 정의된다.

초기 Davis(1986)의 기술수용모형이 합리적 행동이론을 기반으로 태도를 포함하는 이론으로 제시되었으나, Davis, Bagozzi & Warshaw(1989)에 따르면 행위의도에 대한 지각된 유용성과 지각된 사용용이성의 직접적인 영향이 태도를 경유하는 것보다 큰 것으로 분석·주장되었다. 따라서 최근의 기술수용모형은 [그림 3-16]에서와 같이 태도를 제외한 간단하고 설명력이 높은 모형이 주로 활용된다.

새로운 정보기술을 왜 사람들이 수용하거나 거부하는지를 이해하기 위한 노력은 새로운 기술들에 관한 연구에서 가장 중요한 연구 분야 중 하나이다. 따라서 기술수용모형(TAM)은 개인의 새로운 기술 예를 들면, 인터넷 뱅킹, 전자상거래, 모바일 앱, 클라우드 컴퓨팅 등에 대하여 개인의 사용을 예측하는 수많은

[그림 3-16] 기술수용모형

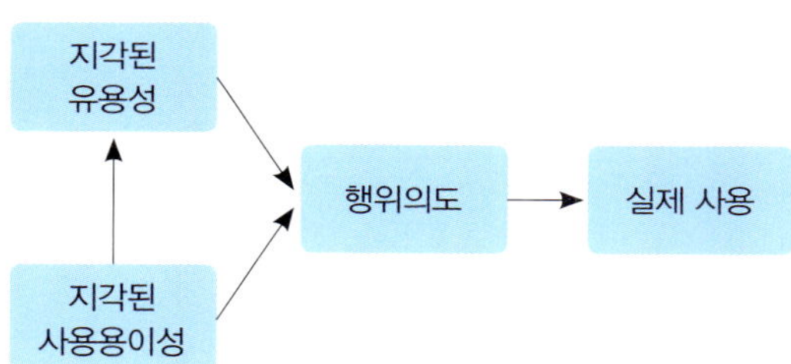

연구에서 연구모형의 근간으로 폭넓게 사용되고 있다.

3.2.12 혁신확산 이론

혁신확산 이론(Diffusion of Innovations, DOI)은 Rogers(1962)가 아이디어와 기술의 확산을 광범위하게 설명하고 있는 이론이다. 혁신확산 이론에 따르면 새로운 아이디어와 기술인 혁신의 확산은 혁신 자체, 커뮤니케이션 채널, 시간 및 사회 시스템의 네 가지 주요 요소에 의해 영향을 받는 것으로 제시하고 있다.

혁신확산 이론은 [그림 3-17]에서 보이는 바와 같이 사람들이 혁신을 채택하는 데 있어 영향을 미치는 혁신 속성으로 상대적 이점, 복잡성, 적합성, 관찰가능성, 시험가능성의 5가지를 제시하고 있다. 상대적 이점(relative advantage)은 혁신의 정도가 기존의 아이디어(또는 제품과 서비스)에 대비해서 사용자들로부터 더 낫다고 여겨지는 정도로 정의된다. 상대적 이점은 절대적인 것이 아니라 사용자의 인식이나 필요에 따르는 것으로 경제적 관점뿐 아니라 혁신 이전의 것 또는 과거의 아이디어보다 나아졌다고 느끼는 정도로 편리함, 만족도 등도 상대적 이점에 포함된다. 복잡성(complexity)은 혁신이 이해하고 사용하는데 있어서 어렵다고 여겨지는 정도로 이해나 사용이 쉽고 단순한 혁신은 빠르게 수용되는 것으로 제시되고 있다. 적합성(compatibility)은 혁신이 기존의 기술, 가치, 경험 등과 연속성이 있다고 인식하는 정도로 새로운 혁신이 기존의 가치와 부합하지

[그림 3-17] **혁신확산 이론**

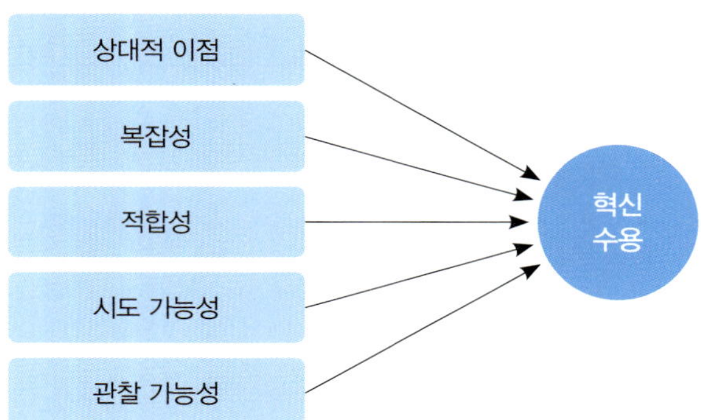

않을 경우에 급속하게 받아들여지기 쉽지 않은 것으로 제시되고 있다. 시도가능성(trialability)은 혁신을 사전에 경험 또는 시험해볼 수 있는 정도로 초기에 시험적으로 혁신을 경험해 볼 수 있으면 그 혁신이 더 빨리 수용되는 것으로 제시되고 있다. 관찰가능성(observability)은 혁신의 결과가 다른 사람들에게 보여질 수 있는 정도로 혁신수용의 결과를 주위에서 확인 가능하다면 사용자는 더 쉽게 혁신 아이디어를 선택할 수 있다고 설명되고 있다.

혁신확산 이론의 5가지의 혁신 속성(five attributes of an innovation)은 기술수용모형의 핵심 변수들인 지각된 유용성과 지각된 사용용이성과 같이 개인의 새로운 기술 수용을 예측하는 연구들에서 가설 설정의 근간으로 자주 사용되고 있다.

3.2.13 보호동기이론

보호동기이론(Protection Motivation Theory, PMT)은 두려움 호소와 사람들이 그것에 대처하는 방법을 이해하기 위한 연구로부터 Rogers(1975)가 개발한 이론으로 다양한 위협으로부터 사람들이 자신들을 보호하려는 행동의 변화를 설명하는 대표적인 이론이다.

보호동기이론에 따르면 [그림 3 - 18]에서 보이는 바와 같이 위협 평가 프로

[그림 3 - 18] **보호동기이론**

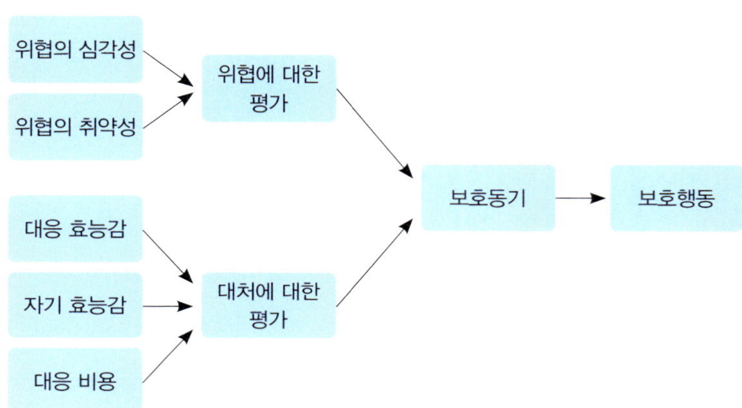

세스와 대처 평가 프로세스를 통해서 보호 동기가 유발되고 보호동기가 보호행동을 이끄는 것으로 제시하고 있다. 위협 평가 프로세스(threat-appraisal process)는 위협 심각성과 위협 취약성으로 구성된다. 위협의 심각성(severity)은 위협적인 행동들, 예를 들면 흡연과 같이 건강에 해로운 행동에 따른 피해의 정도를 의미하며, 위협의 취약성(vulnerability)은 해로운 행동으로 인해 피해를 볼 확률을 의미한다. 대처 평가 프로세스(coping-appraisal process)는 대응 효능성, 자기 효능감, 대응비용으로 구성된다. 대응 효능감(response efficacy)은 가능한 피해를 제거하거나 예방하는 데 권장되는 행동의 효과에 대한 지각을 의미하며, 자기 효능감(self-efficacy)은 자신이 권장하는 행동을 성공적으로 수행할 수 있다는 자신감을 말한다. 그리고 대응비용(response costs)은 권장되는 행동을 수행하는 데 소요되는 비용을 의미한다.

보호동기이론은 전통적으로 개인의 건강과 관련된 영역에서 적용되어 왔다. 즉, 보호동기이론은 암 예방, 운동, 다이어트, 금연, AIDS 예방, 금주와 같은 긍정적인 행동 변화를 설명하는 연구들에서 활발하게 사용됐으며, 최근에는 정보시스템 분야에서 정보보호 행동과 관련된 연구들에서도 적용되어 활용되고 있다.

3.2.14 건강신념모형

건강신념모형(Health Belief Model, HBM)은 건강 관련 행동을 설명하고 예측하기 위해 개발된 심리적 건강행동 변화이론이다. 건강신념모형은 1950년대 미국 공중 보건국(U.S. Public Health Service)의 사회 심리학자들에 의해 개발된 것으로 알려져 있으며, 건강행동 연구에서 가장 널리 사용되는 이론 중의 하나이다.

건강신념모형에 따르면 [그림 3-19]에서 보이는 바와 같이 위협 건강과 관련한 개인의 행동은 지각된 감염성, 지각된 심각성, 지각된 이득, 지각된 장애요소, 자기 효능감, 그리고 행동의 계기에 의하여 영향을 받는 것으로 제시되어 있다. 지각된 감염성(perceived susceptibility)은 건강 문제에 취약하다고 인식하는 정도로 건강을 위한 행동 변화에 영향을 준다. 지각된 심각성(perceived severity)

[그림 3 - 19] 건강신념모형

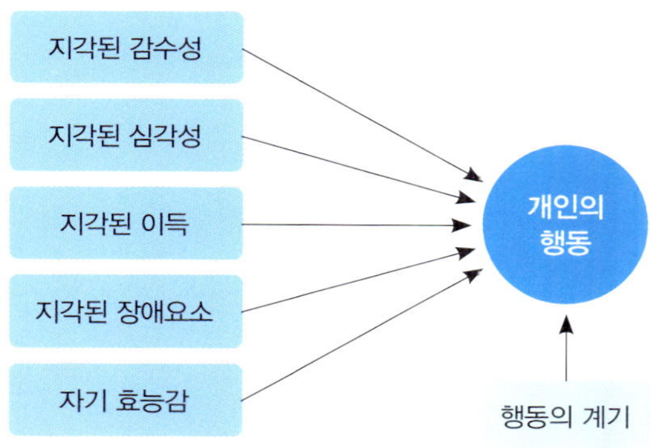

은 건강 문제가 심각한 것으로 인식하는 정도로 심각성이 높으면 건강을 위한 행동 변화에 참여하는 경향이 높다. 지각된 이득(perceived benefits)은 건강을 위한 행동 변화를 통하여 예상되는 이점으로 지각된 이득이 높으면 건강을 위한 행동 변화에 적극적으로 참여하며, 지각된 장애요소(perceived barriers)는 건강 관련 행동을 취하는 데 있어 인지된 장벽으로 행동 변화를 방해한다. 자기 효능감(self-efficacy)은 자신이 권장하는 행동을 성공적으로 수행할 수 있다는 자신감을 말하며, 마지막으로 행동의 계기(cues to action)는 건강 관련 행동을 하게 하는 계기를 의미하며 통증, 증상과 같은 신체적 계기뿐만 아니라 주위 사람의 건강 악화와 같은 심리적 요인도 행동의 계기가 된다.

건강신념모형은 보호동기이론과 더불어 만성질환, 흡연 등의 개인의 건강 관련한 행동을 이해하기 위한 연구들에서 근간이론으로 활발하게 사용된다.

3.2.15 이주 이론

이주 이론인 PPM(Push-Pull-Mooring) 모형은 사람들의 이주를 설명하기 위해 1980년대에 발표된 Ravenstein(1989)의 Push-Pull 모형에 Moon(1995)이 제안한 계류 효과를 포함한 이론이다. PPM 모형은 [그림 3 - 20]에서 보이는 바와 같이 사람들의 이주를 설명하기 위해 푸시 효과, 풀 효과, 그리고 계류 효과의 3가지를 사람들의 이주에 영향을 미치는 효과들로 제시하고 있다. 푸시 효과(push effect)

[그림 3-20] Push-Pull-Mooring 모형

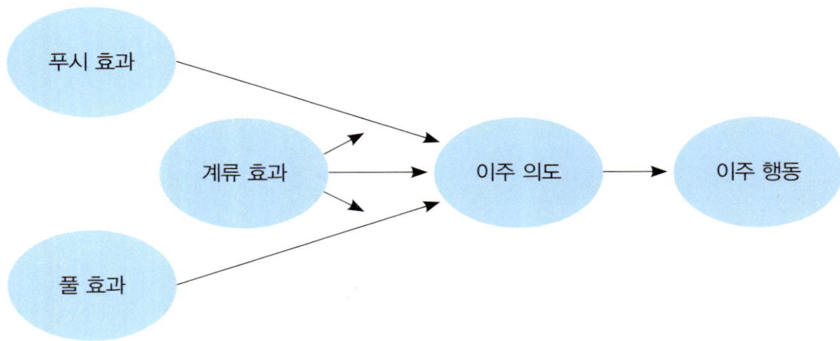

는 사람들이 출신지를 떠나게 만드는 요인들에 의하여 발생하는 효과를 의미하며, 풀 효과(pull effect)는 사람들을 이주 목적지로 끌어들이는 요인들에 대한 효과를 말한다. 마지막으로 계류 효과(mooring effect)는 사람들의 이주 결정을 촉진하거나 억제하는 변수들에 대한 효과를 의미한다. 기존 연구들에서 불만족, 낮은 품질, 높은 가격, 낮은 신뢰 등이 푸시 효과의 요인들로 제시되어왔고, 대안적 매력(alternative attractiveness), 상대적 우위, 즐거움, 동료 영향(peer influence) 등이 풀 효과의 요인들로 제시되어왔다. 그리고 계류요인으로는 전환비용(switching cost), 주관적 규범(subjective norm), 습관, 관성(inertia) 등이 제시되고 있다.

원래 PPM 모형은 인간의 문화 및 지리적 이동을 설명하기 위해 개발되었지만, 더 나은 서비스나 제품으로의 소비자의 서비스 전환 행동(switching behaviors)을 결정하는 요인을 설명하는 연구들에서 이론적 기초로도 활용되고 있다. 따라서 마케팅 및 조직 행동 분야에서 소비자나 조직원의 이동 행동을 설명하는 유용한 이론적 근간으로 사용되고 있고, 최근에는 정보기술 분야에서 온라인 사용자 행동을 분석하는 데에도 사용되고 있다.

3.2.16 서브콜

서브콜(SERVQUAL)은 Parasuraman, Zeithaml & Berry(1985)가 서비스 품질을 측정하고자 제시된 측정도구에서 비롯된 서비스 마케팅 분야의 대표적인 이

[그림 3-21] 서브퀄

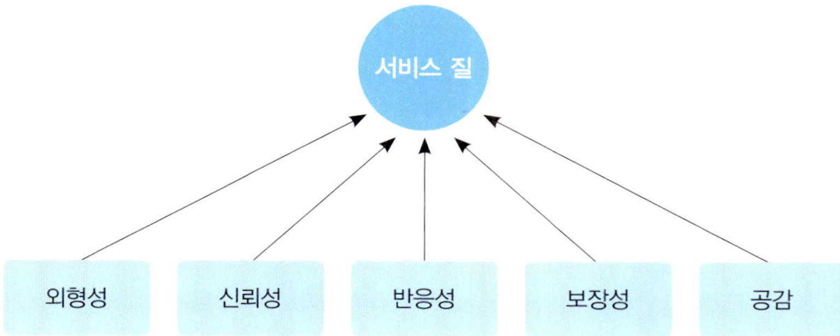

론이다. 초기 서브퀄은 기대-불일치 패러다임을 기반으로 하며 10개의 요인에 대하여 서비스에 대한 소비자의 기대와 인식을 비교하여 서비스 질을 측정하는 도구로 개발되었으나, 지금은 서비스 질을 형성하는 5가지 요인을 제시하는 이론으로 주로 알려져 있다.

서브퀄 이론에서 서비스 질을 형성하는 요인은 [그림 3-21]에서 보이는 바와 같이 유형성, 신뢰성, 반응성, 보장성, 공감으로 구성되어 있다. 유형성(tangibles)은 서비스 제공 기관의 물리적 시설, 장비, 분위기 및 서비스를 제공하는 인력들의 외모, 청결도와 같은 외적인 모습들도 포함된다. 신뢰성(reliability)은 서비스 제공 주체가 신뢰할 수 있을 만한지로 약속된 서비스를 정확하게 수행할 수 있는 능력을 의미하며, 반응성(responsiveness)은 서비스 제공 주체의 고객을 돕고 신속한 서비스를 제공하려는 의지를 말한다. 보장성(assurance)은 서비스 제공 종업원들의 지식과 예의, 그리고 신뢰와 자신감을 전달할 수 있는 능력을 말하며, 마지막으로 공감(empathy)은 서비스 제공 주체가 고객에 공감하는 마음으로 고객에 대한 배려 및 개별화된 관심 등이 포함된다.

서브퀄은 호텔, 병원, 음식점 등의 다양한 서비스 산업 영역에서 광범위하게 적용되어 비교적 강력한 지지를 받아왔으며, 최근에는 온라인 산업이 확산함에 따라 온라인 서비스 산업에 맞게 서브퀄이 수정·적용되어 활용되고 있다.

3.2.17 정보시스템 성과모형

Delone & McLean IS 성공모형으로도 불리는 정보시스템 성과모형(Information System Success Model)은 DeLone & McLean(1992)이 정보시스템 분야에 대한 폭넓은 문헌 연구를 통하여 정보시스템의 주요 성과 변수들을 도출하고 그들 간의 관계를 설명한 이론이다. 정보시스템 성과모형에 따르면 [그림 3-22]에서 보이는 바와 같이 정보시스템 분야에서의 성과 변수는 시스템의 질, 정보의 질, 시스템 사용, 사용자 만족도, 개인의 영향, 조직의 영향의 6가지로 구성되어 있으며, 이들 성과 변수들 간의 관계에서 시스템의 질과 정보의 질은 정보시스템 사용과 사용자 만족도에 영향을 미치고 사용과 사용자 만족도는 개인의 성과에 영향을 미치며, 개인의 성과는 조직의 성과에 영향을 미치는 것으로 제시되어 있다.

정보시스템 성과모형의 핵심 변수인 시스템의 질(system quality)은 사용용이성, 신뢰성, 가용성과 같은 정보시스템의 자체의 기술적 특성을 의미하며 정보의 질(information quality)은 정보시스템이 산출하는 정보에 대한 질로, 유용성, 적시성, 완전성 등이 포함된다. 사용(use)은 시스템의 사용 정도를 의미하며, 사용자 만족도(user satisfaction)는 정보시스템 사용에 대한 사용자들의 만족도 수준을 말한다. 개인의 영향(individual impact)은 정보시스템 사용을 통해 개인이 얻는 효과를 의미하며, 조직의 효과(organization impact)는 조직관점에서 정보시스템 사용을 통해 얻은 개인의 효과 전체를 의미한다.

1995년 Pitt, Watson & Kavan(1995)은 정보시스템 부서의 서비스도 정보시스템 성공을 결정하는 주요 요인이라 주장하며 [그림 3-23]과 같이 시스템의

[그림 3-22] 초기 정보시스템 성과모형

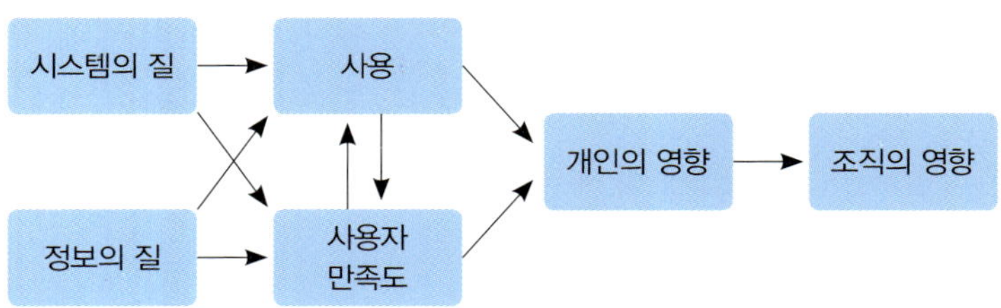

[그림 3 - 23] 서비스 질 추가 정보시스템 성과모형

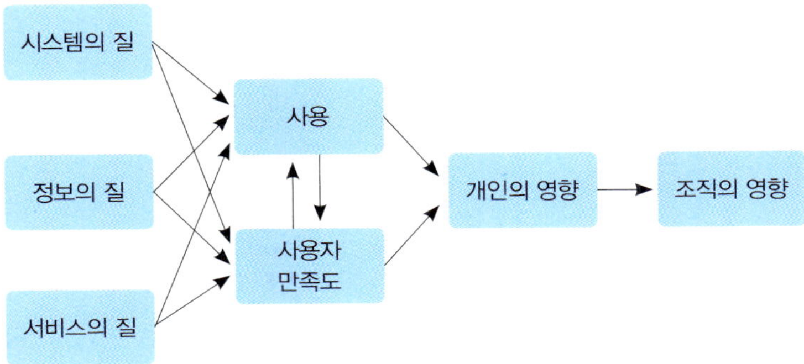

질과 정보의 질을 비롯한 서비스 질(service quality)을 포함한 수정된 정보시스템 성과모형을 제시하였다. 제시된 모형에서 서비스 질은 서비스 마케팅 분야의 대표이론인 서브퀄(SERVQUAL)을 도입·적용하였다.

정보시스템 성과모형이 1992에 발표된 이후 DeLone & McLean(2003)은 정보시스템 분야의 다른 학자들의 비판과 논쟁에 대한 응답으로 [그림 3 - 24]와 같은 개선된 형태의 확장된 정보시스템 성과모형을 제시하였다.

DeLone & McLean(2003)은 새로운 정보시스템 성과모형에 서비스 질을 추가하였고 시스템 사용에 대한 측정의 편리성을 제공하고자 사용 의도(intentions to use)로 대체 가능하다고 밝혔다. 아울러 과거에 모호한 개인의 영향과 조직의 영향 변수를 순이익(net benefits)이라는 변수로 통합하였다.

[그림 3 - 24] 확장된 정보시스템 성과모형

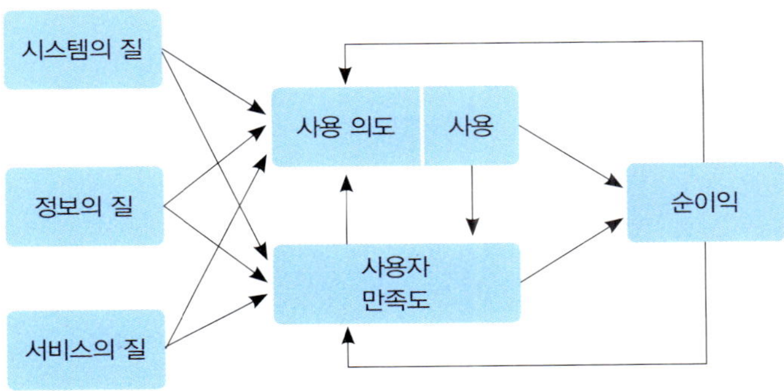

정보시스템 성과모형은 수천 편의 정보시스템 분야의 논문에서 인용되었으며 현재 정보시스템 연구에서 기술수용모형과 더불어 가장 영향력 있는 이론 중 하나로 간주되고 있다.

3.2.18 조직시민행동

조직시민행동(Organizational Citizenship Behavior, OCB)은 공식적 보상 시스템에서 직접 또는 명시적으로 인정하지 않는 재량적인 개인행동으로, 집합적으로 조직의 효과적인 기능을 촉진하는 개인행동에 관한 이론이다. 조직시민행동은 전반적인 조직 효율성과 연결되며, 조직의 성과에 긍정적인 결과를 제공한다는 개념으로 다수의 연구자가 조직시민행동을 정의하기 위하여 다양한 개념이나 구성요소들을 제안하였다. 이 중 Organ(1988)이 제시한 조직시민행동은 이전 연구에서 제안된 역할외 행동(extra-role behavior)이나 자발적 행동에 대한 구성요소 등을 포괄적으로 나타내는 조직시민행동의 구성요소로 널리 받아들여지고 있다.

Organ(1988)은 [그림 3-24]에서와 같이 조직시민행동의 구성요소로 이타주의, 성실성, 예의성, 시민의식, 그리고 스포츠맨십의 5가지를 제시하였다. 이

[그림 3-25] 조직시민운동

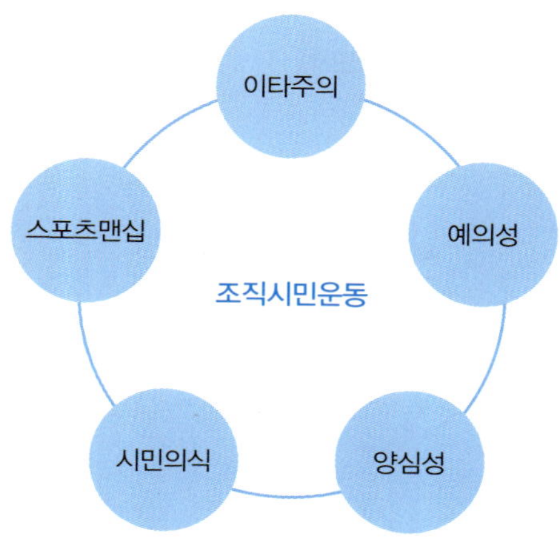

타주의(altruism)는 비정상적인 상황에서 다른 직원의 업무가 완료하도록 도와주는 행동들을 말하며, 성실성(conscientiousness)은 할당된 업무에 대하여 기대 이상으로 성실하게 수행하는 것을 말한다. 예의성(courtesy)은 다른 사람과 문제가 발생하지 않도록 사전에 조심하는 예의 바른 행동들을 말하며, 시민의식(civic virtue)은 조직의 관리 및 행정에 대한 적극적인 참여 및 지지 행동들을 의미한다. 마지막으로 스포츠맨십(sportsmanship)은 조직의 부정적인 측면보다는 긍정적인 측면을 강조하며 조직 행동을 수행하는 것을 의미한다.

조직시민행동이 조직에 긍정적인 영향을 미치기 때문에 조직시민행동 이론은 영업조직, 병원, 학교, 정보시스템 부서와 같은 다양한 조직 구조에서 조직원들의 행동을 분석하기 위하여 활발하게 사용됐으며, 최근에는 SNS, 가상커뮤니티와 같은 온라인상의 가상조직들에서도 회원들의 조직시민행동 효과성에 관한 연구들이 진행되고 있다.

3.2.19 사회자본이론

사회자본이론(Social Capital Theory, SCT)은 지역, 조직, 커뮤니티 또는 사회단체 등의 다양한 집단 영역에서 참여자들 간의 사회적 관계를 통하여 파생되는 자원을 의미하는 사회적 자본과 관련된 이론을 말한다. 사회적 자본이 지식을 만들고 공유하는 핵심 메커니즘으로서 성공적인 집단행동에 필요한 구성원 간의 상호작용을 촉진하기 때문에 오래전부터 많은 연구가 사회적 자본을 이해하기 위하여 다양한 차원의 구성요소들을 제시했다.

Nahapiet & Ghoshal(1998)의 연구는 사회적 자본을 가장 포괄적으로 다룬 연구로 [그림 3-26]과 같이 사회적 자본을 구조적 차원, 인지적 차원, 관계적 차원의 세 가지 차원으로 정의하고 있다. 구조적 차원(structural dimension)은 구성원 간의 전반적인 연결 패턴을 의미하며, 조직 구성원 간의 네트워크 연결(network ties), 네트워크 구조(network configuration) 그리고 적절한 조직(appropriable organization)을 포함하고 있다. 인지적 차원(cognitive dimension)은 당사자 간에 공유된 표현해석 및 의미 체계를 제공하는 자원을 의미하며, 여기에는 개인

간의 상호 이해를 높이고 구성원들이 더 효과적으로 의사소통하는 데 도움이 되는 공유된 강령과 언어(shared code and language)와 공유된 이야기(shared narratives)가 포함된다. 마지막으로 관계적 차원(relation dimension)은 사람들이 상호작용의 역사를 통해 서로 발전해 온 개인적 관계의 종류를 의미하며, 신뢰(trust), 규범(norms), 의무(obligation), 동일시(identification)의 관점에서 네트워크 관계를 설명한다. 즉, 관계적 차원은 네트워크 연결의 특성이나 품질을 다룬다.

사회적 자본은 사회적 활동의 촉진은 물론 정치적 참여를 촉진하는 풍부한 자원과 네트워크를 제공하며, 질병과 관련한 지식 공유로 건강 보건에 긍정적인 영향이 있는 것으로도 알려져 있다. 또한 사회적 자본은 새로운 지적 자본의 창출과 지식의 교환을 용이하게 하기 때문에 사회자본이론은 지식공유(knowledge sharing) 문헌에서 이론적 근간으로 자주 사용되어왔다.

[그림 3-26] 사회자본이론

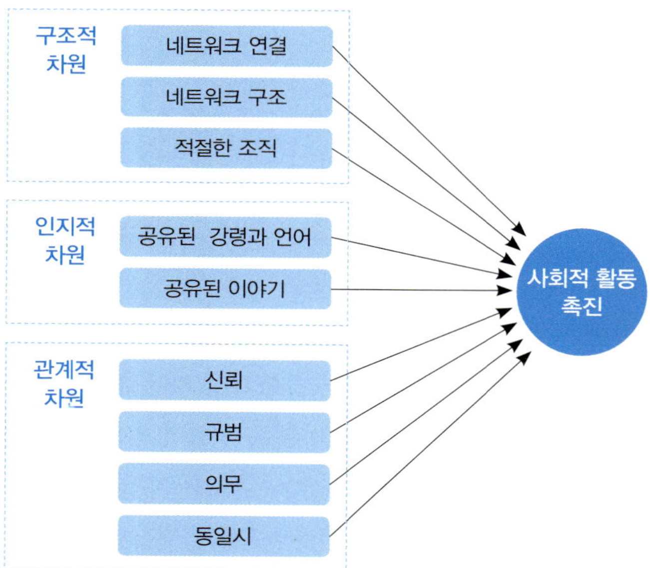

3.2.20 국가문화차원 이론

국가문화차원 이론(Hofstede's Cultural Dimensions Theory) 또는 Hofstede의 문화차원 이론은 Hofstede(2001)가 개발 국가 간 문화의 차이를 이해하고 다양한 문화에서 비즈니스가 수행되는 방식을 이해하는 데 사용되는 프레임워크(framework)이다.

국가문화차원 이론은 [그림 3 - 27]에서와 같이 국가문화를 권력 격차, 개인주의 대 집단주의, 불확실성 회피, 남성성 대 여성성, 장기지향성 대 단기지향성의 5개의 국가문화차원에 최근 방종 대 절제하는 차원을 포함하여 6개 차원으로 구별하고 이러한 문화차원들이 어떻게 해당 국가의 사람들 행동에 영향을 미는가를 설명하고 분석하는 데 사용된다. 권력 격차(power distance)는 사람들이 불평등과 권력 차이를 허용되는 정도로 권력 격차가 높은 문화는 불평등과 권력 차이를 수용하고 관료제를 장려하며 계급과 권위에 대한 높은 존중을 나타낸다. 개인주의 대 집단주의(individualism vs. collectivism)는 사람들이 집단으로 인식하는 정도로 개인주의는 개인적 목표 달성의 중요성을 강조하고 집단주의는 집단 목표의 중요성을 더욱 강조한다. 불확실성 회피(uncertainty avoidance)는 사람들이 불확실성과 모호성이 허용되는 정도로 불확실성 회피 높은 사회는 불확

[그림 3 - 27] Hofstede의 국가문화차원 이론

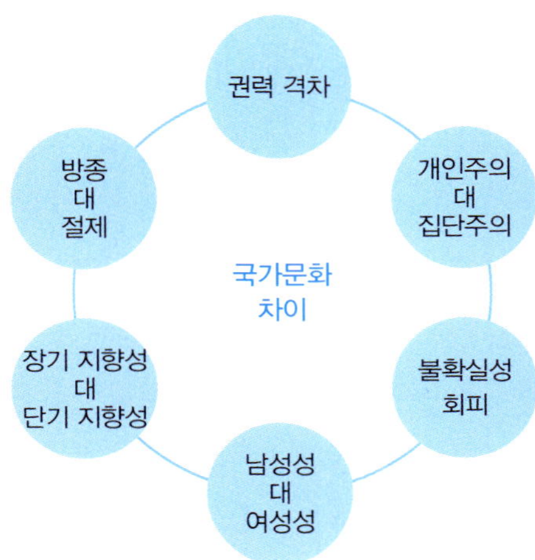

실성과 모호성을 줄이고자 엄격한 규칙이나 규정을 만들고 불확실성 회피가 낮은 사회는 법규나 규정이 느슨한 경향이 있다. 남성성 대 여성성(masculinity vs. femininity)은 사회의 사람들이 남성성 또는 여성성 성향의 높은 정도로 남성성이 높은 사회의 사람들은 성취욕이 높으며, 여성성이 높은 사회에서는 삶의 질에 대한 관심이 높다. 장기지향성 대 단기지향성(long-term orientation vs. short-term orientation)은 사회의 결과에 대한 시간적 기다림의 정도로 장기지향성은 미래에 초점을 맞추고 장기적 성공을 달성하기 위해 끈기, 인내 및 장기 성장을 강조하고 단기지향성은 미래보다 현재에 더 중점을 둔다. 마지막으로 방종 대 절제(indulgence vs. restraint)는 사회가 욕구를 충족시키는 정도로 방종의 사회는 인생을 즐기고 개인의 자유로운 삶을 허용하는 편이고 절제의 사회는 개인의 필요 충족을 억제하고 사회적 규범을 통해 개인의 욕구를 규제하는 경향이 높다.

국가문화차원 이론은 특정 국가 사람들의 행동이나 사회적 현상을 문화 차원들을 근간으로 설명하고 분석하는 연구들과 국가 간 정치, 경제, 사회, 문화 등의 비교연구들에 이론적 프레임워크로 활발하게 사용되고 있다.

3.2.21 빅5 성격 특성

빅5 성격 특성(Big Five Personality Traits) 또는 5요인 모형(Five Factor Model, FFM)은 Goldberg(1990)에 의해 제시되고 Costa & McCrae(1992)의 경험적인 조사연구를 통하여 정립된 이론으로 사람들의 성격 특성에 대한 5가지의 요소를 제시하고 있다. 이론에서 제시되는 개인의 5가지 특성 요소는 [그림 3-28]에서 보이는 바와 같이 경험에 대한 개방성, 성실성, 외향성, 우호성, 신경성이다.

경험에 대한 개방성(openness to experience)은 상상력, 호기심, 모험심, 예술적 감각 등으로 보수주의에 반대하는 성향으로 개인의 심리 및 경험의 다양성과 관련된 것으로, 지능, 상상력, 고정관념의 타파, 심미적인 것에 관한 관심, 다양성에 대한 욕구, 품위 등과 관련된 특질을 포함한다. 성실성(conscientiousness)은 목표를 성취하기 위해 성실하게 노력하는 성향으로 과제 및 목적 지향성을 촉진하는 속성과 관련된 것으로, 심사숙고, 기준이나 규칙의 준수, 계획 세우기, 조

[그림 3-28] 빅5 성격 특성

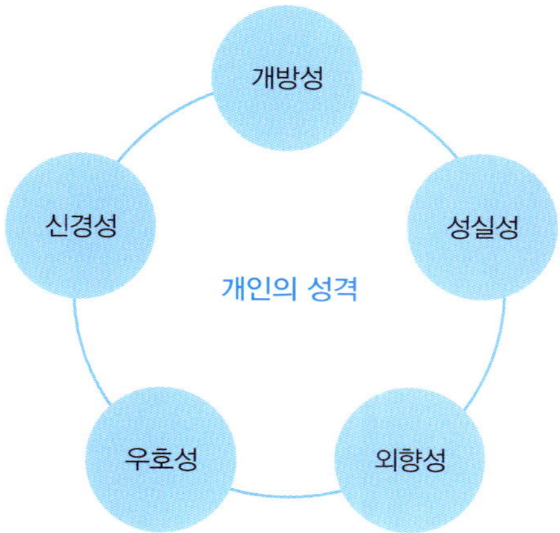

직화, 과제의 준비 등과 같은 특질을 포함한다. 외향성(extraversion)은 다른 사람과의 사교, 자극과 활력을 추구하는 성향으로 사회와 현실 세계에 대해 의욕적으로 접근하는 속성과 관련된 것으로, 사회성, 활동성, 적극성과 같은 특질을 포함한다. 우호성(agreeableness)은 타인에게 반항적이지 않은 협조적인 태도를 보이는 성향으로 사회적 적응성과 타인에 대한 공동체적 속성을 나타내는 것으로, 이타심, 애정, 신뢰, 배려, 겸손 등과 같은 특질을 포함한다. 마지막으로 신경성(neuroticism)은 분노, 우울함, 불안감과 같은 불쾌한 정서를 쉽게 느끼는 성향으로 걱정, 부정적 감정 등과 같은 바람직하지 못한 행동과 관계된 것으로, 걱정, 두려움, 슬픔, 긴장 등과 같은 특질을 포함한다.

빅5 성격 특성은 현대 심리학에서 가장 널리 인정받고 있는 요인분석에 기반을 둔 특성이론(trait theory)으로 다양한 연구들에서 그 유효성이 확인됐다. 특히 빅5 성격 특성이 사람들의 성격 유형을 분류하는 데 유용하고 다른 성격 특성 분류법보다 가장 큰 합의를 얻었기 때문에, 많은 연구에서 개인의 성격이 미치는 영향을 조사하기 위해 활발하게 사용되고 있다.

Chapter 4

사회과학연구 통계분석

4.1 사회과학연구와 통계

4.2 기술통계 분석

4.3 추론통계 분석

4.4 구조방정식모델링

사회과학연구와 통계 4.1

통계(statistics)는 적절한 조사와 실험을 통하여 수집된 자료를 정리, 요약, 분석 및 확률을 기반으로 추론하여 결론을 이끌기 위한 자료 분석기법으로서, 사회과학연구에서의 가설 검증을 위한 도구로써 사용되는 것은 물론 경영활동, 마케팅, 의료, 금융 등과 같은 다양한 분야에서 자료에 대한 분석을 위하여 실무적으로 응용되어 사용된다.

4.1.1 통계의 분류

통계는 [그림 4 - 1]에서와 같이 수집한 자료의 특성을 규명하는 기술통계와 표본을 근간으로 모집단의 특성을 추정하는 추론통계로 구분된다. 모집단(population)은 정보를 얻고자 하는 대상이 되는 집단 전체를 의미하고 표본(sample)은 모집단에서 추출된 모집단 일부를 의미한다.

[그림 4 - 1] **기술통계 및 추론통계**

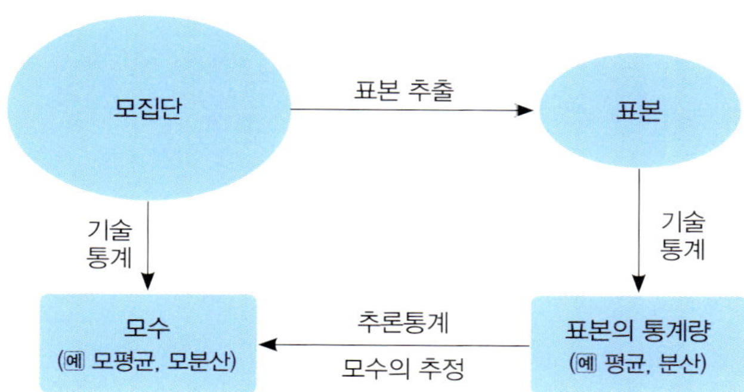

(1) 기술통계

기술통계(descriptive statistics)는 수집한 자료의 정리, 표현, 요약 및 해석을 통해 자료의 특성을 규명하는 통계적 방법으로 이를 통해 현재의 현상을 기술하는 것을 목적으로 하는 통계분석을 의미한다.

(2) 추론통계

추론통계(inferential statistics)는 수집한 데이터에서 표본을 추출하여 특성을 파악한 후 모집단의 특성인 모수를 통계적 추정[1]하거나 가설 검증[2]을 하는 통계 분석으로 추정치가 일반화할 수 있는지를 판단한다. 따라서 추론통계는 표본을 기초로 전체나 미래를 예측하는 것에 초점을 맞추고 있다.

4.1.2 사회과학연구 절차와 통계

사회과학연구는 연구문제 정의 및 연구가설을 설정하고, 가설을 검증하기 위하여 다양한 자료를 수집·분석하여 연구가설을 검증하고 결론을 일반화하는 절차를 거친다. 이러한 사회과학연구 절차에서 통계는 수집된 자료에 대한 분석을 통하여 표본 특성 파악과 가설 검증을 지원하는 것을 주목적으로 한다. 이때 기술통계는 표본의 특성 분석에 주로 활용되고 추론통계는 가설 검증에 주로 이용된다.

- 기술통계: 표본의 특성 분석에 주로 이용
- 추론통계: 가설 검증에 주로 이용

4.2 기술통계 분석

기술통계(descriptive statistics)는 자료의 특성을 쉽게 파악할 수 있도록 수집한 자료를 요약, 정리하여 주요 특성을 분석하는 통계기법으로 주요 기술통계 기법은 빈도분석, 기술분석, 교차분석 등이 있다.

사회과학연구에서 가설을 검증하기 위하여 기술통계 기법을 사용하는 경우

---

1) 표본의 특성을 나타내는 통계량을 기초로 하여 모집단의 특성인 모수를 측정하는 방법

2) 모수에 대하여 특정한 가설을 세워 놓고 표본을 추출하여 통계량을 계산한 다음 이를 기초로 하여 모수에 대한 가설의 진위를 판단하는 방법

[표 4 - 1] 주요 기술통계 기법

통계기법	설명
빈도분석	범주형 자료의 분포적 특성을 파악하는 통계기법
기술분석	연속형 자료의 주요 특성값들을 파악하는 통계기법
교차분석	범주형 자료인 두 개 이상의 변수에 대해 교차하는 빈도를 분석하는 통계기법

는 거의 없다.[3] 일반적으로 사회과학연구에서 기술통계 기법은 빈도분석과 기술분석이 주로 사용되며, 빈도분석은 설문 응답자의 분포를 설명할 때 사용되고 기술분석은 평균, 표준편차를 이용하여 변수들의 특성 등을 설명하는 데 주로 사용된다.

4.2.1 빈도분석

빈도분석(frequency analysis)은 자료의 특정 변수에 대하여 차지하는 측정값들의 수량 즉, 빈도와 비율을 산출하는 분석이다. 예를 들어 투표에 참여한 유권자들에 대한 빈도분석은 성별, 연령, 출신지역 등의 특정 변수들에 대하여 남녀의 수는 몇 명이고, 20대, 30대, 40대, 50대, 60대 이상과 같은 연령대의 수와 비율은 얼마이며, 출신지역별 인원수 등은 얼마인지와 같은 빈도와 비율 등을 분석하는 것이다.

빈도분석은 가장 기초적인 기술통계 분석기법으로 자료의 분포를 이해하는 데 도움을 주는 분포적 특성 정보를 제공한다. 빈도분석의 결과는 빈도표로 표시하며, 빈도표에는 분석 변수의 항목별 빈도(frequency)와 상대 비율(relative percentage %)이 포함되어 있다. 예를 들어 특정 중학교의 성별에 대한 빈도분석은 [표 4 - 2]와 같은 빈도표로 표시한다.

[표 4 - 2] 빈도표 예시

성별 빈도표		
변수	빈도	비율(%)
남성	289	0.48
여성	311	0.51

사회과학연구에서 빈도분석은 표본에 대한 성별, 연령대, 직업, 학력과 같은 표본의 인구통

3) 사회과학연구에서의 가설 검증은 모집단 전체가 아닌 표본을 이용하므로 추론통계분석이 일반적으로 사용된다.

계학적인 특성을 분석하기 위한 목적으로 주로 사용된다. 이를 통해 모집단에 대한 표본의 정당성을 보여준다.

4.2.2 기술분석

기술분석(descriptive analysis)은 자료의 특징을 쉽게 파악하는 것을 목적으로 수집한 자료의 주요 특성을 파악하는 통계기법이다. 기술분석은 주로 자료의 중심경향성을 파악하기 위한 평균값, 중앙값, 최빈수 값 등과 자료의 변동성을 측정하기 위한 최댓값, 최솟값, 범위, 분산, 표준편차, 변동계수, 왜도[4]와 편도[5] 등의 자료의 주요 특성들을 파악하는 분석기법으로 일반적으로 수치계산이 가능한 연속성 자료를 대상으로 한다. 예를 들어 특정 지역 사람들의 소득에 대한 기본적인 기술 분석은 [표 4-3]과 같은 자료의 평균과 같은 중심경향성 척도들과 표준편차와 같은 변동성 척도들을 산출한다. 산출된 기술분석 자료를 토대로 그 지역 사람들의 소득과 관련한 주요 특성을 파악할 수 있다.

[표 4-3] 기술분석 예시

변수	표본수	최솟값	최댓값	평균	표준편차	왜도	첨도	평균의 표준오차
소득	90	0	9,300	4,979	1,917	0.07	-0.1	202.04

사회과학연구에서 기술분석은 측정지표들에 대한 평균이나 표준편차와 같은 자료의 변동성에 대한 지표를 활용하여 측정지표들의 특성을 탐색적으로 분석하기 위한 목적으로 사용된다. 아울러 다수의 추론통계분석 기법들이 자료의 정규성[6]을 가정하여 추정하므로 기술분석시 자료의 변동성이 큰 경우 정규성 검증(normality test)을 수행할 필요가 있다.

4) 왜도(skewness)는 자료 분포의 대칭정도를 말하며 자료들이 중심으로부터 좌우 대칭일 경우에는 왜도의 값이 0이고, 0보다 크면 오른쪽으로 치우친 분포(양의 왜도)이고 0보다 작으면 왼쪽으로 치우친 분포(음의 왜도)가 된다.

5) 첨도(kurtosis)는 자료의 분포에서 뾰족한 정도를 말하며 정규분포의 첨도는 0, 정규분포보다 중심이 높아 뾰족한 경우는 첨도 값이 양수로 나오고(양의 첨도), 중심이 정규분포보다 낮고 분포가 비교적 퍼져 있으며, 꼬리 부분이 짧은 경우는 음수 값(음의 첨도)을 가진다.

6) 정규성은 자료가 정규분포 형태로 구성되었는지를 의미한다.

4.2.3 교차분석

교차분석(cross-tabulation analysis)은 범주형 자료인 두 개 이상의 변수에 대한 교차하는 빈도를 표로 나타내 주는 분석기법이다. 빈도분석이 한 개의 변수에 대한 빈도를 측정하는 방법이었다면 교차분석은 두 개의 변수를 교차한 자료에 대한 빈도를 분석하는 통계기법이다. 예를 들어 특정 중학교의 성별과 학년에 대한 교차분석은 [표 4-4]와 같은 교차 빈도표로 표시한다.

[표 4-4] 교차 빈도표 예시

교차 빈도표					
변수		1학년	2학년	3학년	합계
남성	빈도	102	98	89	289
	비율(%)	35.3	33.9	30.8	100
여성	빈도	110	104	97	311
	비율(%)	35.4	33.4	31.2	100

교차분석은 행과 열을 갖는 교차표(crosstabs table)를 작성하여 단순히 교차 빈도를 분석할 뿐만 아니라 일반적으로 두 변수 간의 독립성 여부를 검정하는 추론통계 기법의 카이제곱(Chi-square) 검정도 같이 수행된다. 이때 카이제곱 검정은 다음과 같은 기대빈도와 실제빈도 간의 차이에 의하여 계산된다.

$$\chi^2 = \sum\left(\frac{O_{ij} - \widehat{E}_{ij}}{\widehat{E}_{ij}}\right) - O_{ij}$$

E_{ij}: 기대빈도, O_{ij}: 실제빈도

상기의 수식에서 카이제곱(χ^2)의 값이 커진다는 것은 기대빈도와 실제빈도 간의 차이가 크다는 것을 의미하며, 기대빈도와 실제빈도 간의 차이가 크다는 것은 두 변수 간의 연관성이 높다는 것을 의미한다.

4.3 추론통계 분석

추론통계(inferential statistics)는 표본을 추출하여 특성을 파악한 후 모집단의 특성으로 일반화할 수 있는지를 판단하여 모수를 추정하거나 가설을 검증하는 데 사용되는 통계분석기법을 말한다. 추론통계에서 가설 검증은 모집단의 특성인 모수에 대하여 특정한 가설을 세워 놓고 표본을 추출하여 통계량을 계산한 다음 이를 기초로 하여 모수에 대한 가설의 진위를 판단하는 방법이다.

추론통계 분석은 분석기법에 부합하는 확률분포를 이용하여 통계적 추정[7]이나 가설 검증을 수행한다.

4.3.1 확률분포

확률분포(distribution)는 표본을 이용하여 모집단의 특성을 추정하는 추론통계에서 모수 추정을 위한 기준으로 활용된다. 추론통계에 주로 사용되는 확률분포는 표준정규분포, t-분포, χ^2-분포, F-분포 등이 있다.

(1) 표준정규분포

정규분포(normal distribution)는 연속적이고 좌우대칭인 종모양의 확률분포로서 실생활에서 관측하는 자료 대부분은 정규분포와 비슷한 형태를 가지고 있다. 표준정규분포(standard normal distribution)는 정규분포의 특성을 이용하여 확률계산을 할 목적으로 임의의 정규분포로 변환시켜 만든 것으로 정규분포를 따르는 확률변수 X를 표준화시킨 새로운 확률변수 Z의 분포로서 확률변수 X의 평균과 분산에 관계없이 Z는 평균이 0이고 분산이 1이라는 일정한 형태를 보인다.

$$Z = \frac{(X-\mu)}{\sigma}$$

μ: 모집단의 평균, σ: 모집단의 표준편차

---

7) 통계적 추정(statistical estimation)은 표본을 이용하여 모집단의 평균이나 분산과 같은 모집단의 특성을 추정하는 것을 의미한다.

정규분포는 표본의 평균이나 분산을 기반으로 모집단의 평균이나 분산들을 통계적 추정할 때 주로 사용된다.

(2) t-분포

t-분포는 모집단이 정규분포를 하더라도 분산이 알려지지 않았고 표본의 수가 적을 때 모평균에 대한 통계적 추정 및 가설 검증에 유용하게 쓰이는 분포로서 자유도에 의해 분포의 모양이 결정된다. 다음의 통계량[8)]은 자유도[9)]가 $n-1$인 t-분포에 따른다.

$$t=\frac{\bar{X}-\mu}{S/\sqrt{n}}$$

$\bar{X}$: 표본평균, μ:모집단의 평균, S: 모집단의 표준편차, n: 표본 개수

t-분포는 표본의 수가 적었을 때 모평균에 대한 추정이나 모집단 평균의 차이를 검정하는 평균차이 분석(t-test)을 이용한 가설 검증에서 주로 사용된다.

(3) χ^2-분포

χ^2-분포(또는 카이스퀘어 분포)는 정규분포를 이루고 있는 모집단에서 각 표본의 표준화된 분산의 합이 이루는 분포로서 비대칭이고 긴 꼬리를 가지며 항상 양의 값을 가지고 있으며, 자유도에 의해 분포의 모양이 결정된다. χ^2-분포는 교차분석이나 모집단의 분산이 특정한 값을 갖는지의 여부를 검정하는 데 사용된다. 다음의 통계량은 자유도가 $n-1$인 χ^2-분포에 따른다.

$$\chi^2=\frac{(n-1)s^2}{\sigma^2}$$

s^2: 표본의 분산, σ^2: 모집단의 분산, n: 표본 개수

---

8) 통계량(statistic)은 표본평균, 표본분산, 표본표준편차와 같은 표본의 특성을 나타내는 값으로 모집단의 특성인 모수(예 모평균, 모집단 분산, 모집단 표준편차)를 추정하는 데 사용한다.

9) 자유도(degrees of freedom)는 통계적 추정을 할 때 표본자료 중 모집단에 대한 정보를 주는 독립적인 자료의 수로 크기가 n인 표본의 관측값의 자유도는 $n-1$이다. 즉, 표본 수량에서 1을 뺀 숫자이다.

χ^2-분포는 명목척도로 측정된 두 변수 간의 상관관계를 검정하는 데 유용하게 쓰이는 분포이다. 따라서 χ^2-분포는 교차분석에서 관찰빈도와 기대빈도 간의 차이에 대한 검정 및 상관관계 검정, 그리고 비율차이 분석[10)]을 수행하는 데 주로 사용된다.

(4) F-분포

F-분포는 동일한 분산을 가지고 정규분포를 이루는 두 개의 모집단으로부터 추출된 표본분산들 간의 비율이 이루는 분포로서 두 집단 간의 분산의 동일성을 검정하는 데 사용되는 분포이다. F-분포는 분자와 분모의 두 자유도에 의해 분포의 모양이 결정된다. 다음의 통계량은 분자와 분모의 자유도가 각각 $n-1$과 $m-1$인 F-분포에 따른다.

$$F = \frac{\dfrac{(n-1)s_1^2}{\sigma_1^2}(n-1)}{\dfrac{(m-1)s_2^2}{\sigma_2^2}/(m-1)}$$

s^2: 표본의 분산, σ^2: 모집단의 분산, n, m: 표본 개수

F-분포는 분산분석을 이용한 가설 검증이나 회귀분석에서 추정된 회귀식의 유의성을 검정하는 데 사용된다.

4.3.2 주요 추론통계 분석기법

주요 추론통계 분석기법은 집단 간 차이 여부를 분석하는 평균차이 분석, 분산분석과 변수 간의 관계성에 초점을 맞추고 있는 상관관계분석, 요인분석, 회귀분석 등이 있다. [표 4-5]는 주요 추론통계 분석기법을 나타내고 있다.

---

10) 비율차이 분석(proportion test)은 두 집단 간의 비율의 차이가 통계적으로 유의하였는지를 파악할 때 이용하는 통계기법이다.

[표 4-5] 주요 추론통계 분석기법

통계기법	설명
평균차이 분석	두 집단 간 평균의 차이가 통계적으로 유의하는가를 파악할 때 이용하는 통계기법
분산분석	주로 세 집단 이상의 평균치에 대한 차이를 검정하는 통계기법
상관관계분석	변수들 간의 관련성 여부 및 정도를 분석할 때 사용되는 통계기법
신뢰도 분석[11]	측정도구에 대한 신뢰도 분석을 위한 통계기법
요인분석	측정도구에 대한 타당도 분석을 위한 통계기법
회귀분석	변수들 사이의 인과관계를 규명하는 통계기법

4.3.3 추론통계의 가설 검증 절차

가설 검증은 모수에 대한 특정한 가설을 설정하고 표본에서 계산된 통계량을 기초로 하여 설정된 가설의 채택 여부를 판단하는 것을 의미한다. 따라서 추론통계를 이용한 가설 검증 절차는 [그림 4-2]와 같이 가설 설정, 유의수준 결정, 검정방법 선정, 검정통계량 및 유의확률인 p-value 산출, 가설 검증 순으로 진행된다.

[그림 4-2] 가설 검증 절차

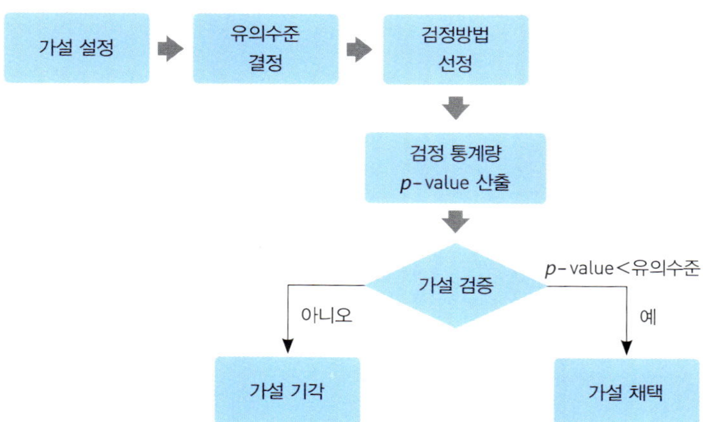

11) 신뢰도 분석은 통계적 추정이나 가설 검증을 위한 추론통계 분석기법은 아니나, 사회과학연구 절차에 대한 설명을 위해 추론통계 분석기법 영역에 포함하여 설명한다.

(1) 가설 설정

가설(hypothesis)은 연구자가 모집단이 가지고 있는 어떤 특정한 모수에 관한 가정이나 주장을 실제적인 검증 이전에 하나의 문장으로 표현한 것으로 이론 또는 경험적으로 도출될 수 있으며 귀무가설[12]과 대립가설[13]이 있다.

대립가설이 사실이라고 증명이 되면 귀무가설은 기각되지만 그렇지 않았을 때 대립가설이 기각되고 대신 귀무가설이 수용된다. 일반적으로 사회과학연구에서 실증분석 연구의 경우 귀무가설은 생략하고 대립가설만 설정하여 검증한다.

(2) 유의수준 결정

유의수준(significance level)은 통계적인 가설 검증에서 사용되는 기준값으로 일반적으로 유의수준은 α로 표시한다. 유의수준에는 1%, 5%, 10% 등이 있으나 사회과학연구에서는 통상적으로 5%가 주로 이용된다. 따라서 95%의 신뢰도를 기준으로 한다면 0.05가 유의수준 값이 된다.

(3) 검정방법 설정

검정방법은 가설을 검증하기 위한 통계기법에 대한 선정 작업으로 주로 추론통계 분석기법을 이용한다. 예를 들어, 집단 간 차이 여부를 검증하는 가설의 경우에는 평균차이 분석, 카이스퀘어 검정, 분산분석 등이 사용되고 변수 간의 관계성에 대해 검정을 하는 가설에는 상관관계분석이나 회귀분석 등이 사용된다.

(4) 검정통계량 산출 및 유의확률

검정통계량(test Statistic) 산출 및 유의확률인 p-value는 자료에 대한 통계량 계산을 통해 이루어지며, 일반적으로 이러한 계산들은 통계 패키지를 이용하여 수행된다. 평균차이 분석의 경우는 t-값, 카이스퀘어 검정에는 χ^2-값, 분산분석

---

12) 귀무가설(null hypothesis)은 어떤 주장이 잘못되었다는 것이 증명되지 않는 이상이 진실로 수용되는 것으로 귀무가설은 집단 간 하나의 검정변수에 대해 평균의 차이가 존재하지 않는다든가, 또는 두 변수 간 상호관련성이 없다는 등의 내용으로 이루어진다.

13) 대립가설(alternative hypothesis)은 연구자가 증명하고자 하는 또는 채택시키고자 하는 내용으로 표현된 가설로 수집된 자료분석을 통하여 하나의 객관적인 사실로 받아들여지기를 바라는 내용으로 구성된 가설을 말한다.

에는 F-값, 그리고 회귀분석에서는 t-값 등의 검정통계량들을 산출한 후 이를 각 분포에 근거하여 유의확률 값인 p-value를 산출한다.

(5) 가설 검증

가설 검증은 설정된 유의수준과 검정통계량의 유의확률 값인 p-value에 대한 비교를 통하여 검정한다. 통상적으로 사회과학 연구의 경우 유의수준을 5%로 설정하기 때문에 산출된 p-value가 0.05보다 작은 경우 가설이 채택된다.

4.3.4 평균차이 분석

평균차이 분석 또는 t-검정(t-test)은 두 집단 간 평균을 비교하는 통계분석 기법이다. 즉 평균차이 분석은 두 집단 간 평균 차이에 대하여 통계적으로 차이가 있는지를 검정하는 통계기법으로 모집단의 분산이나 표준편차를 알지 못할 때 모집단을 대표하는 표본으로부터 추정된 분산이나 표준편차를 가지고 t-분포에 의존하여 검정하는 통계분석 기법이다. 평균차이 분석은 두 집단 자료의 존재 여부나 두 집단의 동일성에 따라 독립표본 t-검정과 대응표본 t-검정으로 구분할 수 있다. 독립표본 t-검정은 표본의 수가 다른 두 집단에 대한 비교시 사용된다. 예를 들어 [그림 4-3]에서와 같이 남녀비율이 다른 한 학급에서 남학생과 여학생의 영어 성적 차이의 유의성을 검정할 때 사용된다. 대응표본 t-검정은 표본의 수가 같은 두 집단이나, 한 집단에 대한 특정 자극에 대한 전후 차이 비교시 사용된다. 예를 들어 체중조절에 대한 명상의 효과를 검증하기 위하여 한 학

[그림 4-3] **평균차이 분석 자료 예시**

[독립표본 평균차이 예시자료]

성별	영어 성적
남학생	956
남학생	984
여학생	836
남학생	781
여학생	892

[대응표본 평균차이 예시자료]

명상 전 체중	명상 후 체중
76.8	64.8
44.4	32.4
66	66
62.4	52.8
63.6	54

급의 학생들에 대하여 명상 전의 체중과 명상 후의 체중을 비교하여 차이를 검증할 때 사용된다.

t-검정은 다음과 같은 수식들에 의한 t-통계량 산출과 이에 대한 p-value 산출을 통하여 이루어진다.

독립표본 t-통계량 산출 공식

$$t = \frac{\bar{X}_1 - \bar{X}_2}{\sqrt{\frac{s_p^2}{n_1} + \frac{s_p^2}{n_2}}} \qquad s_p^2 = \frac{(n_1 - 1)s_1^2 + (n_2 - 1)s_2^2}{n_1 + n_2 - 2}$$

n_1: 집단 1의 표본수, S_1^2: 집단 1의 표본분산
n_2: 집단 2의 표본수, S_2^2:집단 2의 표본분산

대응표본 t-통계량 산출 공식

$$t = \frac{\bar{X}_1 - \bar{X}_2}{\sqrt{\frac{s_1^2}{n_1} + \frac{s_2^2}{n_2}}} \qquad s_i^2 = \frac{\sum(x_i - \bar{X}_i)^2}{n_i - 1}$$

$\bar{X}_1$: 집단 1의 표본의 평균, $\bar{X}_2$: 집단 2의 표본의 평균

우선 독립표본 또는 대응표본에 대한 t-통계량이 상단의 공식에 의하여 산출되면 이를 t-분포도를 참조하여 유의확률인 p-value를 도출한다. 자유도에 따라 t-통계량에 대한 p-value 값이 달라지기 때문에 자유도를 확인해야 하며, 자유도는 표본수 - 1이다. 이후 산출된 p-value를 가지고 최종적으로 가설 검증을 수행한다. 즉, p-value가 일반적으로 유의수준인 0.05보다 작으면 차이 있는 것으로 가설이 채택되며, 0.05보다 크면 기각이 된다.

결론적으로 t-검정에서 확인해야 할 것은 t-통계량, 자유도, p-value이며, 이런 수치들은 SPSS와 같은 통계 패키지에서 두 집단에 대한 t-검정을 수행하면 결과로써 제공된다.

4.3.5 분산분석

분산분석(Analysis of variance, ANOVA)은 일반적으로 3개 이상의 집단에 대하여 차이를 비교하고자 할 때 사용되는 분석기법으로 집단 내의 분산과 집단 평균의 차이에 의한 집단 간 분산의 비교를 통해 생성된 F-분포를 이용하여 차이 검정을 수행하는 통계분석 기법이다. 분산분석은 표본의 수가 다른 집단들에 대한 비교시 사용되는 일원배치 분산분석과 표본의 수가 같은 집단들에 대한 비교시 사용되는 반복측정 분산분석으로 구분된다. 예를 들어 [그림 4-4]에서와 같이 일원배치 분산분석은 일반적으로 저소득, 중산층, 고소득층과 같이 모집단의 수가 차이가 있어 표본의 수를 인위적으로 통제하기 쉽지 않은 자료들에 대한 차이를 분석시 활용되며, 반복측정 분산분석은 일반적으로 동일 집단에 대하여 셋 이상의 조건에 노출이 되어 측정된 결과를 분석할 때 사용된다. 즉, 예를 들면 동일 실험집단에 대하여 신약 효과가 월별 차이가 있는지에 대한 분석 등을 수행할 때 사용된다.

분산분석은 다음과 같은 방식에 의한 F-통계량 산출과 이에 대한 p-value 산출을 통하여 이루어진다.

$$F\text{-통계량} = \frac{\text{집단내 분산}}{\text{집단간 분산}}$$ 의 값이 크면 클수록 집단 간 차이가 크다.

우선 F-통계량이 상단과 같은 방식에 의하여 산출되면 이를 F-분포도를 참

[그림 4-4] 분산분석 자료 예시

[일원배치 분산분석 예시자료]

주거지역	월 소비금액
대도시	195.6
소도시	116.4
중도시	183.6
소도시	168
중도시	169.2

[반복측정 분산분석 예시자료]

투약 1월 후	투약 2월 후	투약 3월 후
76.8	64.8	54
44.4	32.4	39.6
66	66	51.6
62.4	52.8	52.8
63.6	54	51.6

조하여 유의확률인 p-value를 도출한다. 분산분석에서의 자유도 2개로 집단수에 대한 자유도는 집단수 - 1과 표본수 - 1이 있으며, 이에 대하여 산출된 p-value를 가지고 최종적으로 가설 검증을 수행한다. 즉, p-value가 일반적으로 유의수준인 0.05보다 작으면 집단 간 차이 있는 것으로 가설이 채택되며, 0.05보다 크면 기각이 된다.

결론적으로 분산분석에서 확인해야 할 것은 F-통계량, 2개의 자유도, 그리고 p-value이며, 통계 패키지에서 분산분석 수행 후 결과로써 제공된다.

4.3.6 상관관계분석

상관관계분석(correlation analysis)은 두 변수 간에 어떠한 관련성 있는지를 분석하는 통계분석 기법이다. 즉 하나의 변수가 다른 변수 간의 관련성이 있는지와 어느 정도 관련성이 있는지를 파악하는 데 사용되는 분석기법이다. 상관관계분석은 [표 4 - 6]에서와 같이 소득과 순재산과의 관계, 교육 수준과 급여와의 관계, 거시적인 관점에서의 통화증가율과 물가상승률과의 관계와 같이 서로 관계가 있을 것 같은 변수들 간의 관계성 여부를 분석할 때 사용된다.

[표 4 - 6] 예시 회귀분석모형의 결과

		소득	순재산
소득	pearson 상관계수	1	0.091
	유의확률(양쪽)	–	0.393
	N	90	90
순재산	pearson 상관계수	0.091	1
	유의확률(양쪽)	0.393	–
	N	90	90

상관관계분석은 일반적으로 산출된 상관계수를 근간으로 수행된다. 상관계수(correlation coefficient)는 두 변수 간의 관련성 정도를 나타내는 값으로 기본 개념은 아래와 같다.

$$r = \frac{X\text{와 } Y\text{가 함께 변하는 정도}}{X\text{와 } Y\text{가 각각 변하는 정도}}$$

상기의 공식에서 상관계수인 r은 0부터 1 범위에 있으며, 0은 X와 Y가 전혀 관계가 없다는 것을 1은 X와 Y가 동일하다는 것을 나타낸다. 사회과학연구에서 상관관계분석은 상관계수에 대한 유의성보다는 r수치로 평가한다. 그러나 상관관계 여부에 대한 상관계수 r 값에 대한 정확한 임계기준은 없다.

4.3.7 회귀분석

회귀분석(regression analysis)은 독립변수와 종속변수 간의 인과관계를 규명하는 통계분석 기법이다. 회귀분석은 독립변수들과 종속변수 사이의 아래와 같은 선형방정식(linear equation)인 회귀식을 근간으로 종속변수에 대한 독립변수들의 영향이 유의한 지 여부를 파악하는 데 목적이 있다. 회귀분석을 이용하기 위해서는 종속변수와 독립변수 모두 등간척도 또는 비율척도와 같은 연속형 변수들로 측정되어야 한다.

$$Y_i = \beta_0 + \beta_1 X_{1i} + \beta_2 X_{2i} + \beta_3 X_{3i} + \cdots + \beta_k X_{ki} + \varepsilon_i$$

Y_i: 종속변수
X_{1i}, X_{2i}, X_{3i}, $\cdots$, X_{ki}: 독립변수
β_0, β_1, β_2, β_3, $\cdots$, β_k: 계수
ε_i: 오차항

회귀분석은 [그림 4-5]와 같은 고객별로 품질, 가격, 서비스 배송 및 쇼핑 만족도에 대한 수치형 자료가 있을 때 변수들 간의 인과관계를 검증할 수 있다. 즉, 품질, 가격, 서비스 배송을 독립변수들로 설정하고 쇼핑 만족도를 종속변수로 설정하여 변수들 간의 인과관계를 검증할 수 있다.

상기와 같은 예시의 경우 회귀분석은 [그림 4-6]과 같이 화살표를 이용하여 품질, 가격, 서비스, 배송이 쇼핑만족도에 영향을 미친다는 형태의 연구모형으로 표시할 수 있다.

통계패기지에서 상기와 같은 회귀분석모형을 실행시키면 각각의 변수들에

[그림 4-5] 회귀분석 예시자료

고객번호	품질	가격	서비스	배송	쇼핑 만족도
190105	7	7	1	4	4
190106	7	4	7	7	7
190107	4	4	3	3	6
190108	3	3	4	6	5
190109	6	4	7	4	6

[그림 4-6] 예시 회귀분석모형

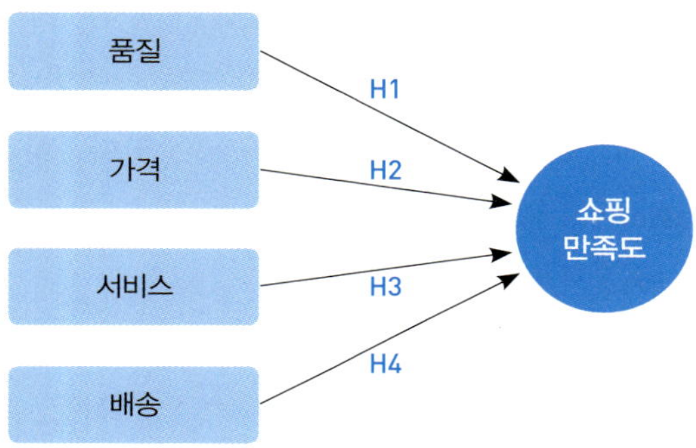

대한 *t*-통계량과 *p*-value들이 제공된다. 연구자는 이를 근거로 각각의 가설에 대한 검증을 수행하면 된다. 예를 들어 [그림 4-6]의 회귀모형을 분석한 결과가 [표 4-7]과 같이 나타났을 경우 품질과 서비스는 *p*-value가 005보다 작아 채택이 되며, 가격과 배송은 기각이 된다. 참고로 표준화 계수는 종속변수에 대한 독립변수의 영향의 크기로 해석하면 된다.

[표 4-7] 예시 회귀분석모형의 결과

독립변수	표준화 계수	*t*-통계량	*p*-value
품질	0.431	4.705	0.000
가격	-0.087	-1.014	0.314
서비스	0.343	3.715	0.000
배송	0.163	1.878	0.064

4.3.8 신뢰도 분석

통계를 이용한 측정지표들의 신뢰도 분석은 일반적으로 내적일관성 신뢰도(internal consistency reliability) 기법인 클론바흐 알파(Cronbach α) 값을 산출하여 분석한다. 클론바흐 알파 방식은 동일한 개념(construct)을 측정하기 위해 여러 개의 항목을 이용하는 경우, 신뢰도를 저해하는 항목을 찾아내어 측정도구에서 제외시킴으로써 측정도구의 신뢰도를 높이기 위한 방법으로 이를 위한 클론바흐 알파의 계산 공식은 다음과 같다.

$$\alpha = \frac{k}{k-1}\left(1 - \frac{\sum_{i-1}^{k}\sigma_i^2}{\sigma_\gamma^2}\right)$$

k: 항목수, σ_γ^2: 총분산, σ_i^2: 각항목의분산

특정 개념을 측정하는 항목들을 가지고 상단과 같은 방식에 의하여 알파(α) 값이 산출되면 일반적으로 권고되는 수치와 비교하여 신뢰도를 평가한다. 일반적으로 권고되는 수치는 0.7으로 산출된 알파(α) 값이 0.7 이상이면 측정지표들이 신뢰도가 있다고 평가한다. SPSS를 포함한 대부분의 통계 패키지들은 클론바흐 알파 계산 기능을 제공한다.

4.3.9 요인분석

요인분석(factor analysis)은 변수들 간의 상관관계를 이용하여 서로 관련성 있는 변수끼리 묶어 변수의 개수보다 적은 수의 요인으로 추출하는 통계분석 기법이다. 요인분석은 [표 4-8]과 같이 탐색적 요인분석과 확인적 요인분석으로도 구분된다. 탐색적 요인분석(exploratory factor analysis)은 변수들 간의 관계 알려지지 않은 상태에서 자료를 소수의 요인으로 묶는 분석을 의미한다. 따라서 항목들에 대하여 어떠한 사전 정보 없이 분석이 수행된다. 탐색적 요인분석은 SPSS와 같은 일반 통계분석 패키지에서 지원되며, 탐색적 요인분석의 주요 목적은 자료의 요약 이외에 개념의 구조 파악, 불필요한 변수의 제거 그리고 측정도

구의 타당도 검증 등에서 사용된다. 이에 대한 세부적인 설명은 다음과 같다.

- 자료의 요약: 여러 개의 변수를 몇 개의 요인으로 묶음으로써 자료의 복잡성을 줄이고 정보를 요약하는 데 이용된다.
- 개념의 구조파악: 여러 개의 변수를 동질적인 몇 개의 요인으로 묶어 구성개념(construct)화함으로써 회귀분석과 같은 추가 분석을 위한 연구모형을 제시하는데 기여한다.
- 불필요한 변수의 제거: 요인으로 묶이지 않은 변수, 즉 중요하지 않은 변수를 자료에서 제거하여 추가적인 분석 결과의 정확도를 높인다.
- 측정도구의 타당도 검증: 동일한 개념을 측정한 변수들이 동일한 요인으로 묶이는지 여부를 확인함으로써 측정도구의 집중타당도 및 판별타당도를 검증하는 데 이용된다.

확인적 요인분석(confirmatory factor analysis)은 이미 특정 요인 또는 개념(construct)의 측정지표들이 서로 묶이는지를 확인하는 요인분석으로 일반적으로 구조방정식모델링을 이용한 연구에서 개념들에 대한 측정도구의 타당도 검증을 위하여 활용된다. 구조방정식모델링에서 구조방정식모형 구성시에 잠재변수와 측정지표 관계를 설정하는 것이 항목들에 대하여 관련 구성개념을 설정하는 것이다.

[표 4-8] 탐색적 요인분석과 확인적 요인분석의 비교

구분	탐색적 요인분석	확인적 요인분석
분석방법	항목들에 사전 정보 없이 분석	항목들에 대한 개념 설정 후 분석
분석도구	일반 통계분석 패키지 (SPSS, SAS 등)	구조방정식모델링 패키지 (AMOS, SmartPLS 등)
사용용도	자료의 요약, 개념의 구조 파악, 변수의 제거, 측정도구의 타당도 검증	측정도구의 타당도 검증

구조방정식모델링 4.4

4.4.1 구조방정식모델링

구조방정식모델링(Structural Equation Modeling, SEM)은 회귀분석의 한계점을 보완한 통계분석 기법으로 확인적 요인분석과 잠재변수들에 대한 경로분석을 한 번에 지원하는 편리하고 효과적인 통계분석 기법이다. 따라서 최근 인과관계 분석을 수행하는 사회과학연구들의 다수가 기존의 통계분석 기법인 회귀분석 대신에 구조방정식모델링을 이용하여 연구모형에 대한 실증적 분석을 수행하고 있다. 구조방정식모델링은 연구모형을 구조방정식모형으로 구성하여 실행한다.

4.4.2 구조방정식모형

[그림 4-7]은 사회과학연구에서 연구모형의 이론적 근간의 자주 사용되는 Fishbein & Ajzen(1975)의 합리적 행동이론(Theory of Reasoned Action, TRA)이다. 합리적 행위 이론은 주관된 규범과 태도가 행위의도에 영향을 주고 행위의도가 행위에 영향을 미친다는 이론으로 이를 실증분석을 위한 구조방정식모형으로 표시하면 [그림 4-7]과 같이 잠재변수와 관련 관측변수들 그리고 경로가 포함된 인과관계모형이 구성된다.

[그림 4-7] 구조방정식모형

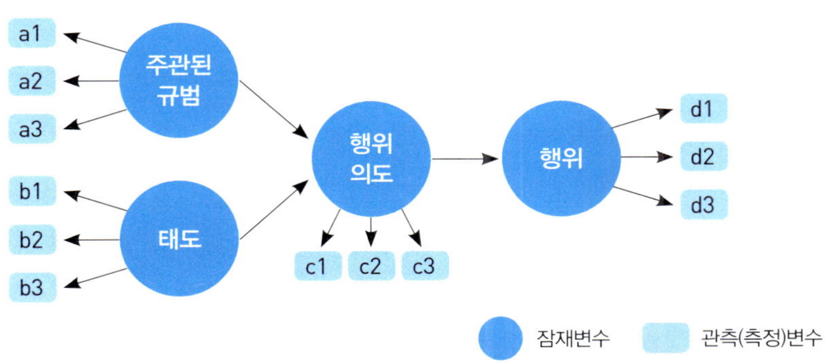

구조방정식모형에서 일반적으로 잠재변수는 타원형으로 나타내고 관측변수는 직사각형으로 나타낸다. 잠재변수들 간의 인과관계는 화살표로 표시하며 잠재변수와 관측변수 간의 화살표는 방향에 따라 반영지표모형과 조형지표모형으로 분류된다. 대부분의 경우 화살표 방향이 잠재변수에서 관측변수를 향하는 반영지표모형을 나타낸다. 조형지표모형은 특수한 경우에 사용된다.

(1) 잠재변수

잠재변수(latent variable)는 구성개념(construct)으로 직접 관찰되거나 측정이 되지 않는 변수를 의미하며, 잠재변수 자체로는 측정이 불가능하므로, 관측변수(observed variable)에 의해서 간접적으로 측정된다. 구조방정식모형에서는 원이나 타원으로 잠재변수를 나타낸다.

(2) 관측변수

관측변수(observed variable)는 직접 측정되는 변수로써 잠재변수와 연결되어 잠재변수를 측정한다. 관측변수라는 명칭 이외에도 측정지표, 측정변수(measured variable), 명시변수(manifest variable), 그리고 지표(indicator)라는 용어와 함께 사용되고 있고 정사각형이나 직사각형으로 표시된다.

4.4.3 구조방정식모델링 기법

구조방정식모형을 분석하기 위하여 통계분석 기법은 공분산 기반 구조방정식모델링(Joreskog 1973)과 부분최소자승법(Wold 1975)이 있으며, 이를 일반적으로 공분산 기반 구조방정식모델링과 PLS 구조방정식모델링이라고 불리고 있다.

공분산 기반 구조방정식모델링(Covariance Based Structural Equation Modeling, CB-SEM)은 일반적으로 확인적 연구에 사용되는 기법으로 배경 이론이 잘 뒷받침된 연구모형에 관한 실증분석 연구에서 사용하는 것이 바람직한 것으로 알려져 있으며, 모형적합도 지수, 모형의 설정 및 수정, 내포모델 분석 등과 같이 복잡하고 전문적인 분석이 가능하다. 이러한 공분산 기반 구조방정식모형 분석을 위하여 Lisrel, AMOS, Mplus와 같은 통계 패키지들이 사용된다. PLS(Partial Least

[표 4-9] 구조방정식모델링 기법

구분	특징	주요 통계도구
공분산 기반 구조방정식모델링	• 확인적 연구에 적합 • 모형적합도 지수, 모형의 설정 및 수정, 내포모델 분석 등과 같이 복잡하고 전문적인 분석이 가능	Lisrel, AMOS, Mplus
PLS 구조방정식모델링	• 탐색적 연구에 적합 • 적은 샘플 사이즈, 비정상 분포자료(e.g. satisfaction) 분석에 적합 • 단일지표를 사용할 수 있고, 조형지표모형, 그룹비교 분석, 조절변수 분석에 용이	PLS-Graph, SmartPLS

Squares) 구조방정식모델링은 주로 탐색적 연구에 사용되며, 적은 표본 크기, 비정상 분포자료 분석에 적합하며 연구모형에 변수들이 많은 경우에 사용하는 것이 유리한 것으로 알려져 있다. 또한 단일의 관측지표를 사용할 수 있고, 조형지표모형, 그룹비교 분석, 조절변수 분석에 용이한 것으로 알려져 최근 사회과학의 많은 연구들이 다양한 이유로 사용이 편리한 PLS 구조방정식모형을 분석기법으로 선호하고 있다. 현재 이러한 PLS 구조방정식모형 분석을 위하여 PLS-Graph와 SmartPLS와 같은 통계 패키지들이 주로 활용되고 있다.

실질적으로 최근 전세계의 유명저널에서 발표되는 실증분석 연구의 대다수는 PLS 구조방정식모델링을 이용하는 것으로 파악되고 있으며, 국내의 경우도 이러한 현상은 오래전에 나타나고 있다. 그러나 국내 학위논문들은 AMOS를 이용한 분석이 아직 다수를 차지하는데 이는 PLS-Graph나 SmartPLS와 같은 PLS 구조방정식모형 분석을 위한 통계패키지 확보가 AMOS에 비하여 쉽지 않은 것이 일부 작용하는 것으로 보인다. 참고로 클라우드 사회과학연구 자동화는 PLS 구조방정식모델링과 공분산 기반 구조방정식모델링 모두를 간편하게 수행할 수 있도록 지원한다.

(1) 공분산 기반 구조방정식모형

공분산 기반의 구조방정식모형은 [그림 4-8]과 같이 측정모형과 구조모형으로 구성되어있다. 측정모형(measurement model)은 관측변수들과 그와 관련된 잠재변수와 관계에 대한 모형이고, 구조모형(structural model)은 잠재변수들 간의 관계에 대한 모형으로 공분산 기반의 구조방정식모형에서의 잠재변수들은 [그림

[그림 4-8] 공분산 기반의 구조방정식모형

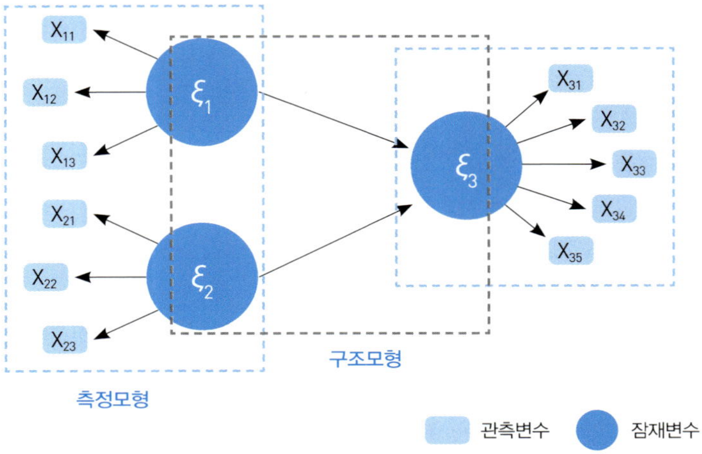

4-8]에서와 같이 다수의 관측변수들에게 영향을 주는 형태로 구성되어 있다.

(2) PLS 구조방정식모형

PLS 구조방정식모형은 [그림 4-9]와 같이 외부모형(outer model)과 내부모형(inner model)으로 구성되어 있다. 외부모형은 관측변수들(manifest variables)과 그와 관련된 잠재변수(latent variables)와 관계에 대한 모형으로 측정모형(measurement model)이라고도 불리며, 내부모형은 잠재변수들 간의 관계에 대한 모형으로 구조모형(structural model)이라고도 불린다. PLS 구조방정식모형에서 잠재변수는 반영지표모형(reflective measurement model) 또는 조형지표모형(formative measurement model)으로 구성될 수 있다. [그림 4-9]의 외부모형(A형)인 반영지표모형은 잠재변수가 관측변수에 영향을 미치는 것으로 가정하는 것이며 반영지표모형에서 잠재변수와 각 측정변수 간의 관계는 상관관계이며, 요인분석에서의 요인적재량과 유사한 개념이다. [그림 4-9]의 외부모형(B형)인 조형지표모형은 관측변수가 잠재변수로부터 영향을 받는 반영지표와는 달리 잠재변수가 관측변수들에 의해 영향을 받는 것으로 구성된 형태로 관측변수들을 독립변수들로, 잠재변수를 종속변수로 하는 다중회귀분석모형과 유사하다.

[그림 4-9] PLS 구조방정식모형

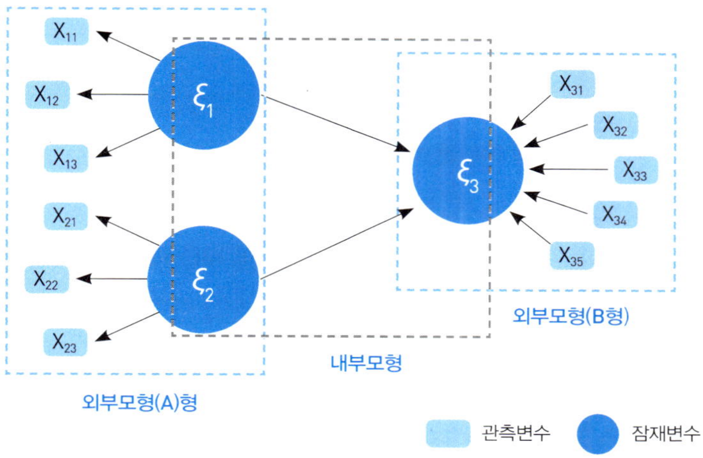

4.4.4 구조방정식모델링 수행 방식

최근 구조방정식모델링은 다양한 사회과학 연구모형을 분석하기 위한 방식으로 활용되고 있다. 따라서 구조방정식모델링 수행 방식은 5장의 사회과학 연구모형 분석기법에서 자세하게 소개한다.

Chapter 5

사회과학 연구모형 분석기법

5.1 사회과학 연구모형

5.2 인과관계모형 분석

5.3 매개효과모형 분석

5.4 조절효과모형 분석

5.5 그룹비교모형 분석

사회과학 연구모형 5.1

사회과학연구는 연구문제와 이를 해결하기 위한 연구 가설들을 설정하고, 가설을 검증하기 위하여 다양한 자료를 수집·분석하여 연구 가설을 검증하고 결론을 일반화하는 절차를 걸친다. 대부분의 사회과학연구는 가설들을 다양한 유형의 연구모형으로 구성하고 이에 대한 적합한 통계분석 기법을 활용하여 실증적 분석을 수행하여 가설들에 대한 검증을 수행한다.

5.1.1 사회과학 연구모형

사회과학연구에서 변수 간 관계에 대한 실증적 분석을 위한 연구모형은 독립변수와 종속변수 간의 관계들을 분석하는 인과관계모형, 인과관계에 매개변수를 포함하여 매개효과를 분석하는 매개효과모형, 인과관계에 조절변수를 포함하여 조절효과를 분석하는 조절효과모형 그리고 인과관계모형에 대한 집단간 경로 차이에 대한 분석을 수행하는 그룹비교모형으로 구분된다.

(1) 인과관계모형

인과관계모형은 [그림 5 - 1]과 같이 독립변수와 종속변수로 구성된 연구모형으로 일반적으로 독립변수는 한 개 이상으로 구성한다. 또한 최근 인과관계모형은 독립변수와 종속변수 간의 여러 변수를 포함하는 경로 모형으로 발전하고 있다. 인과관계모형은 독립변수와 종속변수 간의 직접경로에 대한 유의성 검증에 초점을 맞추고 있다.

[그림 5 - 1] 인과관계모형

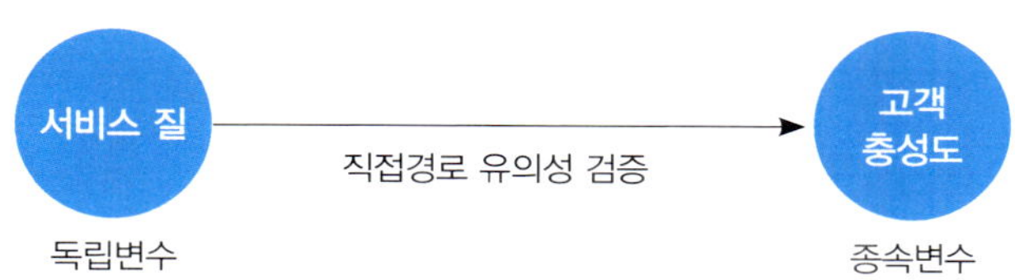

(2) 매개효과모형

매개효과모형은 [그림 5-2]와 같이 독립변수와 종속변수 간의 매개변수(들)을 포함한 형태로 구성된 연구모형으로 종속변수에 대하여 매개변수(들)을 경유한 독립변수의 간접효과에 대한 분석으로 간접경로의 유의성에 초점을 맞추고 있다.

[그림 5-2] 매개효과모형

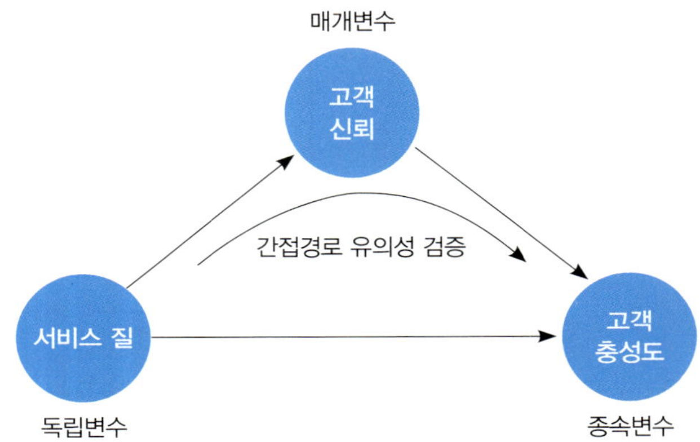

(3) 조절효과모형

조절효과모형은 [그림 5-3]과 같이 독립변수와 종속변수 간의 관계에 조절

[그림 5-3] 조절효과모형

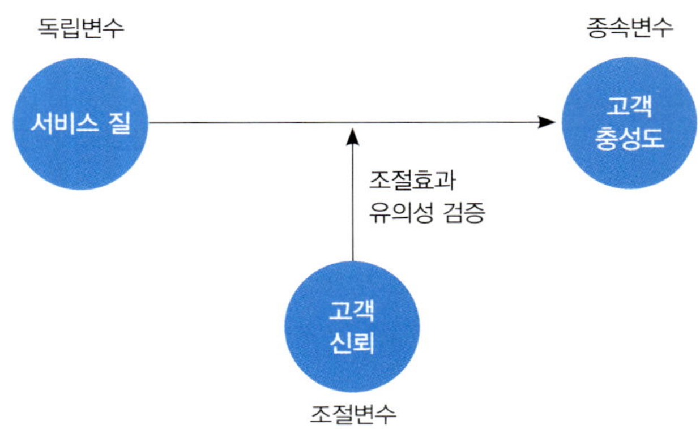

변수를 포함한 형태로 구성된 연구모형으로 독립변수와 종속변수 간의 관계에 대한 조절변수의 조절효과 유의성에 초점을 맞추고 있다.

(4) 그룹비교모형

그룹비교모형은 [그림 5-4]와 같이 독립변수와 종속변수 간의 인과관계에 대하여 남성대 여성과 같이 집단 간 차이를 분석하는 연구모형으로 집단 간 경로들 차이에 대한 유의성에 초점을 맞추고 있다.

[그림 5-4] 그룹비교모형

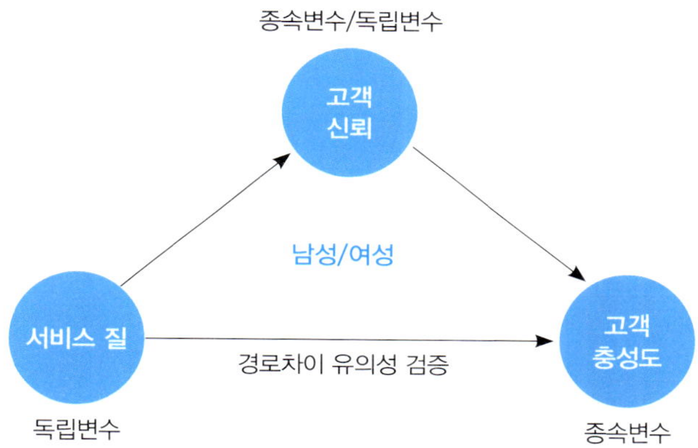

5.1.2 사회과학 연구모형 기본 분석과정

사회과학연구에서 일반적인 연구모형에 대한 기본 분석은 [그림 5-5]와 같이 표본에 대한 표본의 기술통계 분석, 측정지표에 대한 신뢰도 및 타당도 분석을 통한 측정지표의 검증, 그리고 변수 간의 관계를 분석하는 가설 검증 순으로 진행된다.

[그림 5-5] 사회과학 연구모형 기본 분석과정

(1) 기술통계 분석

기술통계 분석은 응답자 표본의 정당성을 보여주기 위한 분석으로 응답자의 빈도분석과 표본의 특성을 탐색적인 차원에서 분석하는 표본자료의 기술분석 등이 사용된다.

(2) 측정지표 검증

측정지표 검증은 측정지표에 대한 신뢰도와 타당도를 검증하는 것으로 사회과학 연구모형의 측정지표 검증은 가설 검증에 사용되는 통계기법에 따라 다른 분석 기법들이 이용된다. [표 5-1]에서와 같이 가설 검증을 위하여 회귀분석을 이용하는 경우 신뢰도 검증은 내적일관성 신뢰도 기법인 클론바흐 알파(Cronbach α) 값을 주로 이용하고 타당도 분석은 탐색적인 요인분석(Exploratory Factor Analysis, EFA)을 사용한다. 반면에 구조방정식모델링을 이용하는 경우 신뢰도 검증은 잠재변수의 신뢰성을 검증하기 위한 합성신뢰도(Composite Reliability, CR)[1] 값을 이용하고 타당도 분석은 확인적 요인분석(Confirmatory Factor Analysis, CFA)을 사용하여 검증한다.

[표 5-1] 측정지표 검증 통계기법

구분	회귀분석 가설 검증	구조방정식모델링 가설 검증
신뢰도 검증	클론바흐 알파(Cronbach α)	합성신뢰도
타당도 검증	탐색적 요인분석	확인적 요인분석
분석도구	SPSS	AMOS, SmartPLS

(3) 가설 검증

사회과학 연구모형에서의 가설 검증은 변수 간의 관계에 대한 유의성에 대한 분석으로 연구모형의 유형에 따라 다양한 통계분석 기법들이 사용된다. 다

1) 합성신뢰도는 개념신뢰도(constuct reliability)라고도 불리고 구조방정식모델링에서 측정지표들의 내적일관성을 측정하는 수치로 다음과 같은 수식으로 계산된다.

$$\text{합성신뢰도} = \frac{(\sum \text{요인적재량})^2}{(\sum \text{요인적재량})^2 + \sum \text{측정오차}}$$

[표 5-2] 연구모형의 가설 검정 통계기법

연구모형	통계분석	통계기법
인과관계모형	회귀분석	회귀분석
	구조방정식모델링	PLS 구조방정식모델링, 공분산 기반 구조방정식모델링
매개효과모형	매개효과 분석	부트스트랩핑 기법, Sobel-Test
조절효과모형	위계적 회귀분석 위계적 구조방정식모델링	회귀분석 PLS 구조방정식모델링, 공분산 기반 구조방정식모델링
그룹비교모형	다중그룹비교분석	모수 접근법, 순열기반 접근법, 비모수 접근, 비모수 신뢰구간 설정 접근법

양한 연구모형에서의 가설 검증을 위한 통계기법은 [표 5-2]와 같다. 즉, 인과관계모형은 회귀분석이나 구조방정식모델링을 이용하고, 매개효과모형은 주로 부트스트랩핑(bootstrapping) 기법이나 Sobel-Test를 이용한 매개효과 분석을 수행하고, 조절효과모형은 위계적 회귀분석이나 위계적 구조방정식모델링을 이용한다. 마지막으로 그룹비교모형은 모수 접근법, 순열기반 접근법, 비모수 접근, 비모수 신뢰구간 설정 접근법 기반 등의 다양한 다중그룹비교 기법들을 활용한다.

5.2 인과관계모형 분석

인과관계모형은 사회과학연구에서 가장 일반적으로 사용되는 연구모형으로 독립변수들과 종속변수로 구성된 연구모형이다. 최근의 사회과학연구에서 사용되는 인과관계모형들은 단순하게 독립변수들과 종속변수가 1차원적으로 구성된 다중회귀모형[2)]을 사용하는 것이 아니라 [그림 5-6]과 같이 독립변수와 종속변수 간의 여러 변수를 포함하는 경로모형(path modeling)으로 발전하고 있다.

2) 하나의 독립변수에 대하여 다수개의 독립변수의 영향에 대한 유의성을 분석하는 회귀분석 기법

[그림 5-6] 인과관계모형

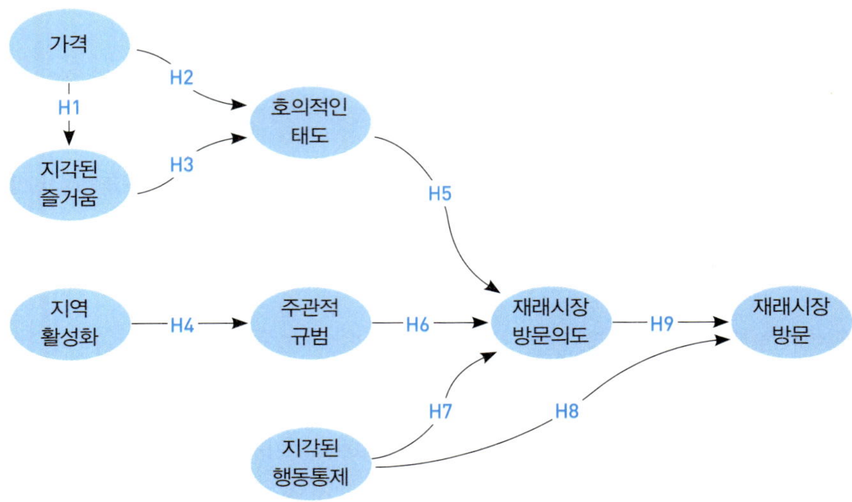

상기의 연구모형은 경로모형으로 독립변수와 종속변수 간의 여러 매개변수들(예 호의적인 태도, 재래시장 방문의도)을 포함하고 있는 형태이나 인과관계모형 분석에서의 관심은 변수 간의 직접경로들에 대한 유의성 검증에 초점을 맞추고 있다. 따라서 가설은 변수 간의 직접적인 관계들에 대하여만 설정된다. 즉, 상기 연구모형에서의 가설들은 [그림 5-6]에서와 같이 H1부터 H9까지 일반적으로 9개로 설정된다. 참고로 사회과학 연구모형에서 가설(hypothesis)은 가설의 영문명의 첫 번째 문자인 H와 가설번호로 표현하며, 관련 경로 옆에 표시한다.

5.2.1 인과관계모형 통계분석

인과관계모형에 대한 가설 검증은 [표 5-3]과 같이 다중회귀분석이나 구조방정식모델링을 통하여 수행할 수 있다. 다중회귀분석은 인과관계 분석을 위한 1세대 통계기법으로 일반적으로 SPSS와 같은 통계 패키지를 활용하여 분석한다. 구조방정식모델링은 연구모형을 구조방정식모형으로 구성하여 분석하는 방법으로 수행 알고리즘에 따라 PLS 구조방정식모델링과 공분산 기반 구조방정식모델링으로 구분된다. PLS 구조방정식모델링은 SmartPLS, PLS-Graph, R의

[표 5-3] **인과관계모형 통계분석 도구**

통계분석	통계분석 기법	통계도구
회귀분석	다중 회귀분석	SPSS, R, SAS
구조방정식모델링	PLS 구조방정식모델링	SmartPLS, PLS-Graph, R(plspm 패키지)
	공분산 기반 구조방정식모델링	Amos, Lisrel, Mplus, R(Lavaan 패키지)

plspm 패키지와 같은 통계 도구들이 지원하며, 공분산 기반 구조방정식모델링은 Amos, Lisrel, Mplus, R의 Lavaan 패키지 등의 통계 도구들이 지원한다.

본 교재의 통계분석 도구인 클라우드 사회과학연구 자동화는 회귀분석, PLS 구조방정식모델링, 공분산 기반 구조방정식모델링 모두를 지원한다.

5.2.2 회귀분석을 이용한 인과관계모형 분석

회귀분석(regression analysis)은 변수들 사이의 인과관계를 규명하는 통계분석 방법이다. 과거 대부분의 사회과학연구에서의 인과관계모형들은 두 개 이상의 연속형 독립변수가 연속형 종속변수에 미치는 영향을 검증하는 통계분석 방법인 다중회귀분석(multiple linear regression analysis)을 이용하여 분석되었다. 회귀분석을 이용하여 인과관계모형을 분석할 때 분석 순서는 신뢰도 분석, 타당도 분석 그리고 가설 검증 순으로 진행된다.

(1) 신뢰도 분석

회귀분석을 이용한 인과관계모형 분석에서 신뢰도 분석은 일반적으로 내적 일관성 신뢰도(internal consistency reliability) 기법인 클론바흐 알파(Cronbach α) 값을 산출하여 분석한다. 신뢰도 분석을 위한 변수들에 대한 클론바흐 알파 값 산출은 SPSS 통계 패키지를 이용하여 수행할 수 있다. 측정지표에 대한 신뢰도 평가기준은 산출된 클론바흐 알파 값이 0.7 이상이다.

(2) 타당도 분석

타당도 분석은 변수들 간의 관계 알려지지 않은 상태에서 자료를 소수의 요인으로 묶는 분석인 탐색적 요인분석(EFA)을 수행하여 분석한다. 즉, 동일한 개념을 측정한 변수들이 동일한 요인으로 묶이는지 여부를 탐색적 요인분석 결과를 확인함으로써 측정도구의 집중타당도 및 판별타당도를 검정한다. 탐색적 요인분석 역시 SPSS 통계 패키지를 이용하여 수행할 수 있다.

(3) 가설 검증

회귀분석은 1세대 인과관계 분석을 위한 통계기법으로 관측된 변수들을 독립변수와 종속변수로 설정하고 이에 대한 관계들을 분석하는 데 사용된다. 회귀분석을 이용하는 연구들에서는 잠재변수인 구성개념을 측정하기 위하여 다수개의 측정지표, 즉 관측변수들을 사용한다. 따라서 관측변수들의 평균을 내어서 하나의 변수로 처리하여 회귀분석을 수행하는 방법을 사용한다. 또한 회귀분석은 독립변수와 종속변수 간의 1차원적인 관계를 검증하는 통계분석 기법이기 때문에 [그림 5-6]과 같은 연구모형은 여러 번의 다중회귀분석 수행이 필요하다. 즉, [그림 5-7]과 같이 5회의 회귀분석이 수행되어야 한다.

- 1회: 가격 → 지각된 즐거움 (H1 검증)
- 2회: 가격, 지각된 즐거움 → 호의적인 태도 (H2, H3 검증)
- 3회: 지역 활성화 → 주관적 규범 (H4 검증)
- 4회: 호의적인 태도, 주관적 관점, 지각된 행위통제 → 재래시장 방문의도 (H5, H6, H7 검증)
- 5회: 지각된 행위통제, 재래시장 방문의도 → 재래시장 방문 (H8, H9 검증)

다중회귀분석은 SPSS 통계 패키지를 이용하여 수행할 수 있으며, 다중회귀분석 결과에서 독립변수와 종속변수 간 관계의 유의성을 확인함으로써 가설 검증을 수행할 수 있다. 유의성은 p-값으로 확인되며, p-값이 0.05보다 작을 때 유의한 것으로 판정하여 가설을 채택시킨다.

회귀분석을 이용한 인과관계모형 분석은 잠재변수에 대한 측정지표값들을 평균을 내어서 사용하기 때문에 측정상의 오류의 가능성 있고 또한 여러 번의 회귀분석을 수행하여만 하는 번거로움이 있다. 아울러 측정지표의 검증에 있어서 탐색적 요인분석을 수행해야 하므로 이로 인한 측정지표 타당도 평가에 어려

[그림 5-7] 회귀분석을 이용한 인과관계모형 분석

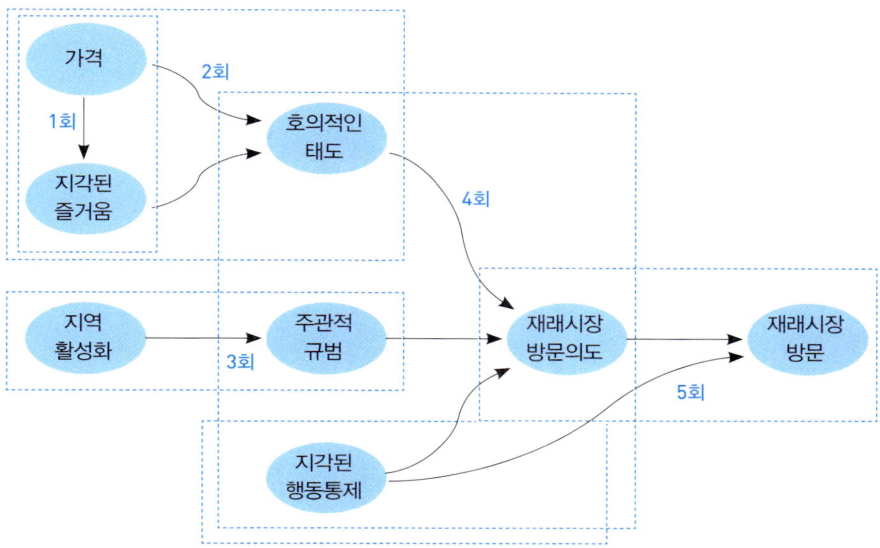

움이 발생할 수 있다. 따라서 오늘날 인과관계모형 분석시에는 구조방정식모델링을 이용하는 것이 일반적인 추세이다.

5.2.3 구조방정식모델링을 이용한 인과관계모형 분석

구조방정식모델링(Structural Equation Modeling, SEM)은 구성개념들(constructs) 간의 인과관계에 대한 실증적 분석을 주로 하는 사회과학연구에서 1세대 분석 기법인 회귀분석을 대신하는 2세대 분석 기법으로 최근의 사회과학연구들에서 폭발적으로 사용되고 있다. 구조방정식모델링을 이용한 인과관계모형 분석은 [그림 5-8]과 같이 연구모형을 구성개념인 잠재변수들과 잠재변수를 측정하는 관측변수들인 측정지표들, 그리고 잠재변수들 간의 관계를 설정한 구조방정식 모형으로 구성한 후 한 번의 구조방정식모델링 실행으로 측정지표들에 대한 신뢰도 및 확인적 요인분석 결과, 그리고 경로들의 유의성을 산출하여 측정지표 검증과 가설 검증을 수행한다.

최근의 대부분의 구조방정식모델링을 지원하는 통계분석 도구들은 그래픽

[그림 5-8] 구조방정식모형

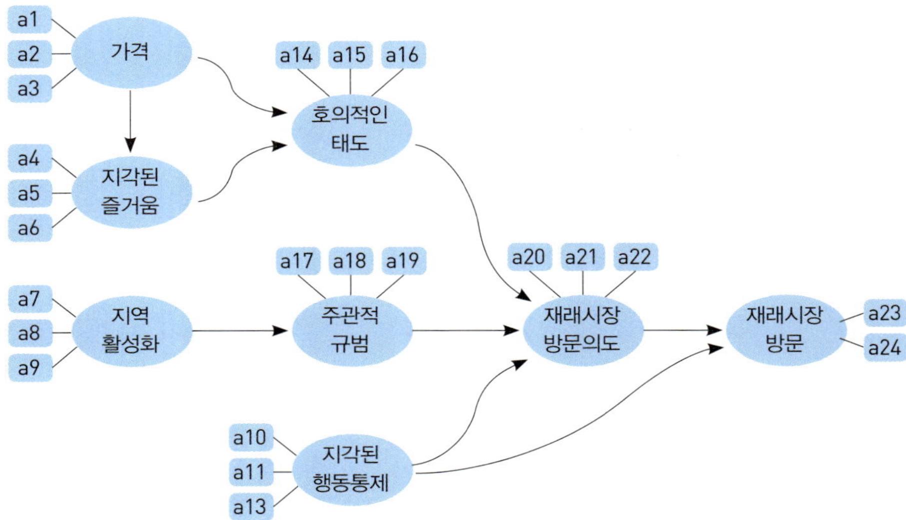

사용자 인터페이스(graphical user interface, GUI)를 지원하기 때문에 연구자는 통계분석 도구들이 제공하는 그림판 위에 잠재변수들을 작성하고 작성된 잠재변수에 설문문항들인 측정지표들을 관측변수로 등록하고 최종적으로 잠재변수들 간의 경로를 간편하게 설정하면 된다. 구조방정식모형 설정 전에 연구자는 설문문항을 관측변수로 설정하기 위하여 설문파일을 사전에 등록해야 한다.

5.2.4 구조방정식모델링 기법 선정

구조방정식모델링을 이용한 인과관계모형 분석은 [표 5-4]에서와 같이 공분산 기반 구조방정식모델링 기법 또는 PLS 구조방정식모델링 기법이 이용된다. 공분산 기반 구조방정식모델링은 일반적으로 확인적 연구에 이용되는 기법으로 배경 이론이 잘 뒷받침된 연구모형에 대한 실증분석시 사용하는 것이 바람직한 것으로 알려져 있으며, 모형적합도 지수, 모형의 설정 및 수정, 내포모델 분석 등과 같이 전문적인 분석에 이용된다. 반면에 PLS 구조방정식모델링은 주로 탐색적 연구에 사용되며, 적은 표본크기, 비정상 분포자료 분석에 적합하며

[표 5-4] 구조방정식모델링의 선택 기준

	공분산 기반 구조방정식모델링	PLS 구조방정식모델링
연구유형	확인적 연구	탐색적 연구
분석수준	전문적인 분석	일반적인 분석
연구변수	연구변수 수가 적을때	연구변수 수가 많을 때
표본	연구변수 대비 표본이 많을 때	연구변수 대비 표본이 적을 때

연구모형에 변수들이 많은 경우에 사용하는 것이 유리한 것으로 알려져 있다. 또한 단일지표를 사용할 수 있고, 조형지표모형, 그룹비교 분석, 조절변수 분석에 용이한 것으로 알려져 최근 사회과학의 많은 연구에서 다양한 이유로 사용이 편리한 PLS 구조방정식모델링이 선호되고 있다.

문헌에서 확인적 연구와 탐색적 연구에 대한 명확한 기준은 없으나, 일반적으로 연구의 가설들이 기존의 확실한 이론을 근간으로 설정된 경우를 확인적 연구라 할 수 있고 가설들이 확실한 이론적 근거가 아니라 일반적 현상에 대한 관찰이나 경험을 근간으로 설정된 연구는 탐색적 연구라 할 수 있다.

5.2.5 PLS 구조방정식모델링

PLS 구조방정식모델링에서 구조방정식모형은 외부모형과 내부모형으로 구성되어있다. 따라서 PLS 구조방정식모델링에서의 분석은 [그림 5-9]에서와 같이 측정지표들에 대한 신뢰도 및 타당도에 대한 평가인 외부모형 평가와 잠재변수들 간의 관계에 대한 분석인 가설 검증을 위한 내부모형 평가 순으로 이루어진다.

[그림 5-9] PLS 구조방정식모델링 분석

(1) 외부모형 평가

외부모형(outer model)에 대한 평가는 관측변수들, 즉 측정지표들에 대한 신뢰도 및 타당도에 대한 평가로서 PLS 구조방정식모델링에 있어서 외부모형의 평가는 반영지표모형과 조형지표모형에 따라 측정지표들에 대한 신뢰도 및 타당도 평가방식 및 기준들이 다르다.

PLS 구조방정식모델링에서 반영지표모형(reflective measurement model)의 측정지표들에 대한 신뢰도와 타당도의 평가기준은 다음과 같다. 우선 신뢰도 평가는 첫째, 전통적인 신뢰도 평가방식인 내적일관성 신뢰도 평가방식으로서 클론바흐 알파(Cronbach's alpha) 계수를 평가 항목으로 하고, 신뢰도 확보를 위한 기준값은 0.7 이상으로 제시되고 있다. 둘째 기준은 합성신뢰도로서 측정지표들이 서로 다른 적재량임을 고려하여 산출됨으로써 구조방정식모델링에서 클론바흐 알파 계수를 이용하는 것보다 바람직한 신뢰도 평가항목으로 평가되고 있다. 합성신뢰도의 기준값은 0.7 이상이다. 셋째 기준은 지표 신뢰도(indicator reliability)로서 지표 신뢰도는 측정지표들이 측정하고자 하는 개념에 대하여 일관성이 있는지에 대한 정도로 정의되며, 지표 신뢰도를 확보하기 위해서는 측정지표들의 표준화된 적재량들(standardized loadings)이 0.7을 상회해야 한다. 탐색적인 연구인 경우는 연구자들의 자료조사 상황에 대한 합리적 판단에 따라 0.6 이상도 허용될 수 있다.

PLS 구조방정식모델링에서 측정지표들에 대한 타당도 평가는 집중타당도와 판별타당도 평가 결과에 따른다. 집중타당도 평가기준은 첫째, 측정지표들의 잠재변수들에 대한 적재값들의 유의성에 대한 평가로서 측정지표들의 표준화된 적재량이 통계적으로 유의한 수준(t-value > 1.96)이면 집중타당도가 확보되었다고 본다. 둘째, 잠재변수들의 평균분산추출(Average Variance Extracted, AVE)[3] 값에 대한 평가로 Fornell & Larcker(1981)에 의해 제시된 평균분산추출은 잠재변

---

3) 평균분산추출은 잠재변수에 대한 측정지표가 설명할 수 있는 분산의 크기로 다음과 같이 계산된다.

$$\text{평균분산추출} = \frac{(\sum \text{요인적재량})^2}{(\sum \text{요인적재량})^2 + \sum \text{측정오차}}$$

수에 대해 측정지표들이 설명할 수 있는 분산의 크기로 값이 0.5 이상이면 집중타당도가 확보된 것으로 본다.

판별타당도에 대한 평가기준은 세 가지로 요약될 수 있다. 첫째, Fornell-Larcker 기준이며, 이 기준은 한 잠재변수의 평균분산추출 값이 그 잠재변수와 다른 잠재변수들 간의 상관계수의 제곱 값들보다 높을 때 판별타당도가 확보되었다고 본다. 둘째로는 교차적재량(cross loadings) 기준인데 이는 확인적 요인분석 결과, 각 잠재변수들에 속한 측정지표들의 적재량들이 다른 잠재변수들에서의 교차적재량에 비해 뚜렷하게 높게 적재되고 있어야 판별타당성이 있다고 본다. 셋째로는 Gefen & Straub(2005)가 제시한 기준이며, 이 기준은 각 잠재변수의 평균분산추출 값의 제곱근이 해당 잠재변수와 다른 잠재변수들 간의 상관계수 값들보다 클 때 판별타당도가 확보되었다고 보는 것인데 이 기준은 첫번째 기준으로 제시된 Fornell-Larcker 기준의 변형으로서 같은 결과를 나타내면서 산출과정이 보다 편리하여 PLS 구조방정식모델링에서 Gefen-Straub 기준을 사용하는 것이 바람직하다. 최근 Fornell-Larcker 기준보다 좀 더 보수적인 판별타당도가 평가 기법인 HTMT 기준이 제시되고 있다. HTMT(heterotrait-monotrait ratio of the correlations)은 Hensele, Ringle, & Sarstedt(2015)이 제시한 판별타당도 평가 기법으로 기존의 판별타당도 평가 기법으로 일반적으로 사용되어 온 잠재변수들 간의 상관계수와 평균분산추출 값의 제곱근 값을 비교하는 Fornell-Larcker 기준이 민감도(sensitivity)가 부족함을 지적하면서 제시된 기법이다. HTMT 기준은 잠재변수들 간의 산출된 HTML 값이 0.85보다 낮을 때 명확하게 판별타당도가 있은 것으로 주장(Monte Carlo simulations 기반)되고 있으며, 일반적으로 0.9 이하도 허용할 수 있다.

PLS 구조방정식모델링에서 조형지표모형(formative measurement model)에 대한 신뢰도 및 타당도 평가기준으로서 세 가지 기준이 제시되고 있다. 이들 중 두 가지 기준은 지표 타당도 확보를 위한 평가기준으로서 첫째, 각 잠재변수에 대한 측정지표들의 가중치들(weights)의 통계적 유의성수준 평가를 위한 t-값이 최소 1.96 이상이 되어야 한다고 보고 있으며, 둘째, 측정지표들 간의 다중공선성(multicollinearity)에 대한 평가로서 분산팽창계수(Variance Inflation Factor, VIF)

가 일반적인 회귀분석에서 요구하는 10 이하보다 엄격한 수치인 3.3 이하이어야 한다고 주장되고 있다. 그러나 다수의 연구는 5.0 이하를 제시하고 있다. 마지막 기준은 개념 타당도를 평가하기 위한 기준이며 측정지표들의 개념 타당도(construct validity) 확보를 위하여 측정지표들간의 상관계수 값이 0.7 이하이어야 함이 주장되고 있다. 아울러 조형지표모형에 대한 타당도 평가시에는 비록 측정지표들에 대한 통계적 분석에 의한 평가는 아니지만, 관련 연구분야에 대한 충분한 문헌 고찰을 통한 이해타당도(nomological validity) 검증의 중요성이 강조되고 있다.

PLS 구조방정식모형 분석을 위한 외부모형 평가에 대한 기준들은 [표 5-5]와 같다.

[표 5-5] PLS 구조방정식모델링 외부모형 평가기준

외부모형 평가(반영지표모형)			
신뢰도	내적 일관성 신뢰도	클론바흐 알파계수≥0.70	Nunally & Bernstein(1994)
		합성신뢰도 ≥ 0.70	Bagozzi & Yi(1988)
	지표 신뢰도	측정지표들의 요인 적재값들 ≥ 0.70 (탐색적 연구는 0.6도 수용 가능)	Chin(1998b) Hair *et al.*(2012)
집중 타당도	측정지표들의 유의도	t-값>1.96 (부트스트랩을 사용하여 추정)	Gefen & Straub(2005)
	평균분산추출	평균분산추출≥0.50	Fornell & Larcker(1981)
판별 타당도	Fornell-Larcker 기준	잠재변수의 평균분산추출 값이 그 잠재변수와 다른 잠재변수들 간의 상관계수의 제곱 값들보다 높아야 함	Fornell & Larcker(1981)
	교차적재기준	확인적 요인분석에서 측정지표들이 다른 잠재변수들보다 그들이 측정하는 잠재변수에 보다 뚜렷하게 높게 적재되고 있어야 함	Chin(1998b) Gefen & Straub(2005)
	Gefen-Straub 기준	평균분산추출의 제곱근 값이 그 잠재변수와 다른 잠재변수들 간의 상관계수 값들보다 높아야 함	Gefen & Straub(2005)
	HTMT	잠재변수 들 간의 산출된 HTML 값이 0.85보다 낮아야 함	Hensele *et al.*(2015)
외부모형 평가(조형지표모형)			
타당도	지표 타당도	가중치의 유의도 t-값>1.96	Chin(1998b)
		측정지표들 간의 다중공선성 점검 VIF<5.0	Hair *et al.*(2012)
	개념 타당도	측정지표들 간의 상관계수 값<7.0	Mackenzie *et al.*(2005)

(2) 내부모형 평가

내부모형에 대한 평가는 잠재변수 간의 관계, 즉 구조모형에 대한 평가이다. 내부모형에 평가는 경로계수에 대한 평가, 결정계수 R^2에 대한 분석 및 모형적합도에 대한 평가 등이 포함된다. 경로계수(path coefficients)에 대한 평가는 잠재변수 간의 인과관계에 대한 평가로서 부호, 크기나 중요성이 고려되어 평가되어야만 하는 것으로 주장(Hair *et al.* 2012)되고 있지만, 실제 대부분의 연구에서는 경로계수의 통계적 유의성 확률($p<0.05$) 위주로 평가되고 있다.

PLS 구조방정식모델링에서 경로계수들의 유의성은 부트스트랩(bootstrap) 샘플링 방식을 통한 경로계수 추정치와 변량(오차)에 근간한 t-값을 이용하여 평가된다. 부트스트랩 기법은 전통적인 모수적(parametric) 방식과 같이 모수에 대한 추론을 위한 방식으로 기존의 모수적 방법에서는 모집단의 분포가 정규성을 갖는다는 가정하는 것에 반해 부트스트랩은 표본자료를 이용하여 경험적인 분포를 형성하여 이를 근간으로 모수를 추정하는 통계적 기법이다. [그림 5-10]에서와 같이 부트스트랩 기법에서는 경험적인 분포를 형성하기 위하여 표본자료로부터 그 표본크기가 동일한 수의 부표본들을 수백번 복원추출(sampling with replacement)하고 복원 추출된 부표본들을 가지고 추정치를 반복 추정하여 경험적 분포를 생성하고, 이러한 경험적 분포를 통하여 경로계수들의 유의성을 검정한다. 즉, 경로계수 추정치와 경험적 분포를 이용으로 산출한 오차에 근간한 t-값을 이용하여 평가한다. 그러나 최근 연구들에 따르면 부트스트랩은 비모수(non-parametric)를 평가하려는 방법이기 때문에 t-값보다는 신뢰구간(confidence intervals)에 의한 평가방식이 바람직하다는 견해도 제시되고 있다(Henseler, Ringle & Sinkovics 2009).

경로계수의 유의성 평가를 위한 신뢰구간은 3가지 방식으로 설정할 수 있다. 표준오차를 근간으로 한 정상분포(normal distribution) 신뢰구간과 부트스트랩 결과의 경험적 분포에 대한 백분율을 이용한 퍼센타일(Percentile) 신뢰구간과 추정치가 편향되었을 때 백분율에서 이를 보정하는 편향-보정된(Bias-corrected, BC) 신뢰구간을 사용할 수 있다. 신뢰구간 평가는 신뢰구간이 0을 포함하지 않고 경로계수 추정치가 신뢰구간에 포함되고 있는 경우 유의한 것으로 검증한다.

[그림 5-10] 부트스트랩 기법

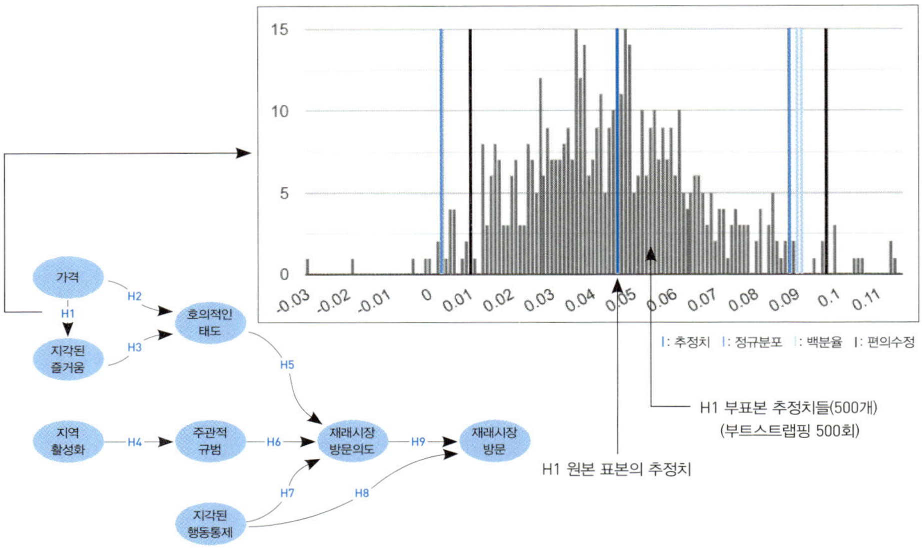

결정계수 R^2에 대한 평가는 내생 잠재변수들(endogenous latent variables)[4]에 대한 설명력으로 명확한 기준값들은 없으나 Chin(1998)은 0.19는 약함, 0.33는 중간, 0.67 이상은 설명력이 큰 것으로 제안하고 있다. 모형의 적합도에 대한 평가는 PLS 구조방정식모형 분석이 기존의 공분산 기반의 구조방정식모형 분석에 비하여 가장 취약한 부분으로 Tenenhaus *et al.*(2005)는 공통성(communality) 값과 R^2을 이용하여 GoF(Goodness of Fit) 제시하고 기준값으로 0.36 이상을 권고하고 있으나, 아직 이 기준은 연구자들에 의해 폭넓은 지지를 받고 있지는 못하고 있다(Henseler & Sarstedt, 2013). 따라서 PLS 구조방정식모델링에 있어서 적합도와 관련한 수용기준을 설정할 필요는 없다.

PLS 구조방정식모형 분석을 위한 내부모형 평가에 대한 기준들은 [표 5-6]과 같다.

4) PLS 구조방정식모형에서 내생 잠재변수는 종속변수에 해당하는 잠재변수를 말한다.

[표 5-6] PLS 구조방정식모델링 내부모형 평가기준

내부모형 평가			
경로분석	경로계수	$p<0.05$ (부트스트랩을 사용하여 t-검증을 수행하고, 신뢰구간 정보를 제공되는 것이 바람직함)	Henseler *et al.* (2009)
모형의 설명력	결정계수(R^2)	절대적인 기준 없음, 일반적으로 0.19은 약함, 0.33는 중간, 0.67 이상은 큰 것으로 알려져 있음	Chin (1998)
모형 적합도	GoF(Goodness of Fit)	권고기준은 GoF>0.36이나 절대적인 수용 기준은 없음	Tenehaus *et al.* (2005)

5.2.6 공분산 기반 구조방정식모델링

공분산 기반의 구조방정식모델링 분석 절차는 일반적으로 2단계 접근법이 이용되고 있다. 2단계 접근법(two-step approach)은 이론 검증 및 개념 타당도 평가 측면에서 측정모형과 구조모형을 동시 검증하는 1단계 접근법(one-step approach)보다 추정 및 측정모형의 재설정(respecification)에 유리한 것으로 주장되고 있다(Anderson & Gerbing 1988). 즉, 공분산 기반의 구조방정식모델링 분석의 절차는 측정모형을 대상으로 측정지표들의 신뢰도 및 타당도를 검증한 후 검증된 측정지표들로 구성된 구조모형을 통해 잠재변수들 간의 경로분석을 수행하여 구성개념들 간의 관계성 검증을 수행한다. 공분산 기반의 구조방정식모델링 분석 절차가 PLS 구조방정식모델링 분석 절차와 가장 큰 차이점은 [그림 5-11]에서와 같이 구조모형 평가 이전에 모형적합도를 평가하는 것이다. 모형적합도 평가는 구조방정식모델링을 통해 추정된 값들과 실제자료가 차이를 나타내는 모형적합도 지표들의 유의성을 검증하는 것으로 적합도 지표 값들이 권고 수치에 현저하게 미달된 경우 구조방정식모델링의 추정 결과치들이 신뢰할 수 없음을 의미한다.

[그림 5-11] 공분산 기반 구조방정식모델링 분석

(1) 측정모형 평가

측정모형(measurement model)에 대한 평가는 확인적 요인분석을 통해 이루어지며 측정지표들에 대한 신뢰도와 타당도 검증이 주된 내용이 된다. 공분산 기반의 측정모형 검증을 위한 신뢰도와 타당도의 일반적인 평가기준은 다음과 같다. 측정지표들에 대한 신뢰도 평가는 PLS 구조방정식모델링과 같이 합성신뢰도와 지표신뢰도 평가를 통하여 이루어진다. 합성신뢰도는 전통적인 신뢰도 평가방식인 클론바흐 알파 계수를 평가 항목으로 하는 것보다는 측정지표들이 서로 다른 적재량임을 고려하여 산출된 Bagozzi & Yi(1988)의 연구에서 제시된 합성신뢰도 값이 구조방정식모형 분석에서 보다 바람직한 신뢰도 평가 항목으로 평가되어 사용되고 있으며 기존 연구들에서 합성신뢰도 확보를 위해 일반적으로 제시되고 있는 기준값은 0.7 이상이다. 지표신뢰도는 측정지표들이 측정하고자 하는 개념에 대하여 일관성이 있는지에 대한 정도로 정의되며, 지표 신뢰도를 확보하기 위해서는 측정지표들의 다중상관제곱(Squared Muitiple Correaltion, SMC)이 0.5를 상회해야 한다. 이는 잠재변수에 대한 측정지표들의 표준화된 적재량들이 0.708 이상을 의미한다. 그러나 탐색적 연구인 경우에 연구자들의 자료조사 상황에 대한 합리적 판단에 따라 표준화된 적재량을 0.6 이상으로도 허용되기도 한다.

공분산 기반의 구조방정식모형 분석에서 측정모형의 타당도 검증은 집중타당도 및 판별타당도 평가 결과에 따른다. 구조방정식모형 분석에서의 측정지표들에 대한 집중타당도 평가기준은 두 가지로 제시되고 있다. 첫째, 측정지표들의 잠재변수들에 대한 적재값들의 유의성에 대한 평가로서 측정지표들의 표준화된 적재량이 통계적으로 유의한 수준(z-value > 2)이면 집중타당도가 확보되었다고 본다. 둘째, 잠재변수들의 평균분산추출 값이 0.5 이상이면 집중타당도가 확보된 것으로 본다.

기존 연구들에서 잠재변수들 대한 판별타당도에 대한 평가기준은 일반적으로 두 가지가 사용된다. 첫째, Fornell-Larcker 기준으로 이 기준은 한 잠재변수의 평균분산추출 값이 그 잠재변수와 다른 잠재변수들 간의 상관계수의 제곱 값

[표 5-7] 공분산 기반 구조방정식모델링 측정모형 평가기준

측정모형 평가			
신뢰도	합성신뢰도	합성신뢰도≥0.70	Bagozzi & Yi(1988)
	지표 신뢰도	측정지표들의 요인 적재값들≥0.70 (탐색적 연구는 0.6도 수용가능)	Chin(1998) Hair *et al.*(2013)
집중 타당도	측정지표들의 유의도	z-값>2 (유의수준 0.05 수치인 1.96)	Bagozzi & Yi(1988)
	평균분산추출	평균분산추출≥0.50	Fornell & Larcker(1981)
판별 타당도	Fornell-Larcker 기준	평균분산추출의 제곱근 값이 그 잠재변수와 다른 잠재변수들 간의 상관계수 값들보다 높아야 함	Fornell & Larcker (1981)
	카이-스퀘어 분석	$\chi^2>3.84$ (유의수준 0.05)	Anderson & Gerbing (1988)

들보다 높을 때 판별타당도가 확보되었다고 보는 것이다. 둘째로는 이론적으로 유사한 가 개념의 쌍(pairs)을 선정한 다음, 두 개념 간의 상관모수를 1로 고정한 모형과 두 개념 간에 자유로운 상관관계를 갖는 자유로운 모형을 설정한 후 카이-스퀘어(Chi-square) 차이 분석을 시행하여 두 모형 간의 차이가 유의적($\chi^2>3.84$)으로 나타나면 두 개념 간에는 판별타당도가 있는 것으로 보는 방법이 있다. 상기의 평가기준 중에서 Fornell-Larcker 기준이 좀 더 보수적인 기준으로 일반적으로 다수의 공분산 기반의 구조방정식모델링 연구들에서 주로 사용되고 있다. [표 5-7]는 공분산 기반 구조방정식모델링 측정모형 평가기준들을 보여 준다.

(2) 모형적합도 평가

모형적합도 평가는 공분산 기반의 구조방정식모델링에서 추정된 값들과 실제자료의 차이를 나타내는 수치들로 추정된 값을 가지고 측정모형 및 구조모형 평가를 수행하기 전에 이루어지는 것이 바람직하다. 일반적인 구조방정식모델링 연구들에서 사용되는 전형적인 모형적합도 유형과 지수들은 다음과 같다.

첫째, 모형의 전반적인 적합도에 대한 지수들로 카이제곱 통계량, 표준 카이제곱, RMR, SRMR, RMSEA이다. 카이제곱(chi-square, χ^2) 통계량은 모형적합도 평가의 가장 기본적인 방식으로 통계량의 유의수준(p-value<0.05)에 의하여

평가되나, 표본크기에 민감하므로 대부분의 연구들은 통계량에 대한 보고는 하고 있으나, 평가 항목으로 설정은 하지 않고 있다. 대신에 대수의 연구들은 카이제곱(chi-square, χ^2)통계량을 자유도(df)로 나눈 수치인 표준 카이제곱(normed χ^2)을 모형적합도 평가항목으로 설정한다. 일반적으로 기준은 3 이하로 제시되고 있다. 둘째 잔차평균제곱이중(RMR, root mean square residual)은 잔차평균을 제곱하고 이를 합한 후 이중근을 취한 값으로 이 역시 수용기준에 대한 절대적인 기준은 없으나 0.05 이하면 좋은 모형로 평가된다. 최근의 패키지들은 표준 RMR (standardized RMR, SRMR)을 제공하고 있으며, 이 역시 절대기준은 없으며 일반적으로 0.08 이하는 좋은 모형으로 평가된다. 근사오차평균제곱의 이중근(RMSEA)은 역시 일반적으로 보고되는 모형적합도 지수로서 기준은 0.1 이하로 제시되고 있다. 셋째, 기초모형이 비해 제안모형이 어느 정도 향상되었는가를 나타내는 지수인 증분적합지수(incremental fit)들은 비교적합지수(Comparative Fit Index, CFI), 표준적합지수(Normed Fix Index, NFI), 그리고 비표준적합지수(Tucker-Lewis Index, TLI) 등이 일반적으로 사용되며, 기준은 0.9 이상이면 우수한 모형으로 제시되고 있다. 마지막으로, 모형설명력을 표시하는 적합도 지표들로 적합 지수(GFI), 조정적합 지수(AGFI)가 가장 일반적으로 사용되며, 기준은 각각 0.9와 0.8 이상이면 우수한 모형으로 평가된다.

[표 5-8]은 공분산 기반 구조방정식모델링에서의 모형적합도 기준들을 보여준다.

[표 5-8] 공분산 기반 구조방정식모델링 모형적합도 기준

<table>
<tr><th colspan="3">모형적합도</th></tr>
<tr><td rowspan="4">전반적 모형적합도</td><td>카이제곱 통계량(χ^2) $p<0.05$ (표본수량에 민감하므로 기준설정에는 제외)</td><td>Jöreskog & Sörbom (1989)</td></tr>
<tr><td>표준 카이제곱(χ^2/df) 3 이하</td><td>Chin & Todd(1995)</td></tr>
<tr><td>표준 잔차평균제곱이중근(SRMR) 0.10 이하</td><td>Hu & Bentler(1999)</td></tr>
<tr><td>근사오차평균제곱의 이중근(RMSEA) 0.10 이하</td><td>Steiger(1990)</td></tr>
<tr><td rowspan="3">증분적합도</td><td>비교적합지수(CFI) 0.9 이상</td><td rowspan="5">Gefen *et al.*(2000)</td></tr>
<tr><td>표준적합지수(NFI) 0.9 이상</td></tr>
<tr><td>비표준적합지수(TLI) 0.9 이상</td></tr>
<tr><td rowspan="2">모형설명력</td><td>적합지수(GFI) 0.9 이상</td></tr>
<tr><td>조정적합지수(AGFI) 0.8 이상</td></tr>
</table>

(3) 구조모형 평가

구조모형(structural model)에 대한 평가는 잠재변수 간의 관계인 경로분석 즉, 경로의 유의성에 대한 평가를 주 내용으로 한다. 구조모형에 평가는 경로계수에 대한 평가, 결정계수(R^2)에 대한 분석 및 모형적합도에 대한 평가 등이 포함된다. 경로계수에 대한 평가는 잠재변수 간의 인과관계에 대한 평가로서 부호, 크기나 중요성이 고려되어 평가되어야만 하는 것으로 주장되고 있지만, 실제 대부분의 연구에서는 경로계수의 통계적 유의성 수준($p<0.05$) 위주로 평가되고 있다. 결정계수(R^2)에 대한 평가는 종속변수들에 대한 설명력으로 명확한 기준값들은 없다.

공분산 구조방정식모형 분석을 위한 구조모형 평가에 대한 기준들은 [표 5-9]와 같다.

[표 5-9] 공분산 기반 구조방정식모델링 분석기준

구조모형 평가			
경로분석	경로계수	$p<0.05$	Henseler *et al.* (2009)
종속변수들의 설명력	결정계수(R^2)	절대적인 기준 없음, 일반적으로 0.19은 약함, 0.33는 중간, 0.67 이상은 큰 것으로 알려져 있음	Chin(1998)

매개효과모형 분석 5.3

매개효과모형 분석은 독립변수와 종속변수 사이에 매개변수로 알려진 변수들을 통하여 관계의 기초가 되는 메커니즘이나 프로세스를 해명하고자 한 것으로 경영학을 포함한 사회과학 분야에서 변수들 간의 인과관계를 명확하게 파악하기 위해 광범위하게 이용되고 있다. 사회과학연구에서의 매개효과모형은 [그림 5-12]에서와 같이 주로 단순매개모형과 이중매개모형이 분석 대상이 된다.

[그림 5-12] 매개효과모형

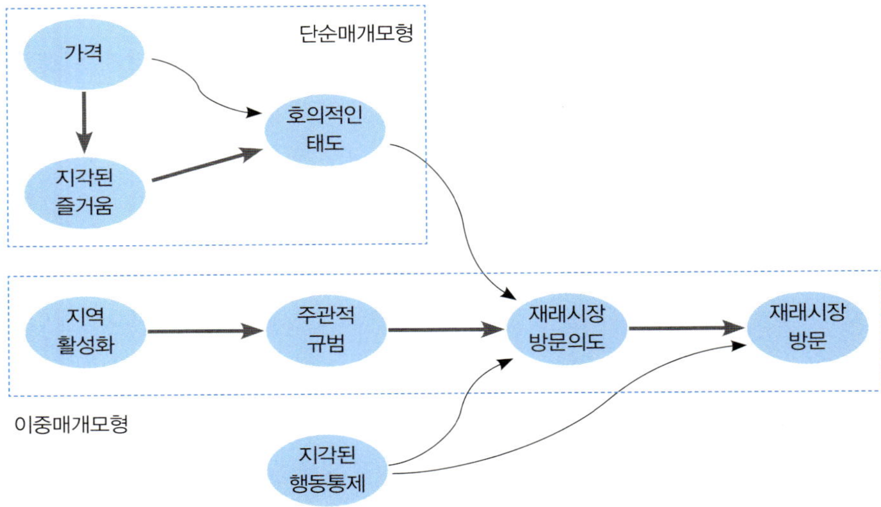

(1) 단순매개모형

단순매개모형(single mediation model)은 [그림 5-12]의 상단에서와 같이 한 개의 매개변수인 지각된 즐거움을 경유하여 독립변수인 가격이 종속변수인 호의적인 태도에 간접적으로 영향을 미치는 형태로 한 개의 매개변수에 대한 매개효과를 분석하는 매개모형이다.

(2) 이중매개모형

이중매개모형(double mediation model)은 [그림 5-12]의 중간에서와 같이 주관적 규범과 재래시장 방문의도와 같은 다수의 매개변수들에 의하여 독립변수인 지역활성화가 종속변수인 재래시장 방문에 간접적으로 영향을 미치는 형태로 다수의 매개변수들의 결합에 대한 매개효과를 분석하는 매개모형이다.

5.3.1 매개효과모형 분석 기법

전통적인 매개효과 분석을 위한 기법들은 인과단계법(causal steps), 계수차이법(difference in coefficients), 계수산출법(product of coefficients)으로 구분된다.

첫 번째 기법인 인과단계법은 Baron & Kenny(1989)가 제시한 방안으로 매개효과가 있으려면 다음 단계들의 조건들이 유지되어야 한다. 1단계, 단일회귀분석에서 독립변수(X)가 종속변수(Y)에 영향 있어야 한다. 2단계, 단일회귀분석에서 독립변수(X)가 매개변수(M)에 영향이 있어야 한다. 3단계, 단일회귀분석에서 매개변수(M)가 종속변수(Y)에 영향이 있어야 한다. 상기의 3단계의 조건들이 모든 만족이 되었다면, 4단계에서 독립변수(X)와 통제변수로 사용하는 매개변수(M)가 모든 포함된 다중회귀분석을 시행한다. 4단계에서 독립변수(X)가 종속변수(Y)에 영향이 없으면 완전 매개효과이며, 독립변수(X)와 매개변수(Y) 모두 종속변수(Y)에 모두 영향이 있으면 부분 매개효과가 있는 것으로 평가된다. 인과단계법은 과거 사회과학연구에서 가장 많이 사용되는 기법이기는 하나 다음과 같은 약점들은 가지고 있다. 첫째, 실제적인 간접효과의 크기, 유의성의 수준과 같은 정보를 제공하지 않는다. 둘째, 여러 개의 매개변수를 포함하는 이중매개효과모형에 적용이 어렵다. 마지막으로 독립변수(X)가 종속변수(Y)에 영향이 있어야 하며, 모순된 매개(inconsistent intervening) 모형들은 배제되어야 하는 제약 조건들이 있다. 두 번째 기법인 계수차이법은 Judd & Kenny(1981)가 제시한 방안으로 종속변수(Y)에 대한 독립변수(X)의 단일회귀분석에서의 경로계수(c)에서 독립변수(X)와 매개변수(M)가 포함된 다중회귀분석에서의 종속변수(Y)에 대한 독립변수(X)의 경로계수의 차이를 비교하는 방법으로 매개효과 분석을 위한 합리적인 방법으로 평가받지는 못한다. 세 번째 기법은 계수산출법으로 가장 바람직한 방안으로 평가받고 있다. 계수산출법은 다중회귀분석을 시행하여 매개변수(M)를 통하여 종속변수(Y)에 영향을 미치는 독립변수(X)의 간접효과에 대한 경로계수를 직접 산출하고 유의성을 평가하는 방법이다. 이러한 계수 산출법의 대표적인 검증 기법이 Sobel-Test이다.

(1) Sobel-Test

Sobel-Test는 다중회귀분석 또는 구조방정식모델링을 시행하여 매개변수를 통하여 종속변수에 영향을 미치는 독립변수의 간접효과에 대한 경로계수를 직접 산출하고 유의성을 평가하는 방법이다. 이 분석에서 간접효과의 경로계수는 매개변수에 대한 독립변수의 경로계수(a)와 매개변수에서 종속변수의 경로계수(b)의 곱으로 산출되며, 경로계수의 유의성 수준은 아래와 같이 간접효과(ab)를 표준오차(S_{ab})로 나눈 값을 정규분포(Z)를 통해 판정된다.

$$Z = \frac{a \times b}{S_{ab}}$$

표준오차(S_{ab})는 최초 테일러의 일차 근사법에 기반한 다변량 텔타방식(multivariate delta method)을 사용한 Sobel(1982)에 위하여 제시되었지만, 오늘날은 테일러의 이차근사법에 기반한 다변량 텔타방식(Aroian 1944)에 의하여 경로계수들의 오차들을 반영한 다음과 같은 수식이 주로 사용된다.

$$S_{ab} = \sqrt{b^2 S_a^2 + a^2 S_b^2 + S_a^2 S_b^2}$$

Sobel-test로 유의확률을 산출하면 실질적인 측정이 아닌 독립변수와 종속변수의 오차를 근간으로 표준오차를 산출하는 방식이기 때문에 매개변수의 측정오차를 반영하지 못하고 있으며, 간접효과(ab)가 정규분포를 따르지 않을 경우가 높음에도 정규분포를 이용하여 신뢰구간을 설정하는 모순이 있고 이중매개모형과 같은 정교한 매개모형을 검증하는데 수식의 복잡함 등으로 어려움이 있다. 따라서 이를 극복하기 위한 매개효과 분석으로 부트스트랩 기법이 주로 사용된다.

(2) 부트스트랩 기법

부트스트랩(bootstrap) 기법은 부표본들을 이용하여 경험적인 분포를 형성하여 이를 근간으로 모수를 추정하는 통계적 기법으로 매개효과 분석에서의 부트스트랩 기법은 Sobel-test에 비하여 이중매개분석에서 비교적 융통성 있고 향상된 방법으로 평가된다. 부트스트랩을 이용한 매개효과 분석 방법은 추정치의 유의성을 평가를 위하여 신뢰구간 검증을 주로 이용한다. 매개효과 분석을 위한 간접효과의 추정치의 경우 통계적 가정에서 추정된 것이 아니라 주어진 자료로부터 산출해 경험적 분포를 이용하기 때문에 신뢰구간 검증을 주로 사용한다.

부트스트랩 기법을 이용한 구조방정식모델링에서 매개효과 분석 절차는 다음과 같다.

- 1단계: 표본자료로부터 그 표본크기 n과 동일한 수의 표본자료를 k번 복원 추출한다.
- 2단계: 복원 추출된 부표본들을 이용하여 구조방정식모델링을 k번 수행한다.
- 3단계: 매개효과분석을 위한 경로에 대하여 간접효과를 k번 계산하고 이들로 이루어진 경험적 분포를 생성한다.
- 4단계: 원표본에 대하여 구조방정식모델링을 수행하여 평가를 위한 간접효과를 산출한다.
- 5단계: 경험적 분포를 근간으로 간접효과의 유의성 평가를 위한 신뢰구간을 설정한다.
- 6단계: 신뢰구간에 근거하여 간접효과에 대한 유의성을 평가한다.

[그림 5-13]에서 보이는 바와 같이 간접효과에 대한 추정치 산출은 경로상

[그림 5-13] 매개효과 부트스트랩 기법

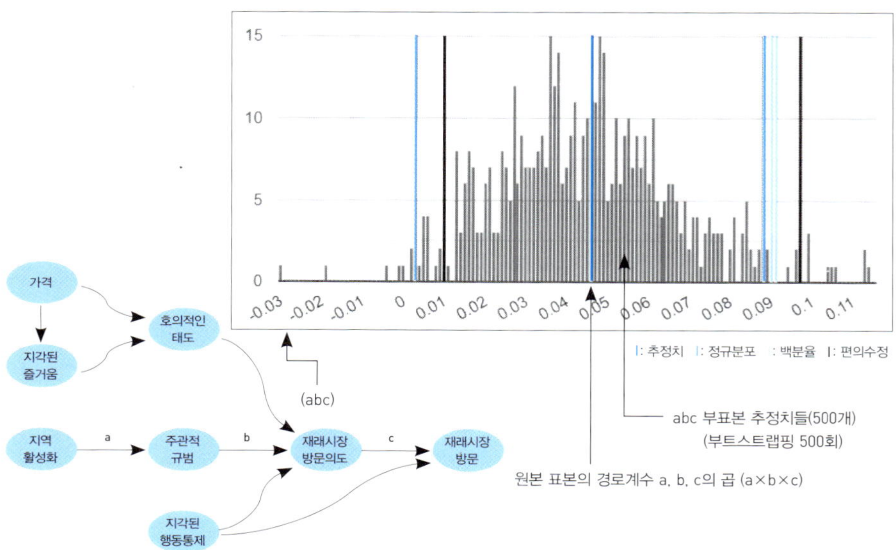

의 모든 변수들 간의 경로계수들의 곱(abc)이며, 부트스트랩을 이용한 매개효과 분석 방법은 직접효과(direct effect)에 대한 유의성 검증이 아니라 간접효과(indirect effect)에 대한 유의성 검증이란 측면만 제외하면 PLS 구조방정모델링에서의 경로계수의 유의성 검증 방법과 동일하다.

5.3.2 매개효과모형 분석

(1) 매개효과 분석 도구

Sobel-Test를 이용한 매개효과분석은 아래와 같은 인터넷상의 Sobel-test 계산기를 이용하여 수행할 수 있다.

http://quantpsy.org/sobel/sobel.htm

상기의 Sobel-test 계산기에 매개경로의 경로계수들과 표준오차 또는 매개경로의 *t*-값을 입력하여 유의확률을 산출한다. 참고로 *t*-값은 경로계수를 표준오차로 나눈 값이다.

부트스트랩 기반의 매개효과분석은 공분산 기반의 구조방정식모델링에서는 AMOS 통계 패키지를 이용하여 수행할 수 있고 PLS 구조방정식모델링에서는 SmartPLS 통계 패키지를 이용하여 수행할 수 있다. AMOS 통계 패키지가 특정 경로별 매개효과 검증 결과가 아닌 전체 경로별 매개효과 검증 결과를 제시하므로, AMOS 통계 패키지를 이용할 경우 팬텀 변수(phantom variable)를 활용하여 개별 간접효과(specific indirect effect)를 검증하여 수행한다. SmartPLS 통계 패키지의 경우 모든 부표본에 대한 부트스트랩핑 작업 결과를 제공하므로 부표본들에 대한 간접효과를 축출하여 이를 엑셀에 저장한 후 경로계수와 표준오차를 근간으로 *t*-값을 산출하고 이를 이용한 *t*-검정을 통하여 개별 간접효과를 검증한다.

반면에 클라우드 사회과학연구 자동화는 독립변수와 종속변수에 대한 지정만으로 모든 경로에 대한 개별 간접효과를 산출한다.

(2) 매개효과 분석 기준

Sobel-Test를 이용하는 경우 매개효과 유의성은 산출된 Z-값에 대한 p-값 산출을 통해 평가한다. 즉, p-값이 0.05보다 작은 경우 매개효과가 유의한 것으로 평가한다. 구조방정식모델링 기반의 부트스트랩을 이용한 매개효과 평가에서는 경로계수와 오차를 근간으로 산출한 t-값을 이용하여 검증할 수 있으나, 주로 신뢰구간 검정이 사용된다. 즉, 신뢰구간이 0을 포함하지 않으며, 추정치가 신뢰구간 내 위치하면 매개효과가 유의한 것으로 평가한다. 신뢰구간은 정규분포, 백분율 또는 편의수정 기준 중 하나를 선택 가능하며, 보수적 검정방식은 모두를 평가하는 것이다.

조절효과모형 분석 5.4

조절효과모형은 독립변수와 종속변수 간의 조절변수를 포함한 형태로 구성된 연구모형으로 독립변수와 종속변수 간의 관계에 대한 조절변수의 유의성 검증에 초점을 맞추고 있다. 조절효과모형 분석은 [그림 5-14]에서와 같이 독립

[그림 5-14] 조절효과모형

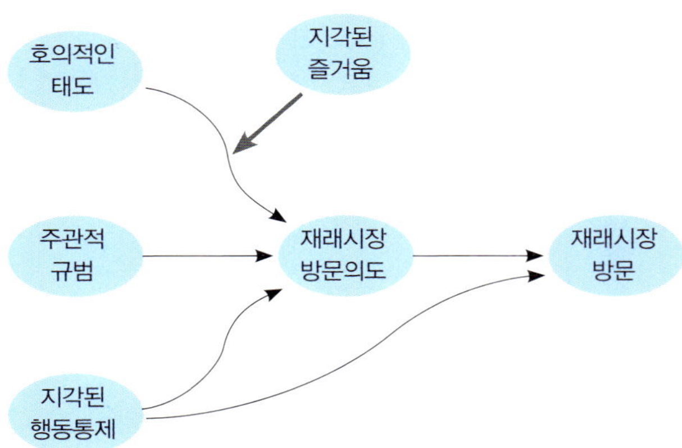

변수인 호의적인 태도와 재래시장 방문의도 간의 관계에 있어서 조절변수인 지각된 즐거움이 관계에 영향이 있는지를 분석하는 것이다. 조절효과모형에서의 조절변수는 일반적으로 연속형 자료일 때 해당하며, 조절변수가 성별이나 결혼 유무와 같이 이항형 변수인 경우는 그룹비교분석이 주로 사용된다.

사회과학연구에서 조절효과모형을 검증하기 위하여 일반적으로 위계적 분석이 사용된다. 위계적 분석은 기본모형과 기본모형에 조절변수를 추가한 모형 그리고 기본모형에 조절변수 및 상호작용 항을 추가한 모형의 3개의 모형들에 대하여 순차적으로 회귀분석 또는 구조방정식모델링을 수행하고 그 결과들을 분석하는 형식으로 진행한다.

5.4.1 위계적 분석 기법

위계적 분석(hierarchical analysis)이란 독립변수들을 단계적으로 추가해 가며 종속변수를 설명하는 회귀모형을 단계별로 추정하고, 추정한 각 단계모형의 종속변수의 설명력이 이전 단계모형과 비교해 유의미한 정도로 변화하는지를 분석하는 방법이다. 그러나 최근 조절효과모형에서 다수의 독립변수가 포함되는 것이 보편적이라서 단계별 종속변수에 대한 독립변수들의 영향 차이에 대한 정도를 기준화하는 것이 어렵기 때문에 상호작용항(product term)을 근간으로 한 조절효과 분석 방법이 일반적으로 활용된다.

위계적 분석은 조절변수를 제외한 기본모형인 모형 1, 기본모형에 조절변수를 포함한 모형 2 그리고 기본모형에 조절변수와 상호작용항(독립변수*조절변수)을 포함한 모형 3으로 구성되며 순차적으로 분석한다. [그림 5 - 14] 조절효과모형에 대하여 위계적 분석을 위한 3개의 모형은 [그림 5 - 15]와 같다.

- 모형 1: 조절변수를 제외한 기본모형
- 모형 2: 기본모형에 조절변수를 포함한 모형
- 모형 3: 기본모형에 조절변수와 상호작용항(독립변수×조절변수)을 포함한 모형

[그림 5-15] 위계적 모형

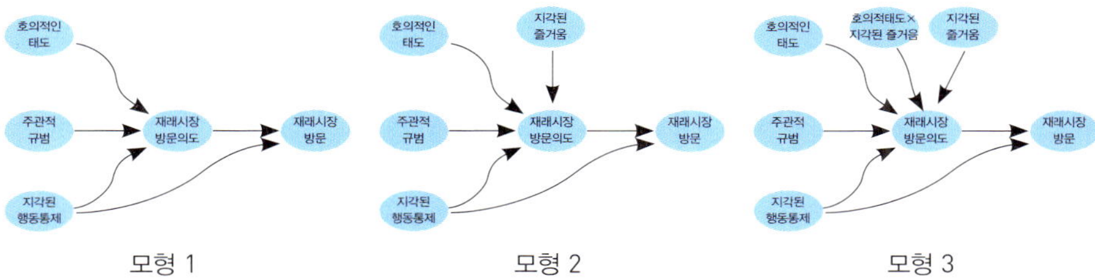

5.4.2 조절효과모형 분석

(1) 조절효과모형 분석

조절효과모형 분석을 위한 위계적 분석은 상기의 모형 1, 모형 2, 모형 3을 순차적으로 실행하고 모형별 결과를 분석한다. 모형 1의 결과는 종속변수에 대한 독립변수들의 주효과(main effect) 검증을 위한 정보를 제공하고, 모형 2의 결과는 종속변수에 대한 조절변수의 주효과 검증을 위한 정보를 제공한다. 마지막으로 모형 3은 상호작용항의 유의성 검증은 통하여 독립변수와 종속변수 간의 경로에 대한 조절변수의 조절효과 검증을 위한 정보를 제공한다. 종속변수에 대한 독립변수와 조절변수의 주효과 검증이 필요 없는 연구의 경우 모형 1과 모형 2 없이 모형 3으로만 조절효과 검증이 가능하다.

(2) 조절효과 검정 기준

위계적 분석에서의 조절효과 평가기준은 모형 3의 상호작용효과(독립변수*조절변수)의 유의성 평가로 검증한다. 즉 p-값이 0.05 이하이면 조절효과가 있는 것으로 평가한다. 또한 모형들의 결정계수(R^2) 변화량으로도 조절효과를 평가할 수 있다. 모형들에 대한 분석에서 R^2 변화량의 증가 여부를 확인하면 조절효과가 있는 것으로 평가할 수 있다.

유의확률인 p-값을 이용하여 조절효과를 분석하는 경우 연구의 성격에 따라 유의수준을 0.1 수준으로 설정하여 분석할 수 있다. 결정계수(R^2) 변화량의 조절효과를 분석할 경우 독립변수의 수도 함께 고려하여 평가할 필요가 있다.

5.5 그룹비교모형 분석

그룹비교모형 분석 또는 다중그룹 분석(Multi-Group Analysis)은 성별, 경험 유무와 같이 사전에 정의된 두 그룹에 대하여 그룹별로 연구모형의 잠재변수들 간의 경로계수 추정치에 중요한 차이가 있는지 검증하는 분석기법이다.

[그림 5-16]과 같이 두 그룹 간의 변수들의 경로계수들이 통계적으로 차이 있는지 검증하는 것을 말한다. 예를 들어 남자 그룹의 가격과 만족도 간의 경로계수 값이 0.227이 생성되었고 여자 그룹의 가격과 만족도 간의 경로계수 값이 0.255가 생성되었을 경우 두 그룹에서 생성된 경로계수 값들 간의 통계적으로 유의한 차이가 있는지를 검증하는 기법을 그룹비교모형 분석이라 부른다.

[그림 5-16] **그룹비교모형**

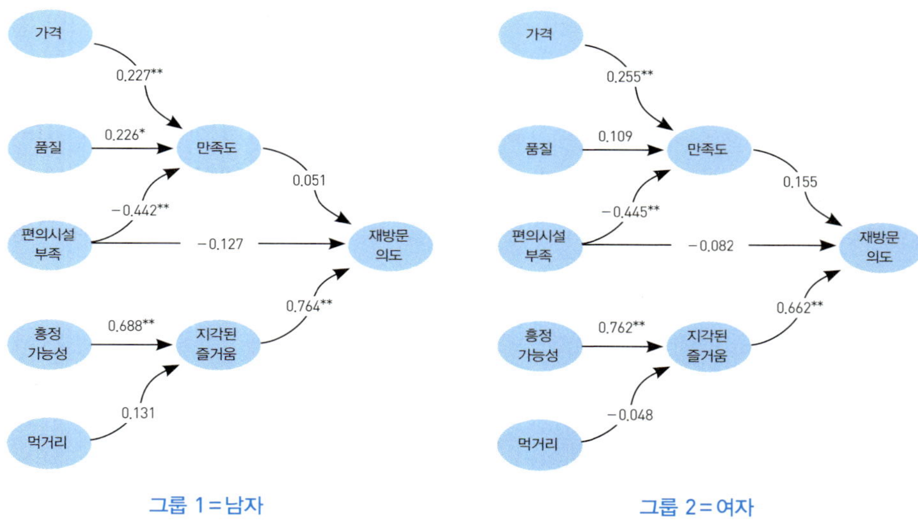

그룹비교모형 분석은 비교할 그룹들에 대하여 표본자료들을 생성한 후 개별적으로 구조방정식모델링을 수행하고 결과를 다양한 다중그룹 분석기법들을 이용하여 비교하는 형식으로 진행한다.

5.5.1 다중그룹 분석기법

그룹비교모형 분석을 수행하기 위하여 모수 접근법(Keil *et al.*, 2000, Chin, 2000), 순열기반 접근법(Chin & Dibbern, 2010), 비모수 접근법(Henseler, 2007) 그리고 비모수 신뢰구간 설정 접근법(Sarstedt *et al.*, 2011)과 같은 다양한 다중그룹 분석기법들이 제시되고 있다.

5.5.1.1 다중그룹 분석 기법

(1) 모수 접근법

모수 접근법(parametric approach)은 Keil *et al.*(2000)에 의하여 최초 도입된 기법으로 두 개의 독립적인 표본에 대한 경로들에 대한 차이를 검증하기 위해 집단 간 평균비교 방법인 t-검정을 수정한 형태이다.

(2) 순열기반 접근법

순열기반 접근법(permutation-based approach)은 Chin(2003)에 의해 초기 개발되었고 Chin & Dibbern(2010)에 의하여 발표된 다중그룹 분석기법으로 무작위화(randomization) 또는 순열(permutation)을 이용하기 때문에 비정상적인 분포로 추정되는 자료들에 대한 분석에 효과적인 방법으로 알려져 있다.

(3) 비모수 접근법

비모수 접근법(non-parametric approach)은 Henseler(2007)에 의하여 제시된 접근법이다. 절차상 부트스트랩핑 방식을 한다는 관점에서 모수 접근법과 유사한 다중그룹 분석기법으로 평가되나(Sarstedt *et al.*, 2011), 검정방식은 두 경로계수 차이가 양(+)이 되는 발생확률에 근간하여 유의확률 p-값을 도출하는 비교적 쉬운 방식을 채택하고 있다.

(4) 비모수 신뢰구간 설정 접근법

비모수 신뢰구간 설정 접근법(non-parametric confidence set approach)은 Sarstedt *et al.*(2011)가 제시한 기법으로 PLS 경로 모델링에서 추정된 경로계수 값들의 대한 편향-보정된(Bias-corrected, BC) 신뢰구간을 이용하는 방법이다.

[표 5-10] 다중그룹 분석기법 장단점 비교

다중그룹 분석기법	장점과 단점
모수 접근법	추정치들이 정규분포를 이루어야 하고 그룹별의 표본의 크기가 유사해야 함
순열기반 접근법	분포에 대하여는 자유로우나 추정치에 대한 그룹별 표본의 크기가 상당히 유사해야 함
비모수 접근법	표본의 크기나 분포에 자유롭고 비교적 구현이 쉬운 기법이나 양측검증 가설 검증에는 사용이 불가능하며, 단측검증에만 사용이 가능
비모수 신뢰구간 설정 접근법	표본의 크기나 분포에 자유롭고 이질적인 그룹에 대한 비교에 효과적임

상기의 모수 접근법, 순열기반 접근법, 비모수 접근법, 비모수 신뢰구간 설정 접근법의 다중그룹 분석기법들의 장단점을 비교하면 [표 5-10]과 같다.

상기에서 제시된 다중그룹 분석 기법에서 사회과학연구에 주로 사용되는 분석 기법은 모수 접근법이다.

5.5.1.2 모수 접근법

모수 접근법(parametric approach)은 두개의 독립적인 표본에 대한 경로들에 대한 차이를 검증하기 위해 집단 간 평균비교 방법인 t-검정을 수정한 형태이다. PLS 모델링에서의 실행방법은 각 그룹에 대한 모형의 경로계수 값들을 개별적으로 추정하고 부트스트랩핑으로 얻은 표준오차를 검증을 위한 입력으로 사용한다(Chin 2000). 모수 접근법에서 t-검증을 위해 사용되는 수식은 다음과 같다.

$$t=\frac{path_{ji}^{G1}-path_{ji}^{G2}}{\left(\sqrt{\frac{1}{n_1}+\frac{1}{n_2}}\right)S_p}$$

상기 수식은 n_1+n_2-2 자유도의 t 분포를 따르며, 여기서 n_1와 n_2는 두 그룹의 각 표본들이 수량이다. 또한 수식에 있는 S_p(풀링된 분산의 추정치)는 다음과 같은 수식을 통해 구한다.

$$S_p=\sqrt{\frac{(n_1-1)^2}{n_1+n_2-2}SE_{G_1}^2+\frac{(n_1-1)^2}{n_1+n_2-2}SE_{G_2}^2}$$

여기서 SE_{G_1} 및 SE_{G_2}는 각 그룹의 부트스트랩 표준오차를 의미한다. 모수 접근법은 t-검정을 근간으로 하므로 산출된 경로계수 추정치가 정규분포를 유지해야 하며, 또한 두 집단의 표본의 크기가 상당히 유사해야 한다는 전제 조건이 있다.

5.5.2 그룹비교모형 분석

(1) 그룹비교모형 분석

그룹비교모형 분석은 그룹별 구조모형에 대한 경로별 차이 분석으로 그룹1의 자료로 구성된 구조모형과 그룹2의 자료로 구성된 구조모형을 설정하여 구조방정식모델링을 수행한 후 모수 접근법에 따라 평가한다. 즉 모든 경로에 대하여 t-값들을 산출한다. 클라우드 사회과학연구자동화는 단순하게 그룹에 대한 지정만으로 모든 경로들 차이에 대한 t-값을 산출한다.

(2) 그룹비교 분석 검정 기준

그룹비교모형 평가는 그룹 간 경로들의 t-검정에 의한 유의성 평가로 $p<0.05$ (양측검증)이면 그룹 간 경로의 차이가 있는 것으로 평가한다.

Chapter 6

클라우드 사회과학연구 자동화

클라우드 사회과학연구 자동화 6.1

클라우드 사회과학연구 자동화(Social Science Research Automation, SSRA)는 사회과학연구에서 자동화의 효과성을 보여주고, 사회과학연구의 활성화를 기하고자 만들어진 사회과학 연구지원 시스템이다. SSRA는 클라우드 기반으로 사회과학 연구자들이 언제 어디서라도 연구 수행을 위한 설문지 작성을 도와주고, 웹과 모바일을 이용한 자료수집을 지원하며, 수집된 자료를 자동적으로 통계분석 처리하여 연구 보고서에서 직접 이용될 수 있는 자료를 산출할 수 있는 유비쿼터스(ubiquitous) 연구 환경을 지원한다.

6.1.1 클라우드 사회과학연구 자동화의 의의

사회과학연구의 자동화를 지원하는 클라우드 사회과학연구 자동화는 사회과학연구에서 단순 작업적이고 시간 소모적인 활동인 설문지 작성과 자료수집 과정을 인터넷 및 정보기술을 이용한 자동화로 연구자들의 연구 생산성을 획기적으로 향상시킬 수 있다. 또한 통계분석을 위한 자료의 변환과 자료의 분석은 연구자의 의사결정이 크게 요구되지 않는 단순하고 구조화된 작업들로 이러한 일에 소요되는 시간과 노력을 줄여줄 수 있고, 또한 자료변환 및 통계처리 시 발생할 수 있는 오류를 제거하여 심리적인 안정감도 줄 수 있다. 아울러 클라우드 기반으로 사회과학 연구자들이 언제 어디서라도 연구를 위한 유비쿼터스한 연구 환경을 지원하며, 설문자료의 생성부터 최종 연구결과물 산출까지 대부분이 시스템화되어 있어 연구수행 과정에 대한 투명성을 보장할 수 있으며, 이를 통해 연구의 윤리성을 향상시킨다.

- 연구 생산성의 획기적 향상
- 자료변환 및 통계 처리 시간 및 노력 절감
- 연구 작업 오류 제거 및 심리적인 안정감 제공
- 연구수행 과정에 대한 투명성 보장 및 연구 윤리성 향상

6.1.2 클라우드 사회과학연구 자동화의 구성

사회과학연구(social science research)는 사회현상을 정확하게 이해하고 예측하기 위해 일반적으로 연구문제 정의, 가설 설정, 조사설계, 자료수집, 자료편집 및 분석 그리고 연구보고서 작성 등의 여러 단계의 과정을 걸친다. 클라우드 사회과학연구 자동화는 [그림 6-1]과 같이 사회과학연구의 전 과정을 지원하기 위하여 연구문제의 정의 및 가설 설정을 지원하기 위한 문헌관리 자동화, 조사설계를 지원하기 위한 연구계획/설계 자동화, 자료수집 지원을 위한 설문지 작성 자동화와 자료수집 자동화, 수집된 자료편집 및 통계분석 지원을 위한 통계분석 자동화 그리고 마지막으로 연구보고서 작성 지원을 위한 보고서 작성 자동화로 구성되어 있다.

[그림 6-1] 사회과학연구 절차와 클라우드 사회과학연구 자동화 구성

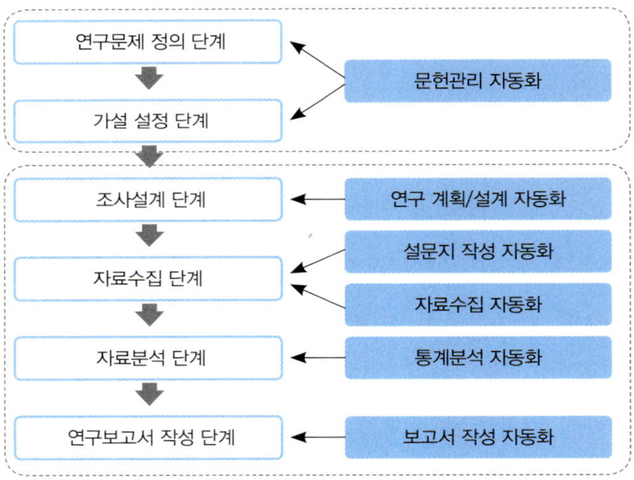

6.1.3 클라우드 사회과학연구 자동화의 기능

클라우드 사회과학연구 자동화는 기능적인 측면에서 문헌관리, 온라인 설문조사, 통계분석, 보고서 작성 등 사회과학연구를 위한 통합도구이며, [그림 6-2]와 같이 일반통계 분석, 구조방정식모델링, 계층과정분석(Analytic Hierarchy Process, AHP), 자료포락분석(Data Envelopment Analysis, DEA), 다층모형분석(Hierarchical Linear Models, HLM), 데이터마이닝, 텍스트마이닝, 소셜네트워크 분석, 데이터 분석 및 그래프 작성 등의 다양한 자료 분석 기능들을 통합적으로 지원하는 세계 유일의 GUI(그래픽 유저 인터페이스) 방식의 분석 플랫폼이다.

[그림 6-2] 클라우드 사회과학 자동화 분석 도구

6.2 클라우드 사회과학연구 자동화 시작하기

클라우드 사회과학연구 자동화는 SaaS(Software as a Service) 기반의 클라우드 시스템으로 웹에서 접근하여 사용하면 된다. 클라우드 특성상 별도의 서버급 컴퓨터 없이도 PC는 물론 노트북, 태블릿 심지어 모바일에서도 설문지를 작성하고 자료를 수집하며, 복잡한 통계처리를 수행할 수 있다.

6.2.1 클라우드 사회과학연구 자동화 접속

클라우드 사회과학연구 자동화는 웹이나 모바일 브라우저에서 아래의 주소에 접속하여 사용할 수 있다.

http://ssra.or.kr

웹이나 모바일 브라우저를 이용하여 클라우드 사회과학연구 자동화에 접속한 홈페이지의 초기 화면은 [그림 6-3]과 같다. 클라우드 사회과학연구 자동화의 홈페이지는 상단의 메뉴영역과 하단의 내용영역으로 구성되어있다. 메뉴영역에는 [홈]과, 클라우드 사회과학연구 자동화 소개하는 [클라우드 사회과학연구 자동화란?], 내 설문현황들을 보여주는 [내 설문현황], 공지사항과 게시판을

[그림 6-3] 클라우드 사회과학연구 자동화 초기 화면

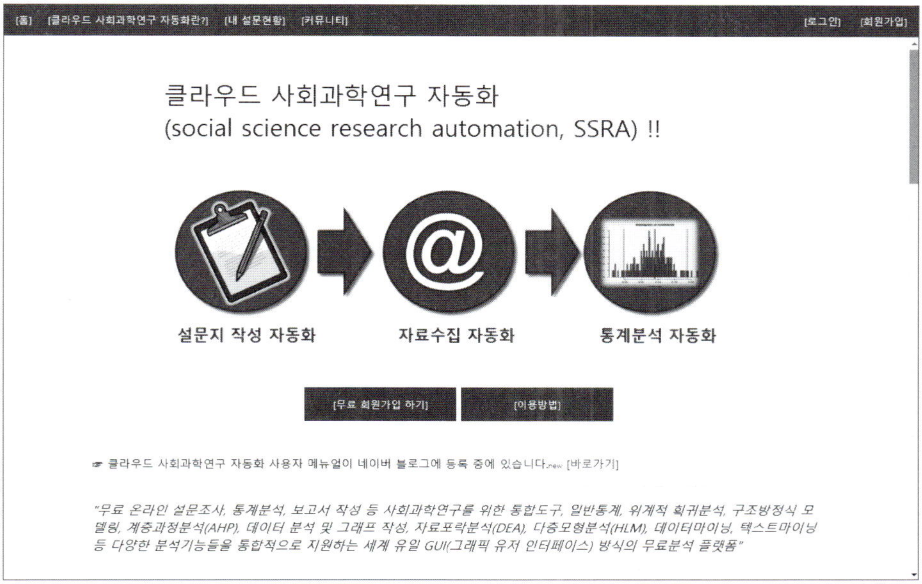

포함하는 커뮤니티를 위한 메뉴인 [커뮤니티] 그리고 [로그인]과 [회원가입] 메뉴로 구성되어있다.

내용영역은 상단메뉴 선택 후의 세부메뉴 및 내용들로, 설문지 작성, 자료수집 또는 통계분석과 같은 다양한 작업에 사용되는 메뉴 및 내용들을 나타낸다.

클라우드 사회과학연구 자동화의 사용자 메뉴얼은 네이버 블로그에 등록되어 있으며, 클라우드 사회과학연구 자동화의 네이버 블로그의 주소는 다음과 같다.

https://blog.naver.com/cloud_ssra

[그림 6-4]와 같이 클라우드 사회과학연구 자동화의 네이버 블로그에는 클라우드 사회과학연구 자동화 사용 방법과 새롭게 추가되는 기능들에 대한 소개와 사용법들이 등록된다.

[그림 6-4] 클라우드 사회과학연구 자동화 블로그

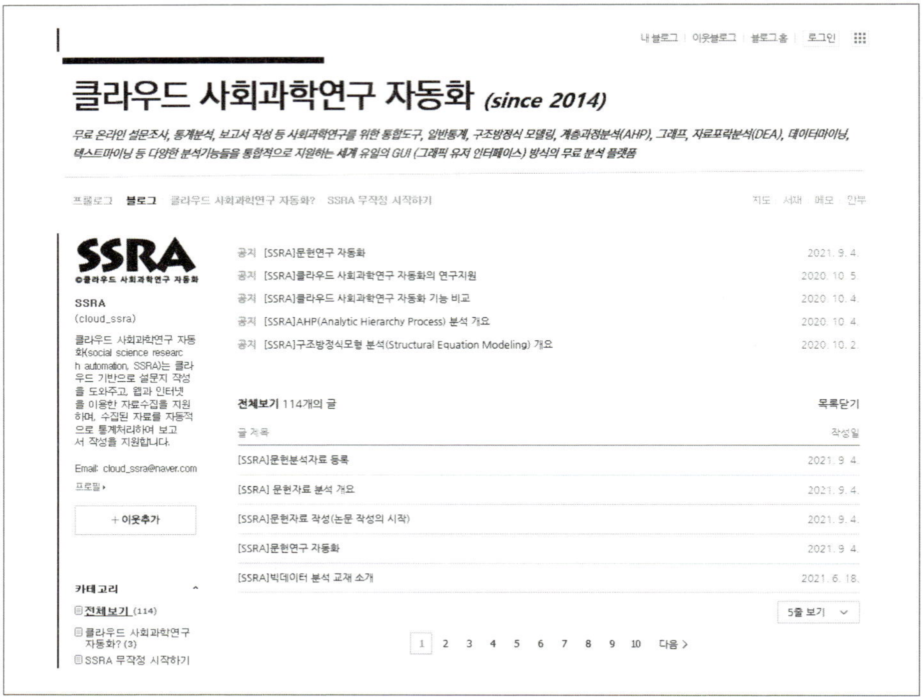

6.2.2 회원가입

클라우드 사회과학연구 자동화의 기능들을 사용하기 위하여서는 기본적으로 회원가입을 하여야 한다. 회원가입은 메뉴영역의 오른쪽 메뉴 [회원가입]을 선택하여 가입한다. [그림 6-5]의 회원가입 화면에서 아이디, 비밀번호, 이름, 휴대전화번호, 소속 등을 등록한 후 하단의 회원가입을 선택하여 회원가입을 한다.

6.2.3 로그인

클라우드 사회과학연구 자동화 이용을 위한 사용자의 로그인은 회원가입을 한 후 사이트 우측 상단의 [로그인] 메뉴를 선택하여 [그림 6-6]과 같은 사용자 로그인 화면을 호출하여 로그인한다.

[그림 6-5] 회원가입 화면

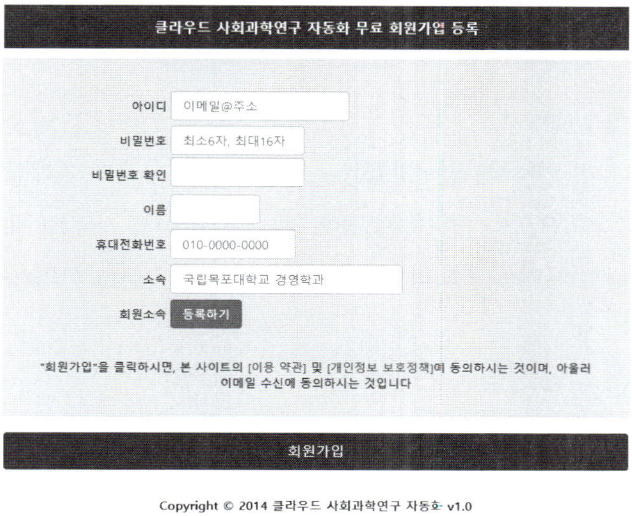

[그림 6-6] 사용자 로그인 화면

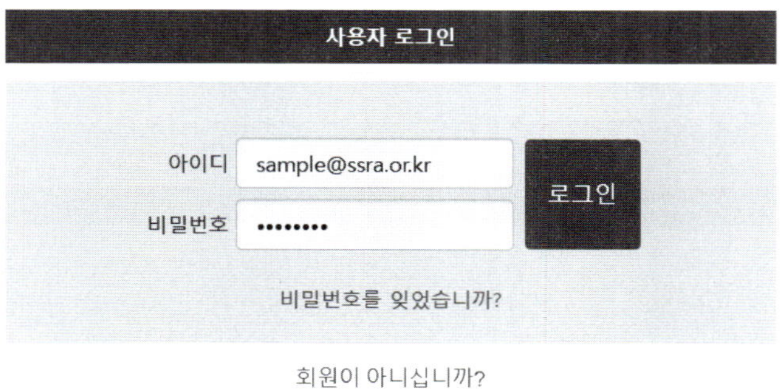

6.2.4 사용자 인증

클라우드 사회과학연구 자동화에 처음으로 로그인할 때 사용자 아이디(이메일)에 대한 사용자 인증을 요청한다. 인증 메일이 사용자 아이디(이메일)로 발송되며, 사용자는 이메일을 받고 이메일에서 인증 확인으로 하면 된다.

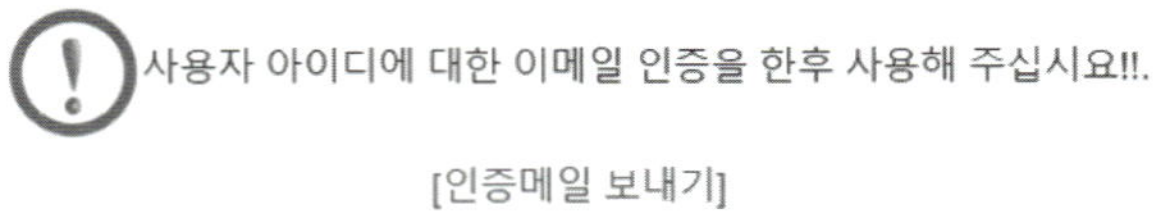

참고로 클라우드 사회과학연구 자동화 사이트의 인증메일 발송에 다소 시간이 소요된다. 또한 일부 메일 시스템들은, 예를 들면, 구글의 지메일의 경우 사용자 인증 메일을 스팸으로 처리하는 경우가 있다. 따라서 사이트 처음 인증시 조금 시간을 가지고 메일을 기다리고, 미도착시 스팸 메일함도 확인해야 한다.

6.2.5 첫 화면

사용자 인증을 마치고 처음으로 클라우드 사회과학연구 자동화에 로그인시 첫 화면은 [그림 6-7]과 같다. [그림 6-7]의 하단 왼쪽편의 [새 설문지 작성+]을 시작으로 사회과학연구를 시작할 수 있고, 문헌연구부터 시작할 경우 [문헌자료 작성+]을 시작으로 사회과학연구를 시작할 수 있다.

[그림 6-7] 클라우드 사회과학연구 자동화 첫 화면

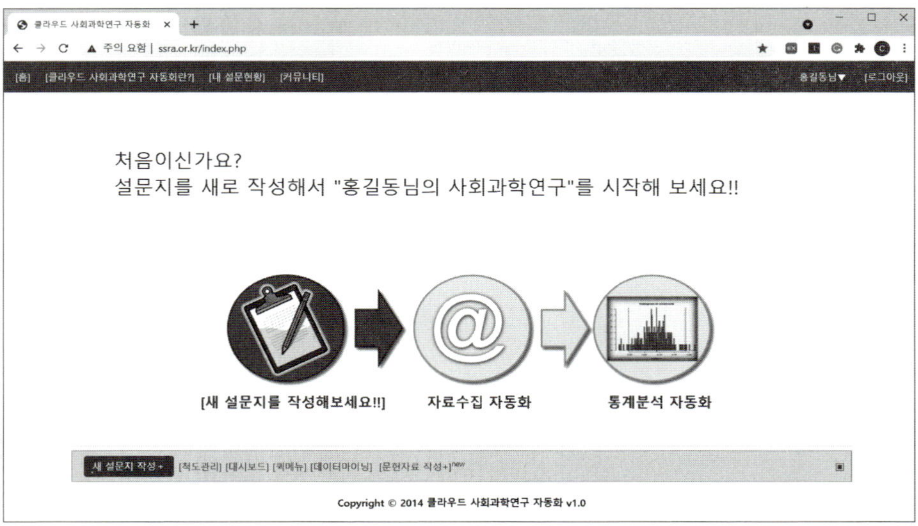

[그림 6-8]에 보는 바와 같이 클라우드 사회과학연구 자동화를 이용한 연구 절차는 크게 [문헌자료 작성+]부터 연구를 시작하는 것과 [새 설문지 작성+]부터 연구를 시작하는 것으로 구분할 수 있다. [문헌자료 작성+]부터의 연구 수행은 문헌자료 작성, 작성된 문헌자료에 대한 분석, 이를 통한 연구문제의 정의 및 가설 설정, 그리고 연구설계와 설문지 작성, 자료수집, 통계분석 그리고 보고서 작성의 사회과학 연구 절차 전반에 대하여 클라우드 사회과학연구 자동화을 기반으로 수행하는 것이며, [새 설문지 작성+]부터의 연구 수행은 설문지 작성, 자료수집, 통계분석 그리고 보고서 작성으로 문헌 연구 및 연구설계 부분을 제외한 연구 절차를 클라우드 사회과학연구 자동화를 이용하여 수행하는 것이다.

참고로 다른 경로를 통하여 자료를 수집하였을 때도 파일을 이용한 설문지 작성 기능을 이용하여 클라우드 사회과학연구 자동화에서 제공하는 다양한 통계분석 기능들을 사용할 수 있다.

[그림 6-8] 클라우드 사회과학연구 자동화의 연구 절차

6.3 클라우드 사회과학연구 자동화 주요 기능 소개

클라우드 사회과학연구 자동화는 사회과학연구의 전 과정을 지원하기 위하여 웹 기반으로 [그림 6-9]와 같이 문헌관리 자동화, 연구계획/설계 자동화, 설문지 작성 자동화, 자료수집 자동화, 통계분석 자동화 그리고 마지막으로 보고서 작성 자동화 기능을 제공한다.

[그림 6-9] 클라우드 사회과학연구 자동화 구성

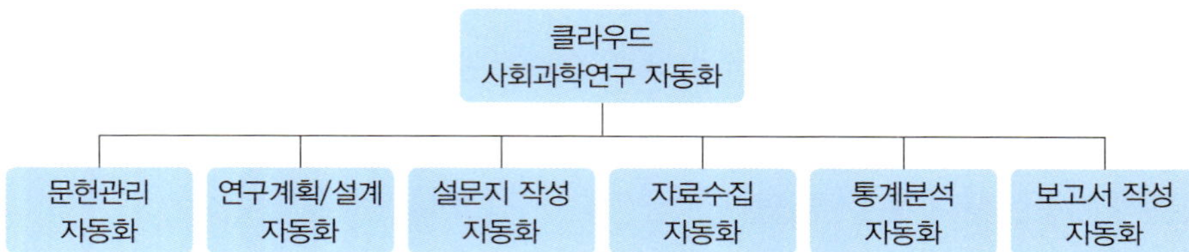

6.3.1 문헌관리 자동화

문헌관리 자동화는 문헌연구를 위한 자료 보관 및 분석 기능을 제공한다. 문헌관리 자동화는 문헌관리 작성 기능과 문헌자료 분석 기능으로 구성되어 있으며, 문헌자료 분석을 통해 연구계획 수립 및 연구설계를 지원하는 기능을 제공한다. 문헌관리 자동화는 내 설문현황 화면의 하단의 [문헌자료 작성+] 메뉴를 선택하여 수행할 수 있다.

(1) 문헌자료 작성

문헌자료 작성 기능은 논문작성을 위한 새로운 사회과학연구 수행을 위한 출발점으로 구글 학술검색, RISS, ScienceON와 같은 다양한 학술검색사이트나 KiSS, DBpia, Science Direct 등의 학술데이터베이스에서 제공하는 EndNote, Mendeley, RefWorks와 같은 논문관리 프로그램의 파일이나 APA style과 같은 인용형식의 자료를 이용하여 문헌연구를 수행할 수 있는 문헌자료 등록을 지원한다.

(2) 문헌자료 분석

문헌자료 분석 기능은 등록된 문헌자료에 대한 분류와 분석을 통하여 문헌연구를 수행하는 기능으로 [그림 6-10]에서와 같이 연구분류, 연구대상, 근간이론, 연구모형, 독립변수, 종속변수, 매개변수, 조절변수, 분석방법, 연구결과, 연구한계, 참고사항, 키워드 등의 문헌들을 분류하기 위한 기준 항목을 제공하고, 문헌자료 분류를 지원하기 위하여 구글을 포함 다양한 학술검색 사이트와 하이퍼링크로 연계되어 있으며, 쉬운 편집을 위한 항목정렬 및 필터링 기능 제공, 일괄변경, 유사단어 병합 기능, 항목추가/삭제 및 속성 변경 기능을 제공한다. 또한 분류된 문헌들에 대한 검색기능들인 빈도분석, 교차분석, 주제어 분석, 소셜네트워크 분석과 같은 다양한 통계 및 마이닝 분석 그리고 그래프 작성 기능 등을 제공한다. 이를 통해 문헌자료 분석 기능은 연구문제 정의 및 연구모형 구성을 위한 시사점을 제공한다.

[그림 6-10] 문헌자료 분석 등록

번호	☐	생성일자	저자	연도	제목	저널명	권/호	페이지	대상국가	연구분류	등급
1	☐	2021-07-06	Abebe, M.	2014	Electronic commerce adoption, entrepreneurial orientation and small- and medium-sized enterprise (SME) performance	Journal of small business and enterprise development	21(1)	100-116	USA	EC	X
2	☐	2021-01-15	Abed, S. S.; Dwivedi, Y. K.; Williams, M. D.	2015	SMEs' adoption of e-commerce using social media in a Saudi Arabian context: a systematic literature review	International Journal of Business Information Systems	19(2)	159-179	Saudi Arabian	EC	
3	☐	2021-01-15	Abou-Shouk, M.; Megicks, P.; Lim, W. M.	2013	Perceived benefits and e-commerce adoption by SME travel agents in developing countries: Evidence from Egypt	Journal of Hospitality	37(4)	490-515	Egypt	EC	
4	☐	2021-01-15	Ahani, A.; Rahim, N. Z. A.; Nilashi, M.	2017	Forecasting social CRM adoption in SMEs: A combined SEM-neural network method	Computers in Human Behavior	75	560-578		CRM	

6.3.2 연구계획/설계 자동화

연구계획/설계 자동화 기능은 문헌관리 자동화를 이용하여 산출된 문헌고찰 결과를 근간으로 연구계획서 작성 및 연구설계 지원 기능을 제공한다. [그림 6-11]에서 보이는 바와 같이 연구계획 수립 및 연구설계 자동화 기능을 순서대로 따라가면 최종적으로 자료수집을 위한 설문지를 작성할 수 있다.

[그림 6-11] **연구계획 수립 및 연구설계 기능**

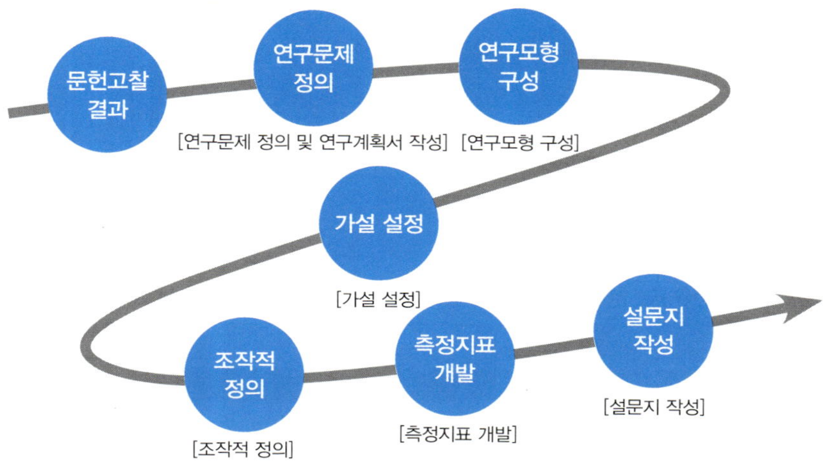

(1) 연구계획 수립 및 연구계획서 작성

연구계획 수립 기능은 문헌자료 분석 결과를 근간으로 연구문제 정의 및 연구계획서 작성 기능을 제공한다. 연구계획서 보고서 작성시 문헌자료 분석 때에 생성한 다양한 표와 그래프 사용이 가능하다.

(2) 연구설계

연구설계 기능은 작성된 연구계획서를 근간으로 구조방정식모델링을 이용한 연구 수행시의 연구설계를 지원한다. 이를 위해 연구모형 구성, 가설 설정, 조작적 정의, 측정지표 개발 및 설문지 작성에 이르는 전 연구설계 과정을 자동화 형식으로 지원한다.

6.3.3 설문지 작성 자동화

설문지 작성 자동화는 구글 설문지나, 서베이몽키(SurveyMonkey)의 설문지와 같이 다양한 척도로 이루어진 개별 척도형 설문지 작성 기능뿐 아니라 이용 목적에 따라 쉽고 간편하게 온라인 설문지 작성을 위한 리커트 척도형, 계층과 정분석 연구를 위한 AHP 척도형, 파일를 이용한 설문지 작성 등의 다양한 설문지 작성 기능들을 제공한다. 설문지 작성은 내 설문현황 화면의 하단의 [새설문지 작성+] 메뉴를 선택하여 수행할 수 있다.

새 설문지 작성은 [그림 6－12]와 같이 개별 척도형 설문지, 리커트 척도형 설문지, AHP 척도형 설문지, 파일을 이용한 설문지, 기존 설문지를 이용한 설문지 작성으로 구성되어 있으며, 하단에 추가로 클라우드 사회과학연구 자동화에서 제공하는 설문지 템플릿에 대한 새 설문지 작성 메뉴가 있다.

[그림 6－12] 설문지 지원 유형

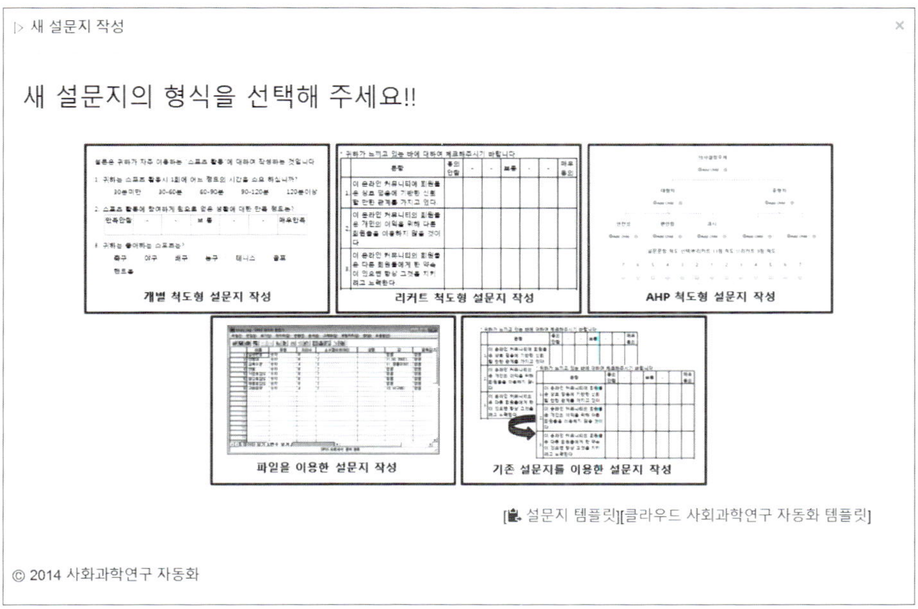

(1) 개별 척도형 설문지 작성

개별 척도형 설문지는 웹/모바일 설문지 작성의 유연성을 높이고자 설문문항 단위로 척도를 선택하여 설문지를 작성하고 머리말과 꼬리말을 추가 작성할 수 있는 기능을 제공하고 있다. 다양한 척도가 포함된 경우의 복잡한 형태의 설문지를 작성하는 데 유리하게 사용될 수 있다.

(2) 리커트 척도형 설문지 작성

리커트 척도형 설문지는 사회과학연구들에서 주로 사용되는 리커트 척도(likert scale)로만 구성된 설문지를 작성할 때 복사/붙여넣기 기능을 이용하여 간편하고 신속하게 설문지를 작성할 수 있다. 리커트 척도형 설문지 작성은 설문이 한글이나 워드로 미리 준비되어 있는 경우 복사/붙여넣기 기능을 이용하면 1~2분 이내에 설문지를 완성할 수 있다.

(3) AHP 척도형 설문지 작성

AHP 척도형 설문지 작성은 계층분석과정(Analytic Hierarchy Process, AHP) 연구시 사용되는 쌍대비교 형식의 설문지로 계층모형을 시각적으로 보여주기 위해 계층 차트를 제공한다. 클라우드 사회과학연구 자동화에서는 AHP 척도형 설문지로 수집된 자료에 대하여 전 계층분석과정을 자동으로 처리하고 최종적으로 기준 행렬, 정규화 행렬, 일관성 지수, 대용가능 지수 및 항목별 중요도 분석 결과 등을 제공한다.

(4) 파일을 이용한 설문지 작성

파일을 이용한 설문지 작성은 이미 다른 설문지를 통하여 자료를 수집한 경우 클라우드 사회과학연구 자동화 사이트에서 제공하는 통계분석을 이용하고자 할 경우 유리하게 사용될 수 있다. 간편하게 CSV, 엑셀 또는 SPSS 파일 업로드로 설문지 작성을 물론 자료수집까지 완료가 된다. 입력된 자료는 클라우드 사회과학연구 자동화에서 제공하는 일반통계분석, 구조방정식모형 분석, 그래프 작성, 데이터마이닝, 텍스트 마이닝 등의 다양한 통계분석 기능을 통하여 분석될 수 있다.

(5) 기존 설문지를 이용한 설문지 작성

기존 설문지를 이용한 설문지 작성은 반복적인 설문조사를 하는 경우 이전에 사용한 설문지를 간편하게 복사하여 빠르게 설문지를 작성할 수 있다.

(6) 설문지 템플릿

클라우드 사회과학연구 자동화는 사용자의 교육이나 설문지 작성의 편리성을 제공하고자 설문지 템플릿을 지속적으로 제공하고 있다. 사용자는 설문지 템플릿 기능을 이용하여 원하는 설문지를 간편하고 빠르게 작성할 수 있다. 사용자가 특정 조직에 속하여 있을 경우 그 조직에서 공동으로 사용되는 설문 템플릿들을 사용할 수 있다.

6.3.4 자료수집 자동화

자료수집 자동화에서는 [그림 6 – 13]에서 보이는 바와 같이 다양한 자료수집 방식을 제공한다. 전통적인 종이 설문지를 이용한 자료수집은 물론 이메일,

[그림 6 – 13] 자료수집 자동화

네이버밴드, 카카오톡, QR코드, 소셜네트워크, 블로그/카페 등과 연계된 온라인 자료수집 기능을 제공한다. 특히 자료수집 자동화는 자료수집 전에 최근의 사회과학연구에서 요구되는 피시험자에 대한 동의서 작성을 지원한다.

(1) 동의서 작성

동의서 작성 기능은 생명윤리위원회(Institutional Review Board, IRB) 심의에 요구되는 설문 전의 피시험자의 동의여부 획득과 관련한 기능으로 동의서가 생성되면 설문 전에 동의서가 먼저 설문자의 화면에 나타난다.

(2) 자료수집 기능

자료수집 자동화에서는 다양한 자료수집 방식을 제공한다. 웹으로 작성된 설문지에 대하여 이메일과 웹링크을 이용한 자료 수집 기능, 네이버밴드, 카카오톡, 페이스북, 블로그, 카페 등과 연계된 최신의 자료수집 방식, QR코드와 모바일을 이용한 집단설문을 지원하고, 아울러 전통적인 종이 설문지를 이용한 자료수집을 지원한다.

(3) 자료수집시 조건 설정

자료수집시 조건 설정 기능은 자료수집시 웹/모바일 설문지의 로고 변경, 웹설문지 완료버튼 명칭 변경, 동일기기의 설문지 중복 입력 확인 기능 등을 설정할 수 있고 개별 설문 항목들에 대한 조건값, Placeholder, 초깃값, 무응답 허용, 설문내용에 대한 암호화 등을 설정하는 기능들을 제공하고 있다.

(4) 경품관리

경품관리 기능은 응답자들의 참가율을 높이기 위한 기능으로 약간의 경품 제공으로 효과적인 설문지 자료수집을 지원하는 것으로 경품 추첨일자, 추첨방식 및 경품 등을 등록하는 설문 경품관리 설정, 자료수집을 위한 웹메일 초대장과 설문완료 후 경품 참가자를 위한 경품 안내문, 그리고 경품 추첨 기능 등을 포함하고 있다.

(5) 설문 진행관리

설문 진행관리는 설문의 진행여부를 관리를 지원한다. '설문진행' 또는 '설문중지' 선택으로 설문 진행을 관리하며, '설문중지'를 선택하였을 경우 '설문중지 안내문 예시'를 참조하여 설문중지 안내문을 작성할 수 있다. 안내문은 설문지에 접근하였을 때 설문지 대신에 보인다.

6.3.5 통계분석 자동화

통계분석 자동화는 사회과학연구에서 사용되는 다양한 통계분석 기법들을 지원한다. 일반통계, 위계적 회귀분석, 구조방정식모델링, 매개효과 분석, 조절효과 분석, 그룹비교 분석, 계층과정분석, 데이터 분석 및 그래프 작성, 자료포락분석, 다층모형분석, 데이터마이닝, 텍스트마이닝, 소셜네트워크 등의 다양한

[그림 6－14] 통계분석 자동화

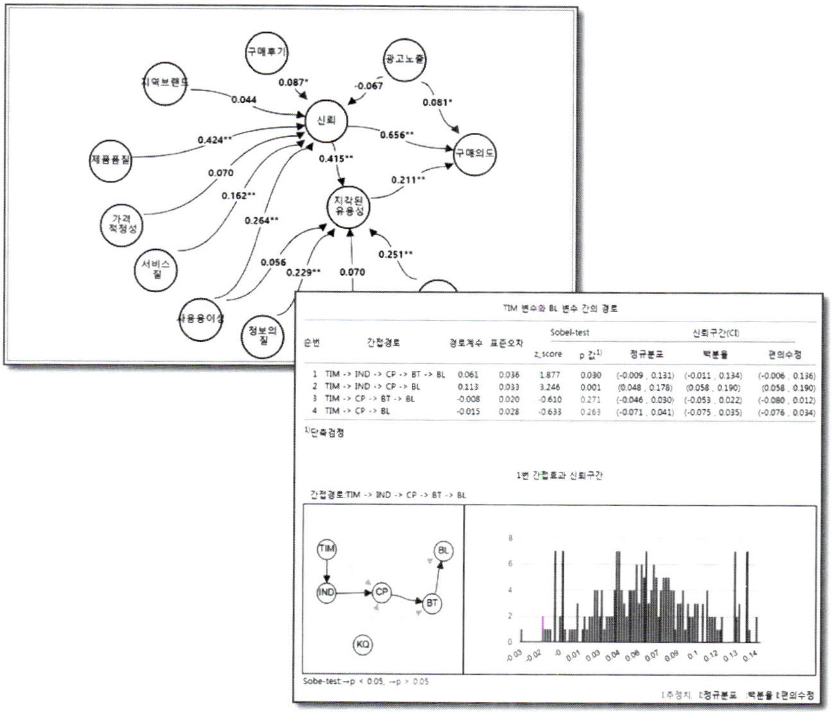

분석 기능들을 통합적으로 지원한다. 통계분석 자동화는 내 설문현황 화면에서 관련 통계분석메뉴를 선택하여 수행할 수 있다.

(1) 일반통계분석

일반통계분석은 기술통계는 물론 대부분의 모수 및 비모수 통계분석을 지원한다. 기술통계분석에서는 자료에 대한 빈도분석, 기술통계, 데이터 탐색, 교차분석 기능을 지원한다. 모수통계분석에서는 독립표본 *T*-검증, 대응표본 *T*-검증, 단일표본 *T*-검증, 일원배치 분산분석, 반복측정 분산분석, 다원분산분석, 상관분석, 회귀분석, 로지스틱 회귀분석, 판별분석, 주성분분석, 요인분석, 신뢰도 분석, 계층적 군집분석, *K*-평균 군집분석, 다변량 분산분석 기능을 지원한다. 비모수통계분석에서는 단일표본 카이제곱 검증, 단일표본 콜모코르프-스미르노프 검증, 이항분포 검정, 런 검정, 독립 2-표본 검정, 독립 *K*-표본 검정, 대응 2-표본 검정, 대응 *K*-표본 검정 기능을 지원한다.

(2) PLS 구조방정식모델링

최근 사회과학연구에서 활용도가 높아지고 있는 PLS 구조방정식모델링을 지원한다. 한 번의 실행으로 신뢰도 분석, 타당도 분석, 가설 검증 등에 사용되는 표와 그림이 자동적으로 산출되며, 간편하고 직관적인 이차요인분석, 매개효과분석, 조절효과분석, 그룹비교 분석 등을 지원한다.

(3) 공분산 기반 구조방정식모델링

전통적인 구조방정식모델링 기법인 공분산 기반 구조방정식모델링을 지원한다. 신뢰도 분석, 타당도 분석, 가설 검증을 위한 보고서들은 물론 모형의 적합도 및 상관행렬 보고서가 추가로 산출된다.

(4) 계층과정분석 분석

계층과정분석(Analytic Hierarchy Process, AHP) 분석 기능은 자료들의 일관성 분석, 대응가능 지수에 따른 이상 자료 제거, 통합적 기하평균 기준 행렬 구성 및 항목별 중요도 산출로 이어지는 계층과정분석 전체의 절차를 일괄 지원한다. 특히 AHP 척도형 웹설문지 기능과 연결되어 있어 설문지 수집시 일관성 검증을 수행할 수 있어 분석과정에서 손실될 수 있는 응답 자료를 미연에 방지할 수 있다.

(5) 자료포락분석

자료포락분석(Data Envelopment Analysis, DEA) 기능은 한 번의 자료포락 분석실행으로 의사결정단위(Decision Making Unit, DMU)의 효율성 평가는 물론 입출력 항목들에 대한 기술통계, 상관관계분석 결과가 산출된다. DMU의 효율성 평가를 위하여 CCR, BCC, SMB 모델을 지원한다.

(6) 다층모형분석

다층모형분석 기능은 한번의 실행으로 영모형(Null Model), 랜덤계수모형(Random Coefficient Regression Model), 절편 모형(Intercepts-as-Outcome Model), 기울기 모형(Slope-as-Outcome Model)들에 대한 랜덤효과(분산) 요약, 고정효과(경로계수) 요약을 통합된 결과로 제공한다. 또한 제시된 모형들에 대한 분석기준을 제공하여 사용자가 개인과 집단 차원 독립변수들의 주효과 평가는 물론 집단 차원 변수들의 조절효과 평가를 쉽게 하도록 도와준다.

(7) 데이터 및 그래프 분석

데이터 분석은 대규모 자료를 분석하는 기능으로 전체 자료에 대한 다양한 자료검색 기능, 실무에서 유용하게 사용되는 그룹 분석 기능 등이 있다. 그래프 분석은 막대그래프, 선그래프, 영역그래프, 원그래프, 산포도, 히스토그램, 박스플롯과 같은 기초 그래프는 물론 도넛차트, 트리맵, 버블차트, 히트맵, 달력 차트 및 다차원 척도법 등의 다양한 고급 그래프 작성 기능을 지원한다.

(8) 데이터마이닝

데이터마이닝 기능을 분류, 예측, 연관, 군집분석을 지원한다. 이를 위해 나이브 베이즈 분류기, *K*-최근접 이웃분석, 의사결정나무, 신경망 모형, 서포트 벡터 머신, 앙상블 모형, 연관성 분석, 계층적 군집분석, *K*-평균 군집분석 등이 활용된다.

(9) 텍스트마이닝

텍스트마이닝 기능은 텍스트 분석, 오피니언 분석을 지원한다. 이를 위해 주제어 분석, 벡터 공간 모델링, 동시출현 단어분석, 단어 연관분석, 토픽 모델링, 감정분석 등을 지원한다.

(10) 소셜네트워크 분석

소셜네트워크 분석을 지원한다. 세부적으로 소셜네트워크 분석과 두모드 소셜네트워크 분석 등을 지원한다.

6.3.6 보고서 작성 자동화

보고서 작성 자동화는 통계분석 생성 자료들을 이용하여 결과보고서 작성을 지원한다. 현재 보고서 작성 자동화는 [그림 6-15]에서 보이는 바와 같이 구조방정식모형 연구보고서, 매개효과 분석 연구보고서, 조절모형 분석 연구보고

[그림 6-15] 보고서 작성 메뉴

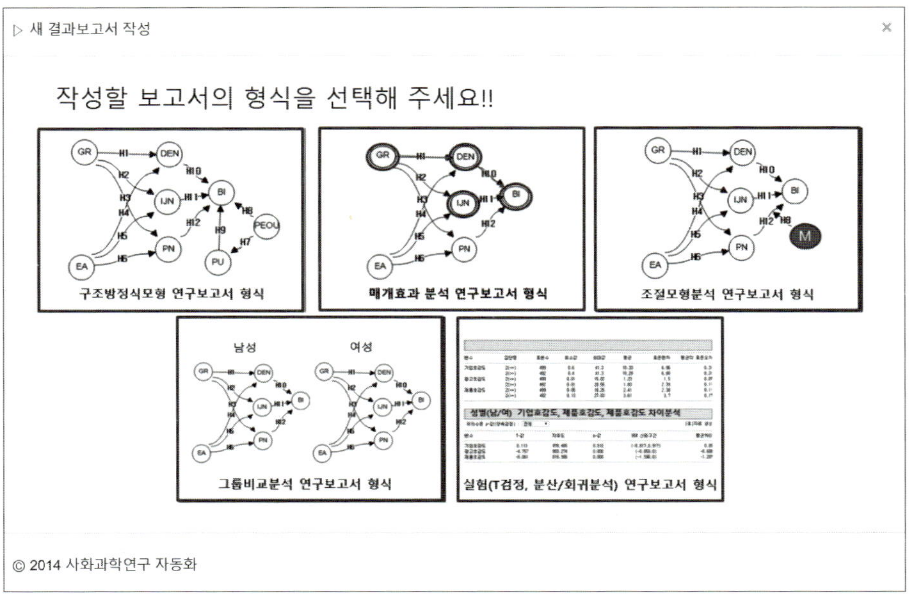

서, 그룹비교분석 연구보고서 그리고 실험연구 보고서를 지원한다. 또한 추가로 AHP 모형에 대한 연구보고서도 지원한다.

(1) 보고서 생성 기능

구조방정식모형 연구보고서, 매개효과 분석 연구보고서, 조절모형 분석 연구보고서, 그룹비교 분석 연구보고서별로 초록을 비롯하여 연구 결과 부분인 일반현황, 신뢰도, 타당도 평가, 가설 검증 결과 등은 [그림 6-16]과 같이 생성된 표와 그림에 맞추어 보고서 내용이 자동 생성된다.

(2) 보고서 작성 기능

생성된 보고서에 대한 작성 기능을 제공한다. 특히 문헌자료 분석에서 문헌자료를 표로 생성하여 보고서에 삽입할 수 있으며, 다양한 통계분석 자료를 보고서 소스로 사용할 수 있다. 또한 구글의 학술검색 기능과 연계하여 기존의 EndNote 기능들보다 편리한 참고문헌 등록기능을 제공한다.

[그림 6-16] 보고서 자동 생성

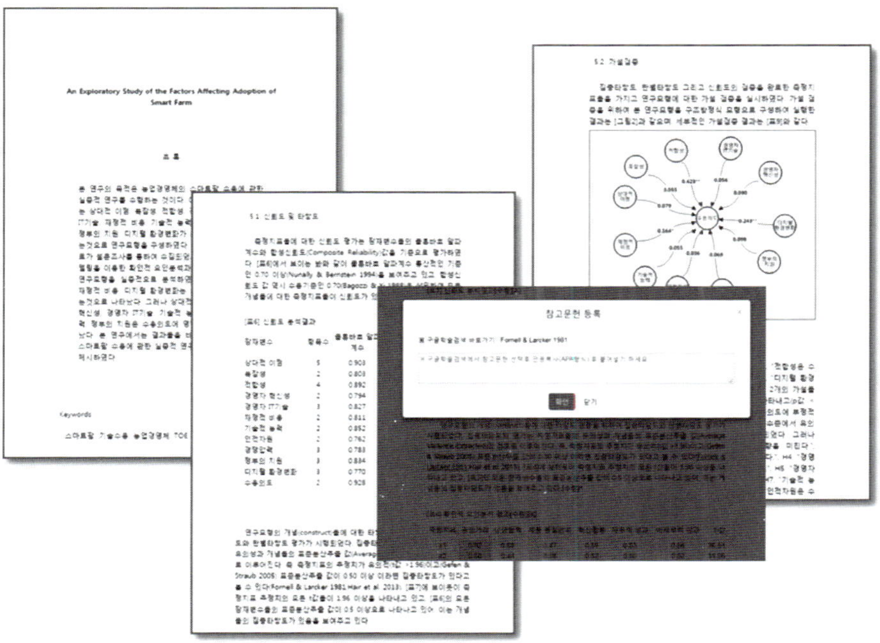

6.4 일반통계분석 예시

본 장에서는 클라우드 사회과학연구 자동화를 이용하여 빈도분석, t-검정, 분산분석, 상관관계분석, 회귀분석 등의 일반통계분석을 수행하는 방식을 예시를 이용하여 소개한다.

6.4.1 예시자료 등록

일반통계분석 예시를 위한 파일은 'www.ssra.or.kr/rbook/일반통계분석 실습자료.csv'에서 다운로드할 수 있다. 예시자료 파일을 다운로드하면 클라우드 사회과학연구 자동화의 홈 페이지인 www.ssra.or.kr 접속하여 로그인한 후 [내 설문현황] 선택 후 [새 설문지 작성+]에서 파일을 이용한 설문지 작성 메뉴를 선택하여 [그림 6-17]과 같은 화면에서 파일을 등록하여 작성한다.

[그림 6-17]에서 보이는 바와 같이 클라우드 사회과학연구 자동화는 CSV 파일이외에도 엑셀, SPSS 파일 그리고 일반 텍스트 파일을 지원한다. 다운로드

[그림 6-17] 파일을 이용한 설문지 작성

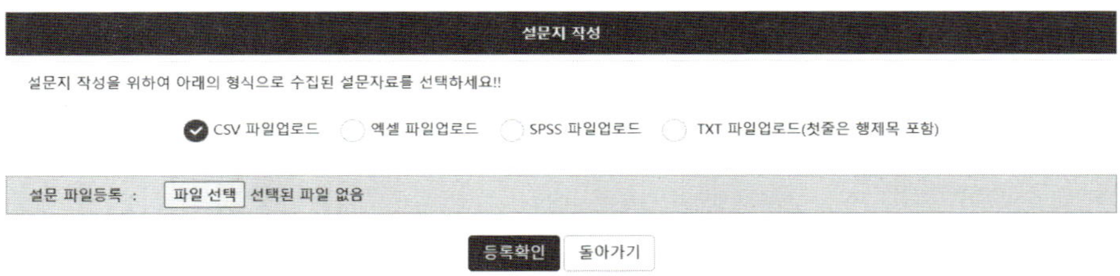

[그림 6-18] 일반통계분석 실습자료의 내 설문현황

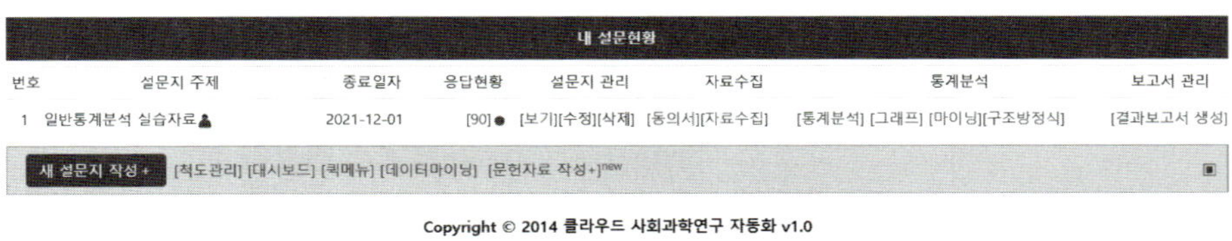

폴더에서 다운로드한 '일반통계분석 실습자료.csv' 파일을 선택한 후 [등록확인] 하고 메뉴에서 [내 설문현황]을 선택하면 [그림 6 – 18]과 같은 다양한 통계분석을 수행할 수 있는 메뉴 화면이 나타난다.

6.4.2 일반통계분석

일반통계분석은 [내 설문현황]에서 중간의 [통계분석]을 선택하여 수행할 수 있다. [통계분석]을 선택하면 설문자료에 대한 [기술통계], [모수통계] 및 [비모수 통계분석]을 수행할 수 있는 [그림 6 – 19]와 같은 세부적인 일반통계 메뉴 화면이 나타난다.

[그림 6 – 19] **일반통계분석 메뉴 화면**

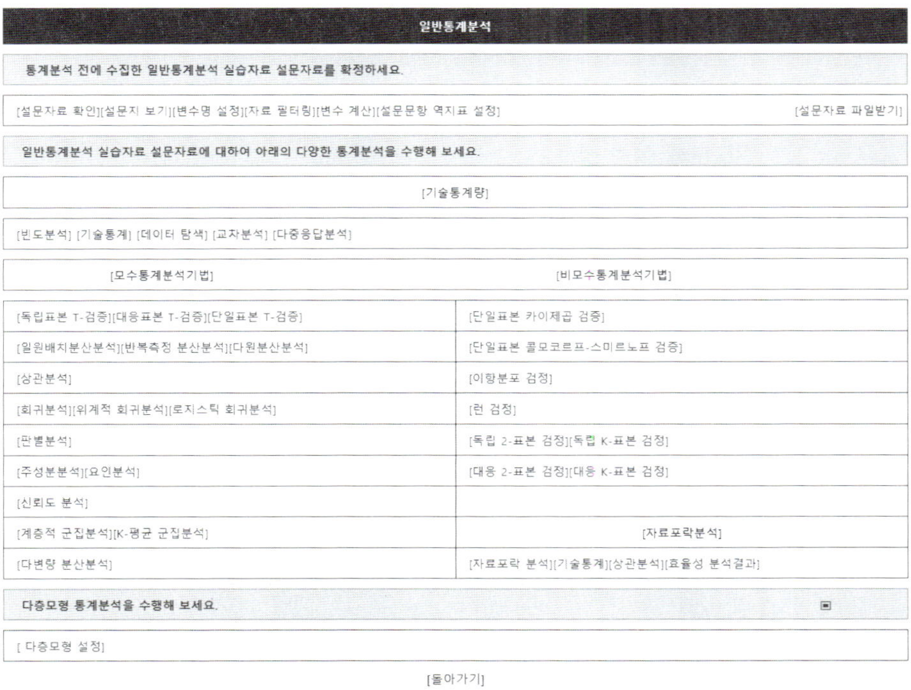

(1) 빈도분석

빈도분석은 [빈도분석] 메뉴를 선택하여 실행한다. 빈도분석을 위한 변수들은 [그림 6-20]과 같이 명목척도 변수들인 SNS이용목적, 성별, 연령대, 직업 등

[그림 6-20] 빈도분석 메뉴

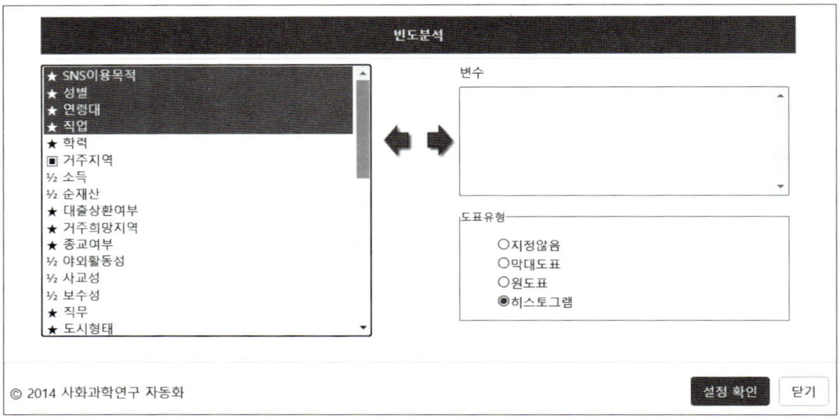

[그림 6-21] 빈도분석 실행 결과

빈도분석

excel_upload 설문 문항들 대한 자료분석 현황

SNS이용목적

변수	측정값	빈도	백분율
SNS이용목적	기타	4	4.4
	여가 및 취미	10	11.1
	의사소통	11	12.2
	인맥관리	8	8.9
	자기표현 공간	3	3.3
	정보·지식 획득 및 공유	54	60.0
	합계	90	100.0

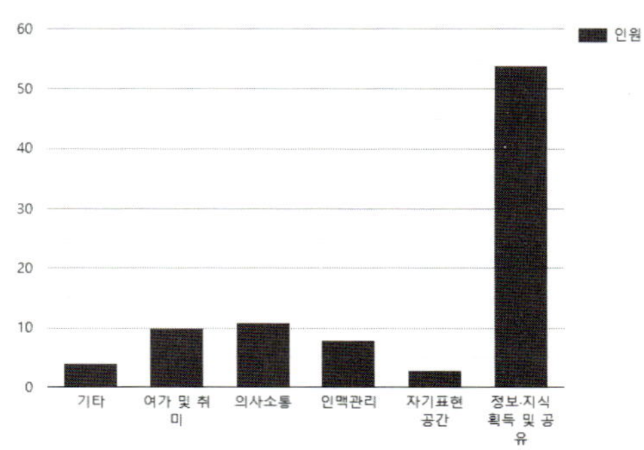

선택하고 화살표 아이콘을 이용하여 오른쪽 변수로 이동시키고 실행한다.

[그림 6-20]의 빈도분석을 실행하면 [그림 6-21]과 같은 빈도분석 실행 결과가 나타난다. 즉, 변수에 대한 측정값별 빈도와 백분율 그리고 선택한 도표가 나타난다.

(2) 독립표본 *t*-검정

독립표본 *t*-검정은 [독립표본 *t*-검정] 메뉴를 선택하여 실행한다. 독립표본 *t*-검정을 위한 변수들은 [그림 6-22]와 같이 검정변수는 소득으로 집단변수는 성별로 선택하고 [설정확인]을 수행한다.

[그림 6-22] **독립표본 t-검정 메뉴**

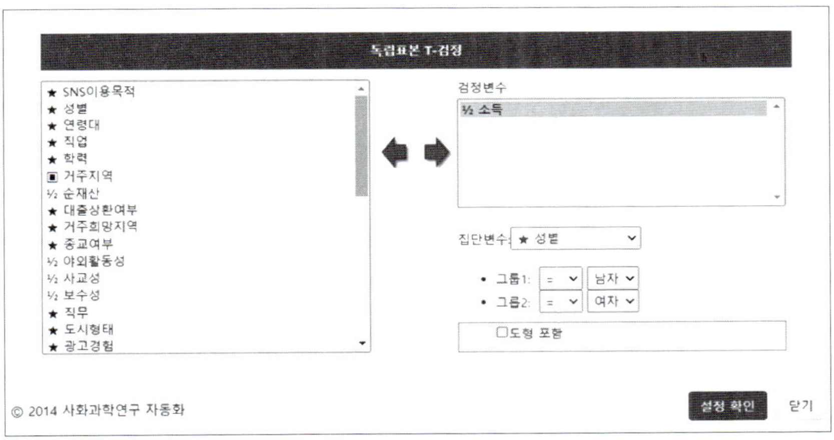

[그림 6-22]의 독립표본 *t*-검정을 실행하면 [그림 6-23]과 같이 상단에는 기술분석 결과와 하단에는 독립표본 *t*-검정 결과가 나타난다.

상기의 독립표본 *t*-검정 결과를 살펴보면 남성의 평균 소득은 4,920.91만원이고 여성의 평균 소득은 5,070만원으로 산출되었으며 '등분산이 가정됨'은 유의확률이 0.620으로 유의수준 0.05 이상으로 '등분산이 가정되지 않음'으로 검증이 필요하다. 따라서 등분산이 가정되지 않음'에서의 *t*-값은 0.358이고 자유도는 81.143로 *p*-값이 0.710으로 나타났다. 독립표본 *t*-검정에서는 *p*-값이 0.05보다

[그림 6 - 23] 독립표본 t-검정 결과

독립표본 T-검증

excel_upload 설문 문항들 대한 자료분석 현황

변수	집단명	표본수	최소값	최대값	평균	표준편차	평균의 표준오차
소득	남자	55	0	9300	4920.91	2057.86	277.48
	여자	35	2100	8300	5070	1696.28	286.72

유의수준 p-값(양측검정) : 전체

변수		F-값*	유의확률	t-값	자유도	p-값	95% 신뢰구간	평균차이
소득	등분산이 가정됨	0.248	0.620	-0.358	88	0.721	(-976.79,678.61)	-149.091
	등분산이 가정되지 안음			-0.374	82.143	0.710	(-942.82,644.64)	-149.091

*Levene의 등분산성 검정 F-값

[보고서 자료 등록]

© 2014 사화과학연구 자동화

[출력하기][파일 생성][돌아가기]

작아야 평균의 차이가 있는 것으로 평가하기 때문에 비록 기술통계에서 여성이 남성보다 약간의 높은 소득 수치를 보여주고 있으나 결과는 성별 간 유의한 차이가 있다고 할 수 없다.

(3) 일원배치분산분석

일원배치분산분석은 [일원배치분산분석] 메뉴를 선택하여 실행한다. 일원배치분산분석을 위한 변수들은 [그림 6 - 24]와 같이 종속변수는 소득으로 모수

[그림 6 - 24] 일원배치분산분석 메뉴

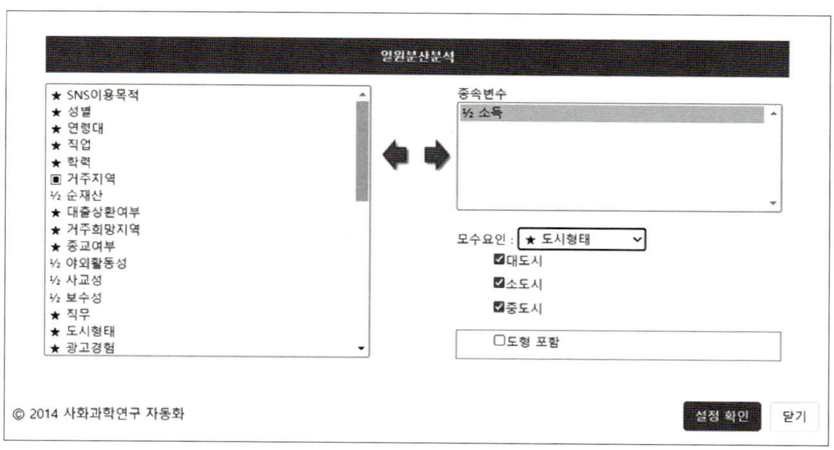

[그림 6 – 25] 일원배치분산분석 결과

일원배치분산분석

excel_upload 설문 문항들 대한 자료분석 현황

종속변수	모수요인	모수집단	표본수	최소값	최대값	평균	표준편차	평균의 표준오차
소득	도시형태	대도시	36	2300	9300	5206.944	1976.583	329.43
		소도시	30	0	9200	4830	2198.142	401.324
		중도시	24	2100	8400	4822.917	1429.501	291.796

분산분석

종속변수	모수요인	구분	제곱값	자유도	평균제곱	F-값	p-값
소득	도시형태	집단-간	3121229	2	1560615	0.419	0.659
		집단-내	323863660	87	3722571		

사후검정

종속변수	검정유형	집단	평균차	유의확률	95% 신뢰수준 하한값	상한값
소득	Scheffe 검정	소도시-대도시	-376.944444	0.7326	-1564.812	810.9235
		중도시-대도시	-384.027778	0.7525	-1650.299	882.2437
		중도시-소도시	-7.083333	0.9999	-1323.031	1308.8646
	Duncan 검정	소도시-대도시	-376.944444	0.4315	-1324.953	571.0644
		중도시-대도시	-384.027778	0.4816	-1447.437	679.3819
		중도시-소도시	-7.083333	0.9893	-1057.310	1043.1430
	Tukey 검정	소도시-대도시	-376.944444	0.7100	-1514.245	760.3559
		중도시-대도시	-384.027778	0.7312	-1596.394	828.3385
		중도시-소도시	-7.083333	0.9999	-1267.011	1252.8447

요인은 도시형태로 선택하고 [설정확인]을 수행한다.

[그림 6 – 25]의 일원배치분산분석을 실행하면 [그림 6 – 25]와 같이 상단에는 기술분석 결과와 중간에는 일원배치분산분석 결과, 그리고 하단에는 부가적인 사후검정[1] 결과가 나타난다.

상기의 일원배치분산분석 결과에서 기술분석 결과를 살펴보면 대도시의 소득은 5,206.944만원, 소도시는 4,830만원 그리고 중도시는 4,822.917만원으로 나타나 대도시가 가장 높은 소득이 있는 것으로 나타나고 있다. 일원배치분산분석 결과는 집단 간 자유도는 2이고 집단 내 자유도는 87로 평균제곱은 제곱값을 자유도로 나눈 값이고, F-값은 집단 간 평균제곱을 집단 내 평균제곱으로 나눈 값이다. F-값이 0.419이고 분자의 자유도가 2이고 분모의 자유도가 87인 경우의 유의확률인 p-값은 0.659로 산출되었다. 유의확률이 0.659로 유의수준 0.05를 상회하고 있으므로 도시별 소득의 차이는 없는 것으로 해석할 수 있다. 일대일로 비교하는 사후검정 결과도 모두 유의수준 0.05를 상회하고 있어 일원배치분

[1] 사후검정(post hoc analysis)은 분산분석의 보완적인 분석으로 두 집단 간의 비교들을 통하여 집단 간의 차이 여부를 검증

산분석 결과를 지지하고 있다.

(4) 상관관계분석

상관관계분석은 [상관분석] 메뉴를 선택하여 실행한다. 상관관계분석을 위한 변수들은 [그림 6-26]과 같이 소득, 순재산을 선택하고 [설정확인]을 수행한다. 상관계수는 연속형 변수들에 대한 상관계수 산출방식인 'pearson' 방식을 선택한다.

[그림 6-26] 상관관계 분석 메뉴

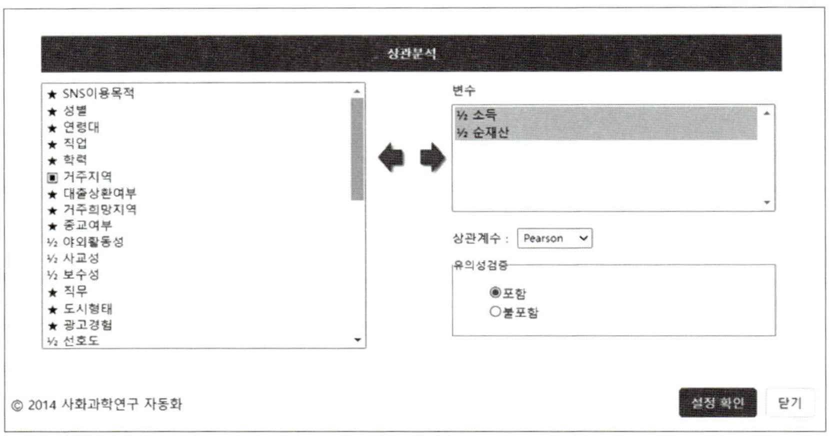

[그림 6-26]의 상관관계분석을 실행하면 [그림 6-27]과 같은 상관관계분석 결과가 나타난다.

[그림 6-27] 상관관계 분석 실행 결과

상관분석

excel_upload 설문 문항들 대한 자료분석 현황

		소득	순재산
소득	pearson 상관계수	1.000	0.091
	유의확율(양쪽)	-	0.393
	N	90	90
순재산	pearson 상관계수	0.091	1.000
	유의확율(양쪽)	0.393	-
	N	90	90

상기의 결과를 보면 pearson 상관계수, 유의확률(양쪽) 그리고 N(표본수)로 구성되어 있다. 소득과 순재산의 pearson 상관계수는 0.091로 매우 낮은 수치를 나타내고 있으며, 아울러 유의확률도 0.393으로 일반적인 유의수준인 0.05보다 높은 수치를 나타내고 있다. 따라서 결과는 소득과 순재산은 상관관계가 없다고 할 수 있다.

(5) 회귀분석

회귀분석은 [회귀분석] 메뉴를 선택하여 실행한다. 회귀분석을 위한 변수들은 [그림 6 – 28]과 같이 독립변수는 음식품질, 가격, 종업원서비스, 분위기를 종속변수는 레스토랑만족도를 선택하고 [설정확인]을 수행한다.

[그림 6 – 28] 회귀분석 메뉴

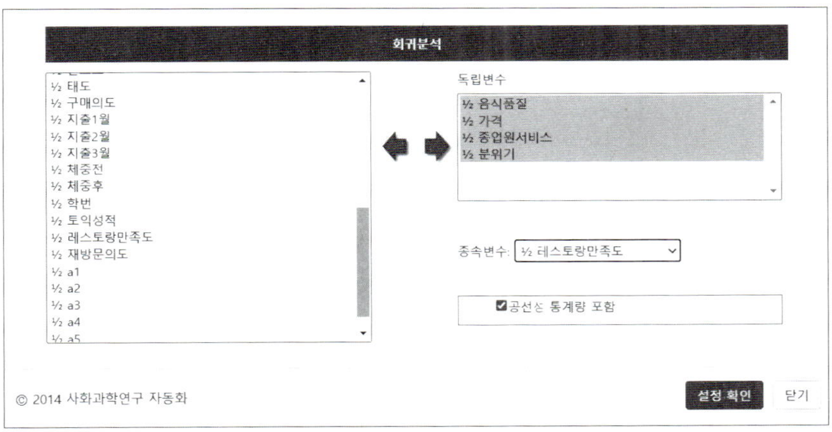

[그림 6 – 28]의 회귀분석을 실행하면 [그림 6 – 29]와 같은 상단에는 회귀분석 결과와 하단에는 모형적합도와 관련한 분석 결고가 나타난다.

상기의 결과를 보면 음식품질의 표준화계수 추정치는 0.431, 가격의 추정치는 –0.087, 종업원서비스는 0.343, 분위기의 추정치는 0.163이다. 유의확률인 p-값은 음식품질과 종업원서비스는 0.05보다 작은데 비하여 가격과 분위기는 0.05를 상회하고 있다. 따라서 상기의 회귀분석 결과를 보면 레스토랑만족도

[그림 6－29] 회귀분석 실행 결과

회귀분석

excel_upload 설문 문항들 대한 자료분석 현황

독립변수	비표준화계수		표준화계수	t-값	p-값	공선성 통계량	
	베타	표준오차	베타			공차한계	VIF
상수	1.39	0.505		2.753	0.007		
음식품질	0.407	0.087	0.431	4.705	0.000	0.685	1.46
가격	-0.095	0.093	-0.087	-1.014	0.314	0.772	1.295
종업원서비스	0.292	0.078	0.343	3.715	0.000	0.672	1.488
분위기	0.157	0.084	0.163	1.878	0.064	0.757	1.321

모형요약:	R^2: 0.512	수정된 R^2: 0.489	추정값의 표준오차: 1.034
분산분석:	F-통계량: 22.29	자유도(DF): 4, 잔차: 85	유의확률 :0.000

에 대하여 음식품질과 종업원서비스만 영향이 있는 것으로 분석할 수 있다. 참고로 공차한계(tolerance)는 독립변수가 다른 독립변수들에 의해서 설명되지 않는 부분을 의미하며, 분산팽창요인(variance inflation factor: VIF)은 공차한계의 역수로 VIF가 클수록 독립변수들 간의 공선성이 높다는 것을 의미한다. 일반적으로 분산팽창요인 값이 10 이상일 경우 다중공선성[2)]이 있다고 진단된다.

2) 다중공선성(multicollinearity)이란 회귀분석에서 사용된 모형의 일부 독립변수가 다른 독립변수와 상관 정도가 높아, 분석시 부정적인 영향을 미치는 현상을 말한다.

P / A / R / T

02

클라우드 사회과학연구 자동화

Chapter

7

연구주제 선정 및 문헌자료 분석

클라우드 사회과학연구 자동화를 이용한 연구 절차 7.1

클라우드 사회과학연구 자동화를 이용한 연구 절차는 [그림 7－1]과 같이 일반적인 사회과학 연구 절차와 유사하다. 즉, 연구주제의 선정, 관련 문헌자료에 대한 수집 및 분석, 연구계획 수립 및 연구설계, 설문지 작성 및 자료수집, 수집된 자료에 대한 통계분석과 최종적으로 보고서 작성을 하는 순으로 되어 있다.

[그림 7－1] 클라우드 사회과학연구 자동화를 이용한 연구 절차

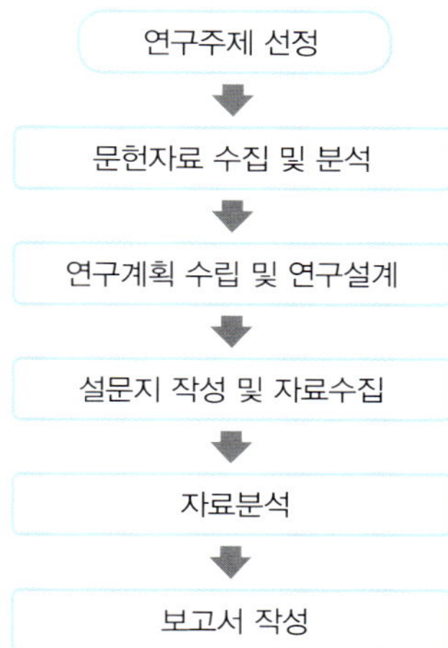

상기의 연구 절차는 [그림 7－2]와 같이 클라우드 사회과학연구 자동화에서 문헌자료 수집 및 분석은 문헌관리 자동화를 이용하여 수행되며, 연구계획 수립 및 연구설계는 연구계획/설계 자동화, 설문지 작성 및 자료수집은 설문지 작성 자동화와 자료수집 자동화, 자료 분석은 통계분석 자동화 그리고 마지막으로 보고서 작성은 보고서 작성 자동화를 이용하여 수행된다.

[그림 7－2] 연구 절차와 클라우드 사회과학연구 자동화 기능

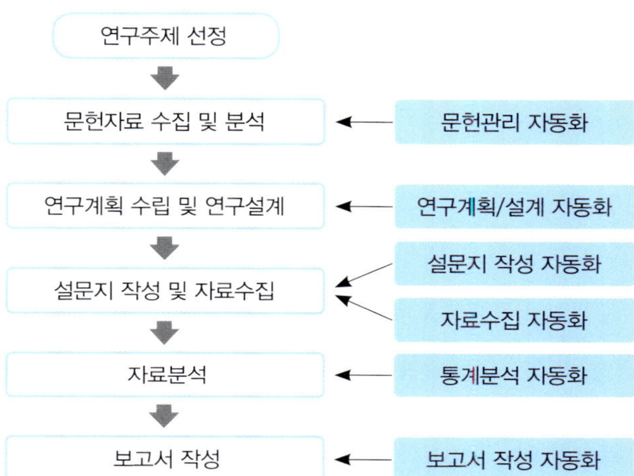

7.2 연구주제 선정

연구주제 선정은 연구자가 연구를 통해 밝히고 싶은 사회현상이나, 사건, 특정 행동과 같은 주제를 선정하는 것을 의미한다. 이러한 연구주제 선정은 클라우드 사회과학연구 자동화를 이용한 연구 절차 수행 이전에 선행되어야 한다.

7.2.1 연구주제에 대한 이해

일반적으로 연구주제는 연구자의 생활, 관심과 흥미, 지도교수나 동료의 학술적 조언 등에 의하여 설정될 수 있다. 그러나 학문적인 관점에서의 사회과학연구는 미래를 예측하거나 문제 원인을 밝혀 처방을 내리기 위한 목적으로 수행되기 때문에 인과관계(因果關係)[1)]에 대한 연구가 주류를 이루고 있으며, 일반적으로 사람들의 행동이나 믿음과 관련된 종속변수를 근간으로 설정되는 경우가 많다. 주로 사회과학연구에서의 종속변수는 다음과 같은 관점에서 설정된다.

첫째, 종속변수는 학문분야에서 성공으로 간주되는 변수들이 주로 선정되어 왔다. 예를 들면, 마케팅 분야에서의 고객만족도와 고객충성도, 정보시스템 분야에서의 사용과 사용자 만족도, 교육학 분야에서의 학업성과와 학업만족도와 같은 성공변수들이 전형적인 연구주제로 설정되어 왔다. 둘째, 종속변수는 사회적인 문제를 해결하기 위한 변수들이 선정되어 왔다. 특히 이러한 사회문제들이 사회적인 관심이 집중되는 시점에 주로 연구주제로 설정되어 왔다. 예를 들어 인사조직 분야에서의 종업원의 이직의도, 정보시스템 분야에서의 디지털 불법복제행위, 그리고 코로나 백신 접종의도, 청소년 흡연의도 등이 이러한 관점에서 설정된 연구주제들이다. 셋째, 이미 학문분야의 성공변수에 대한 많은 연구가 이루어진 경우 핵심적인 독립변수가 종속변수로서 연구주제가 되기도 한다. 예를 들면, 고객충성도의 핵심 독립변수인 신뢰, 고객만족도의 서비스 질, 이직의도의 직무만족도, 조직충성도의 조직몰입 등이 이러한 관점에 설정된

1) 인과관계(因果關係)는 원인과 결과의 관계를 말한다. 즉 하나의 사건(원인)이 다른 사건(결과)을 일으킬 때 둘의 관계를 인과관계라 한다.

연구주제들이다. 따라서 연구가 많이 진행된 학문 분야는 핵심 독립변수들을 중심으로 경로모형 형태로 연구들이 진행되고 있다.

7.2.2 연구주제 선정

연구주제는 사람들의 행동이나 믿음과 관련된 종속변수에 대한 발굴 작업으로 주로 [표 7-1]과 같은 학문 분야의 성공변수 및 관심변수를 근간으로 선정되어 왔다.

[표 7-1] 학문분야별 관심변수

학문분야	관심변수
인사/조직	조직성과, 직무만족도, 조직몰입, 이직의도
마케팅	고객만족도, 고객충성도, 고객신뢰, 구매의도, 재방문의도, 서비스질
경영정보시스템((MIS)	정보시스템 사용, 사용자 만족도, 정보시스템 질, 정보보호 의도
교육학	학습성과, 학습만족도
사회복지학	직무만족도, 조직몰입, 이직의도

연구주제는 사람들의 행동이나 믿음과 관련된 주제 이외에도 사람들의 최근 관심을 끌고 있는 사회현상이나, 사건, 특정 기술 및 영역 등에 대하여서 설정될 수 있다. 이러한 연구주제로 [표 7-2]와 같은 것이 포함될 수 있다.

[표 7-2] 사회과학의 연구주제

주제 영역	연구주제
사회현상	재래시장 침체, 온라인 상담, 가상화폐 투자
사건	코로나 팬데믹, 4차 산업혁명
기술 및 영역	인공지능, 라이브 커머스, 스마트 공장, 블록체인

7.2.3 연구주제의 검토 및 선정 확정

연구주제는 [표 7-3]과 같은 다양한 학술검색사이트나 학술데이터베이스에서의 키워드 검색을 이용한 탐색적인 분석을 통하여 연구주제의 적절성을 검

[표 7-3] 주요 학술정보사이트

구분	학술정보사이트
학술검색사이트	구글 학술검색(https://scholar.google.co.kr)
	네이버 학술정보(https://academic.naver.com)
	RISS 학술연구정보서비스(http://www.riss.kr)
	ScienceON(https://scienceon.kisti.re.kr)
학술데이터베이스	KiSS 한국학술정보(주)(https://kiss.kstudy.com)
	DBpia(https://www.dbpia.co.kr)
	Science Direct(사이언스 다이렉트)(https://www.sciencedirect.com)

토한 후 연구주제로 선정을 확정한다. 학술검색사이트는 학술자료에 대한 검색 기능을 제공하는 사이트로 구글의 학술검색과 네이버의 학술정보가 대표적이다. 학술데이터베이스는 논문과 같은 학술자료를 디지털 자료 형태로 제공하는 사이트로 사회과학 분야는 KiSS 한국학술정보(주), DBpia 등이 대표적이다.

학술검색사이트나 학술데이터베이스 모두 문헌들에 대한 검색기능을 제공하기 때문에 연구자는 원하는 학술정보 사이트에 접속하여 관심 연구주제에 대하여 다양하고 포괄적인 검색을 수행하고 연구주제로서의 가능성을 검증하여 확정한다.

7.3 문헌자료 수집 및 분석

연구주제가 선정된 후 다음 단계는 관련 문헌자료를 수집하고 분석하는 것이다. 문헌자료 수집 및 분석은 문헌자료를 수집하고 수집된 자료들에 대한 문헌분석을 수행하고 이를 통해 문헌분석 결과에 대한 결론을 도출하는 것이다. 이 단계는 [그림 7-3]과 같이 문헌자료 수집, 문헌자료 등록, 문헌자료 분석, 문헌 분석결과 작성 및 문헌고찰 결과에 대한 결론 도출 등의 세부 절차들로 이루어져 있다.

상기의 문헌자료 수집 및 분석 단계의 세부 절차들은 [문헌관리 자동화]를

[그림 7-3] 문헌자료 수집 및 분석 단계

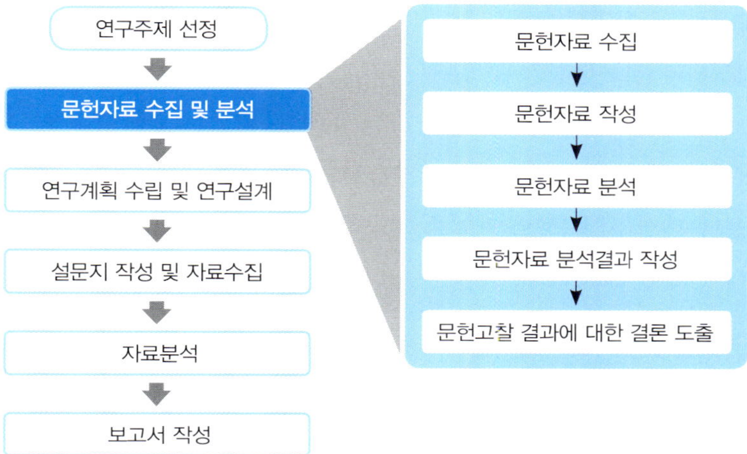

통하여 수행된다. 첫째, 문헌자료 수집은 연구자가 다양한 학술데이터베이스에서 연구주제와 관련한 문헌자료를 파일로 수집하는 것이고 둘째, 문헌자료 작성은 수집된 문헌자료 파일을 [문헌관리 자동화]에 등록하는 절차이다. 셋째, 문헌분석은 등록된 문헌자료를 분류하고 다양한 분석을 수행하는 것이고 넷째, 문헌자료 분석결과 작성은 문헌분석 결과를 [문헌관리 자동화]에 입력하는 절차이다. 마지막으로 문헌고찰 결과에 대한 결론 도출은 연구주제 관련한 문헌자료 분석을 통하여 향후 연구 방향을 설정하는 것이다.

7.4 문헌자료 수집

문헌자료 수집은 학술데이터베이스나 학술검색사이트를 이용하여 연구주제와 관련한 다양한 국내외 연구에 대한 서지 또는 인용정보를 수집하여 파일로 저장하여 문헌자료 등록을 위하여 보관하는 것이다.

7.4.1 문헌자료 제공 기관

다수의 학술데이터베이스나 학술검색사이트들은 검색 결과를 서지 정보나 인용 정보를 파일로 생성할 수 있는 서비스를 제공한다. 국내 사회과학 분야 논문에 대하여 서지 정보 파일을 제공하는 주요 사이트는 한국학술정보의 KiSS, RISS 학술연구정보서비스, 한국과학기술정보연구원의 ScienceON 등이 있으며, 국외 논문에 대한 서지 정보 파일을 제공하는 주요 사이트는 구글 학술검색, 사이언스 다이렉트(Science Direct) 등이 있다.

[표 7-4] 학술문헌 자료 제공기관

기관	설명
ScienceON (구 NDSL)	• 사이언스온(ScienceON)은 한국과학기술정보연구원(KISTI)에서 개발·운영 중인 웹서비스 • 과학기술정보, 국가R&D정보, 연구데이터, 정보분석 및 연구인프라를 연계·융합하여 연구개발의 전체 주기를 지원하는 지능형 과학기술 지식인프라 • 주요 기능은 개인 연구환경 맞춤형 지식인프라 추천, 과학기술동향, 교육수강 정보 제공, 인프라 기능 접근 편의를 위한 분류 탐색, 기능, 논문, 특허, 보고서에 대한 통합검색 등을 제공
RISS 학술연구정보 서비스	• 학술연구정보서비스(Research Information Sharing Service, RISS)는 대한민국 교육부 출연기관 한국교육학술정보원에서 제공하는 학술연구정보화시스템 • 2019년 12월 기준 평균 20만 명의 연구자가 RISS를 이용하고 있으며, 하루평균 약 8만1천 명이 이용하는 국내 최대 학술연구정보서비스 • 전국 대학을 중심으로 한 학술정보 공동 활용체제를 기반으로 국가 연구경쟁력 강화를 위해 서비스를 제공 • 대학이 생산, 보유, 구독하는 모든 학술 자원들을 공동으로 이용할 수 있도록 개방된 서비스를 제공
KISS 한국학술정보(주)	• KISS(Koreanstudies Information Service Systems)는 한국학술정보(주)에서 운영하는 국내 최초의 학술정보 원문 검색시스템 • 약 3,320여 종의 간행물, 135만 건의 학술논문을 데이터베이스화하여 유료로 서비스를 제공 • 사회과학 연구 분야에 특화된 학술데이터베이스로 무료로 논문 서지정보를 다양한 형식의 파일로 제공
구글학술 검색	• 구글 학술 검색(Google Scholar)은 구글에서 제공하는 검색 서비스 중 하나로 주로 학술 용도로 검색을 대상으로 하고 있으며, 논문, 학술지, 간행물 등의 검색을 수행 • 원문 데이터베이스와 연결된 서비스를 제공
사이언스 다이렉트	• 사이언스 다이렉트(ScienceDirect)는 세계 최대의 온라인 저널 원문 데이터베이스 • 세계 최대 저널 출판사인 엘스비어(Elsevier)에서 발행하는 2,500여 종의 저널과 단행본, 참고도서, 북시리즈, 핸드북 등 약 20,000여 권 이상을 수록하고 있는 STM(Science, Technica and Medicine) 분야 원문 데이터베이스를 제공

7.4.2 문헌정보 파일형식

상기의 학술데이터베이스나 학술검색사이트에서 제공하는 문헌정보 자료는 문헌관리 프로그램에서 사용되는 RIS 형식과 RefWorks이 있으며, 인용형식의 APA 형식 등이 있다. 일부 학술데이터베이스의 경우 엑셀 파일로 서지 정보나 인용정보를 제공하기도 한다.

(1) RIS 형식

RIS(Research Information Systems) 형식은 문헌관리 프로그램에서 참고문헌 관리를 위한 파일 형식으로 RIS 형식 파일은 자료의 항목을 나타내는 영어 약자와 자료항목들인 자료형식, 제목, 발행기관, 저자, 발행연도, 발행번호와 시작 및 종료 페이지, 키워드, 초록 등의 정보를 포함하고 있다. EndNote, Mendeley, Scholar's Aid와 같은 주요 문헌관리 프로그램의 파일 형식으로 사용되고 있으며, ScienceON, RISS KISS, ScienceDirect 등 국내외의 대부분의 학술데이터베이스에서 RIS 형식 파일을 제공하고 있다. 참고로 문헌에 대한 RIS 형식은 다음과 같다.

```
TY - JOUR
TI - 소셜미디어 기업의 수평적 확장전략이 휴면행동에 미치는 영향
TT - The effect of horizontal expansion strategy of social media firms on
     user's disconrinuance behavior
JO - 통상정보연구
PB - 한국통상정보학회
SN - 1598-7604
VL - 22
IS - 4
SP - 267
EP - 289
PY - 2020
AU - 강인원
AU - 박가영
UR - http://kiss.kstudy.com/thesis/thesis-view.asp?g=kissmeta&m=ex-
     p&enc= 800935548925FB5092FA76E78CE5CA90
```

KW - 수평적 확장전략
KW - 사회적 피로감
KW - 기술적 피로감
KW - 휴면행동
KW - 소셜미디어 기업
KW - horizontal expansion strategy
KW - social stress
KW - techno stress
KW - discontinuance behavior
KW - social media firms
AB - 본 연구는 소셜 미디어의 수평적 확장전략이 휴면 행동에 미치는 영향을 분석하는 것을 목적으로 한다. 많은 기업들이 소셜 네트워크를 확장하기 위해 다양한 전략을 펼치고 있다. 이는 사용자들의 피로를 유발하기도 하는데 이러한 피로감은 휴면행동으로 이어질 수 있다. 따라서 이 연구는 휴면 행동과 가장 큰 연관성을 갖는 기업의 수평적 전략 중 핵심 요인을 탐구한다. 이를 위해 국내 소셜미디어이용자 219명을 대상으로 설문조사를 진행했으며 실증분석을 실시했다. 그 결과 과도한 참여유도 전략이 사회적 피로감에 가장 큰 영향을 미치고, 차별화되지 않은 서비스가 기술적 피로감에 가장 큰 영향을 미쳐 사용자의 휴면행동을 야기함을 알아냈다. 이는 소셜미디어 기업인들에게 효율적인 기업 자원 배분의 방향성에 대한 시사점을 제공할 것으로 예상된다.
AB - This study aims to analyze the effects of strategic direction of social media on discontinuance behavior. Many social media firms take horizontal expansion strategies which might not only expand social network but cause users' fatigue. And these fatigue may lead to discontinuance behavior. This research explores the most effective key factors which have the largest relation with discontinuance behavior. The paper will be helpful for entrepreneurs using social media and social media firms. For this research, this study conducted a survey on 219 korean social media users and conducted empirical analysis. As a result, the horizontal expansion strategies of social media firms have large effect on user's discontinuance behavior, especially Extensive crowdsourcing have the largest influence on social stress and User undifferentation have the biggest effect on techno stress, causing user's discontinuance behavior.
ER -

(2) RefWorks 형식

RefWorks는 웹 기반의 참고문헌 및 연구자들의 연구정보를 관리하기 위한 도구이다. RefWorks 형식은 RefWorks 프로그램에서 문헌자료 관리를 위한 파일 형식으로 RefWorks 형식은 자료의 항목을 나타내는 영어 약자가 차이가 있으나, RIS 형식과 매우 유사하다. 또한 RIS 형식 파일과 같이 국내외의 대부분의 학술 데이터베이스에서 RefWorks 형식 파일을 텍스트(txt) 형태로 제공하고 있다. 참고로 문헌에 대한 RefWorks 형식은 다음과 같다.

```
RT  Journal Article
A1  강인원
A1  박가영
T1  소셜미디어 기업의 수평적 확장전략이 휴면행동에 미치는 영향
T2  The effect of horizontal expansion strategy of social media firms on
    user's disconrinuance behavior
YR  2020
VO  22
IS  4
SP  267
OP  289
K1  수평적 확장전략
K1  사회적 피로감
K1  기술적 피로감
K1  휴면행동
K1  소셜미디어 기업
K1  horizontal expansion strategy
K1  social stress
K1  techno stress
K1  discontinuance behavior
K1  social media firms
AB
JF  통상정보연구
PB  한국통상정보학회
SN  1598-7604
LA
UR  http://kiss.kstudy.com/thesis/thesis-view.asp?g=kissmeta&m=exp&enc
    =80093 5548925FB5092FA76E78CE5CA90
```

(3) APA 형식

APA 형식은 미국심리학회(American Psychological Association)가 정한 논문의 참고문헌 작성 양식이다. 주로 심리학, 교육학 등의 사회과학 분야에서 많이 사용하며, 일부 자연과학 분야에서도 사용한다. 아래와 같이 저자, 연도 제목, 저널명, 발행번호와 시작 및 종료 페이지로 구성되어 있다.

강인원, & 박가영. (2020). 소셜미디어 기업의 수평적 확장전략이 휴면행동에 미치는 영향. 통상정보연구, 22(4), 267 – 289.

(4) 엑셀파일

ScienceON, RISS, KISS 등의 대부분의 학술데이터베이스들은 문헌정보를 상기의 RIS 형식, RefWorks 형식, APA 형식 이외에 연구자의 참고문헌 관리의 편의를 위하여 엑셀 형식으로 제공을 한다. 아래는 ScienceON이 문헌자료를 엑셀 형식으로 제공한 형태이다.

No.	논문명	저자명	발행 기관명	간행물명	권	호	발행 연도	P-ISSN	E-ISSN
1	소셜미디어 기업의 수평적 확장전략이 휴면행동에 미치는 영향	강인원 (Inwon Kang), 박가영 (Gayoung Park)	한국통상정보학회	통상정보연구	22	4	2020	1598-7604	

7.4.3 문헌정보 파일 수집

클라우드 사회과학연구 자동화에서 문헌자료 작성 및 분석을 위한 문헌정보 파일은 주요 학술데이터베이스나 학술검색사이트에서 수집할 수 있다. 주요 문헌정보 파일을 제공하는 사이트인 ScienceON, RISS 학술연구정보서비스, KISS 한국학술정보(주), 구글학술검색, 사이언스 다이렉트에서의 문헌정보 파일 수집 방법은 다음과 같다.

(1) ScienceON

ScienceON에서의 문헌자료 작성 및 분석을 위한 문헌정보 파일 수집은 https://scienceon.kisti.re.kr/main/mainForm.do에 접속한 후 연구주제 또는 연구 분야에 대한 검색어 등록 후 문헌자료 검색을 수행한다. 예를 들어 연구 분야 또는 연구주제를 "소셜미디어 지속적 사용의도"로 설정한 경우 이를 키워드로 등록 검색한다. 키워드 검색을 통한 관련 참고문헌들이 검색되면 [그림 7-4]와 같이 개별적인 참고문헌들에 대한 검토 및 선택 후 상단의 내보내기 버튼 선택한다. 이후 저장형식을 선택 후 실행한다.

[그림 7-4] ScienceON 문헌자료 내보내기

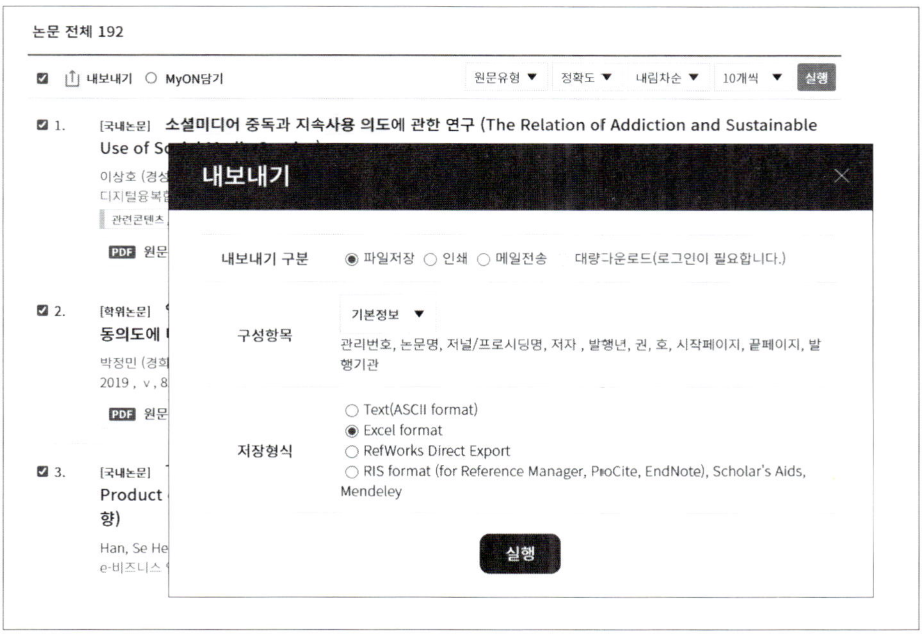

(2) RISS 학술연구정보서비스

RISS 학술연구정보서비스에서의 문헌자료 작성 및 분석을 위한 문헌정보 파일 수집은 http://www.riss.kr/index.do에 접속한 후 연구주제 또는 연구 분야에 대한 검색어 등록 후 문헌자료 검색을 수행한다. 키워드 검색을 통한 관련

[그림 7-5] RISS 문헌자료 내보내기

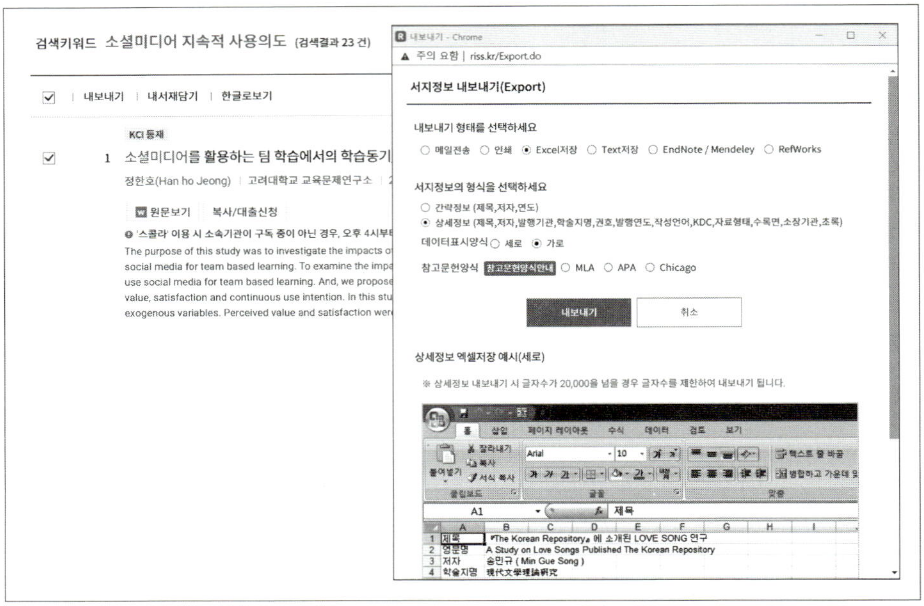

참고문헌들이 검색되면 [그림 7-5]와 같이 개별적인 참고문헌들에 대한 검토 및 선택 후 상단의 내보내기 버튼 선택한다. 이후 저장형식을 선택 후 실행한다.

(3) 학술연구정보서비스(주)의 KISS

한국학술정보(주)의 KISS에서의 문헌자료 작성 및 분석을 위한 문헌정보 파일 수집은 https://kiss.kstudy.com/에 접속한 후 연구주제 또는 연구 분야에 대한 검색어 등록 후 문헌자료 검색을 수행한다. 키워드 검색을 통한 관련 참고문헌들이 검색되면 [그림 7-6]과 같이 개별적인 참고문헌들에 대한 검토 및 선택 후 상단의 인용하기 버튼 선택한다. 이후 저장형식을 선택 후 실행한다.

한국학술정보(주) KISS는 가장 다양한 형식의 학술서지 자료를 제공하고 있으며, 특히 회원등록 없이 서지 파일을 무료로 제공하고 있어 국내 문헌자료 수집에 매우 유용한 사이트이다.

[그림 7-6] KISS 문헌자료 내보내기

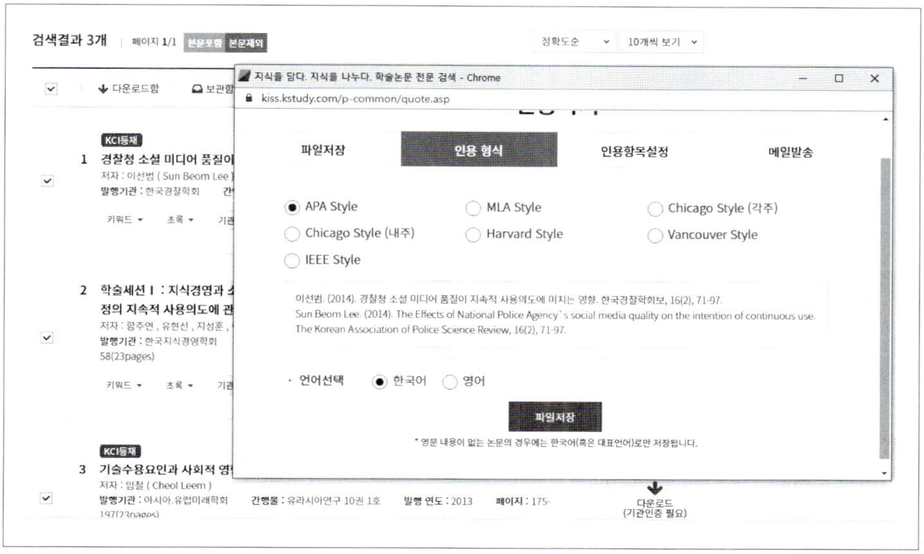

(4) 구글 학술검색서비스

구글 학술검색서비스에서의 문헌자료 작성 및 분석을 위한 문헌정보 파일 수집은 https://scholar.google.co.kr/에 접속한 후 연구주제 또는 연구 분야에 대한 검색어 등록 후 문헌자료 검색을 수행한다. 구글 학술검색의 경우 여러 참고문헌에 대한 문헌정보를 한 번에 제공하는 기능이 없기 때문에 인용형식을 이용하여 [그림 7-7]에서 보이는 바와 같이 개별적으로 다음과 같은 절차를 통하여 문헌자료를 수집한다.

1. 선택된 문헌자료 하단의 인용(❞)을 선택한다.
2. APA 형식의 참고문헌 정보를 복사한다.
3. 복사된 참고문헌 정보를 메모장에 붙여넣기 한다.
4. 메모장의 내용을 텍스트 파일(.txt)로 저장한다.

[그림 7-7] 구글 학술검색 문헌자료 수집

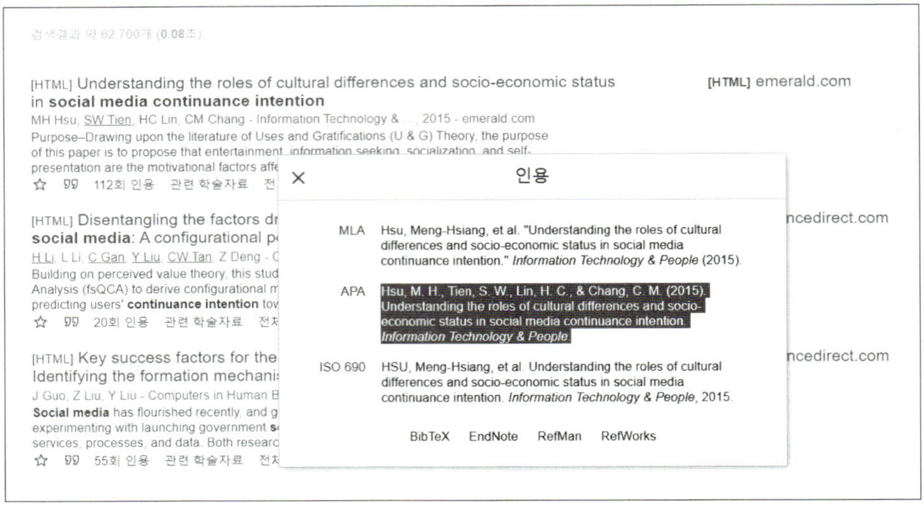

(5) 사이언스 다이렉트

사이언스 다이렉트(Science Direct)에서의 문헌자료 작성 및 분석을 위한 문헌정보 파일 수집은 https://www.sciencedirect.com/에 접속한 후 연구주제 또

[그림 7-8] Science Direct 문헌자료 수집

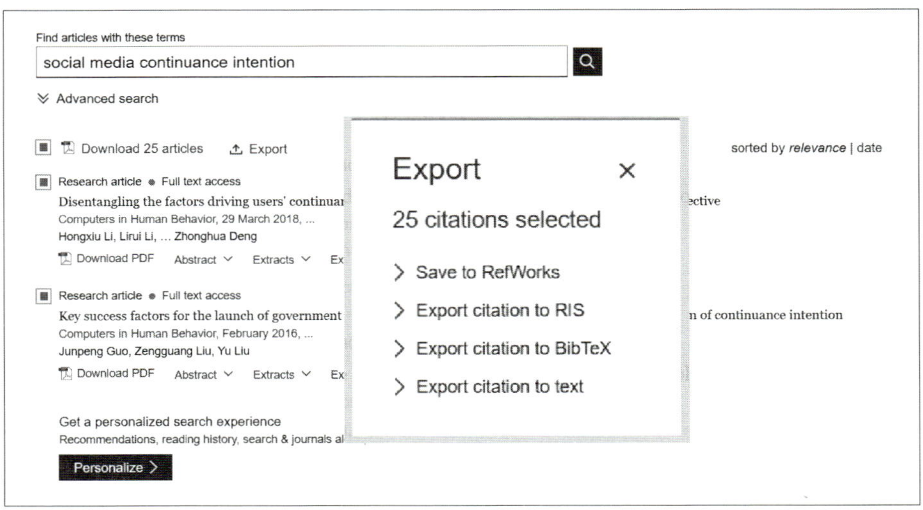

는 연구 분야에 대한 검색어 등록 후 문헌자료 검색을 수행한다. 해외 연구의 자료를 수집하는데 사이언스 다이렉트가 유리하나 사이언스 다이렉트에 로그인 후에만 서지정보 확보가 가능한 단점을 가지고 있다. 사이트에서 키워드 검색을 통한 관련 참고문헌들이 검색되면 [그림 7-8]과 같이 개별적인 참고문헌들에 대한 검토 및 선택 후 상단의 Export 버튼을 선택한다. 이후 저장형식을 선택 후 실행한다.

문헌자료 작성 7.5

문헌자료 작성은 학술데이터베이스나 학술검색사이트에서 수집한 문헌정보 파일을 문헌분석을 위하여 클라우드 사회과학연구 자동화의 [문헌관리 자동화]에 등록하는 절차이다. 문헌자료 작성은 초기화면 상단의 [내 설문현황]을 선택하여 나타난 [그림 7-9]와 같은 화면에서 하단의 [문헌자료 작성+]을 선택하여 수행할 수 있다.

[그림 7-9] 문헌자료 작성

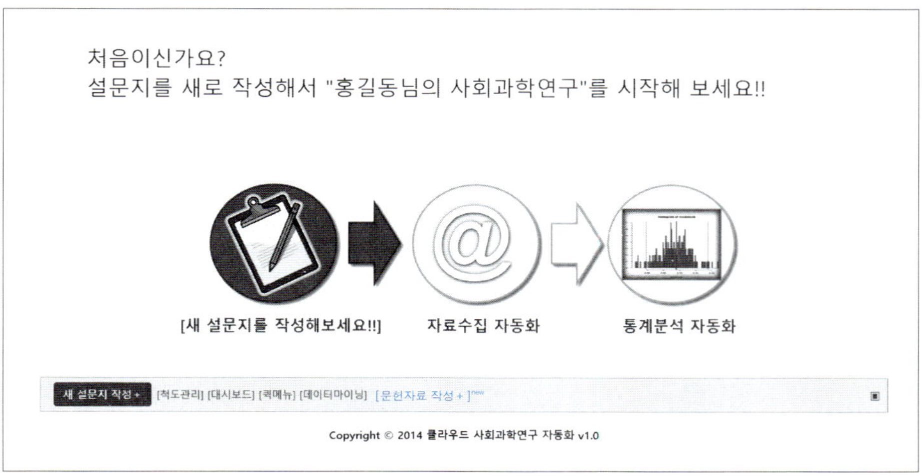

상기의 화면에서 [문헌자료 작성+]을 선택하면 [그림 7-10]과 같은 파일 등록 기능을 이용하여 문헌자료 작성을 위한 화면이 나타난다. 문헌관리 자동화에서 지원하는 파일 형식은 ScienceON, RISS, KiSS, Science Direct 등의 학술 데이터베이스에서 제공하는 RIS 형식 파일과 RefWorks 형식 파일, 구글 학술검색이나 KiSS에서 제공하는 인용 파일인 APA 형식 텍스트 파일, ScienceON 형식 엑셀 파일과 RISS 엑셀 파일 그리고 SSRA 문헌자료분석 메뉴에서 생성된 SSRA CSV 파일을 지원한다.

문헌자료 작성을 위하여 상기의 형식으로 수집된 자료 중 하나를 선택한 후 파일을 선택한 후 등록 확인하면 된다.

[그림 7-10] 문헌자료 작성을 위한 파일 등록

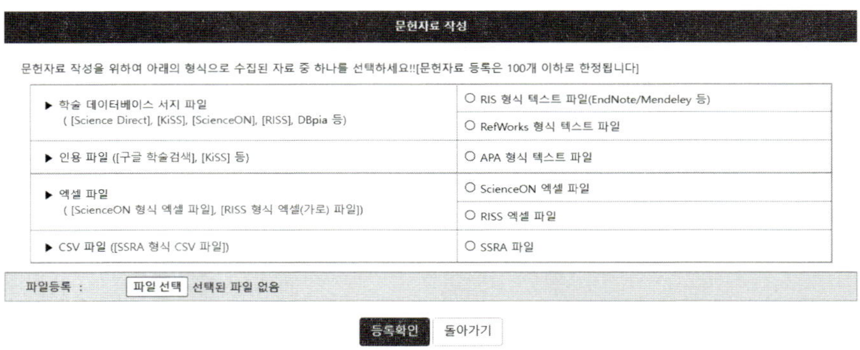

문헌자료 작성 실습을 위한 자료는 RISS 학술연구정보서비스에서 "재방문 의도"로 검색된 문헌자료로 아래와 같은 엑셀 파일로 작성되어 있으며, 이를 문헌자료로 작성할 수 있다.

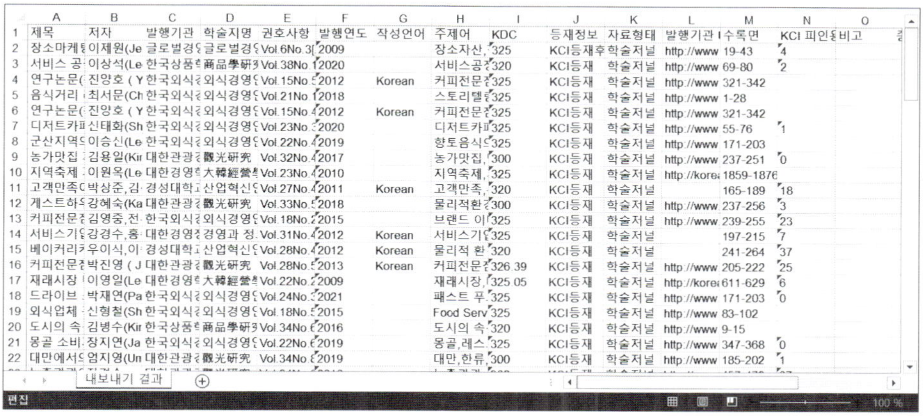

상기 예시 파일은 'http://ssra.or.kr/rbook/RISS_재방문의도.xls'에서 다운로드를 할 수 있으며, 연구자는 다운받아 저장한 후 [그림 7-10]의 화면에서 "RISS 엑셀파일" 선택 후 "RISS 재방문의도.xls"파일을 등록한 후 등록 확인 버튼을 선택하면, [그림 7-11]과 같은 문헌자료 작성을 위한 등록된 파일의 내용이 나타난다. 연구자는 [그림 7-11]에서 제목과 내용을 확인하고 상단의 [작성확인]을 선택하면 문헌자료 작성 작업이 완료된다.

[그림 7-11] 문헌자료 등록

번호	저자	연도	제목	저널명	권/호	페이지
1	이제원;이주호;오태헌	2009	장소마케팅에서 장소자산이 장소이미지와 재방문의도에 미치는 영향	글로벌경영학회	6(3)	19-43
2	이상석;이지은	2020	서비스 공정성이 재방문의도에 미치는 영향 : 품질인식과 관계품질의 다중매개효과	한국상품학회	38(1)	69-80
3	진양호 ;류지원	2012	연구논문(硏究論文) : 커피서비스품질이 고객만족을 매개로 재방문의도에 미치는 영향 -커피전문점을 이용하는 대학생을 중심으로-	한국외식경영학회	15(5)	321-342
4	최서문;김지영;조민호	2018	음식거리 레스토랑의 스토리텔링과 명성이 지각된 가치와 재방문의도에 미치는 영향	한국외식경영학회	21(1)	1-28
5	진양호 ;류지원	2012	연구논문(硏究論文) : 커피서비스품질이 고객만족을 매개로 재방문의도에 미치는 영향 -커피전문점을 이용하는 대학생을 중심으로-	한국외식경영학회	15(4)	321-342
6	신태화	2020	디저트카페 메뉴품질이 지각된 고객가치와 재방문의도에 미치는 영향	한국외식경영학회	23(3)	55-76
7	이승신;송창해;김수인	2019	군산지역의 향토음식 속성이 관광객 충성도와 재방문의도에 미치는 영향: 관여도 조절효과를 중심으로	한국외식경영학회	22(4)	171-203
8	김용일;박모라	2017	농가맛집 재방문의사에 영향을 미치는 고객만족도와 메뉴만족도에 대한 방문형태(예약제, 상시제)의 조절효과 연구	대한관광경영학회	32(4)	237-251
9	이원옥;이덕원 Lee, Duck-Won)	2010	지역축제 재방문의사의 영향요인 분석	대한경영학회	23(4)	1859-1876
10	박상준;김성미;이영란;변지연	2011	고객만족이 추천의도와 재방문의도에 미치는 영향에 있어서 우량고객과 일반고객의 차이	경성대학교 산업개발연구소	27(4)	165-189
11	강혜숙;문정인	2018	게스트하우스 물리적환경이 고객만족 및 재방문의도에 미치는 영향 : 고객가치의 조절효과	대한관광경영학회	33(5)	237-256
12	김영중;전유정	2015	커피전문점의 브랜드 이미지가 고객만족도 및 재방문의도에 미치는 영향 : 성별의 조절효과	한국외식경영학회	18(2)	239-255

정상적으로 문헌자료 작성이 완료되면 아래와 같은 메시지를 확인할 수 있으며, 상단메뉴에서 [내 설문현황] 선택하면 [그림 7－12]에서와 같이 새롭게 문헌자료가 생성된 것을 확인할 수 있다. 생성된 문헌자료는 통계분석 영역의 [문헌자료 분석] 선택을 통하여 문헌자료 분석을 수행할 수 있다.

등록파일에 대한 문헌자료 등록업무가 성공적으로 완료되었습니다!!.

문헌분석을 하시겠습니까? [예] [내설문지 현황]

[그림 7－12] 내 설문현황의 문헌자료 확인

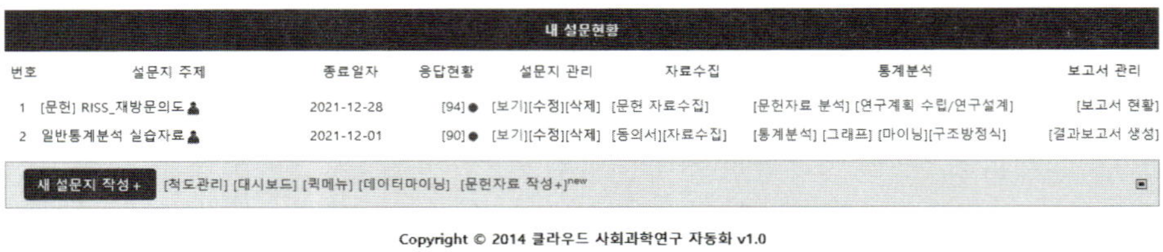

내 설문현황

번호	설문지 주제	종료일자	응답현황	설문지 관리	자료수집	통계분석	보고서 관리
1	[문헌] RISS_재방문의도	2021-12-28	[94]	[보기][수정][삭제]	[문헌 자료수집]	[문헌자료 분석] [연구계획 수립/연구설계]	[보고서 현황]
2	일반통계분석 실습자료	2021-12-01	[90]	[보기][수정][삭제]	[동의서][자료수집]	[통계분석] [그래프] [마이닝][구조방정식]	[결과보고서 생성]

새 설문지 작성 + [척도관리] [대시보드] [퀵메뉴] [데이터마이닝] [문헌자료 작성+]new

Copyright © 2014 클라우드 사회과학연구 자동화 v1.0

7.6 문헌자료 분석

문헌자료 분석은 등록된 문헌자료에 대한 분류와 다양한 분석을 통하여 문헌연구를 수행하는 것으로 상단의 [내 설문현황]을 선택한 후 등록된 문헌자료에 대한 통계분석 영역의 [문헌자료 분석]을 선택하여 [그림 7－13]과 같은 다양한 분석 기능들을 이용하여 문헌분류 및 분석을 수행한다.

문헌자료 분석은 [그림 7－14]와 같이 문헌자료 분석을 위한 항목 자료들을 등록하는 문헌분석자료 등록을 우선 수행한 후 통계/데이터분석/데이터마이닝, 텍스트마이닝, 그래프 분석 등과 같은 문헌자료에 대한 다양한 분석을 수행한다.

[그림 7 - 13] 문헌자료 분석 메뉴

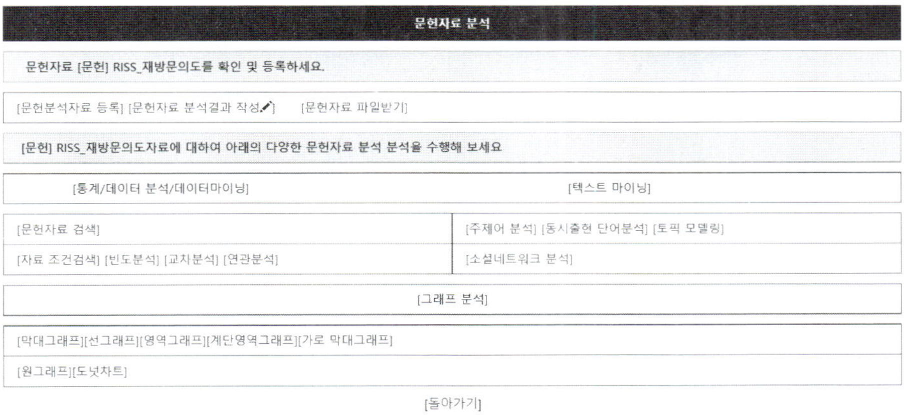

[그림 7 - 14] 문헌자료 분석 절차

7.6.1 문헌분석자료 등록

문헌분석자료 등록은 문헌자료 분석을 위한 항목 자료들을 등록하는 데 사용되는 기능으로 [그림 7 - 13]의 화면 상단의 [문헌분석자료 등록]을 선택하여 수행한다.

(1) 문헌분석자료 항목 등록

문헌분석자료 등록을 위한 항목은 [그림 7 - 15]와 같이 기본적으로 연구분류, 연구대상, 근간이론, 연구모형, 독립변수, 종속변수, 매개변수, 조절변수, 분석방법, 연구결과, 연구한계, 참고사항, 키워드의 13개 항목이 설정되어 있으며, 필요에 따라 항목 메뉴에서 추가 또는 삭제를 할 수 있다. 문헌분석자료 등록을 위해 기본적으로 설정된 항목들에 대한 특별한 작성 기준은 없으며, 사용자는 항목의 의미를 참조하여 등록하면 된다.

[그림 7-15] 문헌분석자료 등록

개별 문헌에 대한 문헌분석자료 등록의 편리성을 위하여 연구자가 제목의 하이퍼링크를 선택하면 [그림 7-16]과 같이 [구글 학술검색]으로 이동된다. 여기서 연구자는 논문에 대한 초록을 검토한 후 문헌자료 분석을 위한 항목 내용들을 빠르게 수집할 수 있다. 초기 문헌분석자료 항목들은 우선 초록의 내용을 근간으로 작성하는 것이 바람직하다.

연구분류, 연구대상, 근간이론, 연구모형, 독립변수, 종속변수 등과 같은 문헌분석자료 등록을 위한 항목들이 수집되면 연구자는 관련 내용들을 문헌분

[그림 7-16] 구글 학술검색

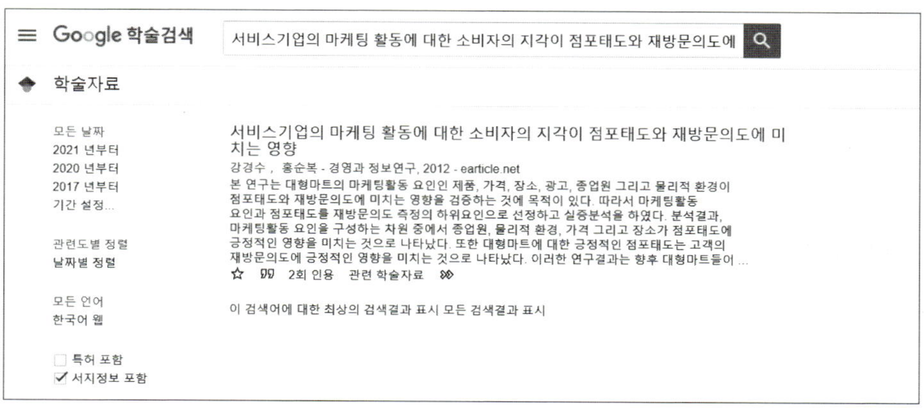

[그림 7 – 17] **문헌분석자료 항목 등록**

석자료 항목들에 입력 후 [그림 7 – 17] 화면 상단의 [설정확인]을 선택하여 저장 등록한다.

참고로 [구글 학술검색] 이외의 다른 학술검색사이트를 이용하고 싶은 경우 [그림 7 – 18]과 같이 제목의 세부 메뉴에서 [하이퍼링크]를 변경하여 사용하면 된다. 하이퍼링크가 변경되면 제목 선택시 구글 학술검색사이트 대신에 변경된 네이버 학술정보 사이트로 이동이 된다.

[그림 7 – 18] **문헌분석자료 하이퍼링크 변경**

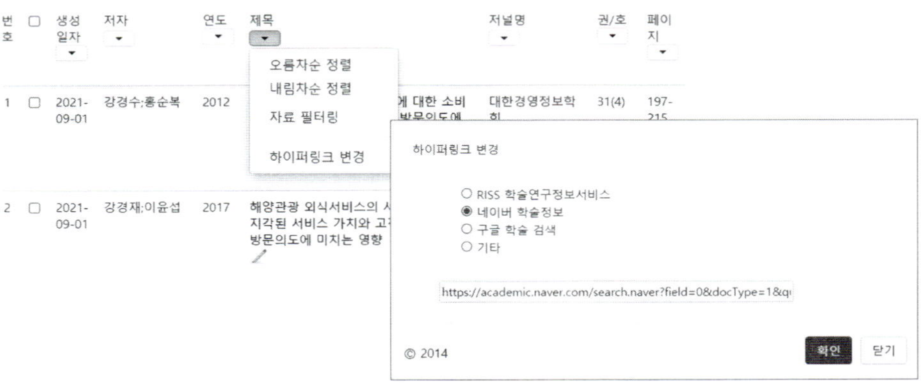

[그림 7 – 19] 개별 문헌분석자료 항목 수정

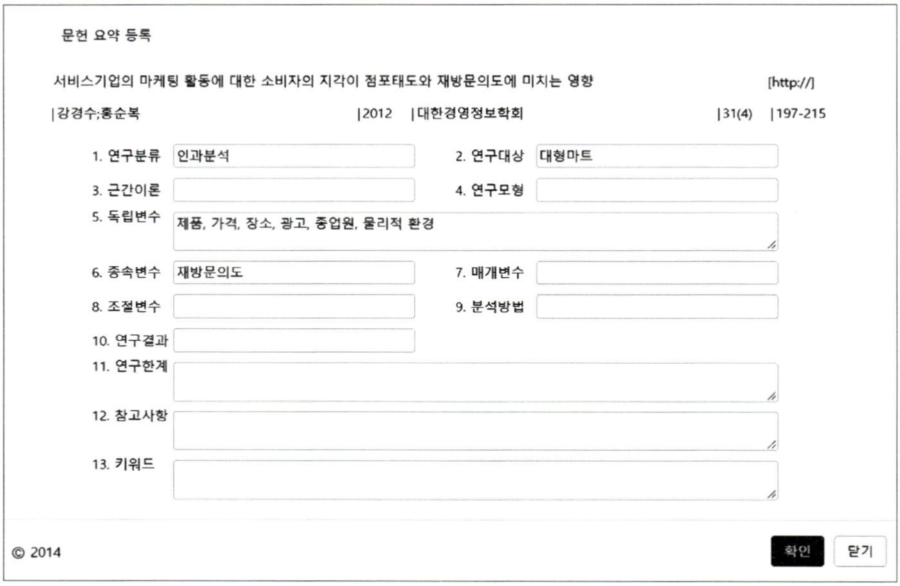

개별 문헌자료에 대한 항목 수정은 제목 하단의 연필(✎) 모양의 아이콘을 선택하여 수정할 수 있다. [그림 7 – 19]와 같은 개별 문헌자료에 대한 항목 수정 기능은 제목을 포함한 상단의 기본사항에 대한 수정이 필요할 때 활용한다.

문헌분석자료들에 대한 검색과 정렬은 [그림 7 – 20]에서와 같이 항목 상단

[그림 7 – 20] 문헌분석자료 자료 필터링과 정렬

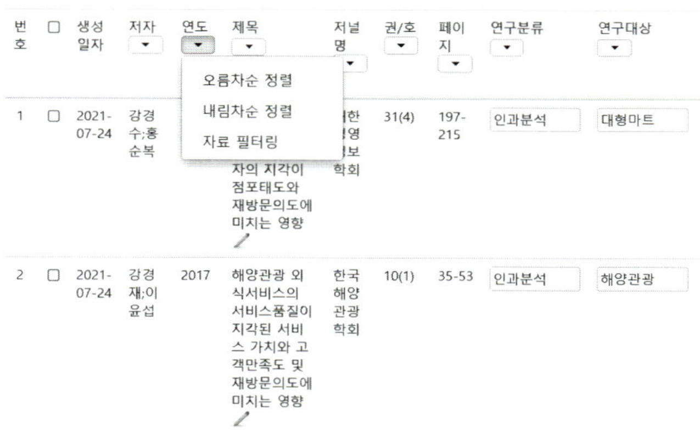

의 항목별 메뉴인 자료 필터링과 정렬을 이용하여 수행할 수 있다. 자료 필터링을 수행하면 필터링 된 자료만 화면에 검색이 된다. 정렬 기능을 이용하여 저자명이나 연도별로 문헌자료를 오름차순 또는 내림차순별 순서화할 수 있다.

문헌자료 정제 및 항목의 추가와 삭제는 [그림 7-21]과 같이 항목별 메뉴를 이용하여 수행할 수 있다. 자료의 정제는 일괄변경, 첫(끝) 문자, 공백 제거, 유사 단어 병합 등의 기능을 제공하며, 항목의 추가는 기본적으로 설정된 항목 이외에 새로운 항목을 추가시에 사용된다. 항목 속성 변경은 항목의 명칭을 변경하거나 항목의 입력 크기를 변경할 때 사용된다.

[그림 7-21] 문헌자료 정제 및 항목 추가

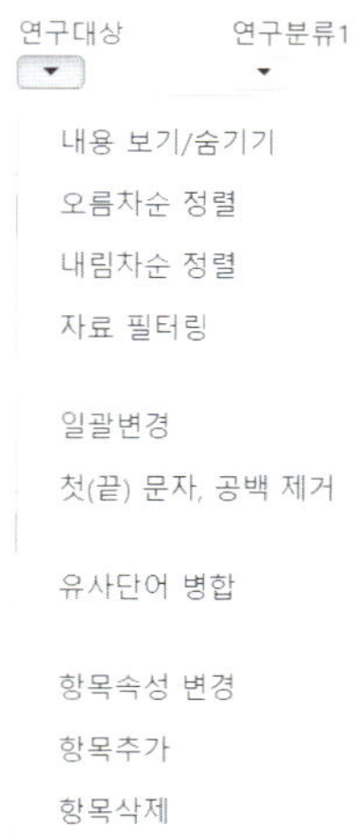

(2) 문헌자료 신규 추가

신규 문헌자료의 추가는 상단의 [신규 자료 등록] 메뉴를 선택하여 수행한다. 신규 문헌자료의 추가는 APA 형식의 자료 등록만 허용한다. 일반적인 방법은 구글 학술검색에서 APA 형식의 인용 서지정보 복사 후 [그림 7-22]와 같이 붙여넣기 후 확인한다. 여러 개의 신규자료 문헌정보를 줄 단위로 붙여넣기 후 추가 등록도 가능하다.

[그림 7-22] 문헌자료 신규 추가

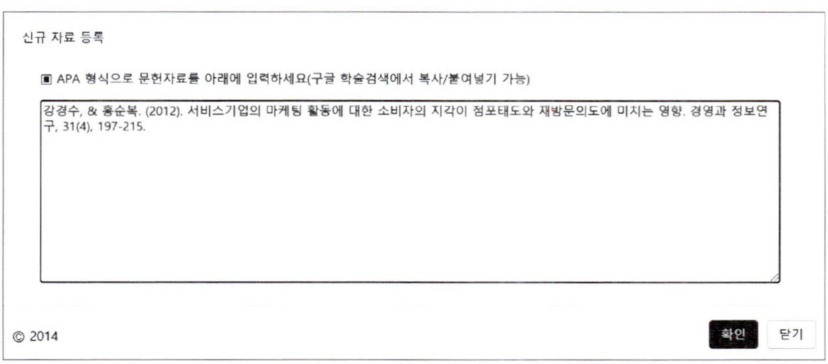

(3) 문헌자료 삭제

문헌자료의 삭제는 [그림 7 – 23]에 보이는 바와 같이 왼쪽의 체크버튼을 이용하여 삭제할 자료들을 선택 후 상단의 [선택 자료 삭제]를 선택하여 삭제한다. 삭제된 자료는 복원이 안 되므로 주의가 필요하다.

[그림 7 – 23] **문헌자료 삭제**

(4) 자료파일 생성

자료파일 생성은 SSRA 형식의 CSV 파일 생성을 통하여 문헌자료 보관을 위한 기능으로 상단의 [자료파일 생성] 메뉴를 선택하여 수행한다. 메뉴를 선택하면 하단에 CSV 파일이 생성된다. CSV 파일은 엑셀에서 확인할 수 있다.

(5) 문헌자료 검색

문헌자료 검색기능은 등록된 문헌자료에서 특정 검색어를 포함하고 있는 자료들을 검색하는 기능으로 상단의 검색어를 입력한 후 검색 아이콘을 선택하여 수행한다.

7.6.2 문헌자료 분석

문헌자료 분석은 문헌연구를 수행을 위하여 분류된 문헌자료에 대한 다양한 분석을 수행하는 것으로 [그림 7-24]와 같이 문헌들에 대한 자료 검색기능, 빈도분석, 교차분석, 주제어 분석, 소셜네트워크 분석 등을 포함한 통계/데이터/마이닝, 텍스트마이닝 그리고 그래프 분석 기능 등을 제공한다.

[그림 7-24] 문헌자료 분석 기능 구성

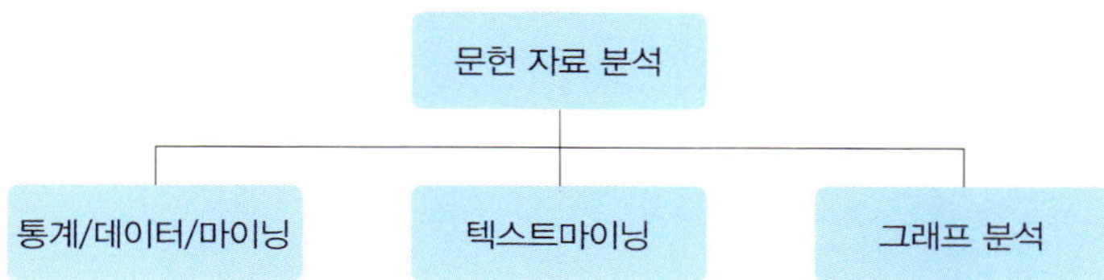

7.6.2.1 문헌자료 통계/데이터/마이닝 분석

문헌자료 통계/데이터/마이닝 분석은 문헌자료 검색, 자료 조건검색, 빈도분석, 교차분석 등으로 구성되어 있다.

(1) 문헌자료 검색

문헌자료 검색은 [그림 7-25]와 같이 등록된 문헌자료에서 특정 검색어를 포함하고 있는 문헌자료들을 검색하는 기능으로 상단의 검색어를 입력한 후 검색 아이콘을 선택하여 수행한다. 하이퍼링크 기능을 이용하여 편리한 원문 검색이 가능하도록 지원한다.

[그림 7 - 25] 문헌자료 검색

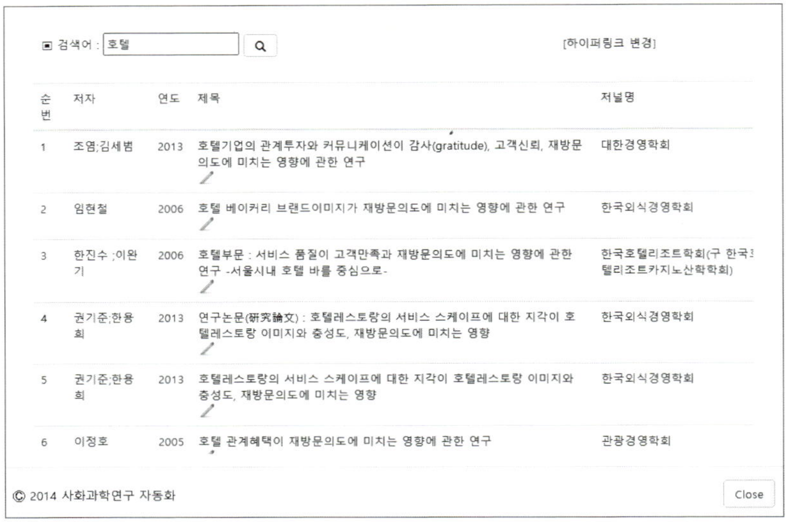

(2) 자료 조건검색

자료 조건검색은 등록된 문헌자료에서 설정된 자료 조건에 해당하는 문헌자료들을 검색하는 기능으로 [그림 7 - 26]에서와 같이 분석할 변수들을 등록한 후 하단에 검색할 자료의 조건을 설정한 후 실행한다. 자료 조건검색을 통하여 생성된 테이블은 보고서 작성을 위한 자료로 활용될 수 있다.

[그림 7 - 26] 자료 조건검색

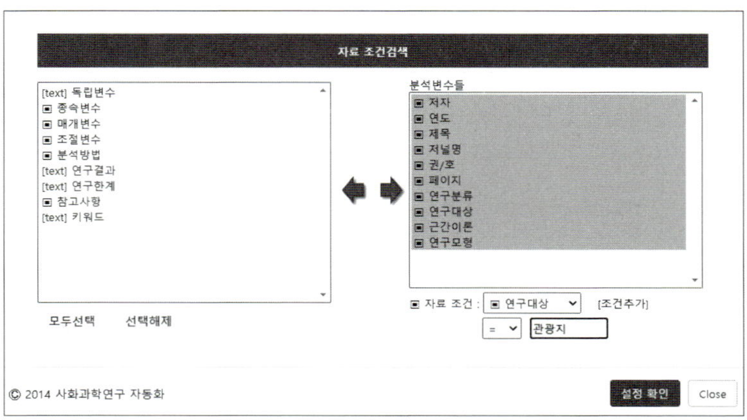

(3) 빈도분석

빈도분석은 문헌분석자료 항목들에 대한 빈도분석 기능으로 [그림 7 - 27]과 같이 빈도분석 대상 항목들을 오른쪽으로 이동하고 [설정확인]을 선택하면 빈도분석표가 산출된다. 필요에 따라 빈도분석을 막대그래프, 원그래프, 히스토그램으로 표시할 수 있으며, 하단의 (;)로 구분된 다중값의 빈도분석을 선택하였을 때 다중값들로 구성된 특정 항목의 값들이 분리되어 빈도분석이 수행된다. 예를 들어 독립변수를 다중값으로 입력되면 독립변수들이 개별적으로 빈도분석이 수행된다.

[그림 7 - 27] 문헌자료 빈도분석

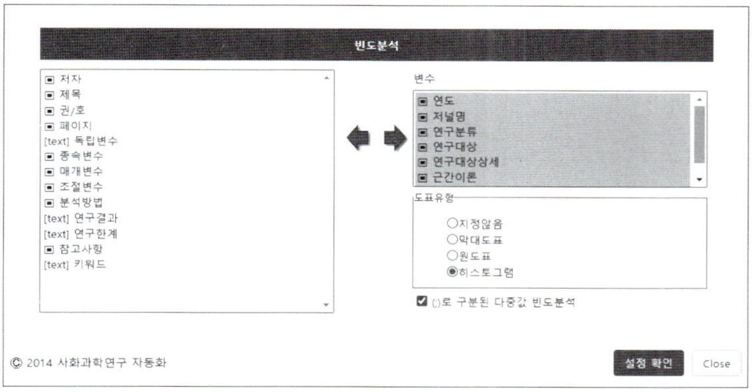

[그림 7 - 28] 문헌자료 빈도분석

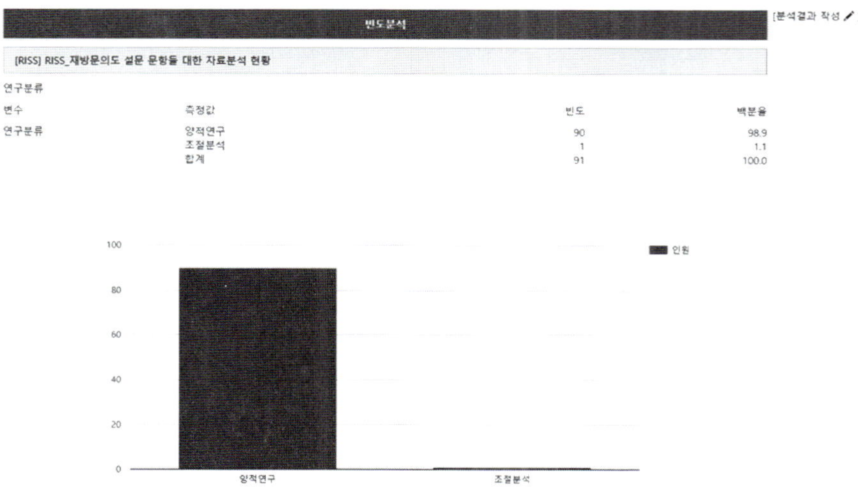

(4) 교차분석

교차분석은 문헌분석자료 항목들에 대한 교차분석 기능으로 [그림 7-29]와 같이 교차분석 대상 항목들을 오른쪽의 교차열과 교차행으로 이동하고 [설정확인]을 선택하면 교차분석표가 산출된다.

[그림 7-29] 문헌자료 교차분석

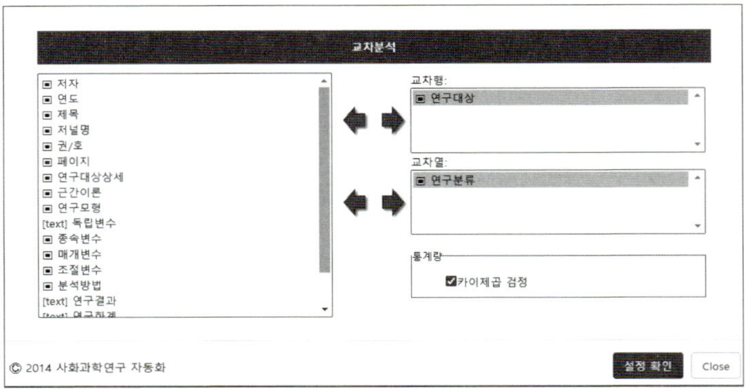

(5) 연관분석

연관분석은 문헌분석자료 항목 간에 대한 연관관계를 분석하는 기능으로 [그림 7-30]과 같이 연관분석을 위한 항목들을 오른쪽으로 이동하고 [설정확인]을 선택하면 연관분석 규칙들이 산출된다.

[그림 7-30] 문헌자료 연관분석

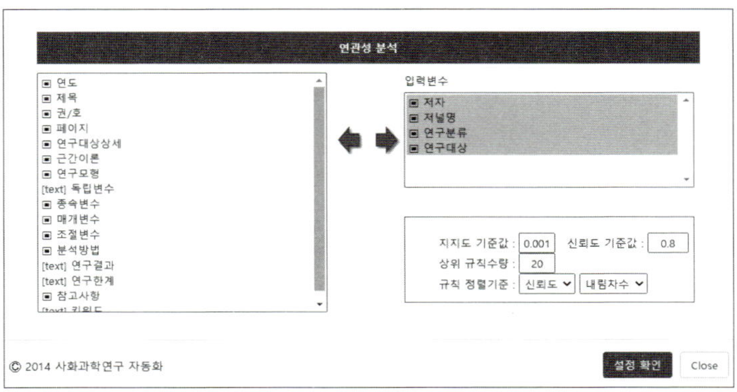

7.6.2.2 텍스트마이닝 분석

텍스트마이닝 분석을 문헌자료에 대하여 텍스트마이닝을 수행하는 기능으로 주제어 분석, 동시출현 단어분석, 토픽모델링 등의 분석 기법들이 제공되고 있다.

(1) 주제어 분석

주제어 분석은 문헌분석자료들에 대한 주제어 분석으로 [그림 7-31]과 같이 주제어 분석 대상이 되는 항목들을 오른쪽으로 이동하고 [설정확인]을 선택하면 주제어 분석이 수행된다. 주제어 분석을 위한 문헌분석자료 항목은 주로 제목으로 설정할 수 있다.

[그림 7-31] 문헌자료 주제어 분석

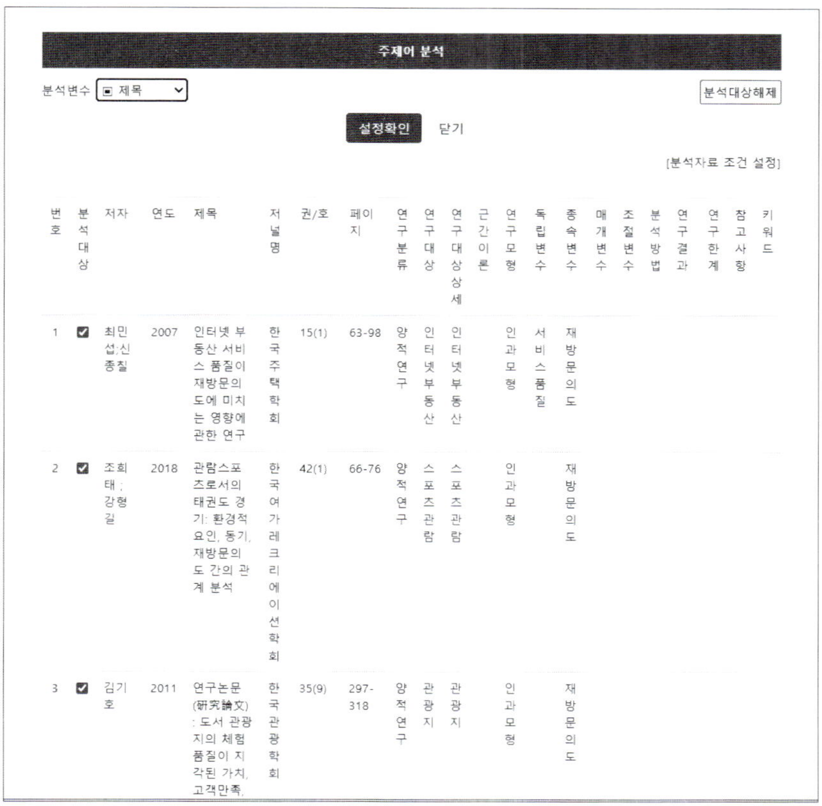

번호	분석대상	저자	연도	제목	저널명	권/호	페이지	연구분류	연구대상	연구대상상세	근간이론	연구모형	독립변수	종속변수	매개변수	조절변수	분석방법	연구결과	연구한계	참고사항	키워드
1	☑	최민섭;신종칠	2007	인터넷 부동산 서비스 품질이 재방문의도에 미치는 영향에 관한 연구	한국주택학회	15(1)	63-98	양적연구	인터넷부동산	인터넷부동산		인과모형	서비스품질	재방문의도							
2	☑	조희태 ; 강형길	2018	관람스포츠로서의 태권도 경기: 환경적 요인, 동기, 재방문의도 간의 관계 분석	한국여가레크리에이션학회	42(1)	66-76	양적연구	스포츠관람	스포츠관람		인과모형		재방문의도							
3	☑	김기호	2011	연구논문(研究論文) : 도서 관광지의 체험품질이 지각된 가치, 고객만족,	한국관광학회	35(9)	297-318	양적연구	관광지	관광지		인과모형		재방문의도							

[그림 7-32] 주제어 분석 결과

주제어 분석

[문헌] RISS_재방문의도 자료에 대한 주제어 분석

[텍스트 전처리하기][제외단어] [사용자 사전]

설정확인 돌아가기

[워드 클라우드]

주제어	빈도	비율
Total	863	100.0000000
재방문의도에	53	6.1413673
만족	41	4.7508691
영향	40	4.6349942
고객	32	3.7079954
서비스	25	2.8968714
품질	23	2.6651217
재방문의도	19	2.2016222
연구	18	2.0857474
지각	16	1.8539977
관계	15	1.7381228
관광	13	1.5063731
레스토랑	13	1.5063731
축제	13	1.5063731
가치	12	1.3904983
요인	12	1.3904983
중심	12	1.3904983
조절	11	1.2746234

주제어	빈도	비율
이용자	2	0.2317497
인식	2	0.2317497
인터넷	2	0.2317497
자만	2	0.2317497
재방문	2	0.2317497
재방문의사와	2	0.2317497
전반	2	0.2317497
제주	2	0.2317497
제품	2	0.2317497
충성	2	0.2317497
커피	2	0.2317497
쾌락	2	0.2317497
테마	2	0.2317497
패밀리	2	0.2317497
한국	2	0.2317497
한류	2	0.2317497
형성과정	2	0.2317497
혜택	2	0.2317497

주제어	빈도	비율
사례	1	0.1158749
사용	1	0.1158749
사회	1	0.1158749
상시	1	0.1158749
상호작용	1	0.1158749
서비스스케이프	1	0.1158749
서울시내	1	0.1158749
선호도	1	0.1158749
성별	1	0.1158749
세계	1	0.1158749
센터	1	0.1158749
스루	1	0.1158749
스케이프에	1	0.1158749
스키	1	0.1158749
스토리텔링과	1	0.1158749
스포츠	1	0.1158749
승객	1	0.1158749
실증	1	0.1158749

[그림 7-33] 주제어 분석 결과 워드 클라우드

(2) 동시출현 단어분석

동시출현 단어분석은 문헌분석자료들에서 동시에 출현하는 단어들에 대하여 분석하는 기능으로 분석 대상이 되는 항목들을 오른쪽으로 이동하고 [설정확인]을 선택하면 [그림 7-34]와 같은 동시출현 단어분석이 수행된다. 동시출현 단어분석을 위한 문헌분석자료 항목은 주로 제목으로 설정할 수 있다.

[그림 7-34] 동시출현 단어분석 결과

동시출현 단어분석

[문헌] RISS_재방문의도 자료에 대한 동시출현 단어분석

[텍스트 전처리하기][제외단어] [사용자 사전]

설정확인 돌아가기

[코퍼스][단어빈도/동시단어 빈도][단어간 매트리스][네트워크 중심성 지표][네트워크 차트]

순번	단어	빈도
1	기업	2
2	마케팅	5
3	서비스	21
4	소비자	4
5	영향	72
6	재방문의도에	54
7	점포	3
8	지각	15
9	태도	4
10	활동	1

순번	단어	단어	빈도
1	기업	기업	2
2	기업	마케팅	1
3	기업	서비스	1
4	기업	소비자	1
5	기업	영향	2
6	기업	재방문의도에	2
7	기업	점포	1
8	기업	지각	1
9	기업	태도	1
10	기업	활동	1

[그림 7-35] 동시출현 단어분석 결과 네트워크 그래프

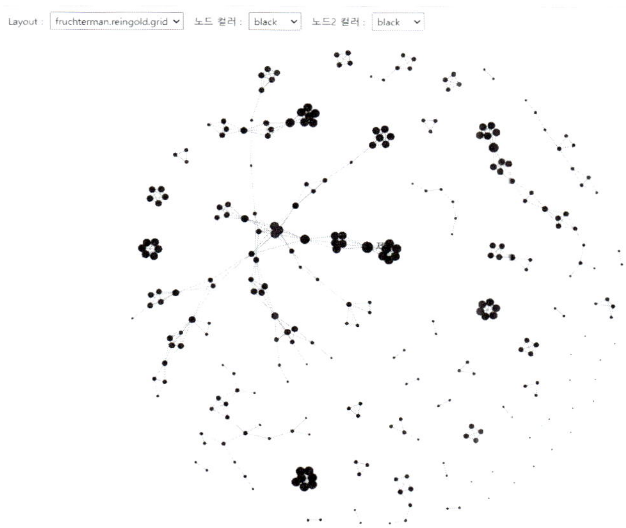

(3) 토픽모델링

토픽모델링은 문헌분석자료에서 토픽을 추출하는 분석하는 기능으로 분석 대상이 되는 항목들을 오른쪽으로 이동하고 [설정확인]을 선택하면 토픽모델링이 수행된다.

(4) 소셜네트워크 분석

소셜네트워크 분석은 문헌분석자료들 간의 네트워크 분석 수행을 지원한다.

7.6.3 그래프 분석

그래프 분석을 문헌자료에 대하여 막대그래프나 선그래프와 같은 그래프로 작성하여 분석하는 기능으로 막대그래프와 선그래프 이외에 영역그래프, 계단 영역그래프, 가로 막대그래프, 원그래프, 도넛차트 등이 제공된다.

7.7 문헌분석 결과 작성

문서분석 결과 작성은 등록된 문헌자료에 대한 문헌분석 결과를 등록하고 관리하는데 사용되는 기능으로 [문헌자료 분석결과 작성] 메뉴를 선택하여 수행한다. 메뉴를 선택하면 [그림 7-36]과 같은 문헌자료 분석결과 등록화면이 나타난다. 여기에 연구자는 문헌자료 메모, 연구분류, 연구대상, 근간이론, 연구모형, 독립변수, 종속변수, 매개변수, 조절변수 등의 문헌자료 분석결과에 대한 내용을 작성한다.

문헌자료 분석결과는 연구자가 자율적으로 작성할 수 있다. 그러나 다음과 같은 항목별 작성 방법을 참조하여 작성하는 것도 바람직하다.

[그림 7-36] 문서자료 분석 결과 작성

(1) 문헌자료 메모

문헌자료의 대략적인 발견에 대하여 메모한다. 예를 들면, '연구 대상이 다양하다', '고객만족도가 재방문의도의 핵심요인이다'라는 연구 분야의 특징들을 기입한다.

(2) 연구분류

연구분류는 기존 연구들이 어떻게 분류되는지 살펴보고, 연구분류별 빈도에 대하여 작성하여 어떠한 분류의 연구를 수행할 것인지에 대한 정보를 얻을 수 있다.

(3) 연구대상

연구대상은 기존 연구에서 많이 다루어진 연구대상들은 어떤 것들이 있는지 살펴보기 이를 통해 기존 연구에서 미진하게 다루어진 연구대상들을 찾아보고, 본인의 연구 영역을 모색하는 데 도움을 준다. 예를 들어, 본 문헌자료의 경우 재방문 의도 연구의 연구자 미진한 주유소, 재래시장, 무인점포 등의 연구 대상을 도출할 수 있다.

(4) 근간이론

근간이론은 연구들에서 가장 일반적으로 사용되는 근간이론이 무엇인지 살펴보고, 기존에 사용된 이론이 아닌 다른 이론을 근간이론으로 사용할 수 있는지 검토하는 데 도움을 줄 수 있다.

(5) 독립변수

독립변수은 기존 연구에서 어떠한 독립변수들을 사용되고 있는지 나열하고, 분류 요약하여 기존 연구에서 시용 안된 변수들이 있는지 찾아보고, 연구모형에 추가 여부를 모색한다.

(6) 종속변수

종속변수는 기존 연구에서 어떠한 종속변수들을 사용되고 있는지 나열하고, 분류 요약 연구 주제의 변경을 모색한다.

7.8 문헌고찰 결과에 대한 결론 도출

문헌고찰 결과에 대한 결론 도출은 연구주제 관련한 문헌자료 분석을 통하여 향후 연구 방향을 설정하는 것으로 [그림 7-37]과 같이 연구문제의 정의와 연구문제를 해결하기 위한 방안, 즉 연구모형을 개괄적으로 구성하는 데 초점을 맞추고 있다.

[그림 7-37] 문서자료 분석 결과 작성

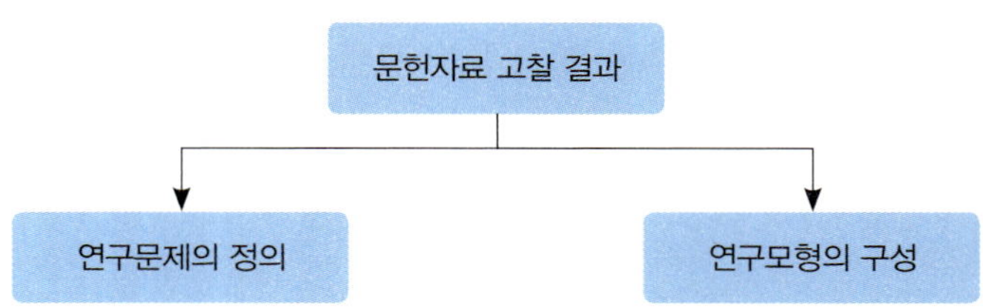

(1) 연구문제의 정의

연구문제는 연구자가 해결하고자 하는 것으로 연구자가 대답하고자 하는 질문을 확인하고 기술하는 것으로 연구문제의 정의는 기존지식의 미비나 기존 연구결과의 상충 새로운 현상, 그리고 기존지식체계와의 연결이라는 관점에서 도출될 수 있다. 이러한 관점에 근간한 연구문제들은 주로 문헌자료들에 대한 연구분류, 연구대상, 그리고 종속변수들에 대한 분석을 통하여 도출될 수다.

(2) 연구모형의 구성

연구모형은 변수화된 개념들의 관계, 즉 가설들을 구조화, 도식화시켜 놓은 것으로서, 연구모형을 구성하기 위해서는 연구 변수 간의 논리적인 관계에 대한 추론이 우선되어야 한다. 이러한 관계에 대한 추론은 기존 연구들에서 사용된 근간 이론들과 독립변수들에 대한 체계적인 분석을 통하여 도출될 수 있다.

Chapter 8

연구계획 수립 및 연구설계

연구계획 수립 및 연구설계 절차 8.1

연구계획 수립 및 연구설계는 문헌자료 수집 및 분석을 통하여 도출된 내용에 대하여 연구문제를 정의하고 이를 해결하기 위한 가설을 설정하고, 설정된 가설들을 검증하기 위한 연구설계를 수행하는 것이다. 이 단계는 [그림 8-1]과 같이 연구문제 정의 및 연구계획서 작성, 연구모형 구성, 가설 설정, 조작적 정의, 측정지표 개발, 설문지 작성 등의 세부 절차들로 이루어진다.

[그림 8-1] **연구계획 수립 및 연구설계 단계**

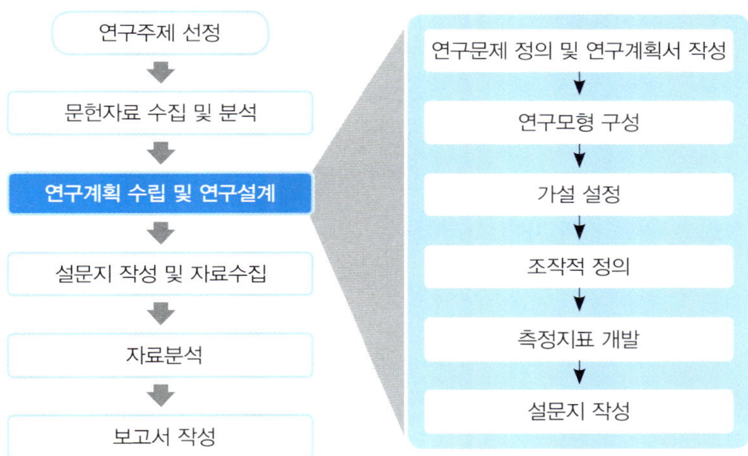

상기의 연구계획 수립 및 연구설계 단계의 세부 절차들은 [연구계획/설계 자동화]를 통하여 수행된다. 첫째, 연구문제 정의 및 연구계획서 작성은 문헌자료 분석을 통하여 도출된 내용에 대한 연구문제를 정의하고 이에 관한 연구 수행을 위한 연구계획서를 작성하는 것이고, 둘째, 연구모형 구성은 가설들을 분석하기 위한 연구모형을 구성하여 [연구계획/설계 자동화]에서 그림으로 작성하는 것이다. 셋째, 가설 설정은 연구모형 구성으로 생성된 가설들을 확인하는 것이며, 넷째, 조작적 정의는 연구모형의 변수들에 대한 조작적 정의를 수행하는 것이다. 측정지표 개발은 조작된 정의를 기반으로 변수들에 대한 측정지표들을 개발하여 하는 것이며, 마지막으로 설문지 작성은 개발된 측정지표들을 기반으로 자료수집을 위한 설문지를 작성하는 것이다.

상기의 연구계획 수립 및 연구설계 단계의 세부 절차들은 아래의 [내 설문현황] 화면에서 중앙의 통계분석 영역의 [연구계획/설계] 메뉴를 선택하여 수행할 수 있다.

[그림 8-2] 연구계획/설계 선택 화면

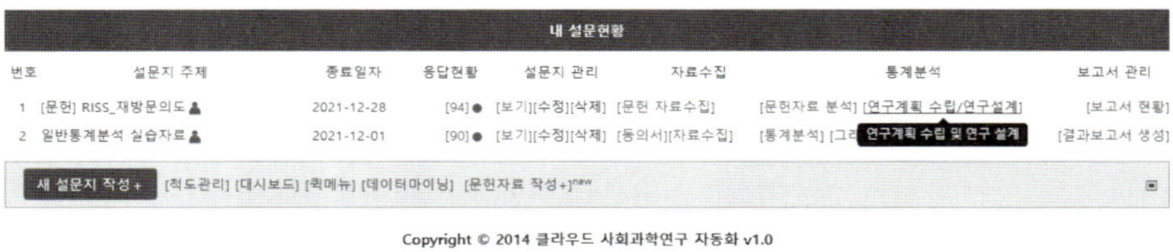

상기의 연구계획 수립 및 연구설계 단계의 세부 절차들은 [그림 8-3]에서 보이는 바와 같이 [연구계획/설계 자동화] 기능을 순서대로 따라가면 최종적으로 자료수집을 위한 설문지를 작성할 수 있다.

[그림 8-3] 연구계획 수립/설계 메뉴 화면

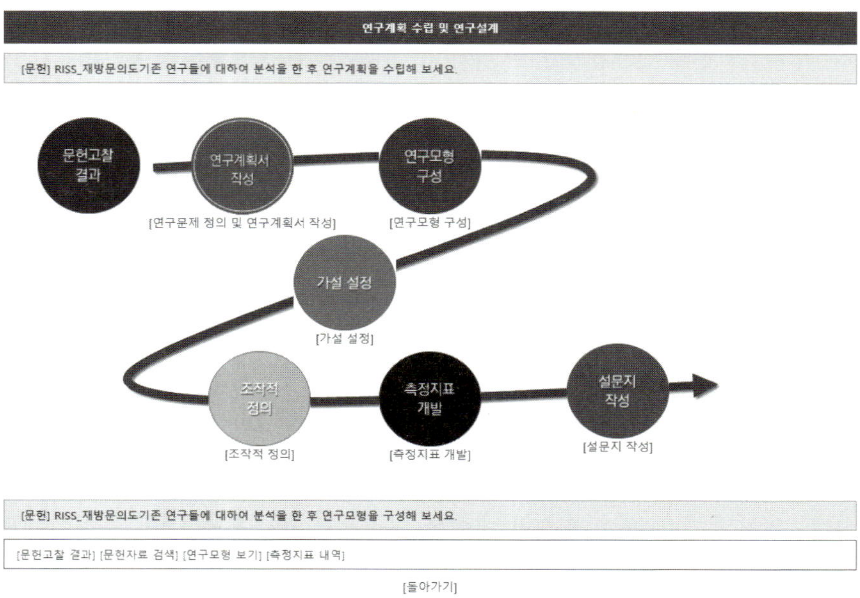

연구문제 정의 및 연구계획서 작성 8.2

연구문제 정의 및 연구계획서 작성은 문헌자료 분석을 통하여 도출된 내용을 기반으로 연구문제를 정의하고 이를 해결하기 위한 연구를 위한 연구계획서를 작성하는 것이다.

8.2.1 연구문제 정의

연구문제는 연구주제에서 구체적으로 무언가를 해결하기 위하여 의문점을 제기하는 것으로 문헌자료 분석을 통한 문헌고찰 결과를 근간으로 도출한다. 따라서 연구자는 사전에 문헌자료 분석 결과에 대한 충분한 검토와 이를 통해 도출된 결론에 입각하여 연구문제를 정의한다. 예시의 '재방문의도'의 연구주제의 경우 연구문제 정의는 다음과 같은 질문들을 검토하여 가면서 설정할 수 있다.

첫째, 기존에 연구가 미진한 영역이 있는가? 예를 들어 주유소나 재래시장과 같이 재방문의도에 대한 기존 연구들에서 수행된 적이 없거나, 미진한 영역을 연구문제로 설정할 수 있다. 둘째, 기존 영역을 좀 더 상세하게 분석할 필요가 있는가? 예를 들어 재방문의도에 대한 연구들에서 레스토랑의 재방문의도에 대한 연구는 매우 빈번하게 수행되었다. 따라서 새로운 연구문제는 레스토랑의 세부 영역에 해당하는 한식당을 근간을 설정하는 것도 방법이 된다. 비슷한 예로 스포츠 시설의 재방문의도을 세분화하여 실내골프연습장, 스크린 골프장 재방문의도를 근간으로 연구문제를 정의할 수 있다. 셋째, 새롭게 주목받는 영역이 있는가? 예를 들어 무인점포나 라이브커머스와 같이 최근 새롭게 출현하거나 주목받는 영역들을 근간으로 재방문과 관련한 시기적절한 연구문제를 설정할 수 있다.

상기와 같은 방식들을 이용하여 연구문제가 도출될 수 있으며, 도출된 연구문제는 아래와 같이 간략하고 명확하게 한 문장 정도로 정의한다.

"사람들이 재래시장을 재방문하는 데 영향을 미치는 요인들은 무엇인가?"

상기의 연구문제는 기존에 연구가 미진한 영역이라는 관점에서 설정되었고 연구자는 다음과 같은 일반적으로 권고되는 사항들을 고려하여 연구의 실행 여부를 점검한다.

- 연구문제가 새롭고, 기존 연구들과 중복되지 않는가?
- 연구할 만한 가치는 있는가?
- 연구자의 흥미나 지적 호기심을 충족시키는가?
- 연구자의 능력으로 수행할 수 있는가?
- 연구를 위해 필요한 자료, 도구, 시설 등을 이용할 수 있는가?
- 연구를 위한 자금은 충분한가?
- 연구 기간 내에 완성할 수 있는가?

도출된 연구문제가 상기와 같은 고려사항들을 근간으로 점검이 완료되면 연구자는 연구를 수행하기 위하여 최종적으로 연구문제를 확정하여 등록한다.

8.2.2 연구계획서 작성

연구계획서 작성

연구계획서는 연구문제를 해결하기 위한 연구를 수행하기 위한 계획서로 학위논문을 위한 연구의 경우 논문 프로포절(research proposal)을 위한 자료로서의 역할도 한다. 연구계획서는 [그림

[그림 8-4] **연구계획서 작성**

8-3] 연구계획 수립 및 연구설계 메뉴 화면에서 [연구계획서 작성] 아이콘을 선택하여 작성할 수 있다. 연구계획서 작성은 [그림 8-4]와 같은 화면에 연구계획서의 내용을 구성하는 항목들인 연구 목적 및 필요성, 이론적 배경, 연구내용, 연구방법, 기대효과, 기타사항 등에 대한 작성을 통해 이루어진다.

(1) 연구주제명

연구주제명은 연구의 제목으로 수행하려는 연구의 내용을 함축적으로 표현하도록 설정한다. 예시의 연구 경우 아래와 같이 간략하고 명확하게 한 문장 정도로 정의한다.

"고객들의 재래시장 재방문의도에 영향을 미치는 요인에 관한 연구"

(2) 연구 목적 및 필요성

연구 목적은 제시된 연구 문제를 해결하려는 방안을 의미하며, 연구의 필요성은 연구 목적에 서술된 연구를 해야 하는 필요성을 의미한다. 따라서 연구 목적은 일반적으로 연구 주제명을 근간으로 서술하고, 연구의 필요성은 제기된 연구 문제가 학문적 또는 실무적으로 어떠한 문제를 가졌는지와 연구 목적의 달성으로 얻을 수 있는 효과에 관하여 기술한다.

(3) 이론적 배경

이론적 배경 또는 문헌연구는 기존 연구들에 대한 분석을 통하여 문제의식을 도출하고, 접근방법 및 해결 방안 등을 모색하기 위한 작업이다. 선행연구에 대한 정리와 검토 내용을 근간으로 연구의 배경이나 필요성을 도출하여 세부적으로 기술하고, 접근방법이나 해결 방안에 대한 이해를 돕기 위하여 관련 이론이나 연구 개념들을 기술한다. 선행연구들은 정리된 표로 나타내는 것도 바람직하다.

(4) 연구내용

연구내용은 연구 문제의 해결하기 위한 연구 목적을 달성하기 위한 방안을 기술하는 것으로 연구내용에서는 제기된 문제에 대한 예상 해결 방안을 구체적으로 기술하고 이를 검증하기 위한 가설, 그리고 앞으로 연구할 내용을 되도록 구체적으로 서술한다. 연구내용의 경우 연구모형을 이용하는 것도 바람직하다.

(5) 연구방법

연구방법은 연구모형이나 가설을 검증하기 위한 방법론을 기술한다. 연구하는 과정에서 어떠한 방법과 수단을 사용할 것인지를 명확하게 기술하며, 특정한 방법을 사용하게 된 이유를 같이 기술한다. 즉 연구에는 사용될 방법론에 대한 타당성을 부각시키는 것이 필요하다.

(6) 기대효과

기대효과는 예상 연구 결과의 기대효과 및 활용 방안에 관하여 기술한다. 기대효과는 연구의 필요성이 연구문제 해결을 통한 직접적인 결과에 대하여 기술된다면 기대효과는 일반적으로 그 파급효과를 기술한다. 따라서 교육이나 정책들에 미치는 영향이나 후속 연구에 대한 영향 등을 주로 기술한다.

8.2.3 연구계획서 보고서 작성

연구계획서 보고서 작성은 등록된 연구계획서를 보고서 형식으로 작성하는 것으로 상단의 [내 설문현황] 메뉴를 실행하면 [그림 8-5]와 같은 화면이 나타난다. 여기서 오른쪽의 [보고서 작성] 메뉴를 선택하여 수행한다.

[그림 8-5] 보고서 작성 메뉴

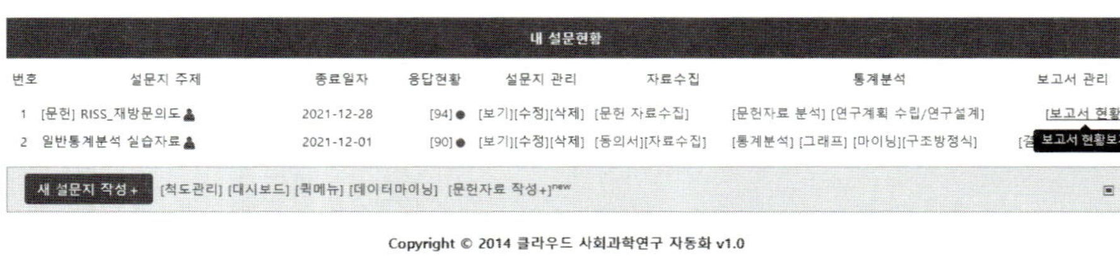

[보고서 작성] 메뉴를 선택하며 [그림 8-6]과 같은 작성할 보고서 선택을 위한 화면이 나타나고 여기서 [연구계획서]를 선택한다.

[그림 8-6] 보고서 유형

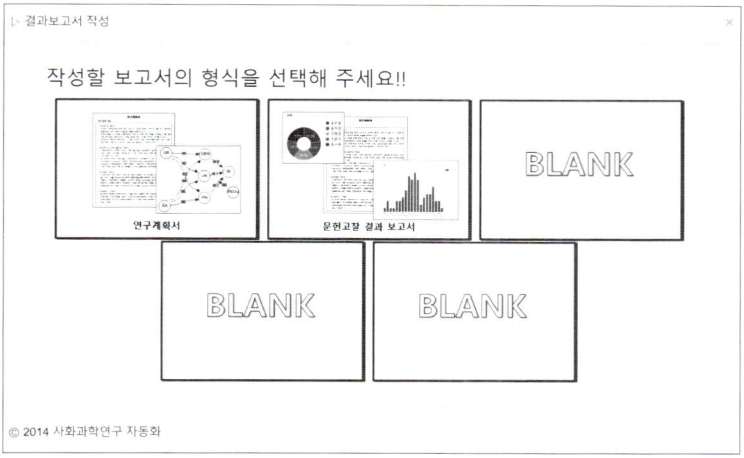

[연구계획서]가 선택하며 [그림 8-7]과 같이 연구계획서 보고서 작성을 위한 화면이 나타나고 여기서 보고서 제목을 확인하고 [설정확인]을 선택한다.

[그림 8-7] 연구계획서 보고서 작성

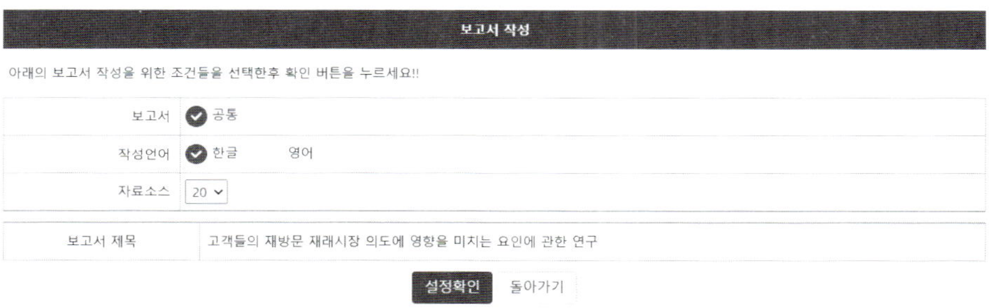

[그림 8-8]과 같이 연구계획서 보고서 작성을 위한 화면이 나타나면 여기서 보고내용을 수정 및 변경하여 연구계획서 보고서를 작성한다.

[그림 8-8] 연구계획서 보고서 작성

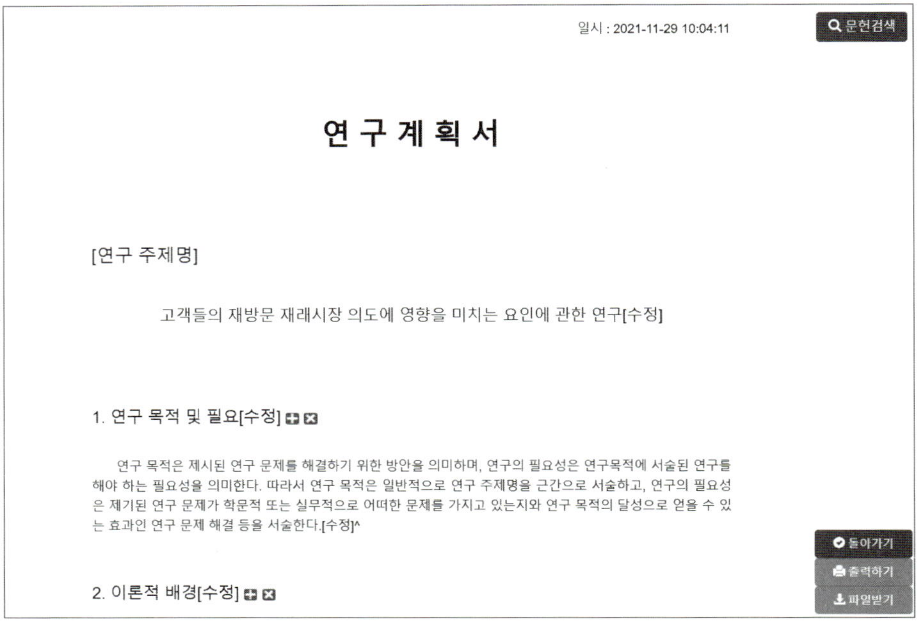

8.3 연구모형 구성

연구모형 구성은 사회과학연구에서 가장 중요하고 핵심적인 작업으로 가설들을 구조화하여 직관적으로 연구내용을 보기 위한 목적으로 도식화한 것이다. 연구모형을 구성하기 위해서는 연구변수들 간의 논리적인 관계에 대한 설정이 우선되어야 한다.

8.3.1 연구모형 구성 절차

사회과학연구에서 보편적으로 사용되는 인과관계 분석을 위한 연구모형 구성의 경우 일반적으로 문헌자료에 대한 분석, 이론적 근간의 선정 그리고 연구모형 구성의 단계를 거친다.

(1) 문헌자료의 분석

연구모형 구성을 위한 문헌분석은 관련 연구들에 사용된 근간이론, 독립변수, 종속변수, 조절변수, 연구결과 등을 주로 파악한다. 이를 통해 다음과 같은 사항들을 도출한다.

- 어떠한 독립변수들이 사용되었나?, 주요 독립변수들은 무엇인가?
- 어떠한 결과들이 도출되었나?
- 새롭게 적용할 독립변수가 있는가?

특히 기존 연구들에 활용된 독립변수들에 대한 분석은 연구모형 구성에 있어서 매우 중요하다. 독립변수들은 설정된 연구문제를 풀 수 있는 열쇠로서 작용할 수 있어서 충분한 문헌자료에 대한 독립변수들에 대한 분석을 통해 설정될 연구모형의 독립변수들을 도출할 필요가 있다.

(2) 이론적 근간 선정

연구모형 구성을 위한 이론적 근간 선정을 위하여 선행연구들의 근간이론 분석 결과에 대한 검토를 바탕으로 기존 연구에서 어떠한 근간이론들이 사용되었는지를 파악한다. 이를 통해 근간이론의 사용 가능성과 사용 가능한 근간이론을 식별한다. 근간이론에 대한 분석은 다음과 같은 내용들을 검토한다.

- 선행연구들에서 어떠한 근간이론들이 사용되었는가?
- 연구영역과 연구주제에 적합한 근간이론은 무엇인지 추론한다? (예 합리적 행위이론, 계획된 행동이론, 정보기술 수용모형, 사회교환이론 등)
- 선행연구들에서 근간이론 대신에 대리변수(proxy)[1]들을 활용하고 있는가? (예 만족도, 신뢰, 몰입, 즐거움 등)

근간이론에 대한 분석을 통하여 기존 이론 또는 대리변수를 가지고 연구모형에 대한 이론적 근간(theoretical basis)을 설정한다.

---

[1] 대리변수는 독립변수를 대리하여 종속변수에 직접적으로 영향을 미치는 변수로 연구모형에서 매개변수 형식으로 나타난다.

(3) 연구모형의 구성

연구모형의 구성은 문헌자료 분석을 통해 도출된 종속변수, 근간이론, 독립변수들을 통합하여 구성하고 이론적 근거 및 논리적 추론에 의거 경로를 설정한다. 참고적으로 이론들을 이용하는 경우 다음과 같은 방법들을 통하여 새로운 형태의 연구모형을 구성할 수 있다.

첫째, 기존의 이론에 새로운 변수를 추가하여 연구모형을 구성한다. 예를 들면 윤리적인 의사결정에 관한 연구의 경우, 행위를 설명하는 계획된 행동이론에 개인 규범을 추가하여 연구모형을 구성할 수 있다. 또한 전자상거래 수용에 관한 연구에서는 정보기술 수용모형에 신뢰 변수를 추가하여 연구모형을 구성할 수 있다.

둘째, 다른 영역의 이론을 도입하여 연구모형을 구성한다. 예를 들면, 마케팅 영역에서 서비스 품질과 관련된 모형인 서브콸의 변수들을 정보시스템의 서비스 질 평가를 위한 변수들로 설정하여 연구모형을 구성할 수 있다. 또한 마케팅의 소비가치 이론의 변수들을 윤리적 소비 가치 연구를 위한 변수들로 차용하여 사용할 수 있다.

셋째, 이론과 이론을 병합하여 연구모형을 구성한다. 예를 들면 가상커뮤니티 영역에서 사회자본이론과 사회인지이론을 병합하여 새로운 연구모형을 구성할 수 있다.

마지막으로 기존의 이론의 변수를 분해하여 연구모형을 구성한다. 예를 들면 신뢰 변수를 능력, 정직, 자비 등으로 구분하여 연구모형을 구성할 수 있으며, 지각된 위험 변수를 재무적 위험, 신체적 위험, 환경적 위험 등으로 변수를 분해하여 연구모형을 구성할 수 있다.

연구모형은 [그림 8-9]와 같이 그림으로 작성하고 사회과학연구에서 연구모형에서 변수는 일반적으로 잠재변수이기 때문에 타원으로 표시한다.

[그림 8-9]의 연구모형 예시는 기존의 재방문 의도에 관한 연구들에서 연구모형의 근간으로 이론들 대신에 만족도와 같은 대리변수들이 주로 사용되어 왔기 때문에 연구모형의 이론적 근간으로 만족도와 즐거움이 대리변수로 설정되었고, 독립변수의 경우 선행연구들에 자주 사용되었던 품질, 가격, 편의시설

[그림 8 – 9] **연구모형 예시**

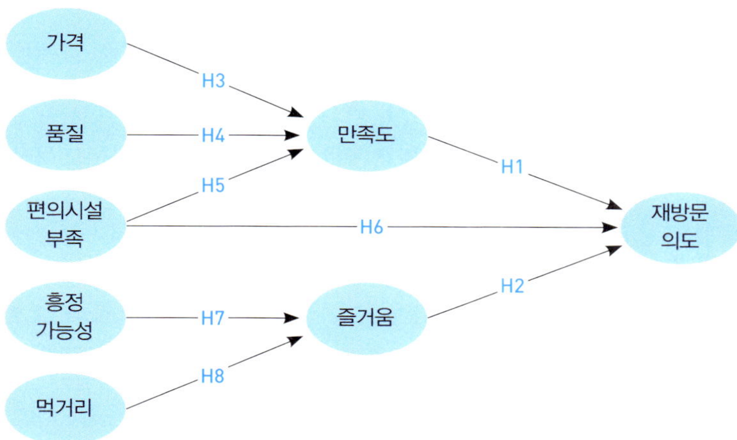

과 같은 변수들과 현실상의 재래시장에서 독립변수로 추론되는 흥정 가능성, 먹거리와 같은 새로운 변수들이 추가 설정되었다.

8.3.2 연구모형 작성

연구모형 작성

연구모형 작성은 연구계획 수립 및 연구설계 메뉴 화면에서 [연구모형 구성] 아이콘을 선택하여 작성할 수 있다. [연구모형 구성] 아이콘을 선택하면 연구모형 작성을 위한 [그림 8 – 10]과 같은 연구모형 구성 호출을 위한 화면이 나타난다.

[그림 8 – 10] **연구모형 구성 호출 화면**

상기의 화면에서 모형명칭을 기입하고 [설정확인]을 선택하면 연구모형 작성을 위한 [그림 8-11]과 같은 화면이 나타난다. 참고로 근간이론을 이용하여 연구모형을 작성할 경우 사용할 근간이론을 선택 후 [설정확인]을 수행한다.

[그림 8-11]과 같은 연구모형 구성 초기 화면에서 연구변수들을 먼저 설정하고 변수들에 대한 위치를 정한 다음 경로설정을 수행하여 연구모형을 구성한다. 연구변수에 대한 추가는 [연구변수 추가] 버튼을 선택하여 [그림 8-12]와

[그림 8-11] 연구모형 구성 초기 화면

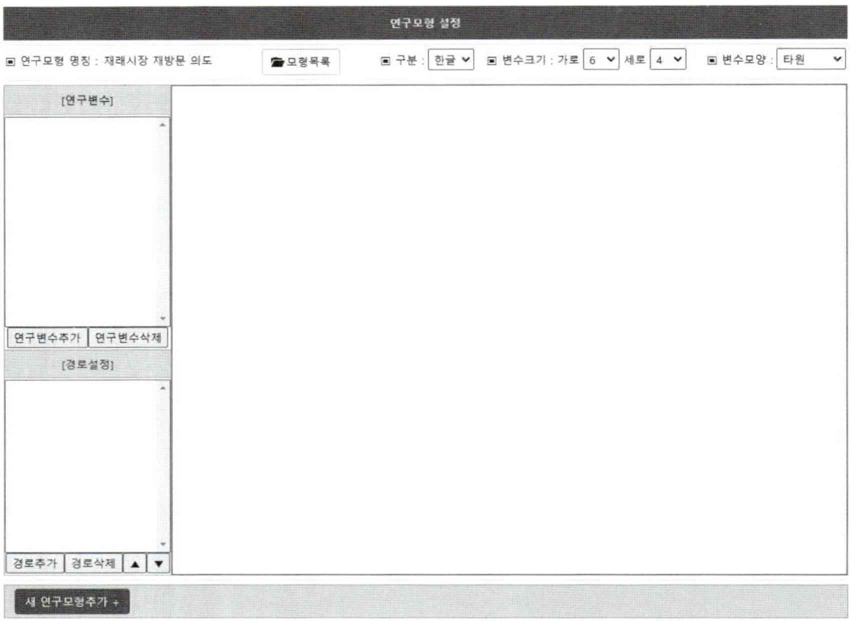

[그림 8-12] 연구변수 추가 화면

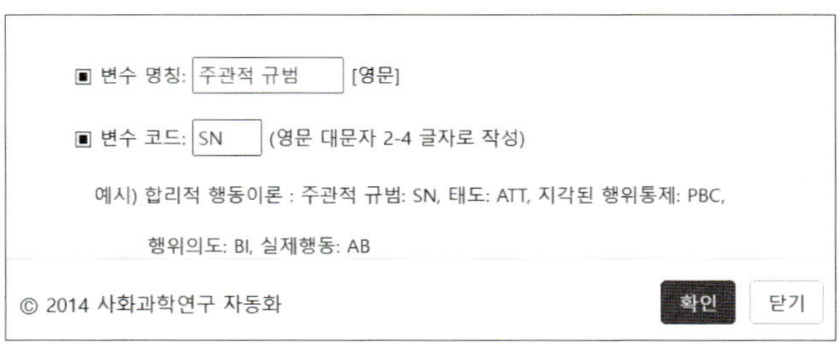

같은 변수 추가를 위한 화면을 호출한 후 변수 명칭과 변수 코드를 입력하여 연구변수들을 추가한다. 변수 코드는 연구자가 영문 대문자 2~4 글자로 임의로 작성할 수 있으며, 변수 명칭 옆의 [영문]은 변수 명칭을 구글 번역 사이트로 이동시켜 변수 코드 작성의 편의를 돕는다.

예시 연구모형의 변수들은 등록하기 위한 연구변수들에 관한 내용은 [표 8-1]과 같다.

연구변수들이 등록되면 연구모형 작성 화면 오른쪽에 생성된 잠재변수들을 적절한 위치에 이동시키고 경로들을 추가한다. 경로에 대한 추가는 [경로추가] 버튼을 선택하여 [그림 8-13]과 같이 독립변수와 종속변수를 선택하여 추가한다. 경로가 추가되면 오른쪽 연구모형 화면에 경로가 생성된다.

예시 연구모형의 등록하기 위한 독립변수들과 종속변수들의 경로들에 관한 내용은 [표 8-2]와 같다.

[표 8-1] **예시 연구모형의 연구변수**

변수 명칭	변수 코드
가격	PRC
품질	QT
편의시설 부족	FCT
흥정 가능성	BP
먹거리	FOOD
만족도	SAT
지각된 즐거움	PE
재방문 의도	RVI

[그림 8-13] **경로추가 화면**

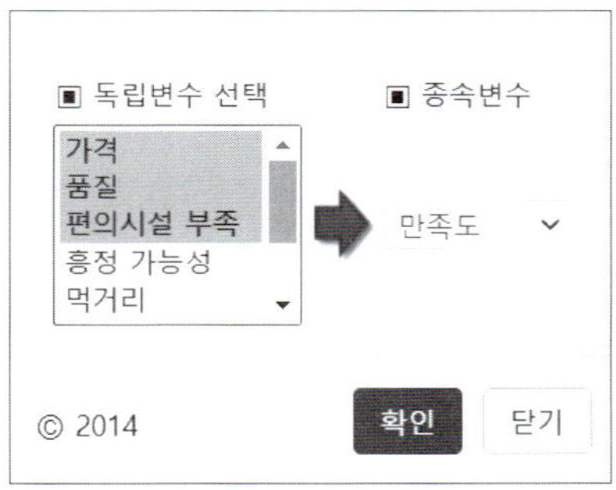

[표 8-2] **예시모형의 변수 간의 경로**

독립변수	종속변수
가격, 품질, 편의시설 부족	만족도
흥정 가능성, 먹거리	지각된 즐거움
편의시설 부족, 만족도, 지각된 즐거움	재방문 의도

최종적으로 모든 경로를 등록하여 [그림 8-14]와 같은 예시 연구모형을 구성한다. 연구모형 구성이 완료되면 하단의 [설정확인]을 선택하여 저장한다.

연구모형에서 타원으로 표시되는 잠재변수들은 상단의 메뉴를 이용하여 크기와 모양을 변경할 수 있다. 또한 다수의 연구모형을 구성할 수 있으므로 하단의 [새 연구모형 추가+]를 선택하여 연구모형을 추가로 생성할 수 있다. 추가 생성된 연구모형들을 [그림 8-15]와 같이 상단의 [📂 모형목록] 버튼을 선택하여 수정 및 삭제를 수행할 수 있다.

[그림 8-14] **연구모형 구성**

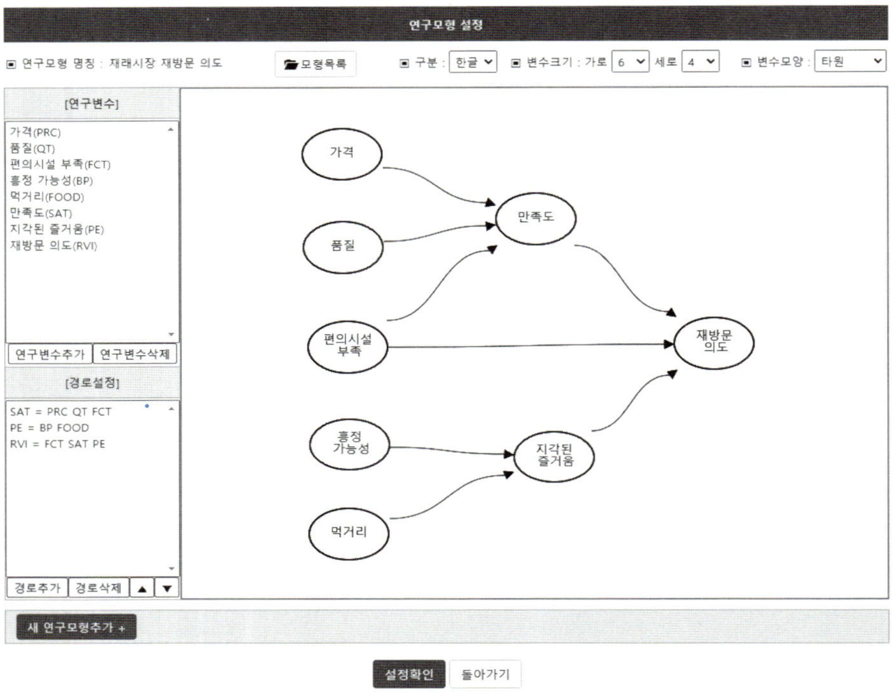

[그림 8-15] **연구모형 목록**

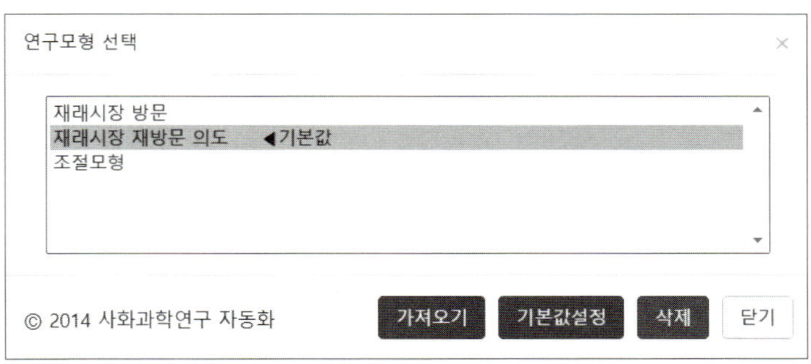

가설 설정 8.4

가설 설정

가설 설정은 연구모형 구성에서 설정된 경로들에 대하여 가설화하여 확인하는 작업이다. 가설 설정은 연구계획 수립 및 연구설계 메뉴 화면에서 [가설 설정] 아이콘을 선택하여 작성할 수 있다. [가설 설정] 아이콘을 선택하면 가설 설정을 위한 [그림 8-16]과 같은 화면이 나타난다.

[그림 8-16] 가설 설정

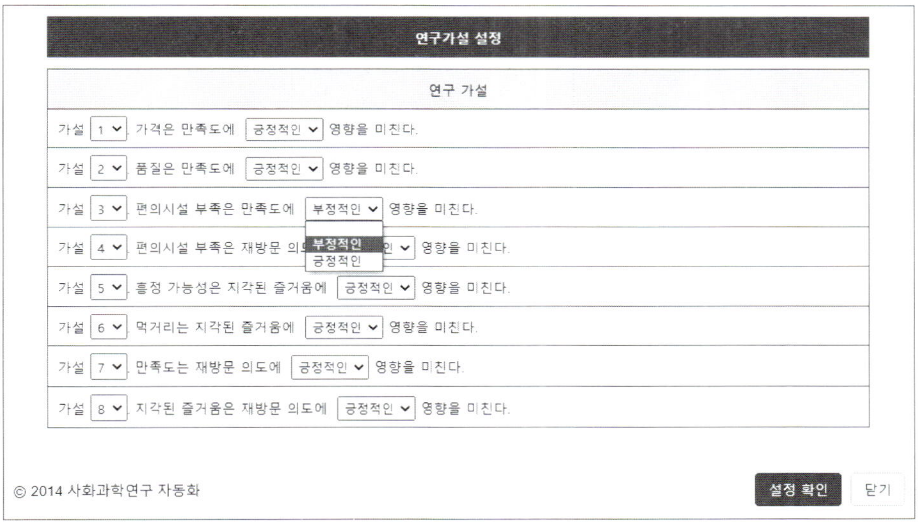

가설 설정을 선택하면 연구모형의 경로들로부터 [그림 8-16]과 같은 가설들이 기본적으로 설정되기 때문에 가설의 순서와 가설의 부호, 즉 긍정과 부정적 영향 여부를 확인한 후 [설정확인]을 선택한다. 가설의 순서는 이후 보고서 작성 과정에서 반영이 되기 때문에 이를 염두에 두고 설정하는 것이 필요하다.

[표 8-3]은 예시 연구모형의 연구 가설들을 보여준다. 연구 가설에 맞게 [그림 8-16]의 가설들에 대한 순번과 부호를 수정·확인한 후 [설정확인]을 선택하여 저장한다.

[표 8－3] 예시 연구 가설

H1. 만족도는 재방문 의도에 긍정적인 영향을 미친다.
H2. 즐거움은 재방문 의도에 긍정적인 영향을 미친다.
H3. 가격은 만족도에 긍정적인 영향을 미친다.
H4. 품질은 만족도에 긍정적인 영향을 미친다.
H5. 편의시설 부족은 만족도에 부정적인 영향을 미친다.
H6. 편의시설 부족은 만족도에 부정적인 영향을 미친다.
H7. 흥정 가능성은 즐거움에 긍정적인 영향을 미친다.
H8. 먹거리는 즐거움에 긍정적인 영향을 미친다.

8.5 조작적 정의

조작적 정의

조작적 정의는 추상적인 개념이나 변수를 조사연구가 가능하도록 현재의 사실이나 현상을 있는 그대로 측정할 수 있도록 하는 것으로 일반적으로 기존 연구를 참조하여 연구영역 및 대상에 맞게 수정·보완하여 작성한다. 연구계획 수립 및 연구설계 메뉴 화면에서 [조작적 정의] 아이콘을 선택하면 [그림 8－17]과 같은 연구변수들에 대한 조작적 정의를 위한 화면이 나타난다.

상기 화면에서 변수들에 대한 참고문헌과 조작적 정의들을 등록한다. 조작적 정의는 한 문장 정도로 명료하게 작성하는 것이 바람직하다. 특히 조작적 정의가 측정지표 개발을 위한 근간이 된다는 사실을 염두에 두고 작성할 필요가 있다. 참조문헌이 다수일 때 구분자(;)를 이용한다. 변수에 대한 향후 영문이 저널 투고를 염두에 두고 있다면 영문 변수명도 기입하는 것이 바람직하다. 변수에 대한 영문 등록시 [영문]을 선택하면 바로 구글 번역기로 이동한다. 또한 필요에 따라 변수 명칭은 변경할 수 있으며, 중간의 공백 시 그림 표시에서 줄이 변경된 형태로 나타난다. 순번은 변수들의 순서를 나타내는 것으로 향후 설문지 작성의 설문문항들의 순서가 된다. [표 8-4]는 예시 연구변수들에 대한 조작적 정의들을 보여준다. [그림 8-17]의 화면에서 변수들에 대한 조작적 정의들을 등록 후 [설정확인]을 선택하여 저장한다.

[그림 8-17] 조작적 정의

조작적 정의

순번	변수코드	명칭(한글/영어)	참조문헌 조작적 정의
1	PRC	가격 [영문] / Perceived Usefulness	Davis et al.(1989);Gefen(2002) 재래시장에서 판매되는 가격의 저렴성, 합리성, 적정성 정도
2	QT	품질 [영문] / Perceived Usefulness	Davis et al.(1989);Gefen(2002) 재래시장에서 판매되는 물건의 신뢰성, 우수성 정도
3	PCT	편의시설 부족 [영문] / Perceived Usefulness	Davis et al.(1989);Gefen(2002) 재래시장의 주차시설, 휴게시설, 이동(카트) 시설 등의 지각된 부족 정도
4	BP	흥정 가능성 [영문] / Perceived Usefulness	Davis et al.(1989);Gefen(2002) 물건의 품질이나 가격을 조정할 수 있는 정도
5	FOOD	먹거리 [영문] / Perceived Usefulness	Davis et al.(1989);Gefen(2002) 재래시장에서의 먹거리의 다양성, 기호의 적합성과 맛의 우수성 등
6	SAT	만족도 [영문] / Satisfaction	Davis et al.(1989);Gefen(2002) 재래시장에서의 방문 후 느끼는 전반적인 만족도
7	PE	지각된 즐거움 [영문] / Perceived Enjoyment	Davis et al.(1989);Gefen(2002) 재래시장 방문 자체가 즐거운 것으로 인식되는 정도
8	RVI	재방문 의도 [영문] / Perceived Usefulness	Davis et al.(1989);Gefen(2002) 향후에 지속적으로 재래시장에 방문하겠다는 의지

© 2014 사화과학연구 자동화 설정 확인 닫기

[표 8-4] 예시 연구변수들에 대한 조작적 정의

변수명칭	조작적 정의	참고문헌
가격	재래시장에서 판매되는 가격의 저렴성, 합리성, 적정성 정도	
품질	재래시장에서 판매되는 물건의 신뢰성, 우수성 정도	
편의시설 부족	재래시장의 주차시설, 휴게시설, 이동(카트) 시설 등의 지각된 부족 정도	
흥정 가능성	물건의 품질이나 가격을 조정할 수 있는 정도	
먹거리	재래시장에서의 먹거리의 다양성, 기호의 적합성과 맛의 우수성 등	
만족도	재래시장에서의 방문 후 느끼는 전반적인 만족도	
지각된 즐거움	재래시장 방문 자체가 즐거운 것으로 인식되는 정도	
재방문 의도	향후에 지속적으로 재래시장에 방문하겠다는 의지	

8.6 측정지표 개발

측정지표 개발

측정지표 개발은 연구변수를 개량적으로 측정하기 위한 도구를 개발하는 것을 의미한다. 일반적으로 사회과학연구에서는 하나의 연구변수는 측정의 오류를 줄이기 위하여 다수개의 측정지표들을 이용하여 측정하며, 한 개의 변수는 3~5개의 측정지표 정도로 구성된다. 따라서 연구변수와 측정지표 간의 관계를 도시화하면 [그림 8-18]과 같이 나타낼 수 있다.

측정지표는 측정지표의 표면타당도를 높이기 위해 기존의 선행연구들을 참조하고 조작적 정의에 맞게 수정 보완하여 개발되는 것이 바람직하며, 작성된 측정지표들은 이후 설문지의 문항으로 변환되어 사용된다.

연구계획 수립 및 연구설계 메뉴 화면에서 [측정지표 개발] 아이콘을 선택하면 [그림 8-18]과 같은 연구변수들에 대한 측정지표 개발을 위한 화면이 나타난다. 화면에서 변수들에 대한 측정지표와 관련 참고문헌들을 등록한다. 연구변수별로 3-4개의 정도의 측정지표를 줄 단위로 등록하고 측정지표에 대한 참고 문헌등록은 참고문헌 간의 ";"구분하여 등록한다(예 Gefen(2002); Taylor &

[그림 8-18] 연구변수와 측정지표

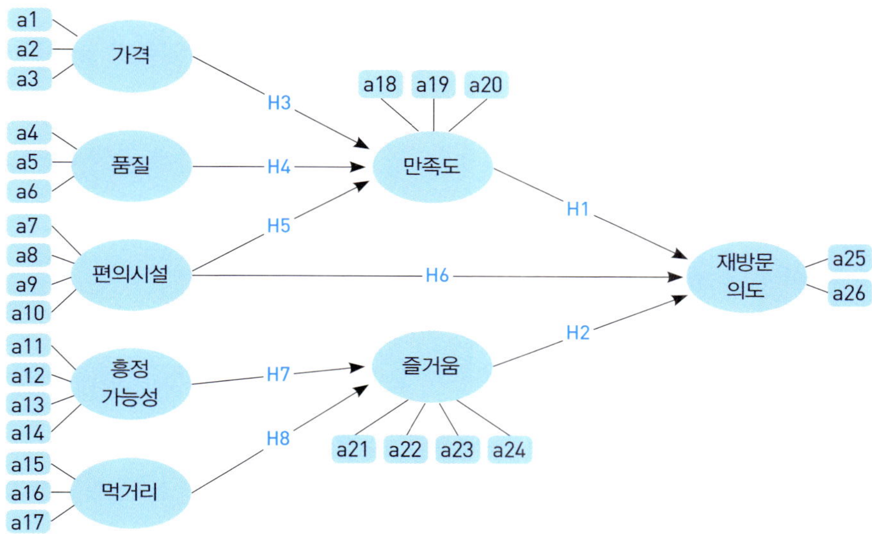

[그림 8-19] 측정지표 개발

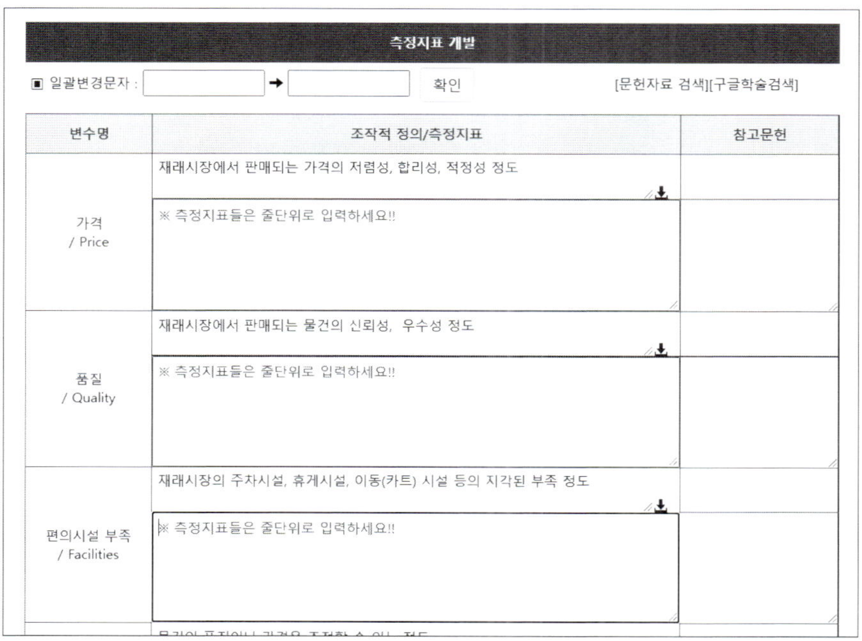

측정지표 개발

▣ 일괄변경문자 : → 확인 [문헌자료 검색][구글학술검색]

변수명	조작적 정의/측정지표	참고문헌
가격 / Price	재래시장에서 판매되는 가격의 저렴성, 합리성, 적정성 정도 ※ 측정지표들은 줄단위로 입력하세요!!	
품질 / Quality	재래시장에서 판매되는 물건의 신뢰성, 우수성 정도 ※ 측정지표들은 줄단위로 입력하세요!!	
편의시설 부족 / Facilities	재래시장의 주차시설, 휴게시설, 이동(카트) 시설 등의 지각된 부족 정도 ※ 측정지표들은 줄단위로 입력하세요!!	

Todd(1995); Davis *et al.*(1989)). 또한 필요에 따라 이미 작성된 조작적 정의도 수정할 수 있다. 화면에서 상단의 일괄문서 변경은 측정지표의 내용을 일괄적으로 변경하는 기능으로 변경 전 단어와 변경 후 단어를 등록 후 확인하면 등록된 측정지표의 관련 내용들이 일괄적으로 변경된다.

측정지표 개발에서는 변수들에 대한 측정지표를 효과적으로 개발할 수 있도록 다음과 같은 기능들을 제공하고 있다.

(1) 이론 변수들의 측정지표를 이용

첫째, 클라우드 사회과학연구 자동화에서 제공하는 이론들에 대한 변수들의 측정지표를 이용하는 것이다. 이를 이용하려면 조작적 정의를 입력하는 항목 옆의 ( )를 선택하여 [그림 8-20]과 같은 화면을 불러온다. 여기서 가져올 변수를 선택하여 측정지표와 참고문헌을 [그림 8-21]과 같이 가져온다. 참고로 측정지표들이 등록된 변수들은 변수명 뒤에 '***'가 붙어 있다.

[그림 8-20] 이론 변수 이용의 측정지표 개발

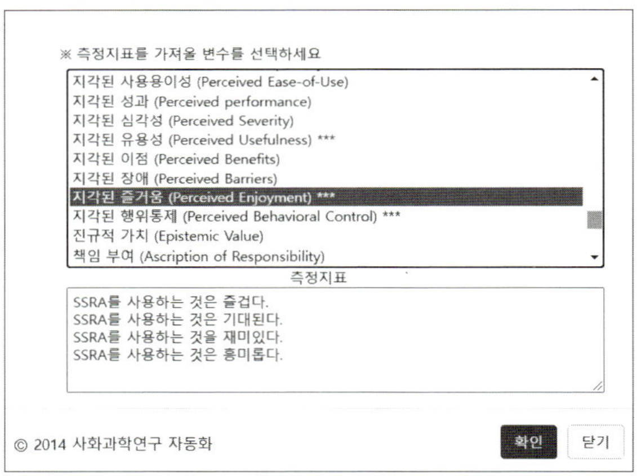

[그림 8-21] 이론 변수 이용의 측정지표 개발 등록

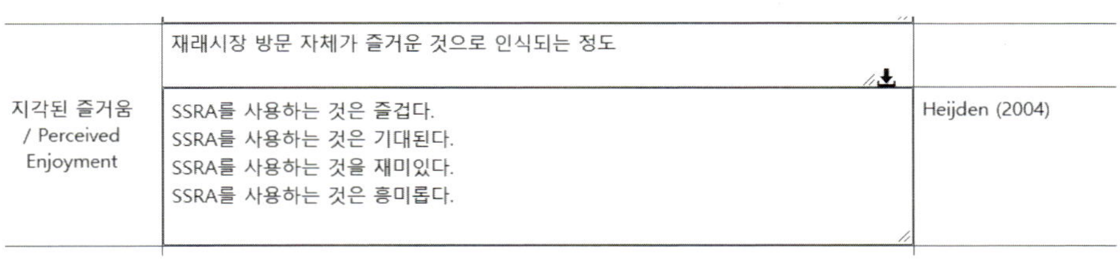

[그림 8－21]과 같이 가져온 측정지표들은 상단의 일괄 변경 기능을 이용하여 연구영역에 맞게 수정을 할 수 있다.

(2) 수집한 문헌자료 검색을 통한 측정지표 개발

[그림 8－19] 상단의 [문헌자료]를 선택하여 [그림 8－22]와 같이 수집한 문헌자료를 검색하여 관련 문헌으로부터 측정지표를 확인하고 이를 측정지표로 이용하는 것이다. 이와 같은 방법을 이용하여 효과적으로 측정지표를 개발하기 위해서는 문헌자료 분석시 독립변수들을 개별적으로 등록하여 연구변수들에 대한 검색이 쉽게 하는 것이 바람직하다.

[그림 8－22] 수집한 문헌자료 검색 이용 측정지표 개발

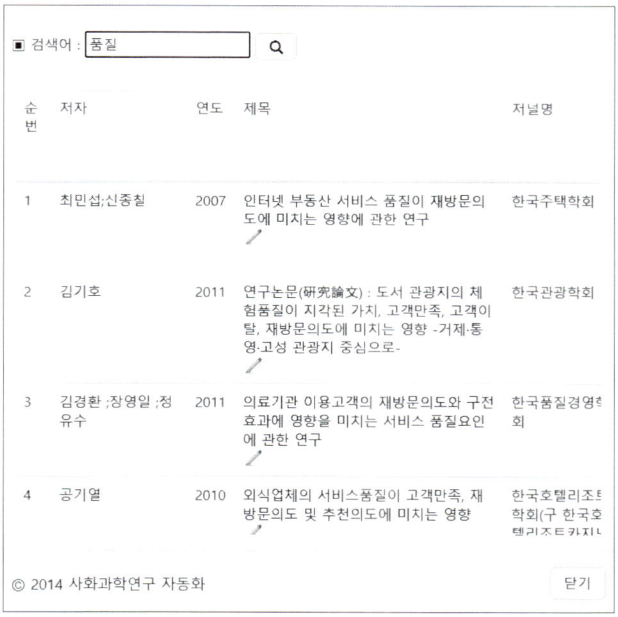

(3) 구글 학술 검색을 통한 측정지표 개발

[그림 8－19] 상단의 [구글학술 검색]을 선택하여 키워드 검색을 통하여 문헌자료를 검색하여 관련 문헌으로부터 측정지표를 발굴하고 이를 측정지표로 이용하는 것이다.

상기와 같은 방법들을 이용하여 모든 연구변수에 대한 측정지표를 [그림 8-23]과 같이 작성할 수 있다.

[그림 8-23] 구글 검색을 이용한 측정지표 개발

측정지표 개발

▣ 일괄변경문자 : → 확인 [문헌자료 검색][구글학술검색]

변수명	조작적 정의/측정지표	참고문헌
가격 /	재래시장에서 판매되는 가격의 저렴성, 합리성, 적정성 정도	
	이 재래시장에서 판매되는 물건들은 가격의 저렴한 편이다. 이 재래시장에서 판매되는 물건들은 품질 대비 가격이 적정하다고 생각된다. 이 재래시장에서 판매되는 물건들은 전반적으로 가격이 합리적이다.	
품질 /	재래시장에서 판매되는 물건의 신뢰성, 우수성 정도	
	이 재래시장에서 판매되는 물건들은 품질이 우수하다. 이 재래시장에서 판매되는 물건들의 품질은 믿을 만하다. 이 재래시장에서 판매되는 물건들은 전반적으로 품질이 좋다.	
편의시설 부족 /	재래시장의 주차시설, 휴게시설, 이동(카트) 시설 등의 지각된 부족 정도	
	이 재래시장의 주차시설은 부족하다. 이 재래시장에서 카트와 같은 이동 시설은 미비하다. 이 재래시장에서 휴식공간은 부족하다. 이 재래시장의 편의 시설은 전반적으로 부족한 편이다.	
흥정 가능성 /	물건의 품질이나 가격를 조정할 수 있는 정도	
	이 재래시장에서는 흥정하는 데 부담이 없다. 이 재래시장에서는 흥정을 통하여 가격을 조정 할 수 있다.. 이 재래시장에서는 흥정하는데 어려움이 없다. 이 재래시장에서의 흥정은 일반적인 것이다.	
먹거리 /	재래시장에서의 먹거리의 다양성, 기호의 적합성과 맛의 우수성 등	
	이 재래시장에서는 먹거리가 다양하다. 이 재래시장에는 내가 좋아하는 먹거리가 많다. 이 재래시장에서 판매되는 먹거리는 맛이 좋다.	
만족도 / Satisfaction	재래시장에서의 방문 후 느끼는 전반적인 만족도	
	이 재래시장의 방문은 기대보다 좋았다. 이 재래시장으로의 방문은 만족스럽다. 나는 전반적으로 이 재래시장에 대하여 만족한다.	
지각된 즐거움 / Perceived Enjoyment	재래시장 방문 자체가 즐거운 것으로 인식되는 정도	
	이 재래시장을 방문하는 것은 즐겁다. 이 재래시장을 방문하는 것은 기대된다. 이 재래시장을 방문하는 것을 재미있다. 이 재래시장을 방문하는 것은 흥미롭다.	Heijden (2004)

[표 8-5]는 예시 연구변수들에 대한 측정지표들을 보여준다. 연구변수들에 대한 측정지표들을 등록 후 [설정확인]을 선택하여 저장한다.

[표 8-5] 예시 연구변수들에 대한 측정지표

변수	조작적 정의	참고문헌
가격	이 재래시장에서 판매되는 물건들은 가격의 저렴한 편이다. 이 재래시장에서 판매되는 물건들은 품질 대비 가격이 적정하다고 생각된다. 이 재래시장에서 판매되는 물건들은 전반적으로 가격이 합리적이다.	
품질	이 재래시장에서 판매되는 물건들은 품질이 우수하다. 이 재래시장에서 판매되는 물건들의 품질은 믿을 만하다. 이 재래시장에서 판매되는 물건들은 전반적으로 품질이 좋다	
편의시설 부족	이 재래시장의 주차시설은 부족하다. 이 재래시장에서 카트와 같은 이동 시설은 미비하다. 이 재래시장에서 휴식공간은 부족하다. 이 재래시장의 편의 시설은 전반적으로 부족한 편이다.	
흥정 가능성	이 재래시장에서는 흥정하는 데 부담이 없다. 이 재래시장에서는 흥정을 통하여 가격을 조정할 수 있다. 이 재래시장에서는 흥정하는데 어려움이 없다. 이 재래시장에서의 흥정은 일반적인 것이다.	
먹거리	이 재래시장에서는 먹거리가 다양하다. 이 재래시장에는 내가 좋아하는 먹거리가 많다. 이 재래시장에서 판매되는 먹거리는 맛이 좋다.	
만족도	이 재래시장의 방문은 기대보다 좋았다. 이 재래시장으로의 방문은 만족스럽다. 나는 전반적으로 이 재래시장에 대하여 만족한다.	
지각된 즐거움	이 재래시장을 방문하는 것은 즐겁다. 이 재래시장을 방문하는 것은 기대된다. 이 재래시장을 방문하는 것은 재미있다. 이 재래시장을 방문하는 것은 흥미롭다.	Heijden (2004)
재방문 의도	나는 재래시장에 재방문하겠다. 향후에도 지속적으로 재래시장에 방문하겠다.	

8.7 설문지 작성

설문지 작성

설문지 작성은 등록된 측정지표들을 이용하여 자료수집을 위한 설문지를 작성하는 것으로 연구계획 수립 및 연구설계 메뉴 화면에서 [설문지 작성] 아이콘을 선택하여 수행한다. [설문지 작성] 아이콘을 선택하면 [그림 8-24]와 같은 설문지 작성 호출 화면이 나타난다. 화면에서 설문제목을 작성하고 설문지로 작성할 연구모형을 선택하고 마지막으로 설문문항 척도를 선택한다. 척도는 리커트 7점 척도 또는 리커트 5점 척도로 설정할 수 있다.

일반적으로 하나의 연구모형을 분석하기 위하여 하나의 설문지가 작성되나, 필요에 따라 다수의 연구모형에 대한 분석을 위하여 하나의 설문지를 이용한 자료수집도 가능하다.

[그림 8-24] 설문지 작성 호출 화면

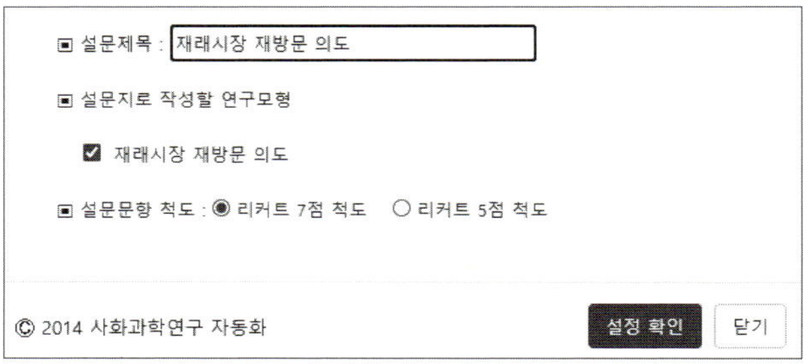

상기와 같이 설정하고 [설정확인]을 선택하면 기본적으로 설문지를 작성할 수 있는 [그림 8-25]와 같은 화면이 나타난다. 여기서 설문소개와 설문지시에 대하여 확인 및 수정을 하고 하단의 응답자들에 대한 분석을 위한 일반사항을 추가 등록하여 작성한다. 설문소개와 설문지시에 대한 수정은 문항 옆의 수정 아이콘( )을 이용하면 된다.

설문 응답자 분석을 위한 일반사항 문항은 기본적으로 성별, 연령대, 직업, 학력, 종교를 선택할 수 있으며, "설문지에 일반사항 문항이 더 필요하십니까?"에 응답하여 일반사항 문항들을 추가로 등록할 수 있다.

[그림 8-25] 설문지 작성 화면

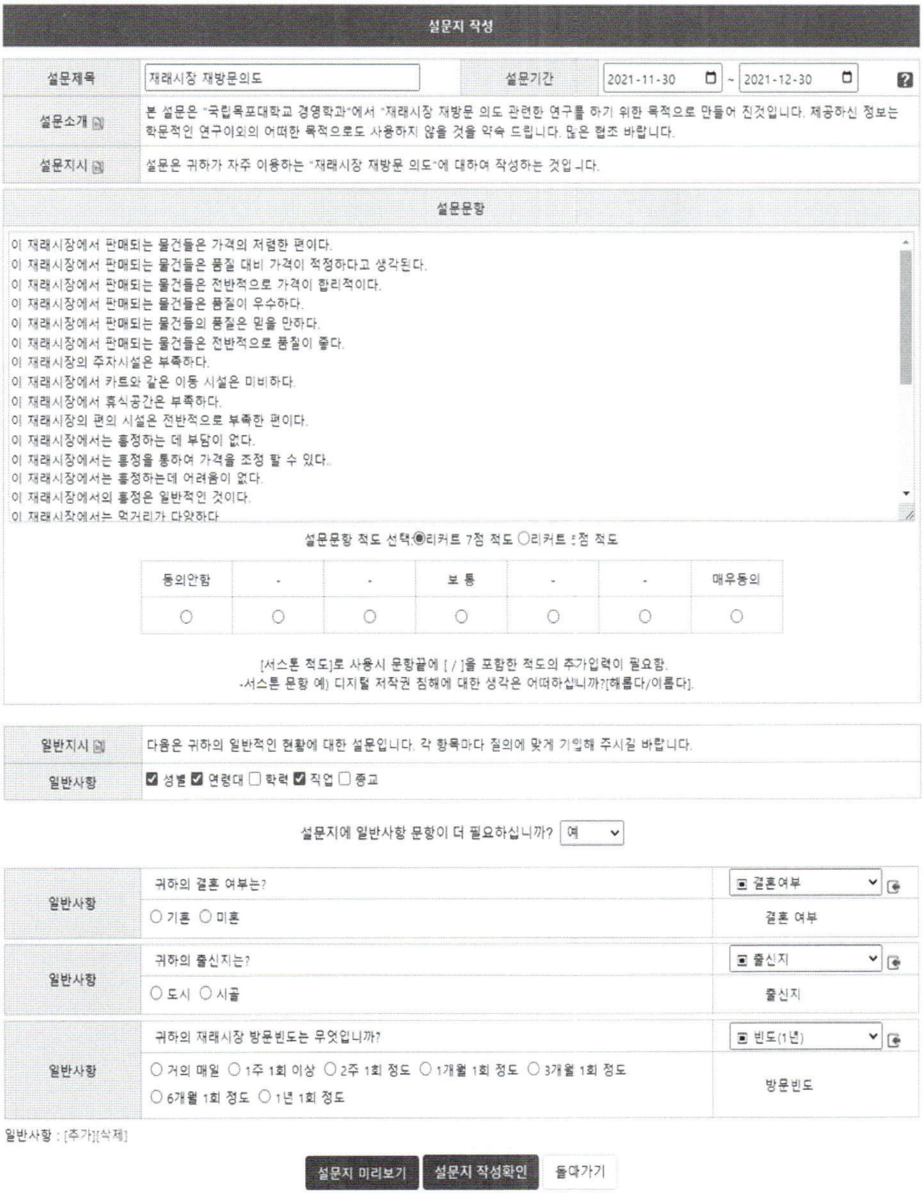

[표 8-6]은 일반사항들에 대한 예시 문항들과 척도들을 보여준다.

[표 8-6] 일반사항

구분	문항	척도
기본 일반사항	성별, 연령대, 직업	
일반사항 추가	귀하의 결혼 여부는?	결혼여부
	귀하의 출신지는?	신규 추가등록
	귀하의 재래시장 방문빈도는 무엇입니까?	빈도(1년)

일반사항의 추가적 등록을 용이하게 하기 위하여 사회과학연구에서 자주 사용된 문항들에 대한 척도들이 사전에 등록되어 있으며, 상기의 "출신지"와 같이 추가적인 척도에 대한 등록이 필요할 때는 척도 옆의 등록 아이콘( )을 선택하여 척도 등록을 위한 [그림 8-26]과 같은 화면을 호출한다. [그림 8-26]에서 척도명과 측정값들을 입력하고 등록하면 새로운 척도가 생성된다. 생성된 척도는 연구자 개인의 척도로 지정되어 다른 설문지를 작성할 때도 추가 등록 없이 반복 사용할 수 있다.

[그림 8-26] 척도 등록 화면

참고로 [표 8-7]은 신규로 추가하려는 출신지 척도에 대한 입력값들을 보여준다.

[표 8-7] 출신지 척도 입력값

척도명	척도종류	측정값 입력방식	측정값
출신지	▣ 명목척도	라디오버튼	도시
			서울

설문지 작성이 완료하고 하단의 [미리보기]로 선택하면 [그림 8-27]과 같은 웹 설문지를 볼 수 있으며 설문지 내용에 대한 검토가 끝나면 최종적으로 하단의 [설문지 작성학인]을 선택하여 설문지 작성을 완료한다.

[그림 8-27] 설문지 미리보기

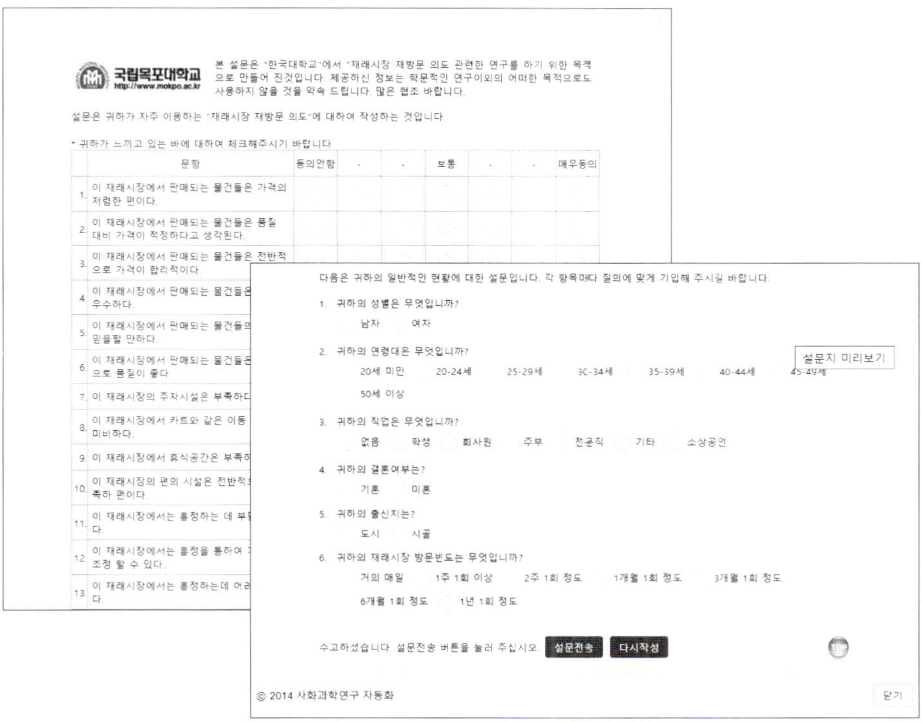

설문지 작성이 완료되면 [그림 8 – 28]에서와 같이 [내설문지 현황]에서 문헌자료인 '[문헌] RISS_재방문의도'와 더불어 새로 생성된 '재래시장 재방문의도'에 대한 설문지를 확인할 수 있으며, 이후 연구모형에 대한 분석을 위한 자료수집이 가능하다.

[그림 8 – 28] 새 설문지 작성 현황

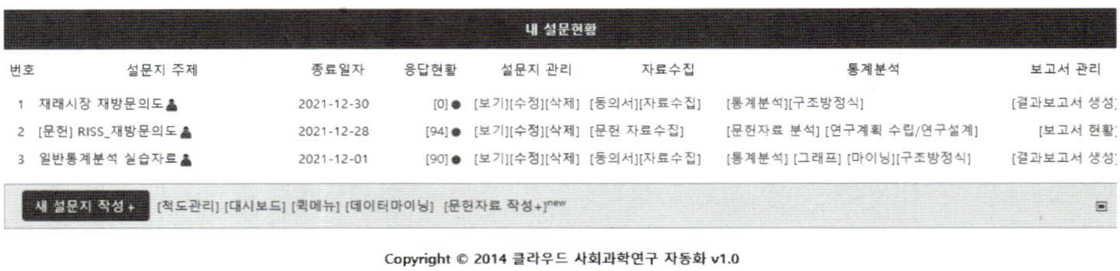

Chapter 9

설문지 작성 및 자료수집

설문지 작성 및 자료수집 절차 9.1

설문지 작성 및 자료수집은 연구문제를 해결하기 위하여 설정된 가설들을 검증하기 위한 자료수집을 위하여 설문지를 작성하고 이를 이용하여 자료를 수집하는 것이다. 이 단계는 [그림 9-1]과 같이 설문지 작성, 동의서 작성, 자료수집과 설문 진행관리 등의 세부 절차들로 이루어져다.

[그림 9-1] 설문지 작성 및 자료수집 단계

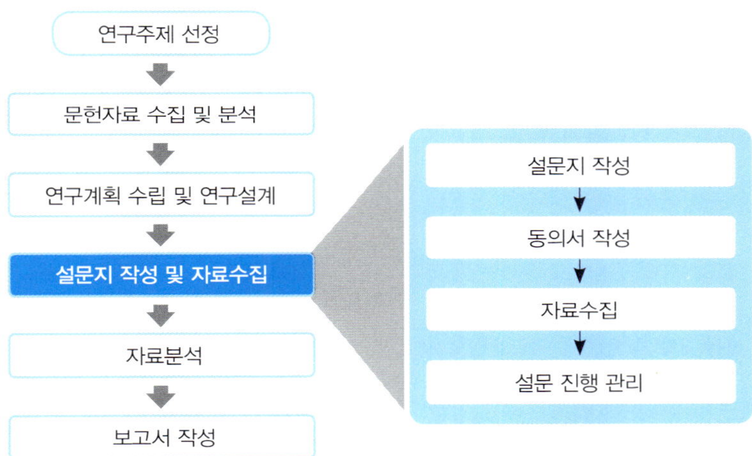

상기의 설문지 작성 및 자료수집 단계의 세부 절차들은 [설문지 작성 자동화]와 [자료수집 자동화]를 통하여 수행된다. 첫째, 설문지 작성은 연구계획 수립 및 설계 단계에 생성된 측정지표들 가지고 자료수집을 위한 설문지를 작성하는 것으로 [설문지 작성 자동화]를 통해 수행된다. [설문지 작성 자동화]는 사회과학연구에서 주로 사용되는 리커트 척도형의 설문지뿐만 아니라 구글 설문지, 네이버 설문지, 서베이몽키(SurveyMonkey) 설문지들과 같이 다양한 척도로 이루어진 개별 척도형 설문지 작성 기능도 제공하고, 또한 AHP(Analytic Hierarchy Process) 분석을 위한 설문지를 쉽게 작성하는 기능도 제공하고 있다. 둘째, 동의서 작성은 설문 전에 피시험자의 동의여부 획득과 관련한 동의서를 작성하는 것이며 셋째, 자료수집은 응답자들로부터 설문지를 이용하여 연구모형 분석을 위한 설문 자료를 수집하는 것이다. 마지막으로 설문진행관리는 자료수집이 적절하게 수행되도록 자료수집에 대한 시작과 중지 등의 설문진행을 관리하는 것이다.

9.2 설문지 작성

설문지 작성은 연구 분석을 위한 자료를 수집하기 위한 다양한 설문지 작성을 지원하는 것으로 새 설문지 작성은 [그림 9-2]의 초기 화면에서 중앙의 그림을 선택하거나 외쪽 하단의 [새 설문지 작성+] 버튼을 선택하여 수행할 수 있다.

[그림 9-2] **새 설문지 작성**

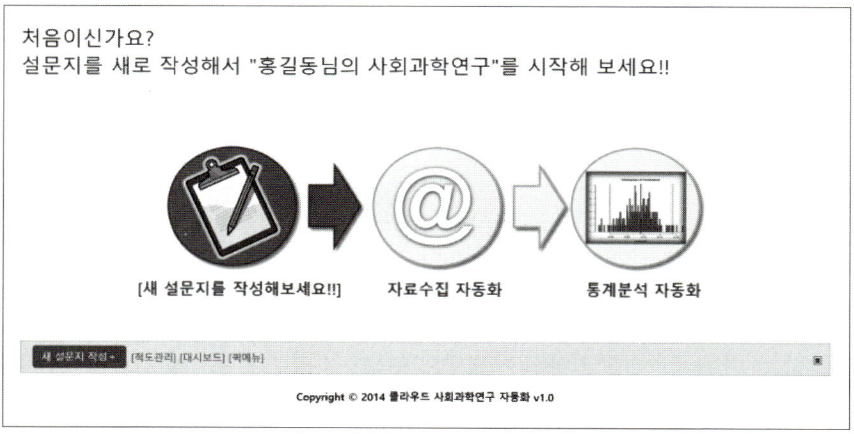

[새 설문지 작성+]을 선택하면 [그림 9-3]과 같은 설문지 작성을 위한 화면이 나타난다. 설문지의 유형은 개별 척도형 설문지, 리커트 척도형 설문지, AHP 척도형 설문지, 파일을 이용한 설문지, 기존 설문지를 이용한 설문지 작성으로 구성되어 있으며, 하단에 추가로 클라우드 사회과학연구 자동화에서 제공하는 설문지 템플릿에 대한 메뉴가 있다.

[그림 9 - 3] 설문지 유형

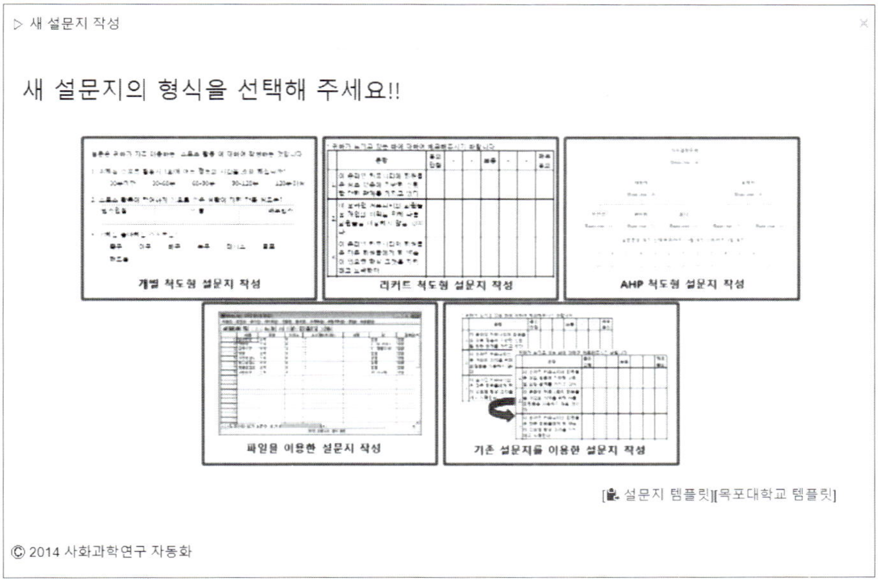

9.2.1 개별 척도형 설문지 작성

개별 척도형 설문지는 [그림 9 - 4]에 보이는 바와 같이 다양한 척도와 입력 유형이 포함된 복잡한 형태의 설문지를 작성하는 데 유리하게 사용되는 설문지 유형으로 웹/모바일 설문지 작성의 유연성을 높이고자 설문문항 단위로 척도 선택이 가능하여 다양한 형태의 변수들이 명목척도, 서열척도, 등간척도, 비율척도 등으로 이루어진 설문지 작성이 가능하다. 또한 머리말과 꼬리말을 추가 작성할 수 있는 기능을 제공하고 있다.

개별 척도형 설문지는 리커트 척도 기반의 사회과학연구를 위한 설문지 작성보다는 실험연구를 위한 자료수집이나 고객만족도, 시장조사, 의견수집, 보건의료, 학업 성취도 평가와 같은 실무적인 설문조사를 수행하는데 유리한 설문지 유형이다.

[그림 9 - 4] 개별 척도형 설문지

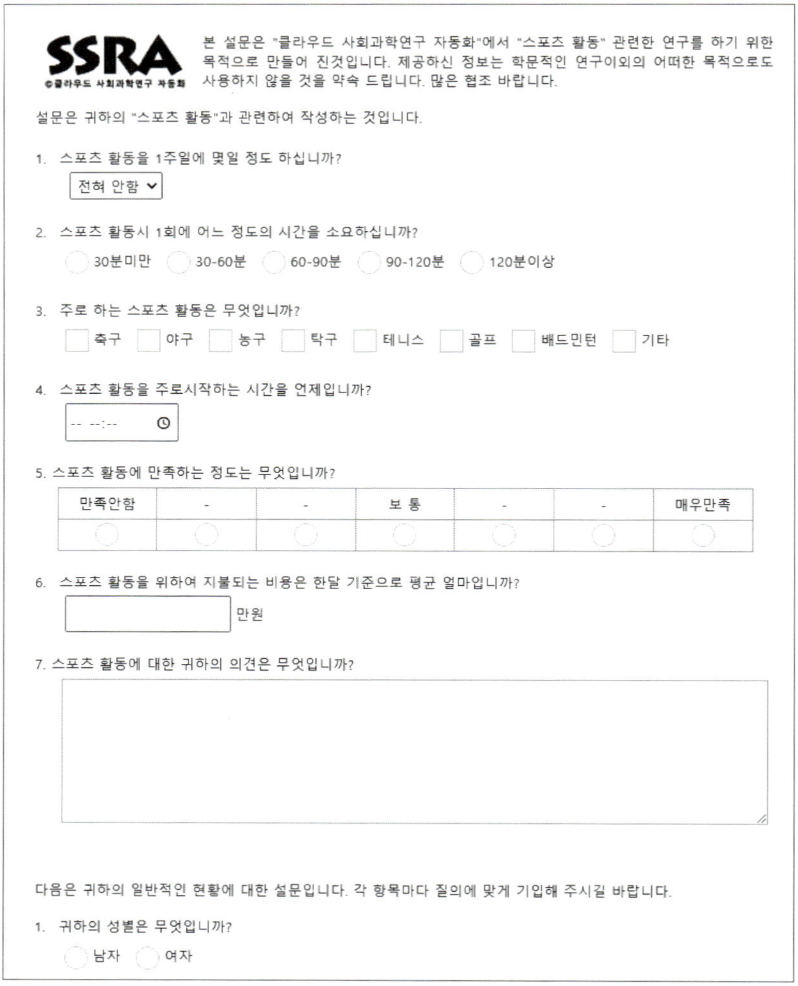

(1) 개별 척도형 설문지의 구성

개별 척도형 설문지 작성 부분은 [그림 9 - 5]와 같이 설문제목, 설문기간, 설문소개, 설문지시를 포함하는 헤더 부분, 개별 척도형 설문지 문항들을 포함하는 설문문항 부분 그리고 응답자의 일반사항을 수집하기 위한 일반사항 부분의 3개의 영역으로 구성되어있다. 설문문항과 일반사항 문항은 [추가] 메뉴를 선택하여 추가적으로 생성·작성할 수 있다.

[그림 9-5] 개별 척도형 설문지 작성

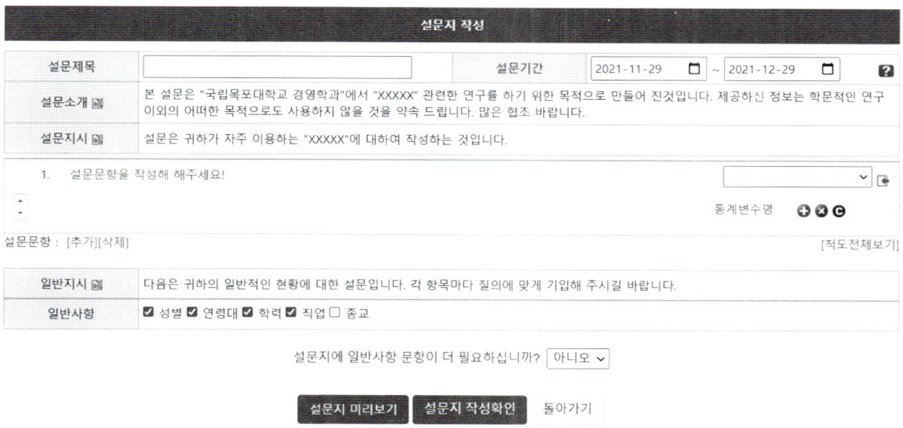

(2) 설문소개 및 설문지시 작성

헤더부분의 설문소개와 설문지시는 설문제목을 입력한 후 자동으로 생성이 되며, 글자 오른쪽의 수정 아이콘을 선택하여 수정 또는 변경할 수 있다. 설문기간은 단순 참고자료이며, 설문 수집에 영향을 미치지 않는다.

[그림 9-6] 개별 척도형 설문지 설문소개 및 설문지시 작성

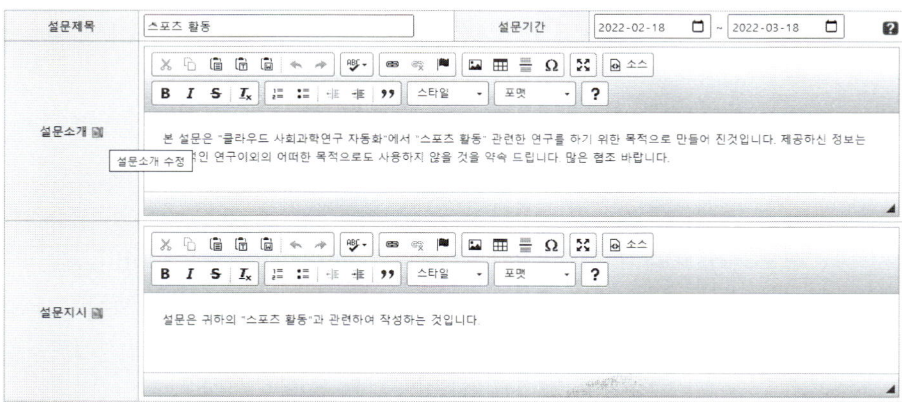

[표 9-1]은 개별 척도형 설문지 작성 실습을 위한 예시로 설문제목, 소개 및 지시 내용을 보여주고 있다.

[표 9-1] 설문제목, 소개 및 지시

항목	내용
설문제목	스포츠 활동
설문소개	본 설문은 "클라우드 사회과학연구 자동화"에서 "스포츠 활동" 관련한 연구를 하기 위한 목적으로 만들어진 것입니다. 제공하신 정보는 학문적인 연구 이외의 어떠한 목적으로도 사용하지 않을 것을 약속드립니다. 많은 협조 바랍니다.
설문지시	설문은 귀하의 "스포츠 활동"과 관련하여 작성하는 것입니다.

상단 오른쪽의 물음표(?) 아이콘은 설문지의 로고 설정이나 설문 중복입력 허용과 같은 웹 설문지에 대한 부가적인 기능들을 설정하는 메뉴이며, 선택하면 [그림 9-7]과 같은 화면이 나타난다.

[그림 9-7] 설문지 부가 기능 설정

설문지 부가 기능 설정 화면에서 연구자가 특정 조직에 소속되어 있을 때 클라우드 사회과학연구 자동화 로고(logo) 대신에 연구자 조직의 로고를 사용할 수 있다. 웹 설문지의 하단에 표시되는 [완료버튼] 명칭도 설문지 내용에 따라 바꿀 수 있으며, 동일기기의 설문지 중복 입력도 배제 시킬 수 있다. 또한 동일기기의 설문지 중복 입력을 배제 기능을 사용하면 응답자의 IP 주소를 확인하여 설문지 접근시 중복 여부를 설문 응답자에게 알려준다.

(3) 설문지 문항의 등록

설문지 문항 부분은 응답자들에게 질의할 웹설문지의 설문문항들을 작성하는 부분이다. 개별 척도형 설문지의 설문지 문항 등록은 우선 질문 "설문문항을 작성해 주세요!" 하는 부분에 질문을 입력한 후 관련한 척도를 오른쪽의 콤보박스에서 찾아서 등록한다. 척도가 등록하면 설문문항 하단에 그 척도에 대한 측정값들이 표시된다. 이미 다양한 질문을 위한 척도가 등록되어 있으나, 새로운 척도가 필요한 경우 신규 척도 작성이 가능하다. 그러나 가능한 우측편의 콤보박스에서 적합한 척도를 찾아서 사용하는 것이 바람직하다.

[그림 9-8] **개별 척도형 설문지 설문문항 등록**

설문지에서의 척도의 입력 형태는 라디오버튼, 콤보박스, 체크박스, 텍스트박스, 장문 텍스트박스, 리커트 척도 등이 있으며 척도의 종류는 명목척도는 ▣, 서열척도는 △, 등간척도는 ★, 비율척도는 ½, 장문 텍스트는 [text]로 표시되어 있다.

(4) 설문 문항의 추가

개별 척도형 설문지의 설문문항의 추가 및 삭제는 설문문항의 하단의 설문문항: [추가][삭제] 또는 우측의 설문문항 추가(⊕), 삭제(⊗), 복사(©) 아이콘 선택으로 할 수 있다. [추가]를 선택하면 [그림 9-9]와 같이 선택한 설문문항 아래쪽에 설문문항을 입력할 수 있는 새로운 항목이 나타난다.

[표 9-2]는 실습을 위한 예시로 설문내용을 보여주고 있다. 일주일활동, 시간단위(30분), 스포츠종류 등의 척도는 신규 생성이 필요하다.

[그림 9-9] 개별 척도형 설문문항 추가 및 삭제

[표 9-2] 설문내용

순번	설문내용	척도
1	스포츠 활동을 1주일에 며칠 정도 하십니까?	일주일활동
2	스포츠 활동시 1회에 어느 정도의 시간을 소요하십니까?	시간단위(30분)
3	주로 하는 스포츠 활동은 무엇입니까?	스포츠종류
4	스포츠 활동을 주로 시작하는 시간을 언제입니까?	시간
5	스포츠 활동에 만족하는 정도는 무엇입니까?	만족도
6	스포츠 활동을 위하여 지불되는 비용은 한달 기준으로 평균 얼마입니까?	금액(만원)
7	스포츠 활동에 대한 귀하의 의견은 무엇입니까?	텍스트박스(5줄)

(5) 설문문항의 척도 생성

개별 척도형 설문지의 설문문항의 척도 생성은 [그림 9-10]의 상단에서와 같이 설문문항 오른쪽의 설문문항 척도생성( ) 아이콘 선택으로 가능하다. 아이콘이 선택되면 [그림 9-10]의 하단과 같은 설문문항 척도생성을 위한 화면이 나타나고 여기에 척도명, 척도종류, 측정값 입력방식, 측정값들을 등록하면 된다. 측정값들은 줄단위로 입력하면 된다.

설문지에서의 척도에 대한 입력방식은 아래 [표 9-3]과 같이 측정값 입력방식에 따라 다르게 되어있다. 즉, 다수의 측정값들로 구성된 입력방식인 라디오버튼, 콤보박스, 체크박스는 줄단위로 측정값들을 입력해야 한다. 단일 측정값을 받는 텍스트는 단위와 자리수를 콤마로(,)로 구분 입력한다. 참고로 텍스트는 신규 생성하지 말고 가능한 미리 설정된 척도에서 선택하여 사용하는 것이 바람직하다. 7점, 5점 리커트 척도는 "/"를 중심으로 양끝단의 명칭을 입력하면 된다. 이거 역시 신규 생성하지 말고 미리 설정된 척도를 사용하는 것이 바람직하다.

[그림 9-10] 설문문항의 척도 등록

[표 9-3] 측정값 입력 방식

척도명	척도종류	측정값 입력방식	측정값
일주일활동	▣ 명목척도	콤보박스	전혀 안함 1일 2일 3일 4일 5일 6일 7일
시간단위(30분)	★ 등간척도	라디오버튼	30분 미만 30~60분 60~90분 90~120분 120분 이상
스포츠종류	▣ 명목척도	체크박스	축구 야구 농구 탁구 테니스 골프 배드민턴 기타

[그림 9-11] 개별 척도형 설문지 설문항목 등록

신규 설문문항 척도를 생성완료하면 [그림 9-11]과 같이 설문문항의 척도 값들과 입력방식 형식이 하단에 나타난다.

(6) 설문문항의 머리말 및 꼬리글 등록

개별 척도형 설문지의 설문문항들은 설문 문항의 좌측의 상단 화살표(▲)와 하단 상단 화살표(▼) 선택으로 가능하다. 머리말 아이콘을 선택하면 [그림 9-12]에서와 같이 설문문항의 상단에 Heading 영역이 나타나고 꼬리글 아이콘을 선택하면 footnote 영역이 나타난다. 이곳에 필요에 따라 머리말과 꼬리글을 등록하여 사용하면 된다. 등록된 내용은 설문지에서 설문문항의 머리말과 꼬리글로 나타난다.

[그림 9-12] 개별 척도형 설문지 머리말 및 꼬리글 등록

(7) 개별척도형 예시 설문지 작성

아래와 [그림 9-13]과 같은 개별 척도형 예시 설문지는 설문지 제목, 설문항목 등록과 신규 척도생성으로 작성할 수 있다.

신규 척도 생성시 사용된 자료는 [표 9-3]과 같으며, 4번 문항의 시간, 5번 문항의 만족도 리커트 척도, 6번 문항의 금액, 7번 문항의 장문 텍스트박스는 미리 설정된 척도들인 시간, 만족도, 금액(만원), 그리고 텍스트박스(5줄)를 이용한다.

[그림 9-13] 예시 개별 척도형 설문지 작성

(8) 미리보기 및 설문지 작성

개별 척도형 예시 설문지의 설문문항들이 모두 등록되면 최종적으로 하단의 미리보기와 설문지 작성 확인으로 예시 설문지를 작성할 수 있다.

[그림 9-14] 개별 척도형 설문지 미리보기

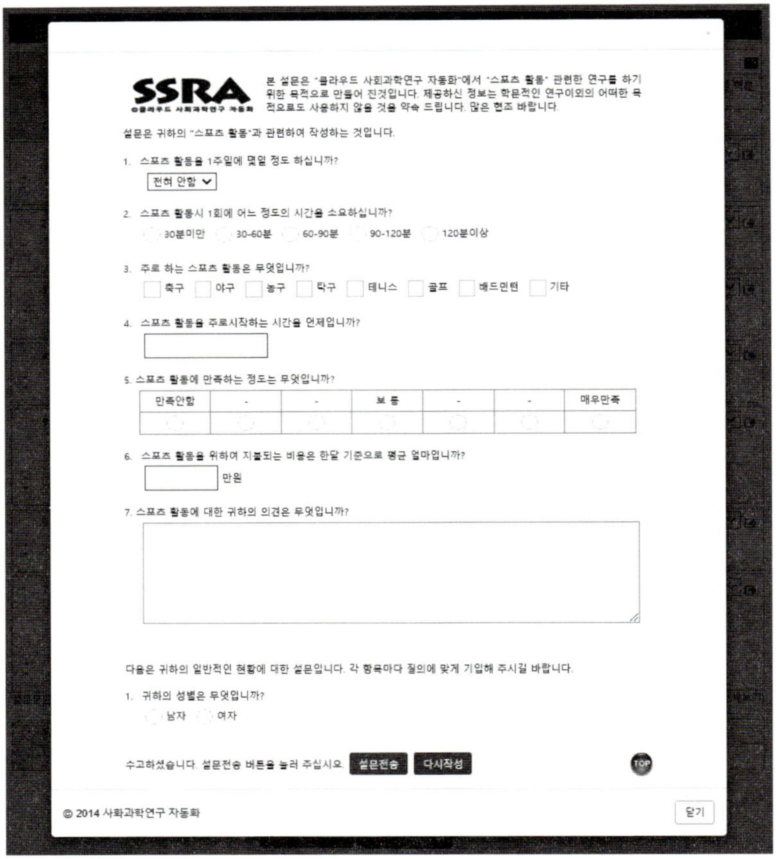

(9) 개별척도형 예시 설문지 작성

개별 척도형 설문지의 설문지 작성 확인이 완료되면 최종적으로 아래와 같은 메시지를 볼 수 있다.

설문지 작성업무가 성공적으로 완료되었습니다.

자료수집업무를 하시겠습니까? [예] [내설문지 현황]

완성된 설문지는 클라우드 사회과학연구자동화 상단의 [내 설문현황] 메뉴를 선택하여 볼 수 있다.

9.2.2 리커트 척도형 설문지 작성

리커트 척도형 설문지 작성은 [그림 9 - 15]와 같이 전형적인 사회과학연구들에서 주로 사용되는 리커트 척도로만 구성된 설문지를 작성할 때 복사/붙여넣기 기능을 이용하여 간편하고 신속하게 설문지를 작성할 수 있는 설문지 유형이다. 따라서 리커트 척도형 설문지를 작성할 때는 미리 워드나 메모장으로 설문 문항들을 작성하는 것이 바람직하다.

[그림 9 - 15] 리커트 척도형 설문지

국립목포대학교 http://www.mokpo.ac.kr

온라인 브랜드 커뮤니티는 특정 브랜드를 대상으로 커뮤니티를 형성하여 관심과 경험을 공유하고 상호작용이 이루어지는 온라인 공간을 의미합니다. 최근 기업들이 자사 제품에 대한 브랜드 마케팅의 수단으로 사용하고 있습니다.

설문은 귀하가 자주 이용하는 "온라인 커뮤니티"에 대하여 작성하는 것입니다.

* 귀하가 느끼고 있는 바에 대하여 체크해주시기 바랍니다

	문항	동의안함	-	-	보통	-	-	매우동의
1.	이 온라인 커뮤니티에 회원들은 상호 믿음에 기반한 신뢰할 만한 관계를 가지고 있다.	○	○	○	○	○	○	○
2.	이 온라인 커뮤니티의 회원들은 개인의 이익을 위해 다른 회원들을 이용하지 않을 것이다.	○	○	○	○	○	○	○
3.	이 온라인 커뮤니티의 회원들은 다른 회원들에게 한 약속이 있으면 항상 그것을 지키려고 노력한다.	○	○	○	○	○	○	○
4.	나는 이 온라인 커뮤니티에 대하여 소속감을 느낀다.	○	○	○	○	○	○	○
5.	나는 이 온라인 커뮤니티에서 동질감과 친밀감을 느낀다.	○	○	○	○	○	○	○
6.	나는 이 온라인 커뮤니티에 대하여 매우 긍정적인 감정을 가지고 있다.	○	○	○	○	○	○	○
7.	나는 이 온라인 커뮤니티의 회원임을 자랑스럽게 생각한다.	○	○	○	○	○	○	○
8.	이 온라인 커뮤니티에서 회원들에게 공유되는 지식들은 유용하다.	○	○	○	○	○	○	○
9.	이 온라인 커뮤니티에서 회원들에게 공유되는 지식들은 이해하기가 쉽다	○	○	○	○	○	○	○
10.	이 온라인 커뮤니티에서 회원들에게 공유되는 지식들은 정확하다.	○	○	○	○	○	○	○
11.	이 온라인 커뮤니티에서 회원들에게 공유되는 지식들은 완성도가 높다.	○	○	○	○	○	○	○
12.	이 온라인 커뮤니티에서 회원들에게 공유되는 지식들의 수준은 적절하다.	○	○	○	○	○	○	○
13.	이 온라인 커뮤니티에서 회원들에게 공유되는 지식들은 시기 적절하다.	○	○	○	○	○	○	○
14.	나는 적극적으로 이 커뮤니티 활동에 참여한다.	○	○	○	○	○	○	○

(1) 리커트 척도형 설문지의 구성

리커트 척도형 설문지는 [그림 9-16]에서 보이는 바와 같이 설문제목, 설문기간, 설문소개, 설문지시와 같은 헤더 부분, 리커트 척도형 설문문항들에 대한 설문문항 부분 그리고 응답자의 일반사항을 수집하기 위한 일반사항 문항 부분의 3개의 영역으로 구성되어 있다.

[그림 9-16] 리커트 척도형 설문지 작성

(2) 설문제목, 설문기간, 설문소개, 설문지시 작성

설문소개와 설문지시는 개별형 척도 설문지와 같이 설문제목을 입력하면 자동적으로 생성이 되며, 글자 오른쪽의 수정 아이콘을 선택하여 수정·변경할 수 있다. 설문기간은 참고자료이며, 설문 기간에는 영향을 미치지 않는다.

[그림 9-17] 리커트 척도형 설문지 설문소개 및 설문지시 작성

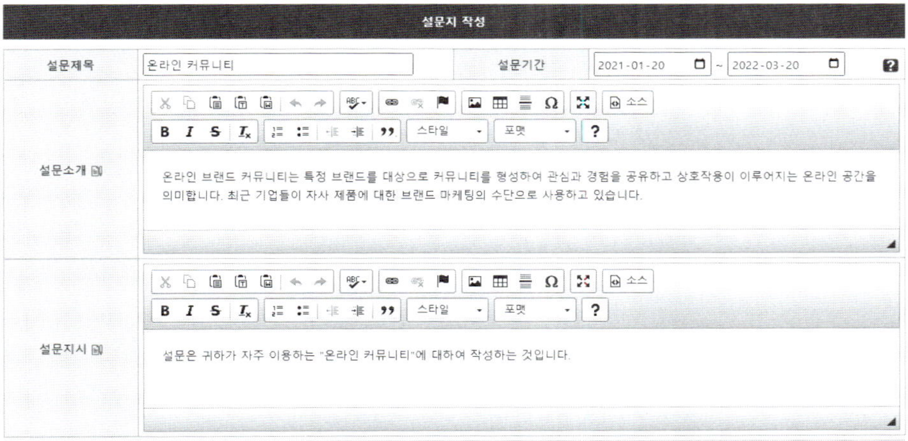

[표 9-4]는 리커트 척도형 설문지 작성 실습을 위한 예시로 설문제목, 소개 및 지시 내용을 보여주고 있다.

[표 9-4] 설문제목, 소개 및 지시

항목	내용
설문제목	온라인 커뮤니티
설문소개	온라인 브랜드 커뮤니티는 특정 브랜드를 대상으로 커뮤니티를 형성하여 관심과 경험을 공유하고 상호작용이 이루어지는 온라인 공간을 의미합니다. 최근 기업들이 자사 제품에 대한 브랜드 마케팅의 수단으로 사용하고 있습니다.
설문지시	설문은 귀하가 자주 이용하는 "온라인 커뮤니티"에 대하여 작성하는 것입니다.

(3) 설문문항의 등록

리커트 척도형 설문문항의 등록은 간단하게 설문문항들을 줄(line) 단위로 직접 작성하거나, 이미 만들어본 자료를 복사/붙여넣기를 하면 된다. 이후 설문문항들에 대한 리커트 척도는 7점 또는 5점 선택한다.

[표 9-5]는 리커트 척도형 설문문항의 예시로 복사 및 붙여넣기로 설문지를 작성할 수 있다.

[그림 9-18] 리커트 척도형 설문지 작성

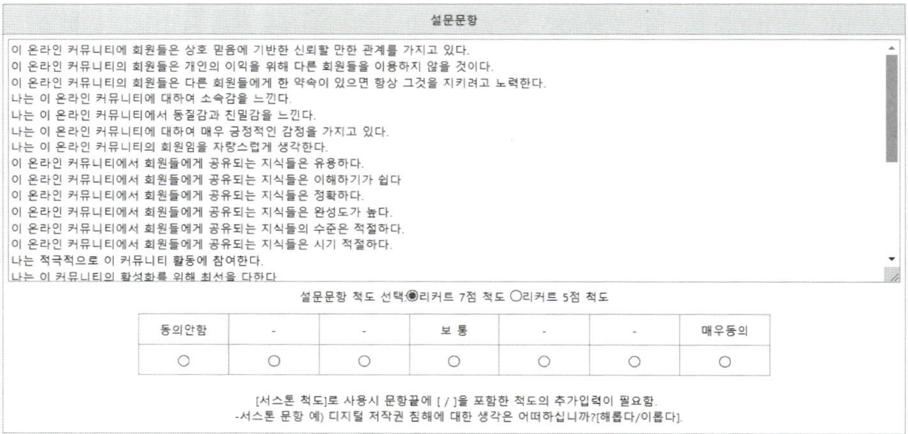

[표 9-5] 설문내용

이 온라인 커뮤니티에 회원들은 상호 믿음에 기반한 신뢰할 만한 관계를 가지고 있다. 이 온라인 커뮤니티의 회원들은 개인의 이익을 위해 다른 회원들을 이용하지 않을 것이다. 이 온라인 커뮤니티의 회원들은 다른 회원들에게 한 약속이 있으면 항상 그것을 지키려고 노력한다. 나는 이 온라인 커뮤니티에 대하여 소속감을 느낀다. 나는 이 온라인 커뮤니티에서 동질감과 친밀감을 느낀다. 나는 이 온라인 커뮤니티에 대하여 매우 긍정적인 감정을 가지고 있다. 나는 이 온라인 커뮤니티의 회원임을 자랑스럽게 생각한다. 이 온라인 커뮤니티에서 회원들에게 공유되는 지식들은 유용하다. 이 온라인 커뮤니티에서 회원들에게 공유되는 지식들은 이해하기가 쉽다 이 온라인 커뮤니티에서 회원들에게 공유되는 지식들은 정확하다. 이 온라인 커뮤니티에서 회원들에게 공유되는 지식들은 완성도가 높다. 이 온라인 커뮤니티에서 회원들에게 공유되는 지식들의 수준은 적절하다. 이 온라인 커뮤니티에서 회원들에게 공유되는 지식들은 시기 적절하다. 나는 적극적으로 이 커뮤니티 활동에 참여한다. 나는 이 커뮤니티의 활성화를 위해 최선을 다한다. 나는 자주 커뮤니티 회원들을 위하여 정보를 제공한다. 나는 이 커뮤니티에서 도움을 요청하는 질문에 대하여는 가능한 답신을 한다. 나는 이 커뮤니티에서 계획된 어떠한 활동에도 적극적으로 참여한다. 이 브랜드의 제품품질은 항상 내 기대수준에 부합한다. 이 브랜드의 제품들은 절대 나를 실망시키지 않는다. 나는 이 브랜드의 제품들은 신뢰할 만하다고 믿는다. 나는 이 브랜드의 제품들은 신뢰한다. 나는 이 브랜드 제품을 다른 브랜드보다 비싸더라도 기꺼이 구매할 용의가 있다. 나는 물건을 구매 시 이 브랜드 제품을 최우선적으로 고려할 것이다. 나는 다른 사람들에게 이 브랜드 제품을 추천하겠다. 나는 다른 사람들이 이 브랜드 제품을 사용하도록 장려하겠다. 나는 지속적으로 이 브랜드 제품을 사용하겠다.

(4) 응답자 일반사항 등록

리커트 척도형 설문지의 응답자 일반사항에 대한 문항들은 [그림 9 – 19]에서 보이는 바와 같이 상단의 기본 일반사항과 하단의 추가적인 일반사항 문항으로 구분된다. 기본 일반사항은 성별, 연령대, 학력, 직업, 종교에 대한 문항을 단수하게 체크하여 사용할 수 있으며, 추가 일반사항은 개별형 척도 설문문항과 같이 설문 문항과 척도 선택을 이용하여 작성할 수 있다.

[그림 9 – 19] **일반사항 문항 등록**

일반문항에 대한 일반지시 사항은 수정할 수 있으며, 지시사항이 필요 없는 경우 공백으로 등록하면 된다. [그림 9 – 19]의 경우 기본 일반사항으로 성별, 연령대, 학력, 직업 4개가 선택되었고 [표 9 – 6]과 같은 2개의 추가 일반사항이 등록되었다.

[표 9 – 6] **일반현황 추가 항목**

순번	설문내용	척도
1	귀하가 응답한 온라인 커뮤니티의 가입기간이 어느 정도 되십니까?	기간(개월)
2	그 온라인 커뮤니티에 얼마나 자주 접속을 합니까?	빈도(1년)

(5) 미리보기 및 설문지 작성

리커트 척도형 예시 설문지의 설문문항들이 [그림 9 – 20]과 같이 모두 등록되면 최종적으로 하단의 미리보기와 설문지 작성 확인으로 예시 설문지를 작성할 수 있고, 완성된 설문지는 클라우드 사회과학연구자동화 상단의 [내 설문현황] 메뉴를 선택하여 볼 수 있다.

[그림 9-20] 리커트 척도형 설문지 작성 완료

동의서 작성 9.3

동의서 작성은 생명윤리위원회(Institutional Review Board, IRB) 심의에 요구되는 설문 전의 피시험자의 동의 여부 획득과 관련한 작업이다. 클라우드 사회과학연구 자동화에서는 동의서 생성이 필수 기능이나, 기능 사용 여부는 사용자의 선택에 따른다. 동의서 기능을 사용하면 웹 설문지 전에 동의서가 먼저 설문 응답자의 화면에 나타난다.

9.3.1 동의서 작성하기

동의서 작성은 [그림 9-21]과 같이 이미 작성된 설문지들을 보여주는 [내 설문현황] 메뉴에서 중앙의 자료수집 영역의 [동의서]를 선택하여 작성할 수 있다.

[그림 9-21] 동의서 작성 시작 화면

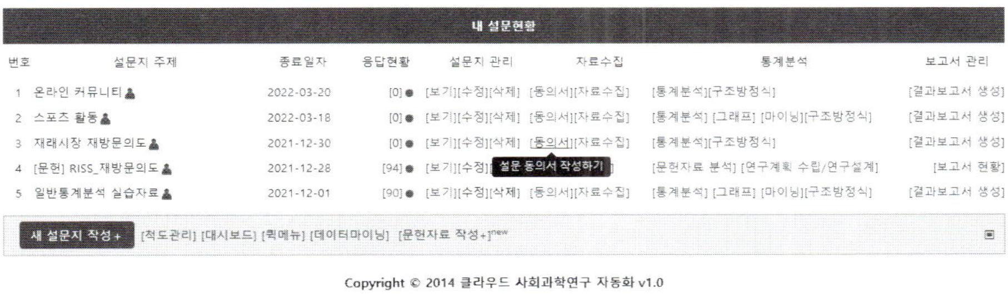

9.3.2 동의서 작성

[그림 9-21]에서 8장에서 생성한 "재래시장 재방문 의도" 설문지에 대한 [동의서]가 선택되면 자동 생성된 설문에 대한 동의서가 [그림 9-22]와 같이 나타난다. [그림 9-22]는 동의서 작성과 관련한 화면으로 주요 입력 사항은 연구목적 및 절차, 연락처, 자료수집시 포함 여부 등이다.

연구목적 및 절차는 설문지의 소개를 근간으로 초기내용이 제공되며, 수정하여 사용하면 된다. 연락처는 사용자 등록시 입력된 정보를 근간으로 초깃값이

[그림 9-22] 동의서 작성 화면

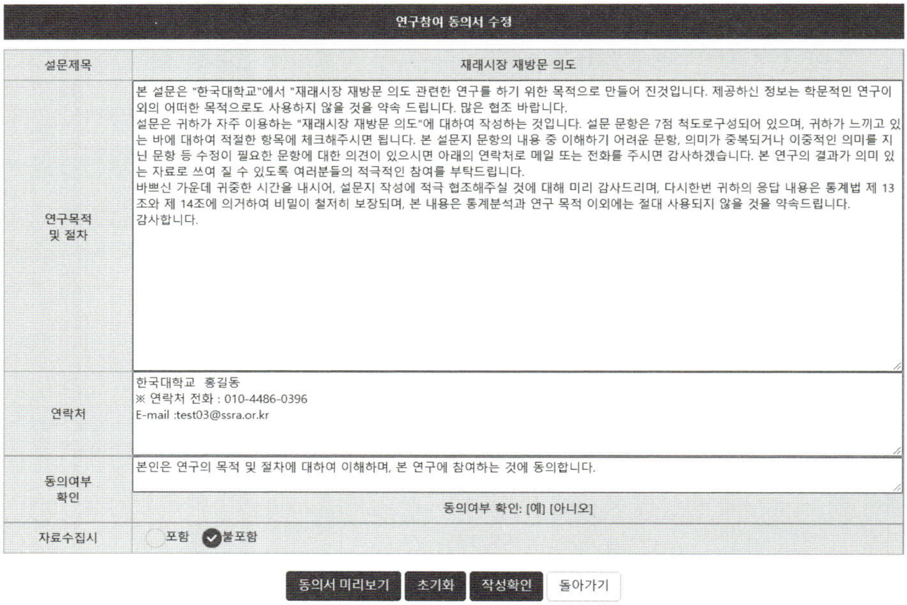

제공되며, 필요시 수정하여 사용하면 된다. 자료수집시는 포함이 선택되면 설문 응답 이전에 동의서를 이용한 동의 여부를 묻고 설문이 시작된다. 불포함을 선택하면 동의여부 없이 바로 설문이 시작된다. 자료수집시의 초깃값은 불포함으로 설정되어 있다.

9.3.3 동의서 작성 확인 및 완료

동의서 작성이 완료되면 하단의 동의서 미리보기를 수행하여 확인하고, 최종적으로 [작성확인]을 선택하여 수정·작성할 수 있다. 사용자는 아래의 연구 참여 동의서를 출력하여 오프라인으로 서명을 받고 설문을 수행할 수도 있고 연구 동의서 내의 QR코드를 이용하여 온라인 설문을 바로 시행할 수도 있다.

자료수집 9.4

자료수집은 작성된 설문지를 이용하여 표본으로부터 자료를 수집하는 것으로 웹으로 작성된 설문지에 대하여 이메일, 네이버밴드, 카카오톡, 페이스북, 블로그, 카페 등과 연계된 온라인 자료수집 또는 전통적인 종이 설문지를 이용한 자료수집을 수행한다. 자료수집은 [그림 9－23]과 같이 이미 작성된 설문지들을 보여주는 [내 설문현황] 메뉴에서 중앙의 자료수집 영역의 [자료수집]을 선택하여 수행할 수 있다.

[그림 9－23] **자료수집 시작 화면**

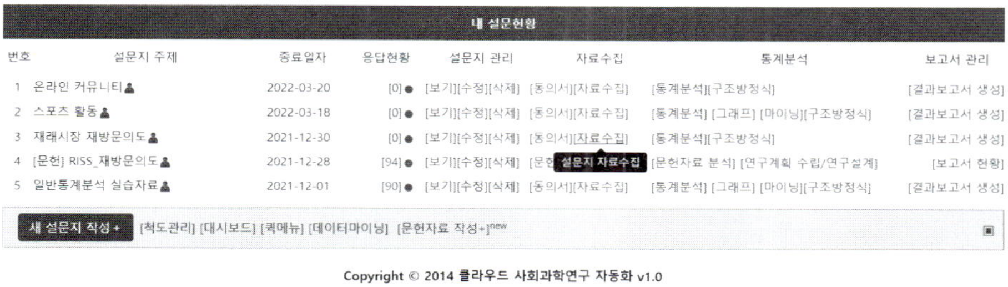

[그림 9－23]에서 8장에서 생성한 "재래시장 재방문 의도" 설문지에 대한 [자료수집] 메뉴가 선택되면 자료수집을 위한 메뉴들이 [그림 9－24]와 같이 나타난다. 메뉴의 구성은 상단에 온라인 자료수집을 위한 메뉴들과 하단의 온/오프라인 자료수집을 위한 메뉴들로 구성되어 있으며, 화면 중앙 오른쪽에 [자료수집 조건 설정]을 위한 메뉴, 상단에 [설문 경품관리]를 위한 메뉴 그리고 화면 하단 오른쪽에 [설문자료 전체 삭제]를 할 수 있는 메뉴 등이 포함되어 있다.

[그림 9-24] 자료수집 메뉴 화면

9.4.1 자료수집 조건 설정

[자료수집 조건 설정]은 [그림 9-25]에서와 같이 설문지 작성할 때에서와 같이 자료수집시 설문지의 로고 변경, 설문지 완료버튼 명칭 변경, 동일기기의 설문지 중복 입력 확인 기능 등을 설정할 수 있고, 추가로 개별 설문 항목들에 대한 조건값, Placeholder,[1] 초깃값, 무응답 허용, 설문내용에 대한 암호화 등을 설정하는 기능들을 제공하고 있다.

1) 화면의 입력 필드에 사용자가 적절한 값을 입력할 수 있도록 도와주는 짧은 도움말을 의미한다.

[그림 9 – 25] 자료수집시 조건 설정 화면

9.4.2 설문 경품관리 시행 여부 결정

설문 경품관리는 응답자들의 참가율을 높이기 위한 기능으로 약간의 경품 제공으로 효과적인 설문지 자료수집을 할 수 있다. 설문 경품관리는 [그림 9 – 26]에서 보이는 바와 같이 경품 추첨일자, 추첨방식 및 경품 등을 등록하는

[그림 9 – 26] 경품관리 메뉴

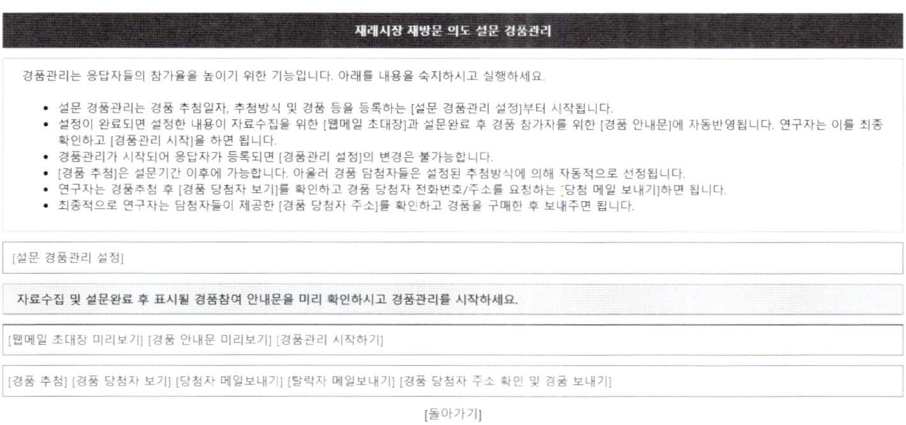

설문 경품관리 설정. 자료수집을 위한 웹메일 초대장과 설문완료 후 경품 참가자를 위한 경품 안내문, 그리고 경품 추첨 기능 등을 포함하고 있다.

9.4.3 온라인 자료수집

온라인 자료수집은 [그림 9 - 27]과 같은 다양한 온라인 채널들을 이용하여 자료를 수집하는 것으로 웹 메일초대, 네이버밴드 등록, 카카오톡 초대, 소셜네트워크 등록, 블로그/카페 등록 등의 기능들을 이용할 수 있다.

[그림 9 - 27] 온라인 자료수집 메뉴

(1) 웹 메일초대

웹 메일초대는 작성된 웹 설문지를 링크한 이메일을 사용자의 웹메일을 통한 자료수집을 지원한다. [그림 9 - 28] 하단의 [설문초대 내용 복사하기]로 내용을 복사한 후 오른쪽의 웹메일을 선택·실행하여 붙여넣기 후 메일 발송을 하여 자료를 수집한다.

[그림 9-28] 웹메일 초대

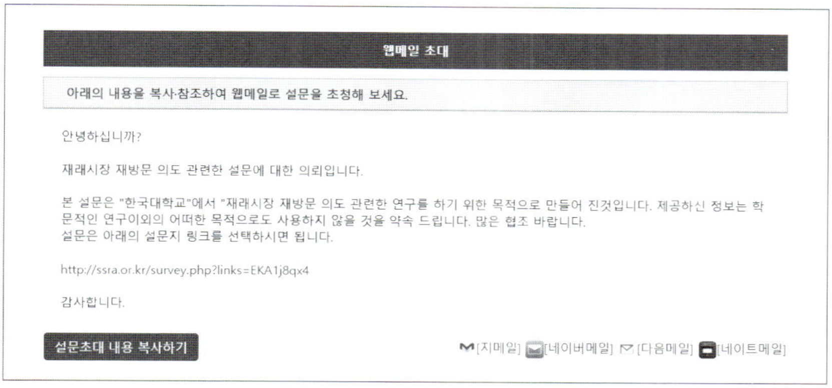

(2) 네이버밴드 등록

네이버밴드 등록은 네이버밴드를 이용한 설문자료 수집으로 [PC용 네이버밴드 가기]를 한 후 아래 내용을 복사/붙여넣기로 밴드에 등록할 수 있다. 모바일에서도 앱으로 사용할 수 있다.

[그림 9-29] 네이버 밴드 등록

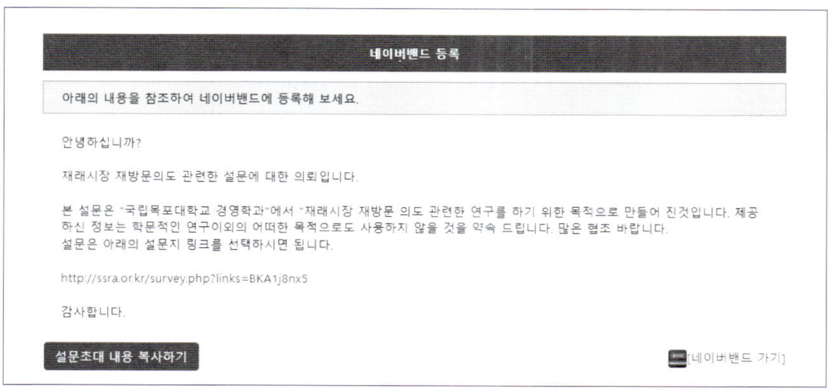

(3) 카카오톡 초대

카카오톡 초대는 카카오톡 메신저를 이용한 설문자료 수집으로 카카오톡 PC버전을 컴퓨터에 설치 후 카카오톡 PC 버전을 실행한 후 설문내용 복사/붙여넣기로 카카오톡으로 설문을 초대하여 자료를 수집한다. 모바일에서도 카카오톡 앱을 이용한 자료수집이 가능하며 모바일에서의 카카오톡을 이용한 자료수집은 매우 효과적인 자료 수집 방법이다.

(4) 소셜네트워크 등록

소셜네트워크 등록은 페이스북, 트위터, 링키드인의 주요 소셜네트워크를 이용한 설문자료를 수집하는 것으로 [소셜네트워크]에 접속을 한 후 설문 내용을 해당 소셜네트워크에 복사/붙여넣기로 등록하여 자료를 수집할 수 있다.

(5) 블로그/게시판 웹링크

블로그/게시판 웹링크는 블로그나 게시판에 웹링크를 포함한 게시물을 이용한 설문자료 수집을 하는 것으로 블로그/게시판 웹링크를 선택 한 후 내용을 복사/붙여넣기로 등록하여 자료를 수집할 수 있다.

(6) QR코드 생성

QR코드 생성은 온라인과 오프라인을 결합한 효과적인 자료수집 방법으로 일반적으로 강의실이나 회의 장소에서 컴퓨터에 연결된 대형 화면에 설문지 링크를 표시한 QR코드를 보여주고, 응답자들이 스마트폰을 이용하여 즉각적으로 설문에 응할 수 있도록 도와주어 자료를 수집한다. QR코드 등록 하단에는 스마트폰에서 QR코드를 사용하는 방법에 대하여 명시되어 있어 QR코드 사용에 익숙하지 않은 사람들도 설문을 쉽게 할 수 있다.

상기의 모든 기능은 모바일에서도 제공되며 온라인 자료수집 기능들은 모바일을 이용하는 것이 효과적이다. 특히 모바일의 경우 단문메시지(SMS)를 이용한 자료수집도 추가로 이용할 수 있다.

9.4.4 온/오프라인, 오프라인 자료수집

온/오프라인, 오프라인 자료수집은 단순 QR코드 생성 이외에 [그림 9-30]과 같이 동의서 출력, 설문 요청서 출력을 통하여 온라인과 오프라인을 결합한 효과적인 자료수집을 수행할 수 있다.

[그림 9-30] 온/오프라인, 오프라인 자료수집

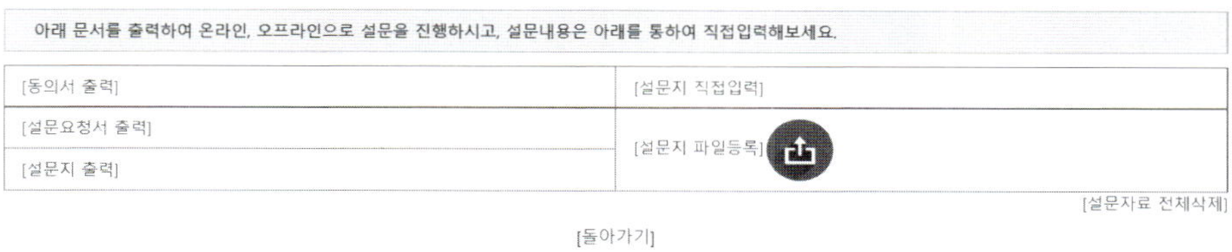

(1) 동의서 출력

동의서 출력은 온오프라인 설문을 겸한 것으로 연구자들은 QR코드가 포함된 [동의서 출력]을 이용하여 동의서를 출력 후 설문 참가자로부터 오프라인으로 동의를 획득한 후 QR코드를 통하여 참가자의 스마트폰을 이용한 온라인 설문 참여를 유도하여 자료를 수집한다.

(2) 설문요청서 출력

설문요청서 출력은 동의서가 필요 없는 경우로 QR코드가 포함된 [설문요청서 출력]을 이용하여 설문요청서를 출력 후 QR코드를 통하여 참가자의 스마트폰을 이용한 온라인 설문 참여를 유도하여 자료를 수집한다.

(3) 설문지 출력 및 설문지 직접 입력

설문지 출력 및 설문지 직접 입력은 전통적인 종이를 이용한 설문 방식으로 설문지를 출력하여 배부 및 수거한 후 [설문지 직접입력] 메뉴를 이용하여 연구자가 분석을 위한 자료를 입력한다.

9.4.5 수집 자료 전체 삭제

수집 자료 삭제는 본격적인 자료수집 이전에 다양한 방법으로 자료수집 테스트를 수행한 후 테스트 자료를 일괄로 삭제하는 것으로 삭제된 설문자료는 복원이 되지 않기 때문에 주의가 요구된다. 수집 자료 삭제는 자료수집 메뉴에서 하단의 [설문지 전체 삭제] 메뉴를 선택한다. 개별 자료에 대한 수정이나 삭제는 불가능하나, 통계분석에서 필요에 따라 일부 자료를 제외하여 분석을 수행할 수 있다.

9.4.6 설문지 파일등록

설문지 파일등록은 종이 설문자료나, 이미 설문조사한 자료를 통계분석을 하기 위해 일괄적으로 등록하는 것으로 [설문지 파일등록] 기능을 이용한다. 설문파일을 등록은 우선 [설문지 파일등록 형식]을 확인하고, [양식파일 다운로드]를 한 후 양식파일을 이용하여 설문자료 파일을 작성한 후 [설정확인]하여 수행한다. 추후 자료 분석에 대한 실습을 위하여 예시를 위한 자료파일을 "www.ssra.or.kr/rbook/재래시장_data.csv"에서 다운로드하여 설문지 파일등록을 수행한다. [그림 9-24]의 자료수집 메뉴에서 [설문지 파일등록] 메뉴를 선택하면 [그림 9-31]과 같은 설문 파일등록을 위한 화면이 나타나고, [그림 9-31] 화면에서 [파일 선택] 버튼을 선택하여 다운로드한 '재래시장_data.csv'를 지정한 후 [설정확인]을 선택하면 설문지 파일을 등록한다.

[그림 9-31] 설문 파일등록 화면

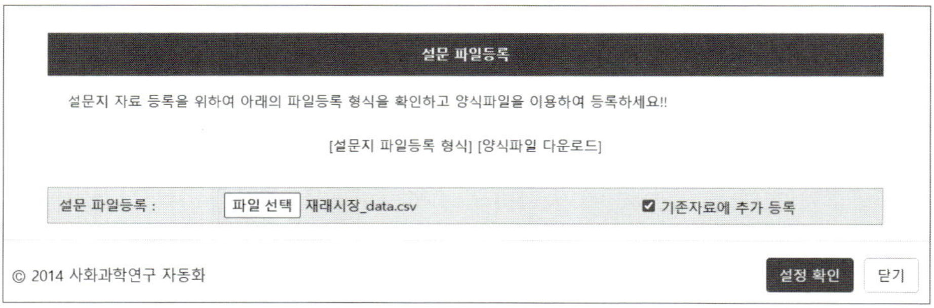

[설문지 파일등록] 기능을 통하여 설문자료를 업로드할 경우 기존자료는 삭제되므로 주의가 필요하다. 기존자료에 추가로 등록하기 위해서는 반드시 [그림 9-31] 오른쪽의 '기존자료에 추가 등록'을 체크하여 사용해야 한다. 설문 파일등록이 완료가 되면 등록 완료 메시지와 [그림 9-32]에서 보이는 바와 같이 [내 설문현황]에서 해당 설문에 대한 응답현황이 추가된 것을 볼 수 있다.

[그림 9-32] 내 설문현황 응답현황

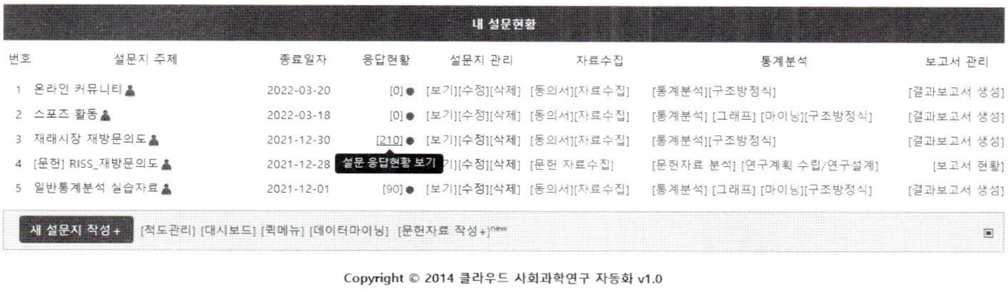

설문 진행관리 9.5

설문 진행관리는 설문에 대한 시작 및 중지에 대한 통제 관리하는 기능으로 [내 설문현황] 메뉴에서 중앙의 응답현황 옆의 시작 및 중지 아이콘(●)을 선택하여 수행할 수 있다. 설문에 대한 시작 및 중지 아이콘을 선택하면 [그림 9-33]과 같은 화면이 나타나고 설문 진행관리를 수행할 수 있다.

[그림 9-33] 설문지 진행관리

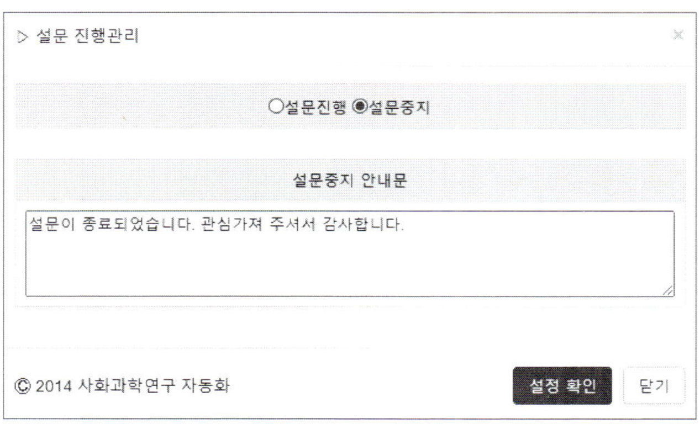

Chapter 10

자료분석 (I)

10.1 자료분석

10.2 일반현황 분석

10.3 구조방정식모형 설정

10.4 기술분석

10.5 구조방정식모형 분석

10.6 PLS 구조방정식모델링

10.7 공분산 기반 구조방정식모델링

자료분석 10.1

자료분석은 수집된 설문 자료에 대한 분석을 통하여 설정된 연구모형을 분석하고, 설정된 가설들을 검증하기 위한 것으로 이 단계는 [그림 10 – 1]과 같이 일반현황 분석, 구조방정식모형 설정, 기술분석, 구조방정식모형 실행, 신뢰도 분석, 타당도 분석, 가설 검증 및 추가분석 등의 세부 절차들로 이루어져 있다.

[그림 10 – 1] 자료분석 단계

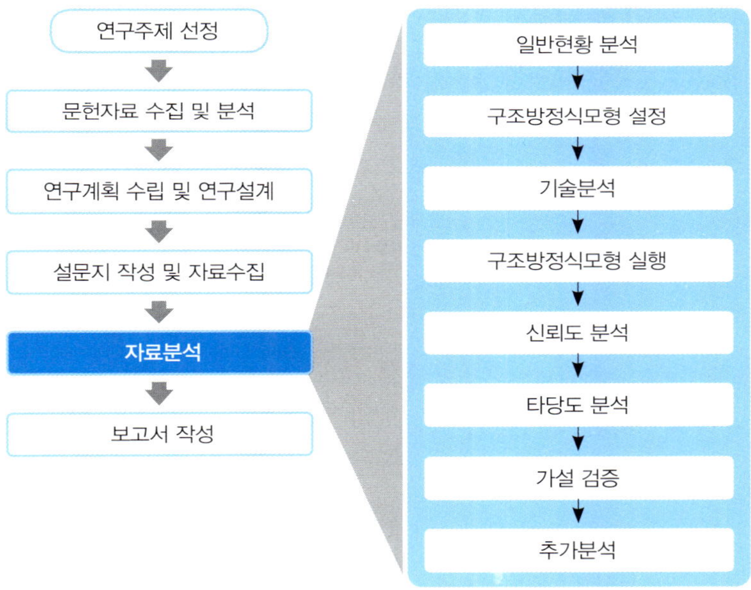

상기 절차의 첫 번째, 일반현황 분석은 표본의 분포를 분석하기 위한 설문 응답자의 일반현황에 대한 빈도분석이며, 둘째, 구조방정식모형 설정은 구조방정식모델링을 위하여 연구모형에 대하여 구조방정식모형의 그림으로 작성하는 것이다. 셋째, 기술분석은 설문 응답자료에 대한 기술분석으로 잠재변수와 측정변수에 대한 기술통계 분석들이 포함된다. 넷째, 구조방정식모형 실행은 구조방정식모형 분석을 수행하는 것이며, 다섯째와 여섯째, 신뢰도 분석과 타당도 분석은 구조방정식모형 실행 결과를 가지고 측정지표들에 대한 신뢰도와 타당도

[표 10 - 1] 연구모형과 자료분석 단계

연구모형	자료분석 단계	분석기법
인과관계모형	구조방정식모형 분석	PLS 구조방정식모델링
		공분산 기반 구조방정식모델링
매개효과모형	추가분석	매개효과 분석
조절효과모형		조절효과 분석
그룹비교모형		그룹비교 분석

검증을 수행하는 것이다. 일곱 번째, 가설 검증은 구조방정식모형 실행 결과에 근간하여 연구가설들에 대한 검증을 수행하는 것이다. 마지막으로 추가분석은 구조방정식모형 분석 이외의 매개효과 분석, 조절효과 분석, 그룹비교 분석 등을 추가적으로 수행하는 것이다.

자료분석은 [표 10 - 1]에서 보이는 바와 같이 연구모형에 따라 분석 단계가 다소 차이가 있다. 즉, 인과관계모형은 구조방정식모형 분석 실행 후 가설들을 검증하여 자료분석을 완료하고, 매개효과모형, 조절효과모형 그리고 그룹비교모형은 추가분석을 수행하여 자료분석을 완료한다.

자료분석 단계의 세부 절차들은 [통계분석 자동화]의 구조방정식모형 분석 기능들을 통하여 수행된다. 구조방정식모형 분석 기능은 [내 설문현황] 화면에서 중앙의 통계분석의 [구조방정식] 메뉴를 선택하여 수행할 수 있다. 실습을 위하여 [그림 10 - 2]에서와 같이 '재래시장 재방문의도' 설문에 대한 [구조방정식] 메뉴를 선택한다.

[그림 10 - 2] 구조방정식모형 분석

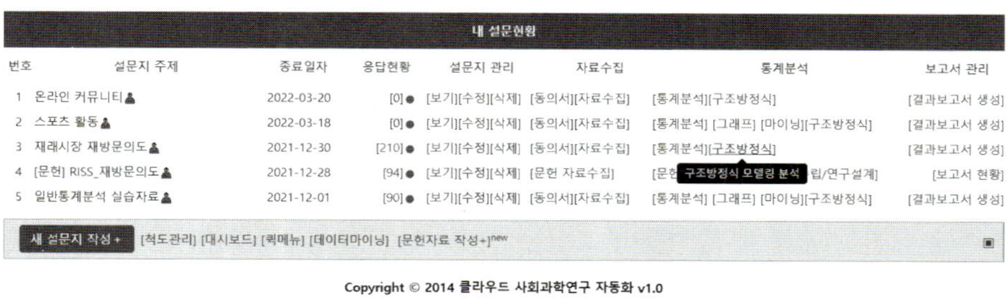

10.1.1 구조방정식모형 분석 메뉴

[구조방정식] 메뉴를 선택하면 [그림 10-3]에서 보이는 바와 같이 상단에 연구방법론 절차에 따라 그림으로 작성된 메뉴들과 하단에 일반 메뉴 형태로 구성한 부분으로 나누어져 있다. 연구자는 상단의 그림 메뉴들을 따라가면서 쉽게 구조방정식모형 자료분석을 수행할 수 있다.

[그림 10-3] 구조방정식모형 분석 메뉴

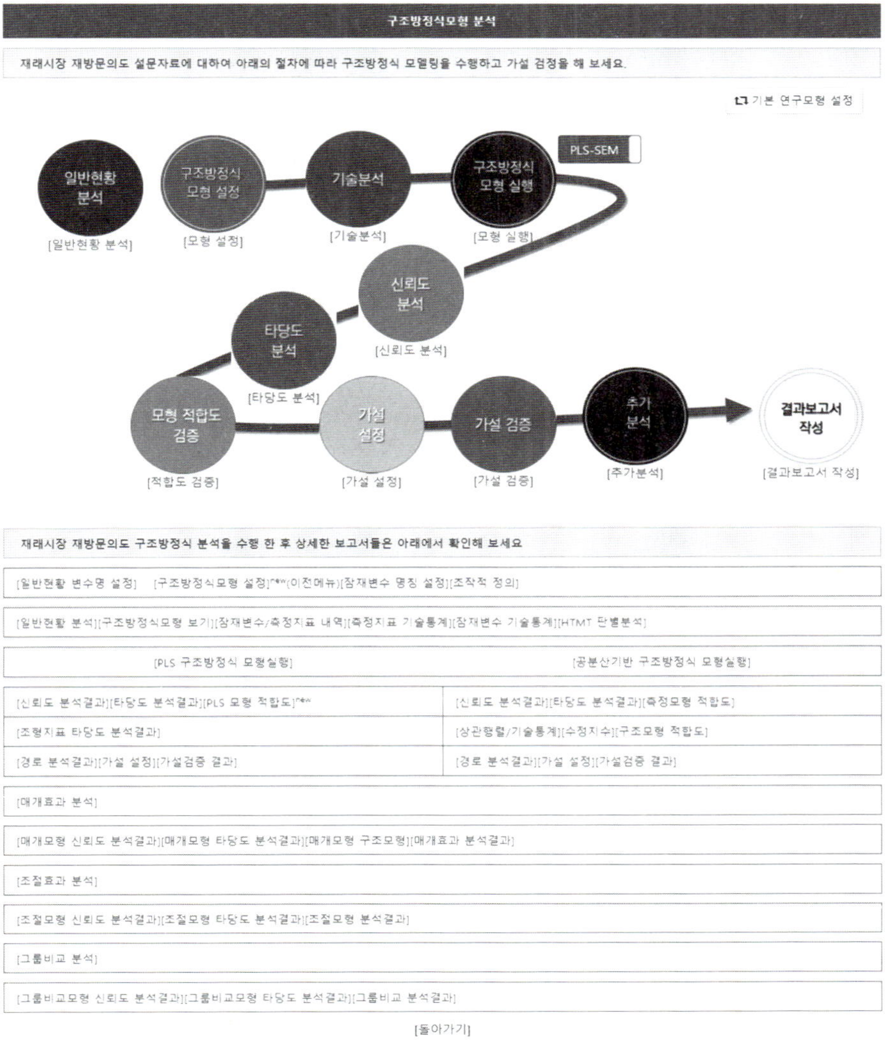

10.2 일반현황 분석

일반현황 분석

일반현황 분석은 표본의 일반적인 사항들에 대한 분석으로 일반적으로 성별, 연령대, 직업, 결혼여부 등과 같은 응답자별 속성들에 대하여 빈도분석을 이용하여 수행된다. 일반현황 분석은 표본에 대한 전체적인 분포도를 보여줌으로써, 이를 통해 표본 선정에 편의가 발생하지 않았음을 보여준다. 일반현황 분석은 구조방정식모형 분석 메뉴에서 상단의 일반현황분석 아이콘을 선택하거나 하단의 메뉴에서 [일반현황 분석]을 선택하여 수행할 수 있다. 수행 결과는 [그림 10-4]에서와 같이 설문지에서 일반사항으로 설정한 문항들이 빈도분석으로 실행된 결과들을 보여준다. 빈도분석 결과는 변수와 항목들, 그리고 해당 항목의 빈도인 인원과 백분율로 구성되어 있다.

[그림 10-4] 일반현황 분석 결과

일반현황

재래시장 재방문 의도 응답자에 대한 일반현황

변수	항목	인원	백분율
성별	남자	82	39.0
	여자	128	61.0
	합계	210	100.0
연령대	20-24세	3	1.4
	25-29세	8	3.8
	30-34세	18	8.6
	35-39세	22	10.5
	40-44세	30	14.3
	45-49세	37	17.6
	50세 이상	92	43.8
	합계	210	100.0
직업	없음	3	1.4
	학생	4	1.9
	사무직	23	11.0
	회사원	38	18.1
	주부	65	31.0
	전문직	40	19.0
	기타	37	17.6
	합계	210	100.0
결혼여부	기혼	125	59.5
	미혼	85	40.5
	합계	210	100.0

구조방정식모형 설정 10.3

구조방정식 모형 설정

구조방정식모형 설정은 구조방정식모델링 실행을 위하여 연구모형을 구조방정식모형으로 설정하는 것으로 연구모형의 변수들을 잠재변수와 측정변수들로 구성하여 작성한다. 구조방정식모형 설정은 구조방정식모형 분석 메뉴에서 구조방정식모형 설정 아이콘을 선택하여 수행한다. 설문이 연구계획 및 설계부터 시작되어 이미 [연구계획/설계 자동화]에서 연구모형이 작성된 경우 별도의 구조방정식모형 설정 작업 없이 작성된 연구모형의 자료들이 자동으로 구조방정식모형으로 변환되어 등록된다. 따라서 예시 설문을 선택한 경우 [그림 10-5]와 같이 이미 등록된 구조방정식모형 설정 화면을 확인할 수 있다.

[그림 10-5] 예시 구조방정식모형 설정 화면

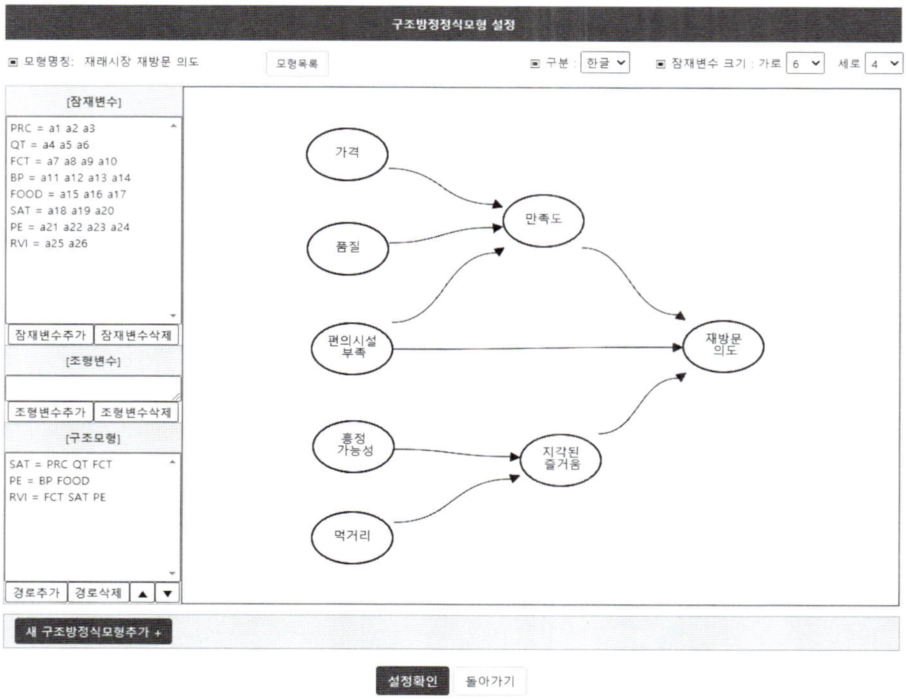

이전에 연구모형이 작성되지 않은 경우 연구자는 [연구계획/설계] 메뉴에서 연구모형을 작성하는 것과 유사하게 잠재변수와 경로들을 추가하여 구조방정식모형을 작성할 수 있다. 잠재변수는 연구모형을 작성에서와 같이 영문자 대문자로 작성되어야 하며, 관측지표들을 선택하여 잠재변수에 등록하면 된다. 조형변수의 경우 잠재변수 중 조형변수로 설정을 원하는 잠재변수를 등록하여 설정이 가능하며, 등록된 잠재변수들은 구조방정식모델링 과정에서 조형모형으로 분석된다. 경로도 연구모형 작성에서와 같이 독립변수들과 종속변수로 등록한다. 따라서 [그림 10 – 5] 하단에 보이는 바와 같이 등록된 경로들에 대한 구조모형은 잠재변수들 간의 관계가 회귀분석 형식으로 표기된다. 즉, "="의 오른쪽은 독립변수를 왼쪽은 종속변수를 나타낸다.

9장에서 예시로 작성한 '온라인 커뮤니티' 설문지에 대한 연구모형은 [그림 10 – 6]과 같다.

[그림 10 – 6] 온라인 커뮤니티 연구모형

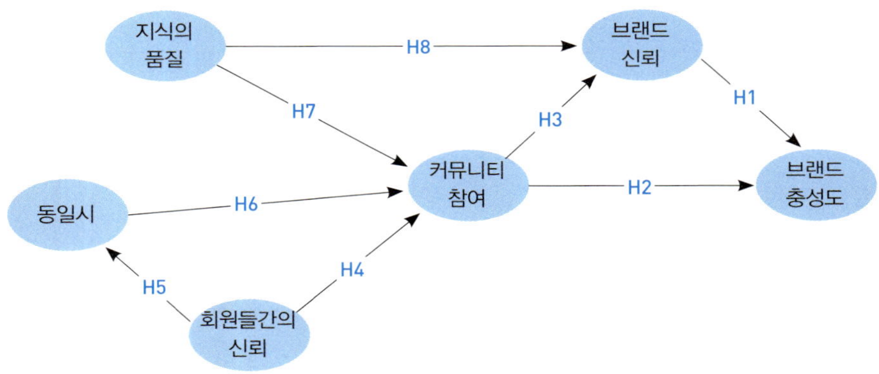

상기 연구모형에 대한 자료분석을 위한 구조방정식모형 설정에서 사용되는 잠재변수 및 관측변수에 관한 내용은 [표 10 – 2]와 같고 변수들의 경로들에 관한 내용은 [표 10 – 3]과 같다.

[그림 10 – 6]의 온라인 커뮤니티 연구모형에 대한 구조방정식모형은 잠재변수 및 관측변수, 그리고 경로들을 추가하여 [그림 10 – 7]과 같이 작성할 수 있다.

[표 10-2] 온라인 커뮤니티 설문지 잠재변수 및 관측변수

잠재변수 코드	잠재변수명	관측변수
TIM	회원들간의 신뢰	a1 a2 a3
IND	동일시	a4 a5 a6 a7
KQ	지식의 질	a8 a9 a10 a11 a12 a13
CP	커뮤니티 참여	a14 a15 a16 a17 a18
BT	브랜드 신뢰	a19 a20 a21 a22
BR	브랜드 충성도	a23 a24 a25 a26 a27

[표 10-3] 온라인 커뮤니티 연구모형의 경로

독립변수	종속변수
회원들간의 신뢰(TIM)	동일시(IND)
회원들간의 신뢰(TIM) 동일시(IND) 지식의 질(KQ)	커뮤니티 참여(CP)
커뮤니티 참여(CP) 지식의 질(KQ)	브랜드 신뢰(BT)
커뮤니티 참여(CP) 브랜드 신뢰(BT)	브랜드 충성도(BL)

[그림 10-7] 온라인 커뮤니티 구조방정식모형

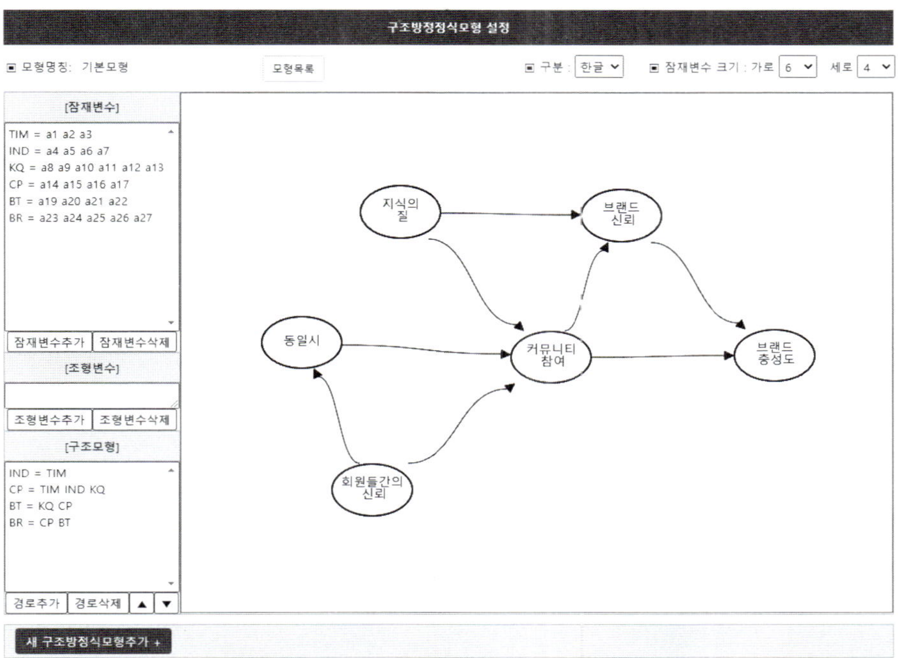

10.4 기술분석

기술분석

기술분석은 표본에 대한 잠재변수와 측정지표들에 대한 기술통계 분석을 의미한다. 기술분석에서는 측정지표, 잠재변수 등에 대한 기술통계는 물론 잠재변수/측정지표 내역을 검토할 수 있다. 기술분석은 구조방정식모형 설정한 다음 구조방정식모형 분석 메뉴에서 상단의 기술분석 아이콘을 선택하여 [그림 10-8]과 같은 기술분석 메뉴 화면을 호출하여 수행한다.

[그림 10-8] 화면에서 잠재변수/측정지표 내역을 선택하면 [그림 10-9]와

[그림 10-8] 기술분석 메뉴 화면

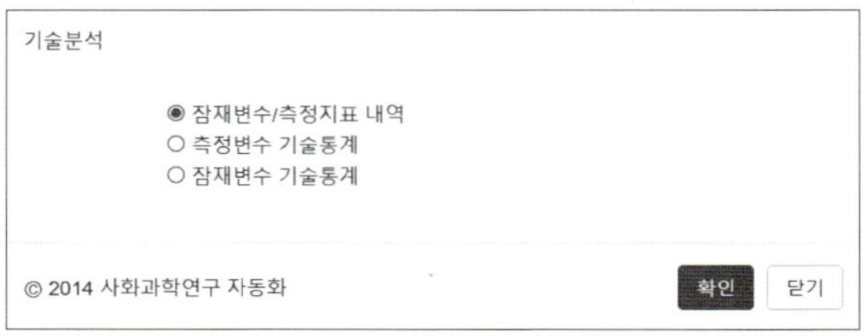

[그림 10-9] 잠재변수/측정지표 내역 실행 결과

측정지표	
재래시장 재방문 의도 자료에 대한 측정지표	
품질 (QT)	
a4	이 재래시장에서 판매되는 물건들은 품질이 우수하다.
a5	이 재래시장에서 판매되는 물건들의 품질은 믿을할 만하다.
a6	이 재래시장에서 판매되는 물건들은 전반적으로 품질이 좋다
가격 (PRC)	
a1	이 재래시장에서 판매되는 물건들은 가격의 저렴한 편이다.
a2	이 재래시장에서 판매되는 물건들은 품질 대비 가격이 적정하다고 생각된다.
a3	이 재래시장에서 판매되는 물건들은 전반적으로 가격이 합리적이다.
편의시설 부족 (FCT)	
a7	이 재래시장의 주차시설은 부족하다.
a8	이 재래시장에서 카트와 같은 이동 시설은 미비하다.
a9	이 재래시장에서 휴식공간은 부족하다.
a10	이 재래시장의 편의 시설은 전반적으로 부족하 편이다.

같은 이전 구조방정식모형에서 설정된 잠재변수와 관련된 측정지표 내역을 볼 수 있다.

[그림 10 - 8]의 화면에서 측정변수 기술통계를 선택하면 [그림 10 - 10]과 같은 설문문항인 측정변수들에 대한 표본수, 최솟값, 최댓값, 평균, 표준편차, 왜도, 첨도, 평균의 표준오차와 같은 기술통계 분석 결과를 볼 수 있다.

또한 [그림 10 - 8]의 화면에서 잠재변수 기술통계를 선택하면 [그림 10 - 11]

[그림 10 - 10] 측정변수 기술통계 실행 결과

기술통계

재래시장 재방문 의도 자료에 대한 기술분석

변수	표본수	최소값	최대값	평균	표준편차	왜도	첨도	평균의 표준오차
a1	210	1	7	4.39	1.32	0.27	0.41	0.09
a2	210	1	7	4.81	1.31	-0.01	0.05	0.09
a3	210	1	7	5.08	1.24	0.13	-0.68	0.09
a4	210	1	7	5.54	1.29	-0.69	0.29	0.09
a5	210	1	7	5.63	1.29	-0.90	0.95	0.09
a6	210	1	7	5.62	1.28	-0.85	0.83	0.09
a7	210	1	7	2.96	1.51	0.46	0.04	0.10
a8	210	1	7	3.04	1.41	0.29	-0.01	0.10
a9	210	1	7	2.95	1.56	0.55	-0.02	0.11
a10	210	1	7	3.34	1.38	0.09	-0.12	0.10
a11	210	1	7	4.92	1.40	-0.19	-0.30	0.10
a12	210	1	7	5.14	1.37	-0.33	-0.03	0.09
a13	210	1	7	5.37	1.39	-0.50	-0.24	0.10
a14	210	1	7	4.90	1.41	-0.36	0.09	0.10
a15	210	1	7	4.79	1.36	0.00	-0.24	0.09
a16	210	1	7	4.55	1.29	0.06	0.14	0.09
a17	210	1	7	4.80	1.37	-0.04	-0.27	0.09
a18	210	1	7	4.96	1.39	-0.20	-0.23	0.10
a19	210	1	7	5.03	1.39	-0.31	-0.27	0.10
a20	210	1	7	5.03	1.30	-0.01	-0.65	0.09

[그림 10 - 11] 잠재변수 기술통계 실행 결과

잠재변수 기술통계

재래시장 재방문 의도 자료에 대한 기술분석

변수	측정지표수	최소값	최대값	평균	표준편차	평균의 표준오차
가격	210	1	7	4.76	1.13	0.08
품질	210	1	7	5.60	1.19	0.08
편의시설 부족	210	1	7	3.07	1.29	0.09
흥정 가능성	210	1	7	5.08	1.16	0.08
먹거리	210	1	7	4.71	1.20	0.08
만족도	210	1	7	5.01	1.26	0.09
지각된 즐거움	210	1	7	5.50	1.26	0.09

출력 닫기

과 같은 잠재변수들에 대한 측정지표수, 최솟값, 최댓값, 평균, 표준편차, 평균의 표준오차와 같은 기술통계 분석 결과를 볼 수 있다.

10.5 구조방정식모형 분석

구조방정식모형에 대한 분석은 [그림 10 – 12]와 같이 표본에 대한 일반현황 분석과 구조방정식모형 설정, 그리고 기술분석을 수행한 후 설정된 구조방정식모형을 분석하는 것으로 연구의 유형에 따라 적합한 구조방정식모델링(SEM) 기법을 선정하여 수행한다. 구조방정식모형 분석에는 측정지표에 대한 신뢰도와 타당도 분석, 모형의 적합도 분석 및 가설 검증 절차를 포함한다.

구조방정식모형 분석을 위한 구조방정식모델링 기법에 대한 선정은 [표 10 – 4]의 각 구조방정식모델링 기법의 특징을 참고하여 선정한다. PLS 구조방정

[그림 10 – 12] **구조방정식모형 분석 절차**

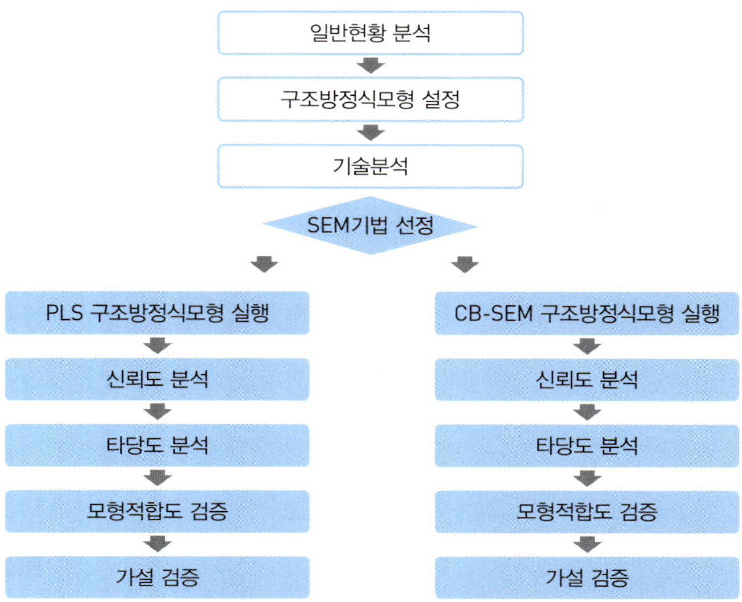

[표 10-4] 구조방정식모델링 기법 특징

SEM 기법	특징
PLS 구조방정식 모델링	• 탐색적 연구에 적합 • 연구모형이 크고, 적은 샘플 사이즈, 비정상 분포자료 분석에 적합 • 단일지표를 사용할 수 있고, 조형지표모형, 그룹비교 분석, 조절변수 분석에 용이
공분산 기반 구조방정식 모델링	• 확인적 연구에 적합 • 모형적합도 지수, 모형의 설정 및 수정, 내포모델 분석 등과 같이 복잡하고 전문적인 분석이 가능

식모델링은 주로 연구모형이 크고 복잡한 탐색적인 연구에 적합하고, 공분산 기반 구조방정식모델링은 연구모형이 작고 이론적인 배경이 잘 뒷받침되는 확인적 연구에 더욱 적합하다.

PLS 구조방정식모델링 10.6

PLS 구조방정식모델링은 탐색적 연구, 잠재변수가 많은 연구모형에 적합한 통계분석 기법으로 설정된 구조방정식모형에 대한 PLS 구조방정식모형 실행을 수행하여 측정지표에 대한 신뢰도 및 타당도 분석, 모형적합도 및 가설 검증을 수행한다.

10.6.1 PLS 구조방정식모형 실행

구조방정식 모형 실행

PLS 구조방정식모형 실행은 구조방정식모형 분석 메뉴에서 [구조방정식모형 실행] 아이콘을 선택하여 [그림 10-13]과 같은 PLS 구조방정식모형 실행 메뉴 화면을 호출하여 수행한다. PLS 구조방정식모델링은 구조방정식모형 분석 메뉴에서 [구조방정식모형 실행] 아이콘 오른쪽의 PLS-SEM을 나타내는 PLS-SEM 을 반드시 확인·선택하여 사용한다. 참고로 CB-SEM을 나타내는 CB-SEM 로 선택한 후 실행하면 설정된 연구모형에 대하여 공분산 기반의 구조방정식모델링이 수행된다.

[그림 10-13] PLS 구조방정식모형 실행 화면

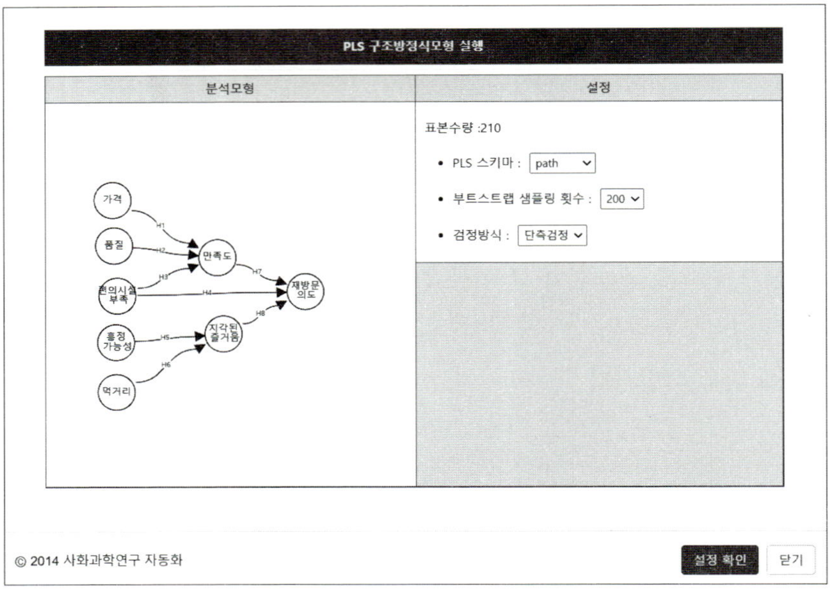

상기 화면에서 PLS 구조방정식모형 실행을 위한 옵션은 PLS 스키마, 부트스트랩 샘플링 횟수, 그리고 검정방식이 있다. PLS 스키마는 PLS 계산 알고리즘으로 path, centroid, factoral 방식이 있으며, 가장 일반적으로 사용되는 path 방식이 초깃값으로 설정되어 있다. 부트스트랩 샘플링 횟수는 PLS 구조방정식모형 실행시의 부트스트랩 샘플링을 수행하는 횟수를 의미하며 200회를 기본으로 설정되어 있다. 검정방식은 가설 검증에 사용되는 검증 방식으로 단측검정 또는 양측검정 중 하나를 선택할 수 있다, 일반적으로 사회과학 연구에서 인과관계의 부호(긍정, 부정)가 있는 가설의 경우 단측검정이 사용되는 것이 바람직한 것으로 알려져 있다. 따라서 단측검정이 초기 설정값이다.

PLS 스키마, 부트스트랩 샘플링 횟수, 그리고 검정방식에 대한 설정이 끝나면 [설정확인]을 선택하여 PLS 구조방정식모형을 실행할 수 있다. PLS 구조방정식모형이 실행이 완료되면 확인적 요인분석과 인과관계 분석에 관한 결과들이 내부적으로 산출된다.

10.6.2 신뢰도 분석

신뢰도 분석

신뢰도 분석은 PLS 구조방정식모형 실행 후 측정지표들에 대한 신뢰도를 분석하는 것으로 구조방정식모형 분석 메뉴에서 [신뢰도 분석] 아이콘을 선택하여 수행할 수 있다. PLS 구조방정식모델링에서의 신뢰도 분석을 합성신뢰도와 개별 지표들에 대한 신뢰성 평가인 지표 신뢰도 평가가 활용되기 때문에 신뢰도 수행 결과는 [그림 10 – 14]와 [그림 10 – 15]에서와 같이 측정지표들에 대한 내적 일관성 신뢰도와 지표 신뢰도 분석 결과들을 보여준다.

내적 일관성 신뢰도는 잠재변수들에 대한 클론바흐 알파계수와 합성신뢰도 값들 보여준다. 일반적으로 클론바흐 알파계수는 0.70 이상이 합성신뢰도는 0.70 이상이 신뢰도 평가 기준으로 권고되고 있다. [그림 10 – 14]의 내적 일관성 신뢰도 평가 결과는 모든 잠재변수가 클론바흐 알파계수와 합성신뢰도의 평가 기준을 상회하는 것을 보여주고 있어 잠재변수들에 대한 측정지표들이 신뢰도가 있다고 판단할 수 있다.

[그림 10 – 14] 내적일관성 신뢰도 분석 결과

신뢰도 분석결과

재래시장 재방문 의도 | 표본수량:210 | PLS 스키마:path | 부트스트립 샘플링 횟수:200

내적일관성 신뢰도

내적일관성 신뢰도 평가기준
1) 클론바흐 알파계수 ≥ 0.70
2) 합성신뢰도 값 ≥ 0.70

잠재변수	항목수	클론바흐 알파계수	합성신뢰도 값
가격	3	0.851	0.910
품질	3	0.917	0.948
편의시설 부족	4	0.902	0.933
만족도	3	0.920	0.950
흥정 가능성	4	0.858	0.904
먹거리	3	0.879	0.926
지각된 즐거움	4	0.961	0.972
재방문 의도	2	0.941	0.971

[파일 생성]

지표 신뢰도는 측정지표들의 요인적재값들이 0.70 이상일 때 신뢰도가 있다고 판단한다. 예외적으로 탐색적 연구는 0.6 이상도 수용 가능한 것으로 알려져 있다. [그림 10 – 15]의 지표 신뢰도 평가 결과는 모든 측정변수가 기준치인

[그림 10 - 15] 지표 신뢰도 분석 결과

지표 신뢰도

지표신뢰도 평가기준
1) 측정지표들의 요인 적재값들 ≥ 0.70 (탐색적 연구는 0.6도 수용가능)

측정지표	잠재변수	요인적재값	평균	표준오차
a1	가격	0.808	0.807	0.042
a2	가격	0.928	0.928	0.013
a3	가격	0.893	0.892	0.017
a4	품질	0.906	0.902	0.028
a5	품질	0.934	0.933	0.015
a6	품질	0.938	0.936	0.013
a7	편의시설 부족	0.914	0.912	0.016
a8	편의시설 부족	0.933	0.933	0.009
a9	편의시설 부족	0.914	0.912	0.015
a10	편의시설 부족	0.756	0.748	0.041
a18	만족도	0.913	0.911	0.017
a19	만족도	0.945	0.944	0.010
a20	만족도	0.929	0.928	0.015
a11	흥정 가능성	0.844	0.843	0.028
a12	흥정 가능성	0.907	0.908	0.013
a13	흥정 가능성	0.859	0.859	0.027
a14	흥정 가능성	0.733	0.723	0.045
a15	먹거리	0.908	0.908	0.014
a16	먹거리	0.902	0.898	0.023
a17	먹거리	0.880	0.878	0.025
a21	지각된 즐거움	0.943	0.942	0.013
a22	지각된 즐거움	0.940	0.937	0.013
a23	지각된 즐거움	0.947	0.946	0.013
a24	지각된 즐거움	0.957	0.956	0.008
a25	재방문 의도	0.973	0.973	0.006
a26	재방문 의도	0.970	0.970	0.008

[파일 생성]

0.7을 상회하는 것으로 보여주고 있어 측정지표들의 지표 신뢰도가 있다고 판단할 수 있다.

참고적으로 특정 잠재변수가 내적일관성 신뢰도 평가에서 기준치에 미달한 경우 이와 관련된 지표 신뢰도에서 낮게 산출된 요인적재값의 측정지표를 구조방정식모형 설정에서 제거한 후 다시 구조방정식모형 실행 후 신뢰도를 재평가해야 한다.

10.6.3 타당도 분석

타당도 분석

타당도 분석은 PLS 구조방정식모형 실행 후 측정지표들에 대한 타당도를 분석하는 것으로 구조방정식모형 분석 메뉴에서 [타당도 분석] 아이콘을 선택하여 수행할 수 있다. 타당도 평가는 집중타당도 평가와 판별타당도 평가로 구성되어 있기 때문에 PLS 구조방정식모델링에서의 타당도 수행결과는 [그림 10 - 16]과 같이 집중타당도 평가를 위한 결과와 [그림 10 - 17], [그림 10 - 18] 그리고 [그림 10 - 19]와 같은 판별타당도 평

[그림 10 – 16] **지표 신뢰도 분석 결과**

타당도 분석결과

재래시장 재방문 의도 표본수량:210 PLS 스키마:path 부트스트립 샘플링 횟수:200

집중 타당도

집중타당도 평가기준
1) 측정지표들의 유의도 t-값> 1.96
2) 표준분산추출(AVE) ≥ 0.50

측정지표	요인적재값	평균	표준오차	t-값
a1	0.808	0.807	0.042	19.043
a2	0.928	0.928	0.013	70.796
a3	0.893	0.892	0.017	52.565
a4	0.906	0.902	0.028	32.233
a5	0.934	0.933	0.015	62.603
a6	0.938	0.936	0.013	72.343
a7	0.914	0.912	0.016	57.913
a8	0.933	0.933	0.009	100.478
a9	0.914	0.912	0.015	62.655
a10	0.756	0.748	0.041	18.437
a18	0.913	0.911	0.017	54.089
a19	0.945	0.944	0.010	90.814
a20	0.929	0.928	0.015	63.786
a11	0.844	0.843	0.028	30.412
a12	0.907	0.908	0.013	67.589
a13	0.859	0.859	0.027	32.275
a14	0.733	0.723	0.045	16.240
a15	0.908	0.908	0.014	64.877
a16	0.902	0.898	0.023	39.399
a17	0.880	0.878	0.025	35.852
a21	0.943	0.942	0.013	72.767
a22	0.940	0.937	0.013	72.857
a23	0.947	0.946	0.013	73.208
a24	0.957	0.956	0.008	125.679
a25	0.973	0.973	0.006	160.446
a26	0.970	0.970	0.008	122.017

잠재변수	표준분산추출(AVE)
가격	0.770
품질	0.858
편의시설 부족	0.778
만족도	0.863
흥정 가능성	0.702
먹거리	0.804
지각된 즐거움	0.896
재방문 의도	0.944

[파일 생성] [파일 생성]

가를 위한 결과들을 보여준다.

집중타당도 평가는 측정지표들에 대한 유의도를 평가하는 t-값과 잠재변수들의 평균분산추출(AVE) 값을 이용한다. 즉, 측정지표들의 t-값이 유의수준 0.05 이내이고 평균분산추출(AVE)이 0.50보다 클 때 집중타당도가 있는 것으로 주장된다. [그림 10 – 16]의 집중타당도 평가 결과는 모든 측정지표들의 t-값이 기준치인 1.96을 훨씬 상회하고 잠재변수들의 평균분산추출 값도 평가 기준을 상회하는 것을 보여주고 있어 잠재변수들에 대한 측정지표들이 집중타당도가 있다고 판단할 수 있다.

PLS 구조방정식모델링에서의 판별타당도는 교차적재기준, Fornell-Larcker 기준의 변형한 Gefen-Straub의 기준 그리고 최근 Fornell-Larcker 기준의 문제점을 보완한 HTMT 기준이 사용된다. 교차적재기준의 판별타당도 평가는 확인적 요인분석에서 측정지표들이 다른 잠재변수들보다 그들이 측정하는 잠재변수에 보다 뚜렷하게 높게 적재되고 있는 경우 판별타당도가 있는 것으로 평가되고 있

[그림 10 – 17] 확인적 요인분석 결과

판별 타당도

판별타당도 평가기준
1) 교차적재기준: 측정지표들이 다른 잠재변수들보다 그들이 측정하는 잠재변수에 보다 뚜렷하게 높게 적재
2) 평균분산추출의 제곱근(SQRT_AVE) 값이 그변수와 다른 잠재변수들 간의 상관계수 값들 보다 높아야 함
3) 모든 잠재변수들 간의 HTMT(heterotrait–monotrait ratio of correlations) 값이 0.90이하 수준이여함

측정지표	잠재변수	PRC	QT	FCT	SAT	BP	FOOD	PE	RVI
a1	PRC	0.808	0.380	-0.409	0.417	0.452	0.356	0.352	0.330
a2	PRC	0.928	0.565	-0.477	0.529	0.490	0.346	0.507	0.492
a3	PRC	0.893	0.636	-0.485	0.555	0.526	0.370	0.568	0.537
a4	QT	0.591	0.906	-0.556	0.525	0.575	0.290	0.629	0.540
a5	QT	0.541	0.934	-0.605	0.548	0.681	0.351	0.714	0.660
a6	QT	0.571	0.938	-0.613	0.586	0.647	0.376	0.723	0.648
a7	FCT	-0.459	-0.619	0.914	-0.590	-0.653	-0.414	-0.587	-0.567
a8	FCT	-0.488	-0.572	0.933	-0.610	-0.659	-0.443	-0.623	-0.609
a9	FCT	-0.461	-0.620	0.914	-0.599	-0.655	-0.365	-0.634	-0.600
a10	FCT	-0.433	-0.436	0.756	-0.588	-0.654	-0.381	-0.515	-0.514
a18	SAT	0.498	0.532	-0.639	0.913	0.669	0.636	0.621	0.595
a19	SAT	0.540	0.570	-0.621	0.945	0.674	0.592	0.706	0.682
a20	SAT	0.564	0.564	-0.627	0.929	0.705	0.569	0.697	0.662
a11	BP	0.511	0.587	-0.632	0.705	0.844	0.544	0.604	0.555
a12	BP	0.489	0.626	-0.684	0.613	0.907	0.444	0.685	0.601
a13	BP	0.458	0.645	-0.541	0.579	0.859	0.425	0.690	0.601
a14	BP	0.418	0.408	-0.663	0.582	0.733	0.506	0.490	0.433
a15	FOOD	0.347	0.376	-0.438	0.627	0.550	0.908	0.439	0.421
a16	FOOD	0.346	0.277	-0.371	0.552	0.448	0.902	0.310	0.337
a17	FOOD	0.396	0.319	-0.404	0.542	0.500	0.880	0.395	0.409
a21	PE	0.528	0.701	-0.645	0.671	0.699	0.402	0.943	0.788
a22	PE	0.523	0.654	-0.640	0.694	0.702	0.425	0.940	0.777
a23	PE	0.535	0.709	-0.600	0.710	0.689	0.413	0.947	0.836
a24	PE	0.506	0.755	-0.656	0.680	0.730	0.403	0.957	0.837
a25	RVI	0.515	0.654	-0.649	0.677	0.670	0.425	0.855	0.973
a26	RVI	0.508	0.642	-0.616	0.677	0.611	0.429	0.807	0.970

:최대값

[파일 생성]

다. [그림 10 – 17]의 교차적재기준의 판별타당도 평가 결과는 모든 측정지표가 그들의 잠재변수에서 가장 높게 적재되어 있는 것을 보여주고 있어 잠재변수들에 대한 측정지표들이 판별타당도가 있다고 판단할 수 있다.

Gefen-Straub 기준은 평균분산추출(AVE)의 제곱근 값이 그 잠재변수와 다른 잠재변수 간의 상관계수 값들보다 커야 한다는 기준으로 [그림 10 – 18]의 Gefen-Straub 기준의 판별타당도 평가 결과는 모든 잠재변수 간의 상관계수 값

[그림 10 – 18] Gefen-Straub 기준의 판별타당도 평가

[표] 잠재변수들 간의 상관계수 값

잠재변수	PRC	QT	FCT	SAT	BP	FOOD	PE	RVI
PRC	0.878							
QT	0.612	0.926						
FCT	-0.523	-0.640	0.882					
SAT	0.576	0.598	-0.677	0.929				
BP	0.559	0.686	-0.743	0.735	0.838			
FOOD	0.405	0.367	-0.455	0.644	0.563	0.897		
PE	0.552	0.745	-0.671	0.728	0.745	0.434	0.947	
RVI	0.526	0.667	-0.651	0.697	0.660	0.439	0.856	0.972

:평균분산추출의 제곱근(SQRT_AVE) 값

[파일 생성]

들이 그들의 평균분산추출(AVE)의 제곱근 값보다 낮아 잠재변수들의 판별타당도가 있다고 판단할 수 있다.

HTMT(heterotrait-monotrait ratio of the correlations)는 일반적으로 사용되어 온 잠재변수들 간의 상관계수와 평균분산추출 값의 제곱근 값을 비교하는 Fornell-Larcker 기준이 민감도의 부족함을 지적하면서 Henseler *et al.*(2015)이 제시한 판별타당도 평가기법으로 잠재변수 간의 HTMT 값을 산출하여 평가한다. 평가 기준은 0.85 이상으로 제시되고 있고 0.9 이하도 허용될 수 있는 것으로 주장되고 있다. [그림 10-19]의 HTMT 기준의 판별타당도 평가 결과는 대부분의 잠재변수들 간의 HTMT 값들이 0.85 이하로 나타나고 있으나, 일부는 0.85 이상도 보여주고 있다.

[그림 10-19] HTMT 타당도 분석 결과

[표] 잠재변수들 간의 HTMT 값

잠재변수	PRC	QT	FCT	SAT	BP	FOOD	PE
QT	0.68						
FCT	-0.6	-0.7					
SAT	0.64	0.65	-0.74				
BP	0.65	0.76	-0.86	0.83			
FOOD	0.47	0.4	-0.51	0.71	0.65		
PE	0.6	0.79	-0.72	0.77	0.81	0.46	
RVI	0.58	0.72	-0.71	0.75	0.73	0.48	0.9

[파일 생성]

HTMT 기준의 판별타당도 평가는 가장 보수적인 타당도 평가 기법으로 최근 사용의 빈도가 높아가고 있으나, 아직 절대적인 기준으로 사용되는 편은 아니다.

10.6.4 모형적합도 검증

공분산 기반의 구조방정식모델링에서 모형적합도 검증은 구조방정식모델링을 통해 추정된 값들과 실제자료들의 차이로 다양한 적합도 지표들에 대한 유의성 검증으로 적합도 검증을 수행한다. 그러나 PLS 구조방정식모델링에서 추정치들을 선형모델링을 통하여 산출하므로 우도 함수(Likelihood Function)를 기반으로 한 공분산 기반의 구조방정식모델링과 다르게 추정된 모형에 대한 적합도 검증이 필요 없으나, 최근 모형의 유효성 측면에서 적합도 지표(Goodness of fit, GoF)가 제시되어 부분적으로 활용되고 있다.

모형적합도 검증

모형적합도 검증은 구조방정식모형 분석 메뉴에서 [모형적합도 검증]을 선택하여 수행할 수 있다. [그림 10 – 20]은 모형적합도 지표 평가를 위하여 모형적합도 지표와 공통성과 중복 값들을 보여준다. PLS 구조방정식모델링의 모형적합도 지표는 평균 공통성과 평균 중복 값들을 이용한 계산을 통하여 산출되며, 모형적합도는 0.3 이상으로 권고되고 있다.

[그림 10 – 20] 모형적합도 검증 결과

PLS 모형 적합도

재래시장 재방문 의도 | 표본수량:210 | PLS 스키마:path | 부트스트립 샘플링 횟수:200

PLS 모형 적합도

모형 적합도(GOF:Goodness of Fit) 평가기준: 0.36 이상

잠재변수	평균 공통성(mean communality)	평균 중복값(mean redundance)
가격	0.7703204	0.0000000
품질	0.8575677	0.0000000
편의시설 부족	0.7784844	0.0000000
만족도	0.8628391	0.4651365
흥정 가능성	0.7023534	0.0000000
먹거리	0.8041799	0.0000000
지각된 즐거움	0.8963646	0.4971197
재방문 의도	0.9444906	0.7068055

모형 적합도(GOF:Goodness of Fit) 지표 : 0.7089426

[파일 생성]

측정지표	잠재변수	공통성(communality)	중복(redundance)
a1	가격	0.6528466	0.0000000
a2	가격	0.8610045	0.0000000
a3	가격	0.7971101	0.0000000
a4	품질	0.8204550	0.0000000
a5	품질	0.8730776	0.0000000
a6	품질	0.8791705	0.0000000
a7	편의시설 부족	0.8359622	0.0000000
a8	편의시설 부족	0.8706654	0.0000000
a9	편의시설 부족	0.8361657	0.0000000
a10	편의시설 부족	0.5711443	0.0000000
a18	만족도	0.8339790	0.4495787
a19	만족도	0.8921976	0.4809630
a20	만족도	0.8623406	0.4648678
a11	흥정 가능성	0.7128325	0.0000000
a12	흥정 가능성	0.8217912	0.0000000
a13	흥정 가능성	0.7378149	0.0000000
a14	흥정 가능성	0.5369749	0.0000000
a15	먹거리	0.8238200	0.0000000
a16	먹거리	0.8135347	0.0000000
a17	먹거리	0.7751852	0.0000000
a21	지각된 즐거움	0.8892543	0.4931764
a22	지각된 즐거움	0.8835890	0.4900344
a23	지각된 즐거움	0.8963994	0.4971391
a24	지각된 즐거움	0.9162157	0.5081290
a25	재방문 의도	0.9473247	0.7089264
a26	재방문 의도	0.9416565	0.7046847

[파일 생성]

10.6.5 가설 설정

가설 설정

가설 설정은 가설 검증에 앞서 구성된 구조방정식모형을 근간으로 산출된 가설들에 관한 확인 작업을 수행하는 것으로 가설의 순번과 가설의 방향성인 긍정과 부정 등을 등록·확인하는 작업을 의미한다. 가설 설정에서 가설의 순번은 연구보고서 작성을 염두에 두고 설정하는 것이 바람직하다. 가설 설정은 구조방정식모형 분석 메뉴에서 [가설 설정] 아이콘을 선택하여 [그림 10-21]과 같은 가설 설정 화면을 호출하여 수행한다. [그림 10-21]에서 가설 순번을 등록하고 가설 4와 같이 일반적인 긍정적인 영향의 가설이 아닌 부정적인 영향의 가설의 경우 '부정적인'으로 선택한 후 하단의 [설정확인]을 선택하여 최종적으로 가설들을 설정한다.

[그림 10-21] **가설 설정화면**

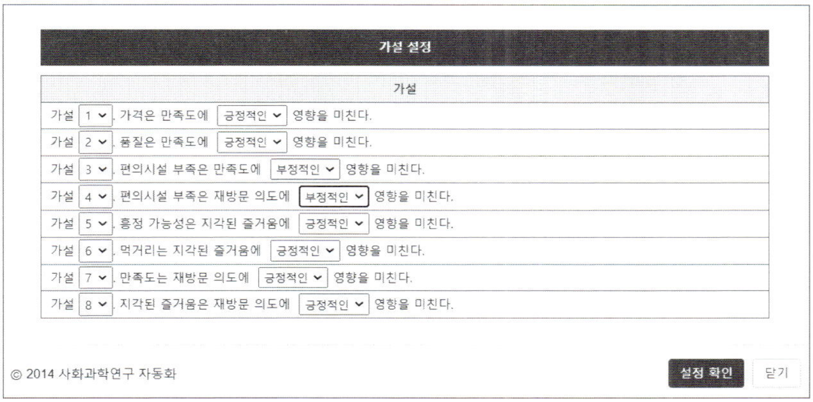

10.6.6 가설 검증

가설 검증

가설 검증은 구조방정식모델링을 통하여 산출된 구조모형을 가지고 가설들에 대한 검증을 수행하는 것으로 구조방정식모형 분석 메뉴에서 [가설 검증] 아이콘을 선택하거나 하단의 메뉴에서 [가설 검증]을 선택하여 수행할 수 있다. 구조방정식모델링에서 가설 검증은 잠재변수들 간의 관계에 대한 유의성 검증을 통하여 수행되며, PLS 구조방정식모델링에서의 가설 검증은 부트스트랩핑을 통하여 구성된 경험분포를 근간으로 산출된 t-값을 이용하여 수행한다. 경로에 대한 t-값의 유의확률이 일반적인 기준치인 0.05 보다 작을 때($p<0.05$) 경로가 유의하다고 평가되며 아울러 가설이 채택된 것으로 본다. 참고적으로 경로계수는 독립변수의 영향의 크기를 의미하며 유의성은 t-값으로만 평가된다. 추가적으로 가설 검증에서는 종속변수들의 결정계수(R^2) 값들이 제시되며 결정계수는 종속변수가 독립변수들에 의하여 해석되는 정도로 결정계수가 높다는 의미는 독립변수들의 선정이 잘되었음을 내포한다.

[그림 10－22] 가설 검증 결과

가설검증 결과

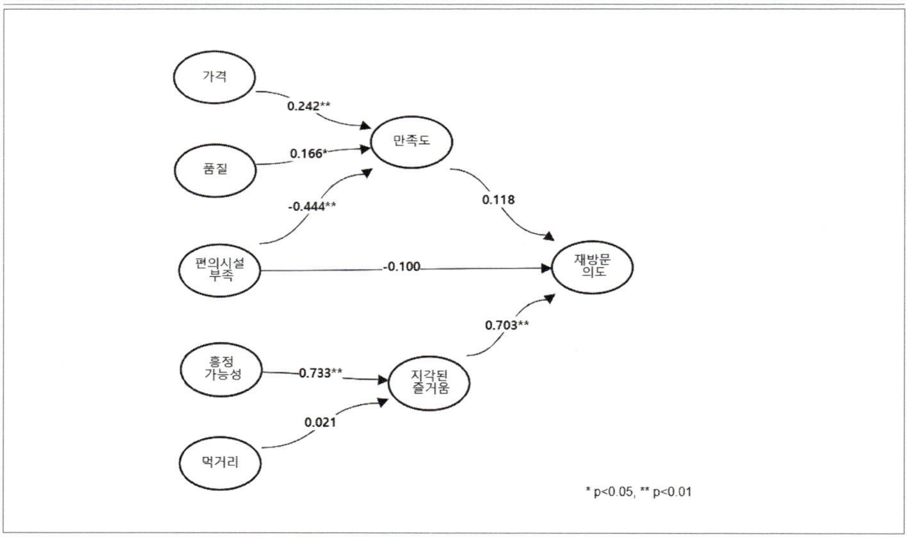

	가설	부호	경로계수	t값	p값[1]	결과
H1.	가격 -> 만족도	(+)	0.242	3.422	0.000	채택
H2.	품질 -> 만족도	(+)	0.166	2.192	0.015	채택
H3.	편의시설 부족 -> 만족도	(-)	-0.444	-6.279	0.000	채택
H4.	편의시설 부족 -> 재방문 의도	(-)	-0.100	-1.396	0.082	기각
H5.	흥정 가능성 -> 지각된 즐거움	(+)	0.733	15.141	0.000	채택
H6.	먹거리 -> 지각된 즐거움	(+)	0.021	0.408	0.342	기각
H7.	만족도 -> 재방문 의도	(+)	0.118	1.457	0.073	기각
H8.	지각된 즐거움 -> 재방문 의도	(+)	0.703	10.162	0.000	채택

만족도 R^2 : 0.539
지각된 즐거움 R^2 : 0.555
재방문 의도 R^2 : 0.748

[파일 생성]

[1]단축검정

가설 검증 수행 결과는 [그림 10-22]에서와 같이 연구모형에 대한 구조모형의 결과와 가설들에 대한 검증 내역을 보여준다. 일반적으로 구조방정식모형에서는 변수들의 경로에 경로계수 수치를 표시하고 옆에 유의확률을 '*'을 이용하여 표시한다. 즉, '*'은 유의확률이 0.05 이하($p<0.05$)인 경우의 표시이고 '**'은 유의확률이 0.01 이하($p<0.01$)인 경우의 표시이다. 일부 경우에 유의확률이 0.001 이하일 때 '***'을 표시하는 경우도 있다. '*'를 사용할 경우 연구모형의 오른쪽 아래에 유의확률에 따른 *$p<0.06$, **$p<0.01$와 같은 표시를 명시해야 한다. 가설 검증 결과를 보면 가설 4, 가설 6, 그리고 가설 7의 경로계수들 대한 유의확률이 0.05보다 큰 수치로 나타나 기각된 된 것을 볼 수 있고 나머지는 0.05보다 작아 채택된 것을 볼 수 있다.

공분산 기반 구조방정식모델링 10.7

공분산 기반 구조방정식모델링은 확인적 연구나 연구모형이 작고 가설들이 이론적 지지가 높은 경우에 적합한 통계분석 기법으로 공분산 기반 구조방정식모델링은 구조방정식모형으로 설정된 연구모형을 공분산 기반 구조방정식모델링을 수행하여 측정지표에 대한 신뢰도 분석, 타당도 분석, 모형적합도 및 가설 검증을 수행한다.

10.7.1 공분산 기반 구조방정식모형 실행

구조방정식 모형 실행

공분산 기반 구조방정식모형 실행은 구조방정식모형 분석 메뉴 실행 아이콘을 선택하여 [그림 10-23]과 같은 공분산 기반 구조방정식모형 실행 메뉴 화면을 호출하여 수행한다. 구조방정식모델링은 구조방정식모형 분석 메뉴에서 [구조방정식모형 실행] 아이콘 오른쪽의 CB-SEM을 나타내는 CB-SEM 을 확인·선택하여 사용한다.

[그림 10 – 23] 공분산 기반 구조방정식모형 실행 화면

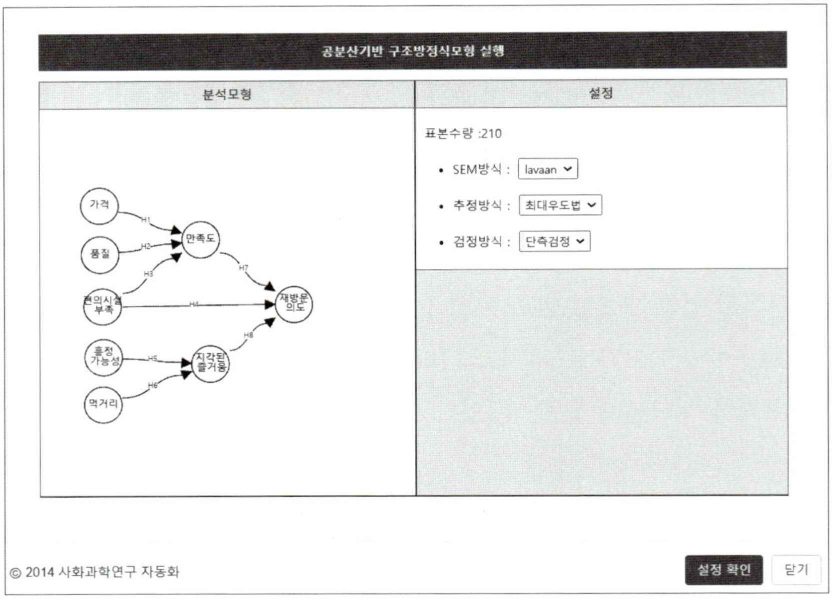

공분산 기반 구조방정식모형 실행을 위한 옵션은 SEM 방식, 추정방식 그리고 검정방식이 있다. SEM 방식은 공분산 기반 구조방정식모델링 프로그램으로 Lavaan, EQS 방식 중 하나가 설정되며, 초깃값은 Lavaan이다. 추정방식은 공분산 기반 구조방정식모델링 추정방식으로 일반적으로 사용되는 최대우도법(Maximum Likelihood Estimation)이 초깃값으로 제공되어 있다. 검증 방식으로 단측검정 또는 양측검정 중 하나를 선택할 수 있다. PLS 구조방정식모델링에서와 같이 단측검증이 초기 설정값이다.

SEM 방식, 추정방식 그리고 검정방식에 대한 설정이 끝나면 하단의 [설정 확인]으로 공분산 기반 구조방정식모형을 실행할 수 있다. SEM 구조방정식모형의 실행이 완료되면 확인적 요인분석과 인과관계 분석에 대한 결과들이 내부적으로 산출된다.

10.7.2 신뢰도 분석

신뢰도 분석

신뢰도 분석은 공분산 기반 구조방정식모형 실행 후 측정지표들에 대한 신뢰도를 분석하는 것으로 구조방정식모형 분석 메뉴에서 [신뢰도 분석] 아이콘을 선택하여 수행할 수 있다. 공분산 기반의 구조방정식모델링에서의 신뢰도 평가 기법은 PLS 구조방정식모델링에서의 신뢰도 평가 기법과 같다. 즉, 내적 일관성 신뢰도 평가 지표인 합성신뢰도와 개별 지표들에 대한 신뢰성 평가인 지표 신뢰도 평가를 활용한다.

[그림 10－24] 공분산 기반 구조방정식모델링 신뢰도 분석 결과

신뢰도 분석결과

재래시장 재방문 의도 | 표본수량:210 | SEM 방식:lavaan | 추정방식:ML

내적일관성 신뢰도

내적일관성 신뢰도 평가기준
1) 클론바흐 알파계수 ≥ 0.70
2) 합성신뢰도 값 ≥ 0.70

잠재변수	항목수	클론바흐 알파계수	합성신뢰도 값
가격	3	0.850	0.856
품질	3	0.917	0.917
편의시설 부족	4	0.903	0.915
흥정 가능성	4	0.857	0.864
먹거리	3	0.878	0.880
만족도	3	0.920	0.922
지각된 즐거움	4	0.961	0.960
재방문 의도	2	0.941	0.941

지표 신뢰도

지표신뢰도 평가기준
1) 측정지표들의 요인 적재값들 ≥ 0.70 (탐색적 연구는 0.6도 수용가능)

측정지표	잠재변수	비표준요인적재값	표준요인적재값	표준오차
a1	가격	0.912	0.693	0.056
a2	가격	1.179	0.900	0.028
a3	가격	1.046	0.849	0.032
a4	품질	1.083	0.839	0.045
a5	품질	1.176	0.912	0.020
a6	품질	1.160	0.910	0.024
a7	편의시설 부족	1.380	0.916	0.021
a8	편의시설 부족	1.317	0.937	0.014
a9	편의시설 부족	1.373	0.884	0.022
a10	편의시설 부족	0.870	0.631	0.057
a11	흥정 가능성	1.112	0.799	0.034
a12	흥정 가능성	1.179	0.863	0.025
a13	흥정 가능성	1.111	0.802	0.041
a14	흥정 가능성	0.930	0.663	0.047
a15	먹거리	1.161	0.857	0.028
a16	먹거리	1.136	0.880	0.030
a17	먹거리	1.080	0.792	0.056
a18	만족도	1.193	0.862	0.028
a19	만족도	1.280	0.921	0.017
a20	만족도	1.158	0.894	0.026
a21	지각된 즐거움	1.245	0.913	0.019
a22	지각된 즐거움	1.228	0.902	0.022
a23	지각된 즐거움	1.204	0.936	0.018
a24	지각된 즐거움	1.263	0.957	0.010
a25	재방문 의도	1.323	0.965	0.014
a26	재방문 의도	1.283	0.921	0.022

[그림 10 – 24]는 공분산 기반의 구조방정식모델링을 이용한 신뢰도 분석 결과를 보여준다. [그림 10 – 24]에서 보이는 바와 같이 내적 일관성 신뢰도 평가 결과는 모든 잠재변수가 클론바흐 알파계수와 합성신뢰도는 평가 기준인 0.7을 상회하는 것을 보여주고 있으나, 잠재변수들에 대한 측정지표들의 개별 신뢰도는 탐색적 연구 수준의 수치인 0.6을 보여주고 있다.

10.7.3 타당도 분석

타당도 분석

타당도 분석은 공분산 기반 구조방정식모형 실행 후 측정지표들에 대한 타당도를 분석하는 것으로 구조방정식모형 분석 메뉴에서 [타당도 분석] 아이콘을 선택하여 수행할 수 있다. 타당도 평가는 집중타당도와 판별타당도로 구성되어 있기 때문에 공분산 기반 구조방정식모델링에서의 타당도 수행결과는 [그림 10 – 25]와 같이 집중타당도 평가를 위한 결과와 [그림 10 – 26]과 같은 판별타당도 평가를 위한 결과들을 보여준다.

[그림 10 – 25]는 집중타당도 평가를 위하여 측정지표들에 대한 유의도를 평가할 수 있는 z-값과 잠재변수들의 평균분산추출(AVE) 값을 보여준다. 측정지표들의 z-값은 유의수준이 0.05 수준인 1.96보다 클 때 그리고 평균분산추출(AVE)은 0.50보다 클 때 집중타당도가 있는 것으로 주장되고 있다. [그림 10 – 25]의 집중타당도 평가 결과는 모든 측정지표들의 z-값이 기준치인 1.96을 훨씬 상회하고 잠재변수들의 평균분산추출 값도 평가 기준을 상회하는 것을 보여주고 있어 잠재변수들에 대한 측정지표들이 집중타당도가 있다고 판단할 수 있다.

공분산 기반 구조방정식모델링에서의 판별타당도는 Fornell-Larcker 기준이 주로 사용된다. Fornell & Larcker 기준은 평균분산추출(AVE)의 값이 그 잠재변수와 다른 잠재변수들 간의 상관계수의 제곱 값들보다 높아야 한다는 기준으로 일반적으로 Gefen-Straub 기준이 대리 사용된다. Fornell-Larcker 기준으로 표시할 경우 상관관계의 제곱으로 인하여 상관관계가 음수의 경우와 양수의 구분이 불가능하기 때문에 Gefen-Straub 기준이 바람직한 표기 방법이다. [그림 10 – 26]은 Gefen-Straub 기준의 판별타당도 평가를 위하여 잠재변수들 간의 상

[그림 10 - 25] 공분산 기반 구조방정식모델링 집중타당도 평가

타당도 분석결과

재래시장 재방문 의도 표본수량:210 SEM 방식:lavaan 추정방식:ML

집중 타당도

집중타당도 평가기준
1) 측정지표들의 유의도 z-값> 1.96
2) 표준분산추출(AVE) ≥ 0.50

잠재변수	측정지표	비표준요인적재값	표준요인적재값	표준오차	z-값
가격	a1	0.912	0.693	0.056	12.470
	a2	1.179	0.900	0.028	31.963
	a3	1.046	0.849	0.032	26.408
품질	a4	1.083	0.839	0.045	18.747
	a5	1.176	0.912	0.020	45.381
	a6	1.160	0.910	0.024	37.873
편의시설 부족	a7	1.380	0.916	0.021	42.792
	a8	1.317	0.937	0.014	66.938
	a9	1.373	0.884	0.022	40.189
	a10	0.870	0.631	0.057	11.174
흥정 가능성	a11	1.112	0.799	0.034	23.535
	a12	1.179	0.863	0.025	34.991
	a13	1.111	0.802	0.041	19.590
	a14	0.930	0.663	0.047	13.988
먹거리	a15	1.161	0.857	0.028	30.354
	a16	1.136	0.880	0.030	29.638
	a17	1.080	0.792	0.056	14.027
만족도	a18	1.193	0.862	0.028	31.334
	a19	1.280	0.921	0.017	52.823
	a20	1.158	0.894	0.026	34.932
지각된 즐거움	a21	1.245	0.913	0.019	46.988
	a22	1.228	0.902	0.022	41.191
	a23	1.204	0.936	0.018	51.648
	a24	1.263	0.957	0.010	93.729
재방문 의도	a25	1.323	0.965	0.014	68.038
	a26	1.283	0.921	0.022	41.588

잠재변수	표준분산추출(AVE)
가격	0.667
품질	0.787
편의시설 부족	0.734
흥정 가능성	0.614
먹거리	0.710
만족도	0.797
지각된 즐거움	0.859
재방문 의도	0.889

관관계계수의 제곱 값들과 잠재변수들의 평균분산추출 값들을 보여준다. 판별타당도 평가 결과는 모든 잠재변수들 간의 상관계수 값들이 그들의 평균분산추출(AVE)의 제곱근 값보다 낮아 잠재변수들의 판별타당도가 있음을 보여준다.

[그림 10 - 26] 공분산 기반 구조방정식모델링 판별타당도 평가

판별 타당도

판별타당도 평가기준
1) 평균분산추출의 제곱근(SQRT_AVE) 값이 그변수와 다른 잠재변수들 간의 상관계수 값들 보다 높아야 함

잠재변수	PRC	QT	FCT	BP	FOOD	SAT	PE	RVI
PRC	**0.817**							
QT	0.676	**0.887**						
FCT	-0.551	-0.682	**0.857**					
BP	0.617	0.772	-0.771	**0.784**				
FOOD	0.431	0.398	-0.477	0.605	**0.843**			
SAT	0.636	0.648	-0.687	0.800	0.697	**0.893**		
PE	0.597	0.804	-0.684	0.811	0.444	0.770	**0.927**	
RVI	0.580	0.722	-0.673	0.732	0.455	0.744	0.903	**0.943**

10.7.4 모형적합도 검증

모형적합도 검증

모형적합도 검증은 추정된 구조모형의 유의성을 검증하는 것으로 공분산 기반 구조방정식모델링에서 모형적합도 검증은 매우 중요한 의미가 있다. 공분산 기반의 구조방정식모델링에서 모형적합도는 경로계수나 유의도와 같은 추정된 값들과 실제자료 간의 차이를 나타내는 수치들로 모형 적합도의 수치들이 낮은 경우 경로계수나 유의도와 같은 추정된 값들이 믿을 수 없음을 의미한다. 따라서 공분산 기반 구조방정식 모델링에서 모형적합도 검증은 가설 검증을 수행하기 전에 반듯이 거쳐야 할 절차이다. 모형적합도 분석은 구조방정식모형 분석 메뉴에서 [모형적합도 검증] 아이콘을 선택하거나 하단의 메뉴에서 [구조모형 적합도]를 선택하여 수행할 수 있다.

[그림 10 – 24]에서와 같이 모형적합도 평가 결과는 상단의 구조방정식모델링 연구들에서 일반적인 사용되는 모형적합도 지수들과 하단의 세부적인 모형적합도 지수들을 보여준다. 구조방정식모델링 연구들에서 일반적인 사용되는 모형적합도 지수들인 χ^2 통계량, RMSEA, GIF, TLI, CIF, NFI 등이 포함되며, 대부분의 적합도 지수는 절대적인 기준은 없으나 대부분 0.9 이상이면 좋은 모형로 평가된다. χ^2는 통계량의 유의수준(p-value > 0.05)[1]에 의하여 평가되나, 표본크기에 민감하므로 대부분의 연구는 통계량 보고는 하나 평가항목으로 설정은 하지 않는 특징을 가지고 있다. χ^2 검증을 제외하고 대부분의 모형적합도 지수들이 권고 기준치에 근접하므로 가설 검증이 가능한 수준이라 평가될 수 있다.

1) 모형적합도 검증에서 χ^2 검정이 유의확률이 0.05 작다는 것은 추정치가 데이터와 다르다는 것을 의미한다. 따라서 모형적합도 기준은 p-value > 0.05로 설정된다.

[그림 10 – 27] 공분산 기반 구조방정식모델링 모형적합도 평가 결과

구조모형 적합도

재래시장 재방문 의도 | 표본수량:210 | SEM 방식:lavaan | 추정방식:ML

구조모형 적합도

구조모형 적합도 평가기준

1) χ^2는 통계량의 유의수준(p-value < 0.05)에 의하여 평가되나, 표본크기에 민감하므로 대부분의 연구들은 통계량 보고는 하나 평가항목으로 설정은 하지 않고 있음

2) 대부분의 적합도 지수는 절대적인 기준은 없으나 0.9 이상이면 좋은 모델로 평가

주요 적합도지수*	χ^2	RMSEA	GFI	TLI	CFI	NFI
기준	p-value > 0.05	0.05~0.08	0.09 이상	0.09 이상	0.09 이상	0.09 이상
모형값	5866.462 (df=325, p-value=0.000)	0.092,	0.789	0.897	0.911	0.868

*GFI:Goodness of Fit Index, TLI:Tucker-Lewis Index,CFI:Comparative Fit Index, NFI:Bentler-Bonett Normed Fit Index

구조모형 적합도지수 세부내역

Minimum Function Test Statistic	5866.462
Degrees of freedom	325
P-value	0.000
User model versus baseline model:	
Comparative Fit Index (CFI)	0.911
Tucker-Lewis Index (TLI)	0.897
Bentler-Bonett Non-normed Fit Index (NNFI)	0.897
Bentler-Bonett Normed Fit Index (NFI)	0.868
Parsimony Normed Fit Index (PNFI)	0.750
Bollen's Relative Fit Index (RFI)	0.847
Bollen's Incremental Fit Index (IFI)	0.912
Relative Noncentrality Index (RNI)	0.911
Loglikelihood and Information Criteria:	
Loglikelihood user model (H0)	-6860.749
Loglikelihood unrestricted model (H1)	-6473.213
Number of free parameters	70
Akaike (AIC)	13861.499
Bayesian (BIC)	14095.796
Sample-size adjusted Bayesian (BIC)	13873.996
Root Mean Square Error of Approximation:	
RMSEA	0.092
90 Percent Confidence Interval	0.084 0.099
P-value RMSEA <= 0.05	0.000
Standardized Root Mean Square Residual:	
RMR	0.138
RMR (No Mean)	0.138
SRMR	0.075
Other Fit Indices:	
Hoelter Critical N (CN) alpha=0.05	87.999
Hoelter Critical N (CN) alpha=0.01	92.869
Goodness of Fit Index (GFI)	0.789
Adjusted Goodness of Fit Index (AGFI)	0.736
Parsimony Goodness of Fit Index (PGFI)	0.631
McDonald Fit Index (MFI)	0.308
Expected Cross-Validation Index (ECVI)	4.357

10.7.5 가설 검증

가설 검증

가설 검증은 구조방정식모델링을 통하여 산출된 구조방정식 모형을 가지고 가설들에 대한 검증을 위한 자료를 제공하는 기능이다. 가설 검증은 구조방정식모형 분석 메뉴에서 [가설 검증] 아이콘을 선택하거나 하단의 메뉴에서 [가설 검증]을 선택하여 수행할 수 있다. 가설 검증 수행 결과는 [그림 10-28]에서와 같이 연구모형에 대한 구조모형의 결과와 가설들에 대한 검증 내역을 보여준다. 공분산 기반 구조방정식모델링에서의 가설 검증은 추정방식인 최대우도함수로 산출된 z-값을 근간을 수행한다. 경

[그림 10-28] 공분산 기반 구조방정식모델링 가설 검증 결과

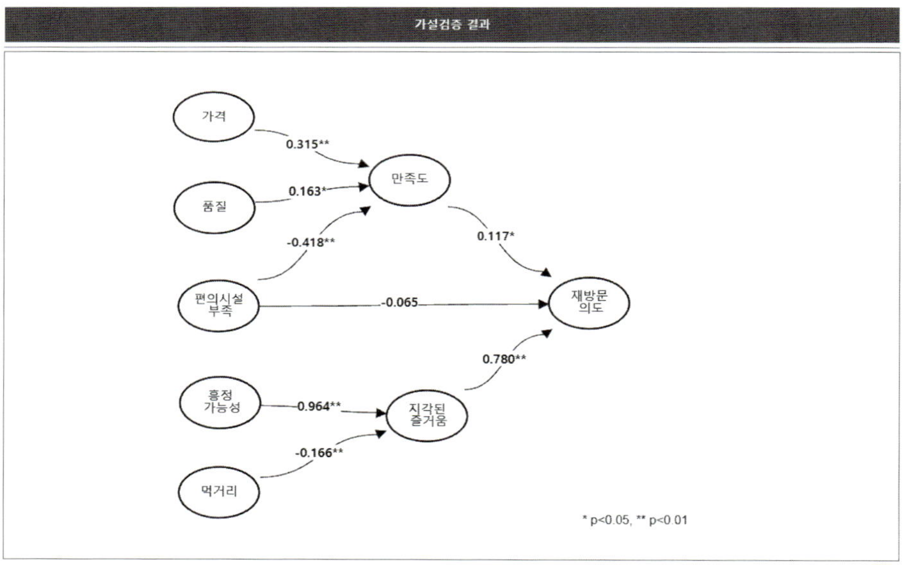

	가설	부호	경로계수	Z값	p값[1)]	결과
H1.	가격 → 만족도	(+)	0.315	4.160	0.000	채택
H2.	품질 → 만족도	(+)	0.163	1.878	0.030	채택
H3.	편의시설 부족 → 만족도	(-)	-0.418	-5.901	0.000	채택
H4.	편의시설 부족 → 재방문 의도	(-)	-0.065	-1.037	0.150	기각
H5.	흥정 가능성 → 지각된 즐거움	(+)	0.964	20.192	0.000	채택
H6.	먹거리 → 지각된 즐거움	(+)	-0.166	-2.513	0.006	기각
H7.	만족도 → 재방문 의도	(+)	0.117	2.102	0.018	채택
H8.	지각된 즐거움 → 재방문 의도	(+)	0.780	17.242	0.000	채택

만족도 R^2 : 0.610
지각된 즐거움 R^2 : 0.756
재방문 의도 R^2 : 0.813

[1)]단측검정

로에 대한 *z*-값의 유의확률이 일반적인 기준치인 0.05보다 작을 때($p<0.05$) 경로가 유의하다고 평가되며 아울러 가설이 채택된 것으로 본다. 추가적으로 가설검증에서는 종속변수들의 결정계수(R^2) 값들도 제시된다.

[그림 10-28]의 가설 검증 결과를 보면 가설 4의 잠재변수들의 관계에 대한 유의확률이 0.05보다 큰 수치로 나타나 기각된 것을 볼 수 있고, 가설 6의 가설은 다른 방향성을 가지는 것으로 나타났다. 따라서 나머지는 0.05보다 작고 가설 설정 방향들과 같아 채택된 것을 볼 수 있다.

Chapter 11

자료분석 (Ⅱ)

추가분석 11.1

추가분석은 [그림 11-1]에서 보이는 바와 같이 자료분석 단계의 마지막으로 PLS 구조방정식모델링 기반의 연구모형에 대한 구조방정식모형 분석 후 매개효과모형, 조절효과모형, 그룹비교모형 등의 다양한 연구모형을 작성하여 추가적인 분석을 수행하는 것이다.

[그림 11-1] 자료단계의 추가분석

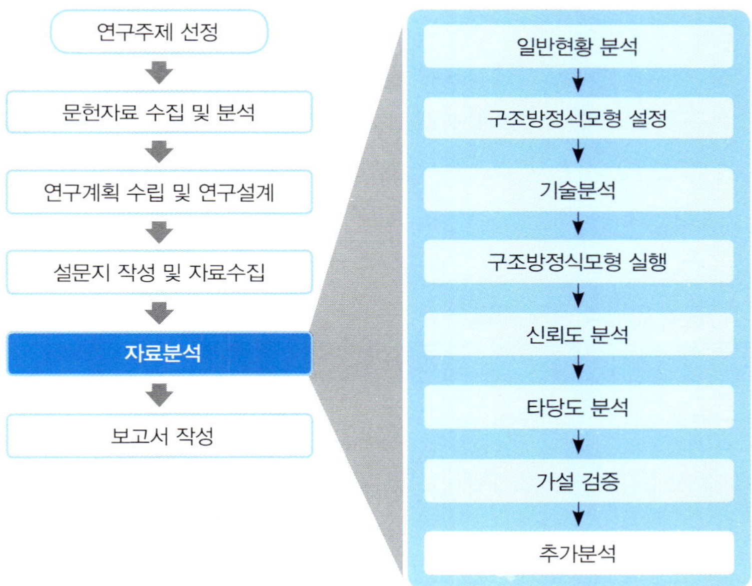

11.1.1 추가분석 기능

추가분석은 [그림 11-2]에서와 같이 매개효과모형 분석을 위한 매개효과 분석, 조절효과모형 분석을 위한 조절효과 분석, 그룹비교모형 분석을 위한 그룹비교 분석으로 구성되어 있다.

[그림 11 - 2] 추가분석 기능

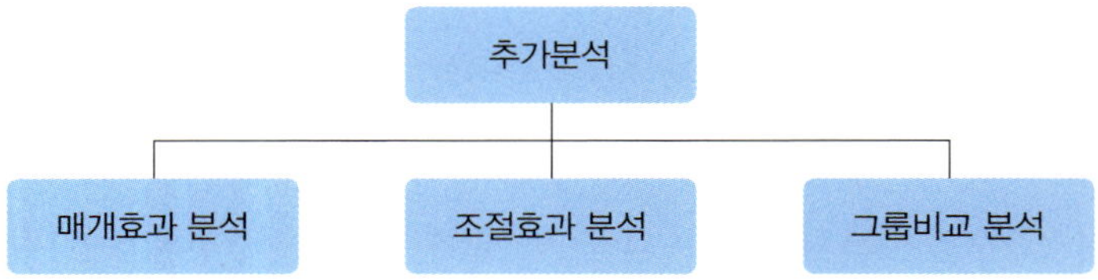

11.1.2 추가분석을 위한 검증 기법

추가분석을 위한 검증 기법은 [표 11 - 1]에서와 같이 매개효과 분석에서는 부트스트랩 기법을 이용한 간접효과 분석과 Sobel-Test 기법을 사용하고, 조절효과 분석에서는 위계적 구조방정식모델링을 근간으로 한 조절효과 분석을 사용한다. 그룹비교 분석은 모수 접근법과 비모수 접근법에 의한 구조모형의 그룹비교 분석을 이용한다.

[표 11 - 1] 분석 기법과 검증 기법

연구모형	분석 기법	검증 기법
매개효과모형	매개효과 분석	부트스트랩 기법을 이용한 간접효과 분석
		Sobel - Test 기법
조절효과모형	조절효과 분석	위계적 구조방정식모델링
그룹비교모형	그룹비교 분석	모수 접근법
		비모수 접근법

매개효과 분석 11.2

매개효과 분석은 설정된 구조방정식모형을 PLS 구조방정식모델링을 기반으로 매개효과 분석을 수행하는 것으로 매개효과 분석은 연구모형에서의 독립변수와 종속변수 간의 간접경로들에 대한 유의성 검증을 수행한다. 매개효과 분석에서는 단일 매개모형은 물론 다중매개모형의 개별적인 매개경로들에 대하여 Sobel-Test와 간접효과의 부트스트랩 기법을 이용한 신뢰구간 평가로 유의성 검증을 한다.

구조방정식모형 분석 메뉴에서 일반적인 매개효과 분석 순서는 [그림 11-3]과 같이 우선, 신규 매개효과모형을 작성하고 분석을 위한 매개효과모형을 선택한다. 이후 매개효과 분석을 실행하고 분석 결과를 기반으로 경로들에 대한 매개효과를 분석한다.

[그림 11-3] **매개효과 분석 절차**

11.2.1 매개효과모형 설정

구조방정식 모형 설정

매개효과모형 설정은 매개효과 분석을 위하여 구조방정식모형을 추가적으로 작성하는 것으로 구조방정식모형 분석 메뉴에서 [구조방정식모형 설정] 아이콘을 선택한 후 구조방정식모형 설정 화면에서 왼쪽 하단의 [새 구조방정식모형추가+] 메뉴를 선택하여 새로운 구조방정식모형을 작성한다. [새 구조방정식모형추가+]를 선택하면 새로운 화면에는 연구자의 편의를 위하여 이전의 구조방정식모형의 잠재변수들이 초깃값들로 제공된다. 연구자는 잠재변수들에 대한 적절한 조정과 경로 추가를 통하여 매개효과 분석을 위한 새로운 구조방정식모형을 작성한다.

[그림 11 – 4] 예시 매개효과모형 설정 화면

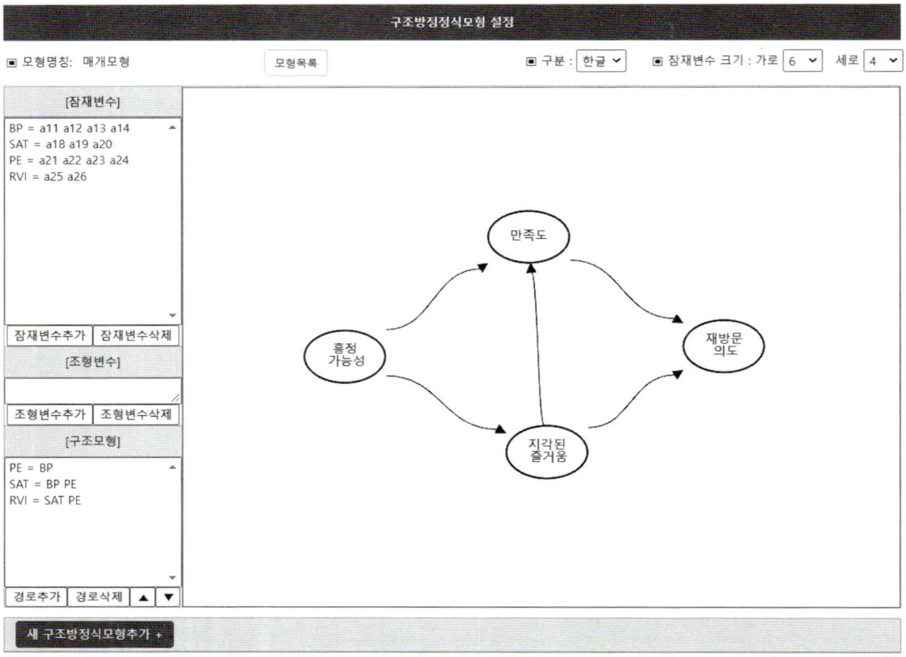

기존의 '재래시장 재방문의도' 설문을 가지고 매개효과 분석에 대한 실습을 위하여 [그림 11 – 4]와 같이 예시 매개효과모형을 작성하고 상단에 모형명칭을 '매개모형'으로 등록하고 하단의 [설정확인]을 선택하면 매개효과 분석을 위한 새로운 구조방정식모형이 저장된다.

11.2.2 매개효과모형 선택

매개효과모형 선택은 매개효과모형 분석을 위하여 해당 구조방정식모형을 선택하는 것으로 구조방정식모형 분석 메뉴 화면에서 오른쪽의 [기본연구모형 설정] 아이콘을 선택하여 [그림 11 – 5]와 같은 화면에서 신규 작성된 매개모형을 선택한다. 기본연구모형으로 선택되면 선택된 구조방정식모형이 이후 분석 절차의 기본 모형으로 사용된다.

[그림 11-5] **매개효과 분석을 위한 모형 선택**

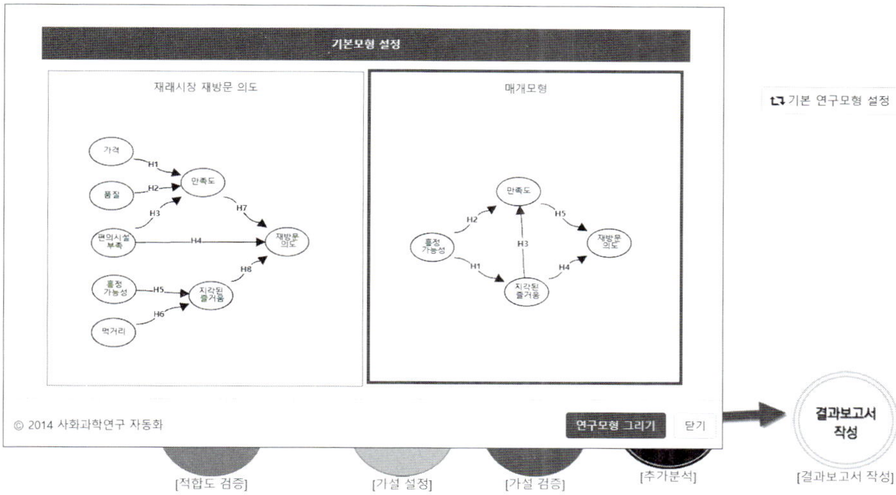

11.2.3 매개효과 분석 실행

추가 분석

매개효과 분석 실행은 구조방정식모형으로 설정된 매개효과 연구모형을 PLS 구조방정식모델링을 이용하여 매개효과 분석을 수행하는 것으로 구조방정식모형 분석 메뉴 화면에서 [추가분석] 아이콘을 선택하여 [그림 11-6]과 같은 추가분석 메뉴 화면을 호출하여 매개효과 분석을 수행한다.

[그림 11-6] **추가분석 메뉴 화면**

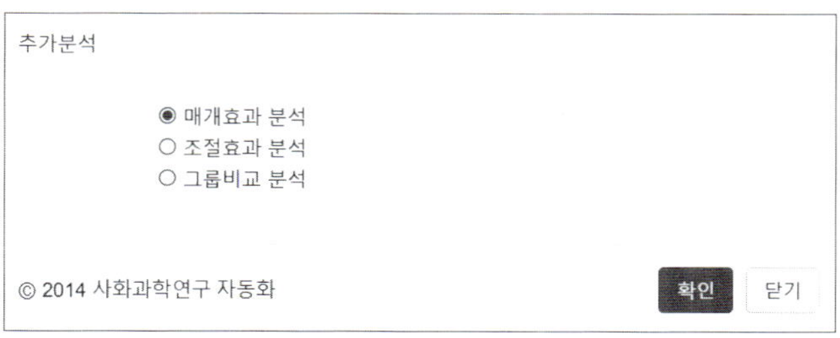

매개효과 분석 실행을 위한 옵션은 [그림 11 - 7]의 오른쪽과 같이 매개효과 분석이 PLS 구조방정식모델링을 기반으로 하기 때문에 PLS 구조방정식모델링에서와 같이 PLS스키마, 부트스트랩 샘플링 횟수, 검정방식의 PLS 구조방정식모형 분석을 수행하기 위한 부분과 하단의 매개효과 분석을 위한 옵션인 독립변수와 종속변수를 선택하는 부분으로 구성되어 있다.

[그림 11 - 7] **매개효과 분석 화면**

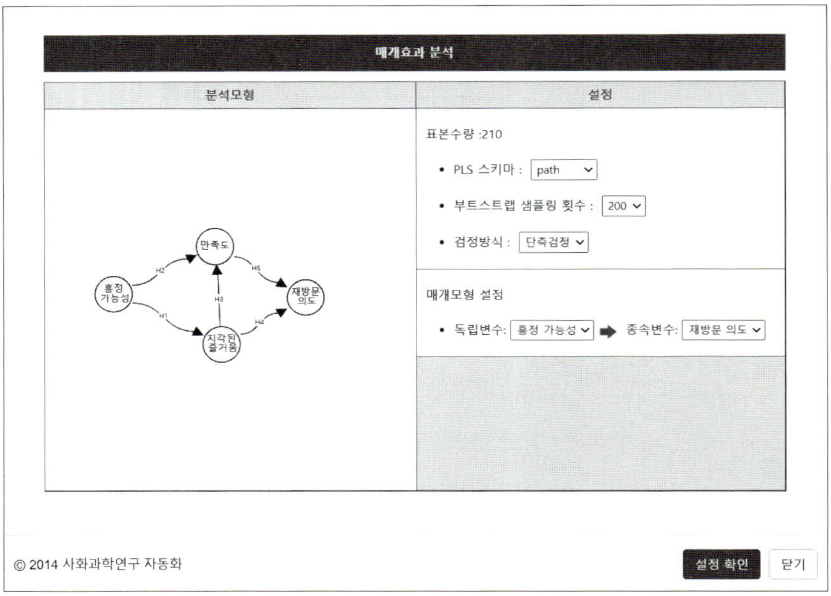

상기의 옵션에서 독립변수는 매개효과 분석을 위한 시작변수이며, 종속변수는 매개효과 분석을 위한 종점변수를 의미한다. 독립변수와 종속변수 간에는 다수의 매개변수들이 포함될 수 있고 또한 여러 경로가 존재할 수 있다. 예시 매개효과모형 분석을 위하여 [그림 11 - 7]과 같이 독립변수는 '흥정가능성'을 선택하고 종속변수는 '재방문 의도'를 설정한 후 [설정확인]을 선택하면 오른쪽의 매개모형의 두 변수간의 모든 매개경로가 산출되며 개별적인 다중매개효과에 대한 유의성이 평가된다.

11.2.4 매개효과 분석 결과

매개효과 분석 결과는 매개효과모형 실행을 통하여 산출된 개별적인 매개경로들에 대한 분석 결과를 제공한다. 개별적인 매개경로들에 대한 분석 결과는 간접효과와 유의성으로 Sobel-Test와 부트스트래핑에 의한 신뢰구간의 두 가지의 방식으로 산출되어 나타나며, 신뢰구간은 정규분포, 백분율 또는 편의수정 기준 모두가 제공된다. 매개효과 분석 결과는 구조방정식모형 분석 화면 하단의 메뉴들에서 [매개효과 분석 결과]를 선택하여 확인할 수 있다.

Sobel-Test는 독립변수와 종속변수의 오차를 근간으로 표준오차를 산출하여 유의수준을 산출하는 방식으로 평가기준은 Sobel-Test의 유의확률이 일반적인 유의수준보다 작을 때($p<0.05$) 매개효과가 있는 것으로 판단한다. 부트스트래핑 기법에 의한 신뢰구간 검정은 신뢰구간이 0을 포함하지 않으며, 추정치가 신뢰구간 내 위치해 있을 때 간접효과가 있는 것으로 추정되며 신뢰구간은 정규분포, 백분율 또는 편의수정 기준 중 하나를 선택하여 사용하는 것이 가능하나 보수적 검정 방식은 세가지 모두를 가지고 평가하는 것이다.

[그림 11－8]은 예시 매개효과모형에 대한 개별경로의 분석 결과를 보여준다. 독립변수인 '흥정 가능성'과 종속변수인 '재방문 의도' 간의 개별경로는 3개가 존재하며 모든 경로들은 Sobel-Test의 유의확률이 모두 0.05 이하이고, 추정치는 백분율 기준으로 모두 구간 내에 위치되어 있는 것으로 나타나고 있다. 따

[그림 11－8] 매개효과 분석 결과 화면

매개효과 분석결과

재래시장 재방문 의도 　 표본수량:210 　 PLS 스키마:path 　 부트스트립 샘플링 횟수:200

매개효과 평가

1) Sobel-Test: p < 0.05
2) 신뢰구간 검정: 신뢰구간이 0을 포함하지 않으며, 추정치가 신뢰구간내 위치
※ 신뢰구간은 정규분포, 백분율 또는 편의수정 기준 선택가능, 보수적 방식은 모두 평가

[흥정 가능성] 변수와 [재방문 의도] 변수 간의 경로

순번	간접경로	경로계수	표준오차	Sobel-test		신뢰구간(CI)		
				z_score	p 값[1)]	정규분포	백분율	편의수정
1	흥정 가능성 → 지각된 즐거움 → 만족도 → 재방문 의도	0.047	0.021	2.719	0.003	(0.006 , 0.087)	(0.009 , 0.089)	(0.014 , 0.096)
2	흥정 가능성 → 지각된 즐거움 → 재방문 의도	0.548	0.059	10.682	0.000	(0.433 , 0.664)	(0.441 , 0.652)	(0.441 , 0.651)
3	흥정 가능성 → 만족도 → 재방문 의도	0.070	0.041	2.814	0.002	(-0.010 , 0.150)	(0.013 , 0.167)	(0.016 , 0.191)

[1)]단측검정

라서 모든 개별경로는 간접효과가 있다고 판단될 수 있다.

매개효과 분석 결과는 개별적인 매개경로가 유의한지를 시각적으로 판단할 수 있도록 [그림 11 – 9]와 같이 개별경로들에 대한 유의성에 대한 시각화 자료도 보여준다. 왼쪽의 그림은 Sobel-Test를 기반으로 개별경로가 유의한 경우

[그림 11 – 9] 개별경로에 대한 매개효과 분석 결과 화면

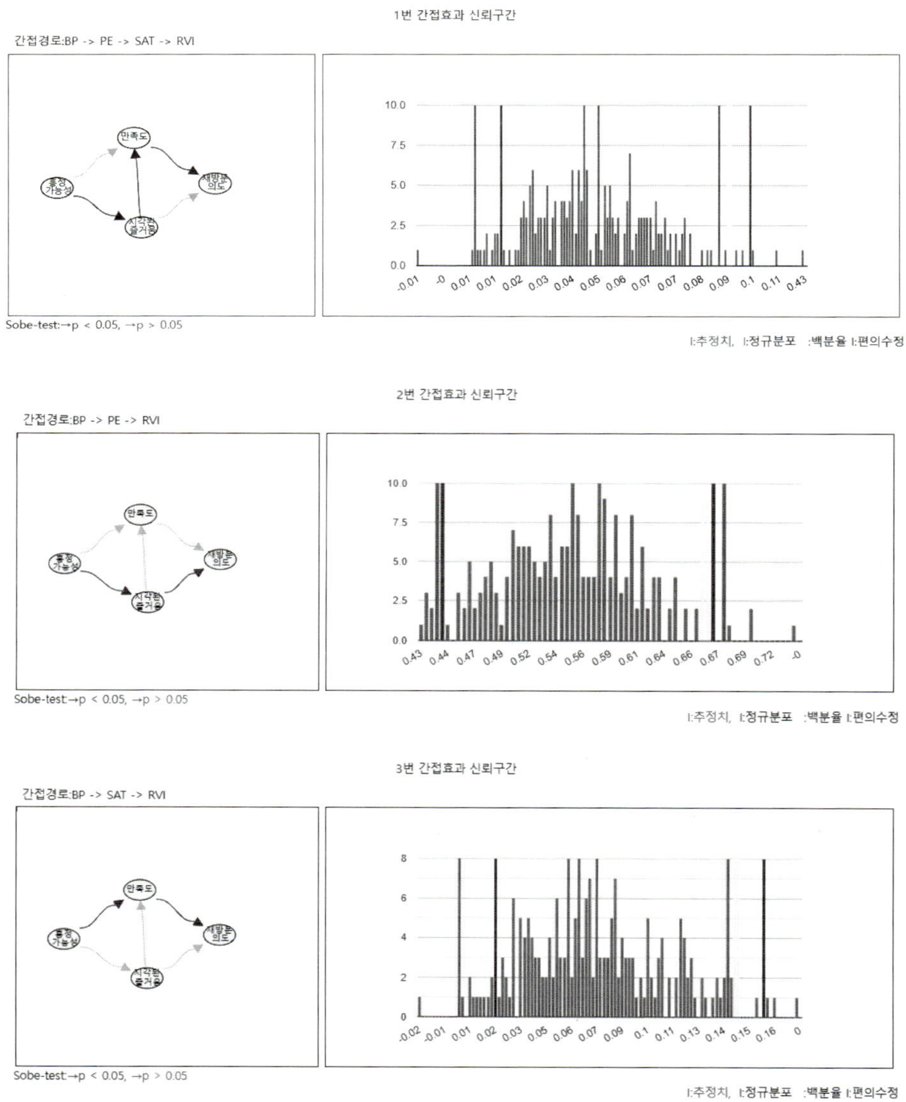

를 파란색으로 나타나고 유의하지 않은 경우는 빨간색으로 나타난다. 오른쪽은 간접효과의 부트스트래핑 결과들에 대한 경험 분포도로 정규분포에 대한 기준점은 초록색, 백분율은 노란색, 편의수정은 파란색으로 나타나고 추정치는 빨간 막대로 보여준다.

조절효과 분석 11.3

조절효과 분석은 설정된 구조방정식모형을 PLS 구조방정식모델링 기반으로 조절효과 분석을 수행하는 것으로 조절효과 분석은 연구모형에서 대하여 위계적 구조방정식모델링 이용한 조절효과 분석을 수행한다. 구조방정식모형 분석 메뉴에서 조절효과 분석은 매개효과 분석 순서와 유사하게 조절모형 설정, 조절모형 선택, 조절효과 분석 실행, 그리고 같이 조절효과 분석 결과 확인 순이다.

11.3.1 조절효과모형 설정

구조방정식 모형 설정

조절효과모형 설정은 매개효과모형과 같이 구조방정식모형 분석 메뉴에서 [구조방정식모형 설정] 아이콘을 선택한 후 [구조방정식모형 설정] 화면에서 하단의 [새 구조방정식모형추가+] 메뉴를 선택하여 새로운 조절효과 분석을 위한 구조방정식모형을 작성한다. 조절효과 분석에 대한 실습을 위하여 [그림 11-10]과 같이 구조방정식모형을 작성하고 상단에 모형명칭은 '조절모형'으로 등록하고 하단의 [설정확인]을 선택한다. 구조방정식모형 설정에 있어서 조절효과 분석을 위한 조절변수는 [그림 11-10]에서와 같이 특정한 경로를 설정하지 않고 잠재변수(먹거리, 흥정가능성)만 등록한다.

[그림 11 - 10] **조절모형 설정 화면**

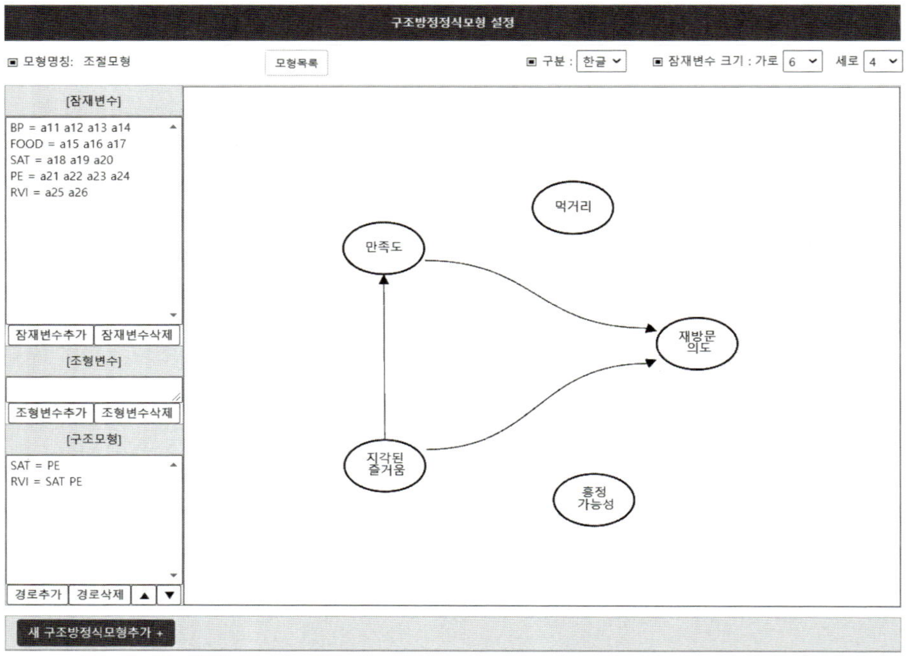

11.3.2 조절효과모형 선택

분석을 위한 조절효과모형 선택은 매개효과모형 선택시와 같이 [구조방정식모형 설정] 화면에서 오른쪽의 [기본연구모형 설정] 아이콘을 선택하여 [그림 11 - 11]과 같은 화면에서 조절모형을 선택한다.

[그림 11 – 11] **예시 조절효과모형 선택**

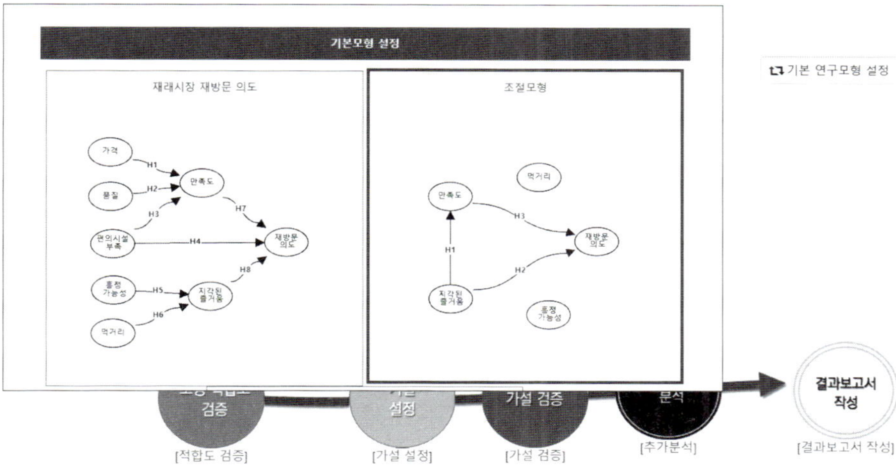

11.3.3 조절효과 분석 실행

추가 분석

조절효과 분석 실행은 매개효과 분석과 같이 구조방정식모형 분석 메뉴 화면에서 [추가분석] 아이콘을 선택하고 [조절효과 분석] 화면을 호출하여 수행한다. 조절효과 분석을 위한 옵션은 PLS 구조방정식모델링과 같이 PLS스키마, 부트스트랩 샘플링 횟수, 검정방식의 PLS 구조방정식모형 분석을 하기 위한 부분과 조절효과 분석을 위한 조절변수와 경로를 선택하는 부분으로 구성되어 있다. 조절변수는 구조방정식모형 작성시 경로에 포함되지 않은 변수들이 조절효과 변수로 지정되며, 경로는 조절변수가 영향을 미치는 독립변수와 종속변수 간의 관계를 의미한다. 조절효과 분석은 [그림 11 – 12]에서와 같이 다수개의 조절변수와 경로들을 한 번에 설정하여 실행이 가능하도록 구성되어 있다.

예시 조절효과모형에 대한 실습을 위하여 [그림 11 – 12]에서와 같이 만족도와 재방문 의도의 관계에 대한 '먹거리' 변수의 조절효과와 즐거움과 재방문 의도의 관계에 대한 '흥정 가능성' 변수의 조절효과에 대한 조절효과모형을 설정한

[그림 11-12] **조절효과 분석 실행**

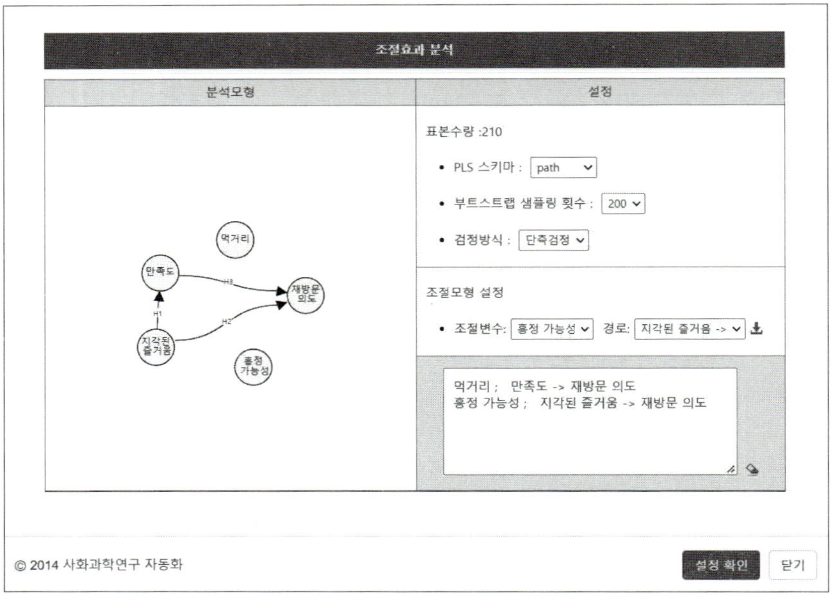

후 [설정하기]를 선택하면 조절효과 분석을 위한 위계적 구조방정식모델링이 차례대로 실행된다.

11.3.4 조절효과 분석 결과

조절효과 분석 결과는 조절효과모형에 대한 위계적 구조방정식모델링 분석 결과를 제공한다. 위계적 구조방정식모델링은 아래와 같은 모형1, 모형2, 모형3을 순차적으로 실행하여 조절효과를 분석하는 통계분석 기법이다.

- 모형1: 독립변수들과 종속변수로만 구성된 구조방정식모형
- 모형2: 독립변수들과 종속변수에 조절변수를 포함한 구조방정식모형
- 모형3: 독립변수들과 종속변수 및 조절변수에 상호작용 변수(독립변수*조절변수)를 포함한 구조방정식모형

상기의 모형들에서 모형1은 종속변수에 대한 독립변수들의 직접효과 분석

에 모형2는 종속변수에 대한 조절변수의 직접효과 분석에 활용되며, 마지막으로 모형3은 독립변수와 종속변수 간의 관계에 대한 조절변수의 조절효과 분석에 활용된다. 조절효과 분석은 종속변수에 대한 독립변수와 종속변수의 상호작용항에 대한 유의성 평가를 기반으로 수행된다.

[그림 11-13]은 만족도와 재방문 의도의 관계에 대한 '먹거리' 변수의 조절효과 분석 결과를 보여준다. 모형1에서 종속변수에 대한 직접효과들인 재방문 의도와 만족도에 대한 지각된 즐거움과 재방문 의도에 대한 만족도는 $p<0.05$ 이하 수준으로 모두 유의하다는 것으로 보여주고 있다. 모형2에서는 재방문 의도에 대한 먹거리의 직접효과가 유의확률이 0.044로 간신히 유의한다는 것을 보여주며, 마지막으로 모형3에서 만족도와 먹거리의 상호작용항(만족도*먹거리)이 유의확률 0.319로 나타나고 있어 만족도와 재방문 의도의 관계에 대한 '먹거리'

[그림 11-13] 조절효과 분석 실행 결과

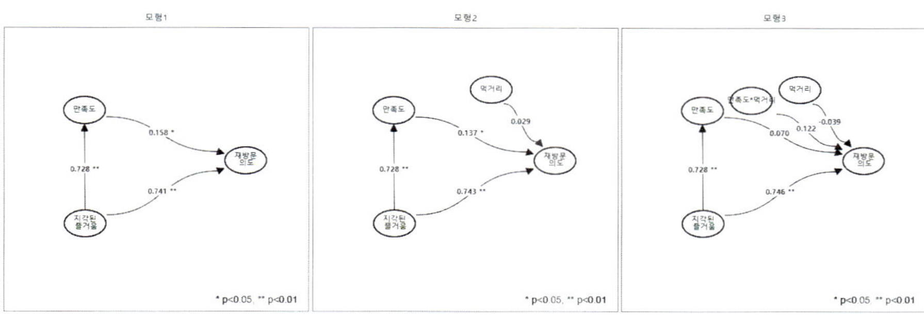

조절변수 : 먹거리

경로	모형1			모형2			모형3		
	경로계수	t-값	p-값	경로계수	t-값	p-값	경로계수	t-값	p-값
지각된 즐거움 → 재방문 의도	0.741	10.170	0.000	0.743	10.792	0.000	0.746	10.913	0.000
지각된 즐거움 → 만족도	0.728	16.491	0.000	0.728	15.345	0.000	0.728	16.724	0.000
만족도 → 재방문 의도	0.158	2.108	0.018	0.137	1.710	0.044	0.070	0.507	0.306
먹거리 → 재방문 의도	-	-	-	0.029	0.526	0.300	-0.039	-0.221	0.413
만족도*먹거리 → 재방문 의도	-	-	-	-	-	-	0.122	0.470	0.319

* p < 0.05, ** p < 0.01

[표] 결정계수(R^2)

잠재변수	모형1	모형2	모형3
재방문 의도	0.744	0.744	0.745
만족도	0.531	0.531	0.531

변수의 조절효과가 유의하지 않다는 것을 보여준다.

[그림 11 - 14]는 즐거움과 재방문 의도의 관계에 대한 '흥정 가능성' 변수의 조절효과 결과로 모형3에서 보면 지각된 즐거움과 흥정가능성의 상호작용항(지각된 즐거움*흥정가능성)이 유의확률 0.110로 나타나 흥정가능성은 조절효과가 없다는 것을 보여준다.

[그림 11 - 14] 조절효과 분석 실행 결과

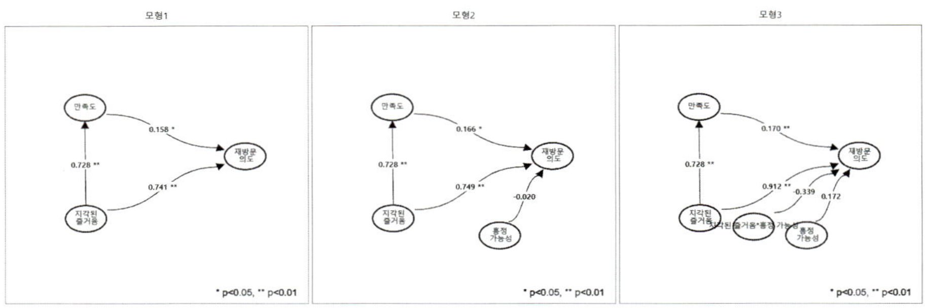

조절변수 : 흥정 가능성

경로	모형1			모형2			모형3		
	경로계수	t-값	p-값	경로계수	t-값	p-값	경로계수	t-값	p-값
지각된 즐거움 → 재방문 의도	0.741	10.170	0.000	0.749	9.573	0.000	0.912	7.516	0.000
지각된 즐거움 → 만족도	0.728	16.491	0.000	0.728	16.939	0.000	0.728	16.455	0.000
만족도 → 재방문 의도	0.158	2.108	0.018	0.166	1.968	0.025	0.170	2.421	0.008
흥정 가능성 → 재방문 의도	-	-	-	-0.020	-0.306	0.380	0.172	0.897	0.185
지각된 즐거움*흥정 가능성 → 재방문 의도	-	-	-	-	-	-	-0.339	-1.232	0.110

* p < 0.05, ** p < 0.01

[표] 결정계수(R^2)

잠재변수	모형1	모형2	모형3
재방문 의도	0.744	0.744	0.747
만족도	0.531	0.531	0.531

전통적인 위계적 회귀분석에서 설명력이 이전 단계모형과 비교해 유의미한 정도로 변화하였을 경우 조절효과가 있는 것으로 평가한다. 즉, 모형 단계별 결정계수(R^2)가 현격하게 증가하면 조절효과가 있다고 본다. [그림 11 - 13]과 [그림 11 - 14] 하단의 모형별 결정계수 결과들을 보면 큰 변화가 없는 것으로 나타나고 있다. 이는 두 변수 모두 조절효과가 없음을 의미한다.

그룹비교 분석 11.4

그룹비교 분석은 설정된 구조방정식모형을 PLS 구조방정식모델링 기반으로 그룹비교 분석을 수행하는 것으로 그룹비교 분석은 특정 그룹들 간의 구조방정식모형에서의 경로들에 대한 차이 분석을 검증하여 수행한다. 그룹비교 분석을 위한 검증 기법은 다중그룹 분석 연구들에서 주로 사용되는 모수 기법(parametric approach)과 비모수 기법(non-parametric approach)이 이용된다. 그룹비교 분석은 주로 성별, 연령대, 학력, 직업, 종교와 같은 일반문항 또는 특별문항들에서 사용된 명목척도형 변수들을 이항형 변수로 설정하여 수행한다.

구조방정식모형 분석 메뉴에서 그룹비교 분석은 이전 추가분석의 순서들과 유사하게 그룹비교모형 설정, 그룹비교모형 선택, 그룹비교 분석 실행, 그리고 그룹비교 분석 결과 확인 순이다. 그룹비교 분석 실습에서는 별도의 그룹비교모형을 작성하지 않고 이전의 '재래시장 재방문의도' 구조방정식모형을 사용한다.

11.4.1 그룹비교모형 선택

그룹비교 분석을 위한 모형설정은 다른 모형들 선택시와 같이 [구조방정식모형 설정] 화면에서 오른쪽의 [기본연구모형 설정] 아이콘을 선택하여 [그림 11-15]과 같은 화면에서 '재래시장 재방문의도' 모형을 선택한다.

[그림 11-15] 그룹비교 분석모형 선택

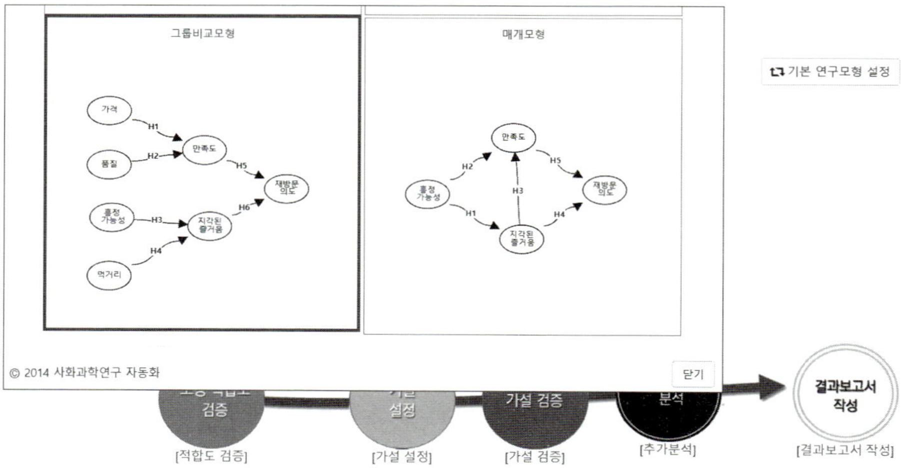

11.4.2 그룹비교모형 분석 실행

추가 분석

그룹비교모형 분석 실행은 이전 추가분석들과 같이 구조방정식모형 분석 메뉴 화면에서 [추가분석] 아이콘을 선택하여 [그림 11-16]과 같은 [그룹비교 분석] 화면을 호출하여 수행한다. 그룹비교 분석을 위한 옵션은 PLS 구조방정식모델링과 같이 PLS스키마, 부트스트랩 샘플링 횟수, 검정방식의 PLS 구조방정식모형 분석을 수행하기 위한 부분과 그룹비교 분석을 위한 집단변수와 값들을 선택하는 부분으로 구성되어 있다.

상기의 옵션에서 그룹비교를 위한 집단변수는 설문지의 일반문항 또는 특별문항으로 등록된 항목들이 대상이 되며, 그룹들에 대한 자료들은 변수들에 대한 조건식을 사용하여 설정한 후 [설정확인]을 선택하면 설정된 그룹들에 대한 비교가 수행된다. [그림 11-16]은 성별에 대한 그룹비교 분석으로, 즉 구조방정식모형 분석 결과를 기반으로 남자와 여자의 차이를 분석한다.

[그림 11 - 16] 그룹비교 분석 실행

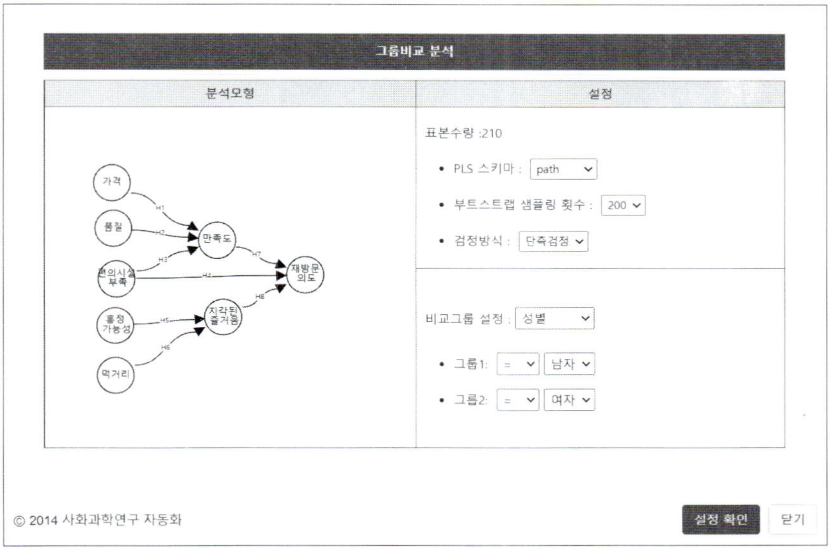

11.4.3 그룹비교 분석 결과

그룹비교 분석 결과는 두 그룹의 구조방정식모형의 모든 경로에 대한 그룹 간의 경로 차이에 대한 유의도를 보여 준다. 그룹비교 분석은 PLS 구조방정식 모델링을 이용한 방식에서 가장 일반적으로 사용되는 모수(parametric) 방식인 *t*-test와 비모수 기법인 permutation 방식의 두 가지의 결과가 산출된다. 참고로 그룹비교 분석 결과는 구조방정식 분석 메뉴 하단의 메뉴들에서 [그룹비교 분석 결과]를 선택하여 다시 확인할 수 있다

[그림 11 - 17]은 남성 그룹과 여성 그룹에 대한 구조방정식모델링 결과들과 모든 경로들에 대한 그룹 간의 *t*-test 결과와 permutation-검정 결과를 보여 준다. 결과를 보면 *t*-test의 경우 지각된 즐거움에 대하여 먹거리의 영향에 있어서 남성과 여성이 차이가 있고, 경로계수를 보면 남성 그룹이 여성 그룹보다 크기 때문에 남성이 여성보다 지각된 즐거움에 대한 먹거리의 영향이 더 크다고 분석할 수 있다. 그러나 permutation-검정의 결과를 보면 어떠한 경로도 남성과 여성의 차이가 있다고 할 수 없다.

[그림 11 – 17] 그룹비교 분석 실행

그룹비교 분석결과

재래시장 재방문 의도 　 표본수량:210 　 PLS 스키마:path 　 부트스트립 샘플링 횟수:200

그룹비교 평가기준

1) 그룹간 t-test에 의한 유의성 평가: p < 0.05 (양측검증) 이면 그룹간 경로의 차이가 있음(빨간색 표시)
2) Permutation 검정에 의한 유의성 평가: p < 0.05 (양측검증), 치환된 표본들의 그룹간의 경로차이들에 대한 분포를 통한 미모수 검증방식

그룹1=남자

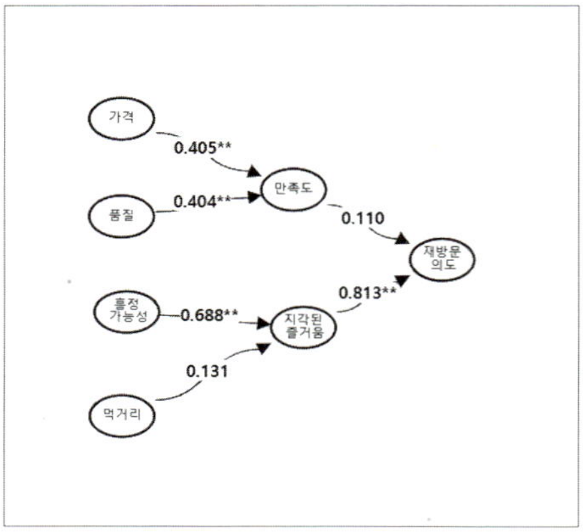

그룹2=여자

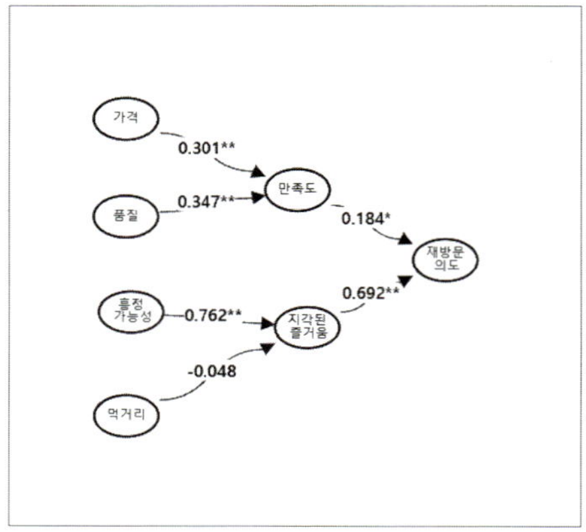

경로	그룹 1 (n=82)			그룹 2 (n=128)			t-test		Permutation-검정	
	경로계수	t값	p값[1]	경로계수	t값	p값[1]	t값	p값[2]	계수차	p값[2]
가격 → 만족도	0.405	3.779	0.000	0.301	3.183	0.001	1.213	0.226	0.104	0.522
품질 → 만족도	0.404	3.991	0.000	0.347	3.434	0.000	0.706	0.481	0.057	0.662
만족도 → 재방문 의도	0.110	1.273	0.103	0.184	1.719	0.044	-1.078	0.282	0.075	0.652
흥정 가능성 → 지각된 즐거움	0.688	10.125	0.000	0.762	10.938	0.000	-1.356	0.177	0.074	0.532
먹거리 → 지각된 즐거움	0.131	1.465	0.073	-0.048	-0.733	0.233	2.514	0.013	0.179	0.090
지각된 즐거움 → 재방문 의도	0.813	9.517	0.000	0.692	7.014	0.000	1.762	0.080	0.121	0.428

[1]단측검정, [2]양측검정

© 2014 사화과학연구 자동화

11.5 결과보고서 작성

결과보고서 작성

결과보고서 작성은 구조방정식모형 실행과 추가분석 결과를 근간으로 결과보고서 초안을 작성하는 것으로 구조방정식모형 분석 메뉴에서 [결과보고서 작성] 아이콘을 선택하여 [그림 11 – 18]과 같은 결과보고서 작성 메뉴 화면을 호출하여 수행한다.

[그림 11 - 18] 결과보고서 작성 메뉴

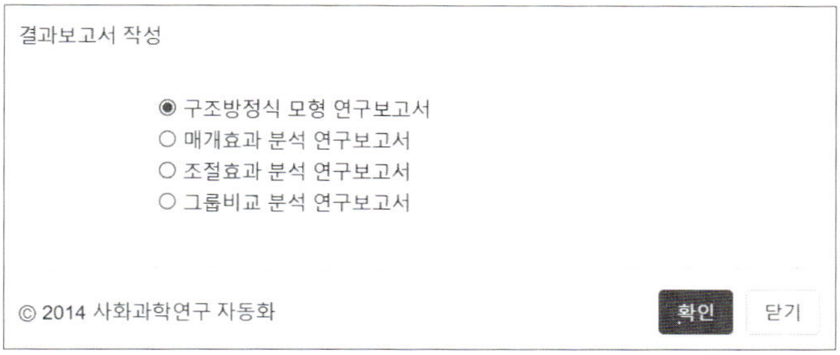

구조방정식모형 연구보고서는 [표 11 - 2]와 같이 구조방정식모형 실행 결과를 근간으로 PLS 구조방정식모형 연구보고서 또는 공분산 기반 구조방정식모형 연구보고서를 작성을 지원한다. 매개효과 분석 연구보고서는 추가분석의 매개효과를 분석한 결과에 대한 보고서이며, 조절모형 분석 연구보고서는 추가분석의 조절효과를 분석한 결과에 대한 보고서, 그리고 그룹비교 분석 연구보고서는 추가분석의 그룹효과를 분석한 결과에 대한 보고서를 산출한다. 결과보고서 작성과 관련해서는 12장에서 세부적으로 다룬다.

[표 11 - 2] 분석 메뉴와 결과보고서

<table>
<tr><th colspan="2">분석 메뉴</th><th colspan="2">결과보고서</th></tr>
<tr><td rowspan="2">구조방정식모형 실행</td><td>PLS - SEM</td><td rowspan="2">구조방정식모형 연구보고서</td><td>PLS 구조방정식모형 연구보고서</td></tr>
<tr><td>CB - SEM</td><td>SEM 구조방정식모형 연구보고서</td></tr>
<tr><td rowspan="3">추가분석</td><td>매개효과 분석</td><td colspan="2">매개효과 분석 연구보고서</td></tr>
<tr><td>조절효과 분석</td><td colspan="2">조절모형 분석 연구보고서</td></tr>
<tr><td>그룹비교 분석</td><td colspan="2">그룹비교 분석 연구보고서</td></tr>
</table>

Chapter 12

보고서 작성

보고서 작성 12.1

보고서 작성은 자료분석 결과를 근간으로 최종적으로 결과보고서를 작성하는 것으로 이 단계는 [그림 12 - 1]과 같이 결과보고서 초안 생성, 결과보고서 작성, 참고문헌 등록, 결과보고서 검토 및 완료 등의 세부 절차들로 이루어져 있다.

[그림 12 - 1] 보고서 작성 단계

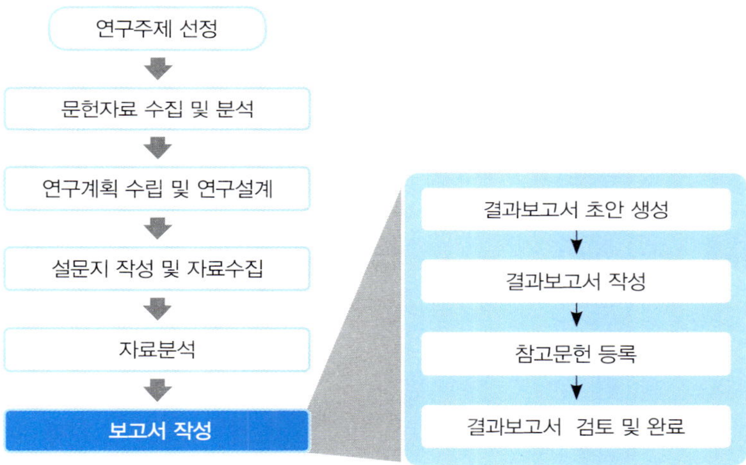

상기절차의 첫 번째인 결과보고서 생성은 연구모형에 대하여 구조방정식 모델링 또는 추가분석을 수행한 결과를 근간으로 논문 등의 결과보고서 초안을 생성하는 것이다. 둘째, 결과보고서 작성은 자동 생성된 초안의 초록, 서론, 이론적 배경, 연구모형 및 가설, 연구방법론, 연구결과, 논의 및 결론에 대하여 수정·보완하여 완전한 연구 결과보고서를 작성하는 것이다. 셋째, 참고문헌 등록은 작성된 결과보고서 본문에서 인용된 참고문헌을 등록하는 작업이다. 마지막으로 결과보고서 검토 및 완료는 완성된 보고서를 검토하고 출판을 준비하는 것이다. 상기의 보고서 작성 단계의 세부 절차들은 [보고서 작성 자동화]를 통하여 수행된다.

12.2 결과보고서 초안 생성

결과보고서 초안 생성은 연구모형에 대하여 구조방정식모델링 또는 추가분석을 수행한 결과를 근간으로 논문 등의 결과보고서 초안을 생성하는 것이다.

12.2.1 결과보고서 생성 메뉴

결과보고서 초안 생성은 [그림 12－2]의 [내 설문현황] 화면에서 보고서 관리 영역의 [결과보고서 생성]을 선택하여 수행한다.

[그림 12－2] 결과보고서 생성 메뉴 선택

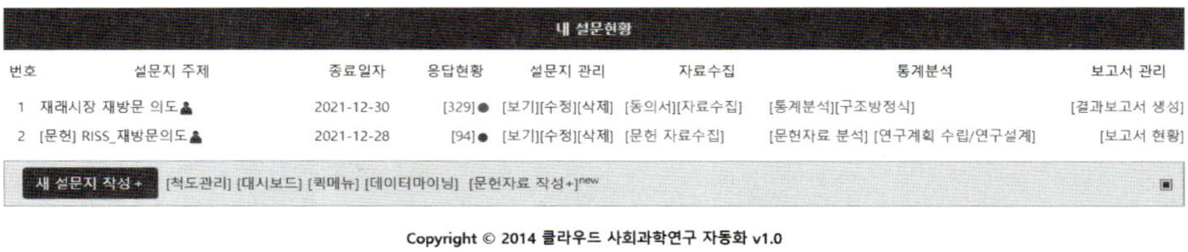

상기의 화면에서 [결과보고서 생성] 메뉴가 선택하면 [그림 12－3]과 같은 작성할 결과보고서의 형식을 선택할 수 있는 메뉴 화면이 나타난다.

[그림 12－3] 결과보고서 형식 종류

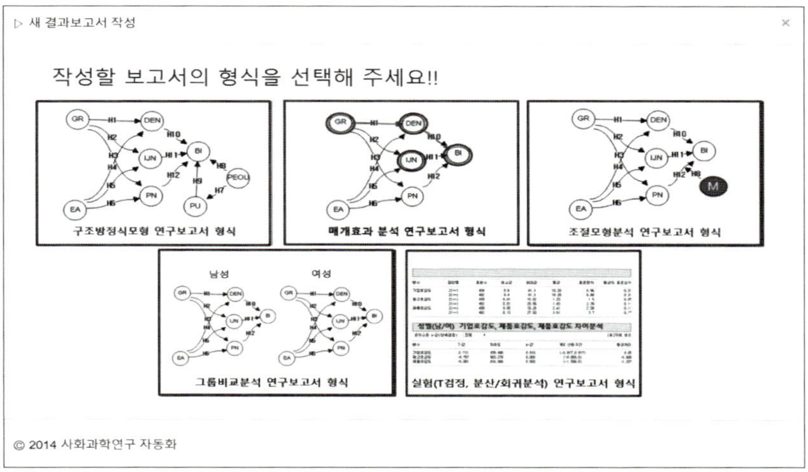

결과보고서의 형식은 PLS 구조방정식모형 연구보고서 또는 공분산 기반 구조방정식모형 연구보고서 작성을 지원하는 구조방정식모형 연구보고서, 매개효과 분석 연구보고서, 조절모형 분석 연구보고서 그리고 그룹비교분석 연구보고서로 구성되어 있다. 특정 결과보고서 초안을 생성하기 전에 반드시 [표 12-1]에 나타난 관련 자료분석이 미리 수행되어야 한다.

[표 12-1] 자료분석과 결과보고서

자료분석		결과보고서 형식
구조방정식모형 실행	PLS 구조방정식모델링	구조방정식모형 연구보고서
	공분산 기반 구조방정식모델링	
추가분석	매개효과 분석	매개효과 분석 연구보고서
	조절효과 분석	조절모형 분석 연구보고서
	그룹비교 분석	그룹비교 분석 연구보고서
일반통계분석(*t*-검정, 분산분석, 회귀분석)		실험연구보고서

12.2.2 결과보고서 생성

결과보고서 형식을 선택하면 [그림 12-4]와 같은 보고서 생성을 위한 메뉴가 나타난다. [그림 12-4]의 화면에서 연구자는 보고서 양식과 작성언어, 자료소스를 확인·선택한 후 보고서 제목과 영문제목 그리고 주제어들을 등록하고 [설정확인]을 선택한다.

[그림 12-4] 결과보고서 생성 화면

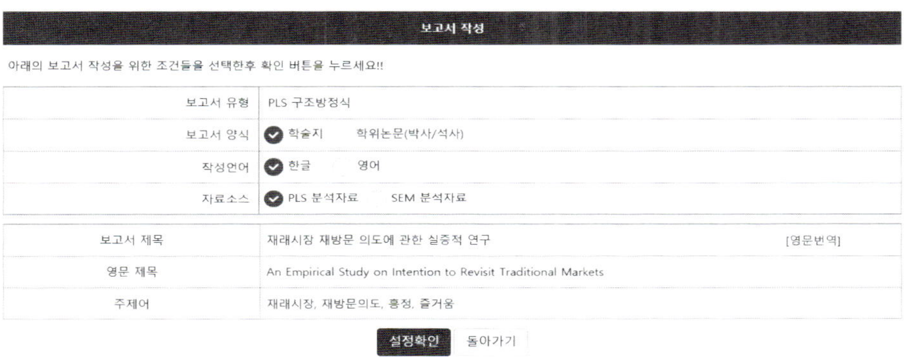

실습을 위하여 아래와 같이 보고서 제목, 영문 제목, 주제어를 등록한다. 보고서 제목을 작성하고 오른쪽의 [영문번역]을 선택하면 구글 번역기로 연결되며, 연구자는 구글의 번역결과를 복사하여 영문제목에 붙여넣기를 할 수 있다. 주제어는 구분자(,)를 이용하여 등록한다.

- 보고서 제목: 재래시장 재방문의도에 미치는 요인에 관한 실증적 연구
- 영문 제목: An Empirical Study on Factors Affecting Revisit Intention to Traditional Markets
- 주제어: 재래시장, 재방문의도, 흥정, 즐거움

[그림 12-4]에서 하단의 [설정확인]을 선택하면 초록, 서론, 이론적 배경, 연구모형 및 가설, 연구방법론, 연구결과, 논의 및 결론 등이 포함된 결과보고서 초안이 생성된다.

12.2.3 결과보고서의 기본 구성

생성된 결과보고서 초안은 보고서 형식에 따라 약간의 차이가 있으나 기본 구성은 전형적인 인과모형 연구보고서 형식으로 아래와 같이 초록, 서론, 이론적 배경, 연구모형 및 가설, 연구방법론, 연구결과, 논의, 결론 그리고 참고문헌 순으로 구성되어 있다.

Ⅰ. 서론
Ⅱ. 이론적 배경
- 개념적틀(이론), 선행연구, 연구변수들

Ⅲ. 연구모형 및 가설
- 연구모형, 가설 설정

Ⅳ. 연구방법
- 자료수집, 측정지표 개발

Ⅴ. 연구결과
- 신뢰도 및 타당도, 모형적합도, 가설 검증

Ⅵ. 논의
Ⅶ. 결론
- 연구의 기여도, 시사점, 연구의 한계 및 향후 연구 제시

참고문헌

결과보고서 작성 12.3

결과보고서 작성은 자동 생성된 결과보고서 초안의 초록, 서론, 이론적 배경, 연구모형 및 가설, 연구방법론, 연구결과, 논의 및 결론에 대하여 수정·보완하여 완전한 연구 결과보고서를 작성하는 것이다.

12.3.1 결과보고서 작성 메뉴

결과보고서 작성은 [내 설문현황] 화면에서 보고서 관리 영역의 [보고서 현황]을 선택하면 [그림 12 – 5]와 같은 결과보고서 현황 메뉴 화면이 나타나고 여기서 [편집]을 선택하여 작성할 수 있다. 특정 설문에 대하여 한 개 이상의 보고서가 생성·작성되어 있으면 [내 설문현황] 화면에서 보고서 관리 영역은 [결과보고서 생성] 메뉴 대신에 [보고서 현황] 메뉴로 바뀌어서 보인다.

[그림 12 – 5] 결과보고서 현황 메뉴

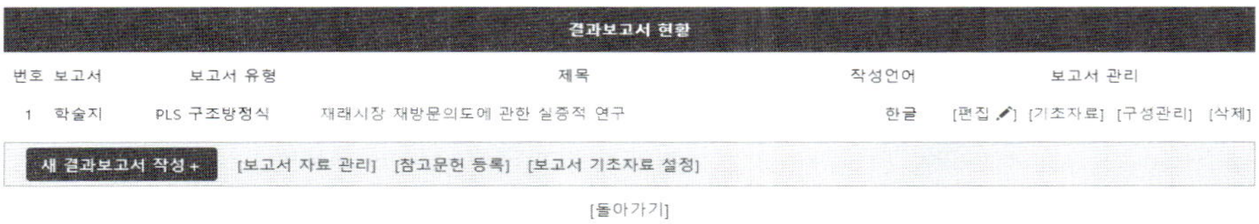

상기의 메뉴에서 [기초자료]는 결과보고서의 내용들을 새롭게 생성하여 설정하는 기능에 대한 메뉴이고 [구성관리]는 결과보고서의 구성을 변경하는 데 이용되는 메뉴이며, [삭제]는 작성된 결과보고서를 삭제하는 메뉴이다. 아울러 상기의 메뉴에서 제목을 선택하면 결과보고서 내용을 보기 위한 화면이 나타나며, 여기서 결과보고서 파일 생성 및 출력을 할 수 있다.

하단의 [새 결과보고서 작성+]은 새로운 결과보고서 초안을 생성하는 메뉴로 [그림 12 – 3]의 결과보고서 형식 선택을 위한 화면으로 연결된다. 또한 결과보고서 자료들 관리를 위한 메뉴인 [보고서 관리], 참고문헌 등록 및 관리를 위한 [참고문헌 등록], 보고서 기초자료들을 설정하기 위한 [보고서 기초자료 설정] 메뉴 등으로 구성되어 있다.

12.3.2 결과보고서 작성

결과보고서 작성을 위한 [편집] 메뉴는 생성된 결과보고서를 편집 및 작성하는 메뉴로 초록, 서론, 이론적 배경, 연구모형 및 가설, 연구방법론, 연구결과, 논의 및 결론, 참고문헌 등의 결과보고서 내용을 수정·편집하는데 사용된다.

(1) 제목, 초록, 키워드

초안 결과보고서에 생성된 제목, 초록, 키워드는 [그림 12-4]의 결과보고서 생성 화면에서 등록된 제목, 영문제목 주제어 그리고 자료분석 결과를 근간으로 자동 생성되어 구성된다. [그림 12-6]에서 제목이나 초록 내용에 대한 수정을 원할 경우 오른쪽의 [수정]을 선택하여 수정할 수 있다. 자동 생성된 초록은 기본적인 내용만을 포함하고 있기 때문에 연구자는 보완 추가해야만 한다.

[그림 12-6] 제목, 초록, 키워드 초기 화면

재래시장 재방문 의도에 관한 실증적 연구[수정]

An Empirical Study on Intention to Revisit Traditional Markets [수정]

초 록[수정]

본 연구의 목적은 재래시장 재방문 의도에 관한 실증적 연구를 수행하는 것이다. 이를 위해 본 연구에서는 가격, 품질, 편의시설 부족이 만족도에 영향을 주고, 편의시설 부족, 만족도, 지각된 즐거움이 재방문 의도에 영향을 주고, 그리고 흥정 가능성, 먹거리가 지각된 즐거움에 영향을 주는 것으로 연구모형을 구성하였다. 총 210부의 유효한 자료가 설문조사를 통하여 수집되었고, 이를 구조방정식모델링을 이용한 확인적 요인분석과 경로분석을 실시하여 연구모형을 실증적으로 분석하였다. 연구결과 가격, 품질, 편의시설 부족은 만족도에 영향을 주고, 지각된 즐거움은 재방문 의도에 영향을 주고, 그리고 흥정 가능성은 지각된 즐거움에 영향을 주는 것으로 나타났다. 그러나 편의시설 부족, 만족도는 재방문 의도에 영향이 없고, 또한 먹거리는 지각된 즐거움에 영향이 없는 것으로 나타났다. 본 연구에서는 분석결과들을 바탕으로 재래시장 재방문 의도에 관한 실증적 연구 위한 실천적 방안을 제시하였다.

Keywords[수정]

재래시장, 재방문 의도, 흥정, 즐거움

(2) 서론

결과보고서로 생성된 초기 서론의 내용은 [그림 12-7]과 같다. 서론의 내용은 수정이 필요하며, 서론의 내용은 연구 중요성과 독창성이 명확하게 전달될 수 있도록 작성한다.

[그림 12-7] **서론 초기 화면**

1. 서 론[수정]

본 연구의 중요성과 독창성이 독자에게 명확하게 전달될 수 있도록 작성하세요. [수정]^

우선 본 연구주제의 중요성에 대하여 기술해 보세요. 본 연구 영역에서의 종속변수의 실무적인 관점에서의 중요성에 대하여 기술해 보세요. 아울러, 기존의 관련연구들에서는 본 연구(주제)의 중요성을 어떻게 기술하였는지도 참조하여 기술해보세요. [수정]^

둘째, 현재까지의 관련 선행연구들의 현황 및 한계에 대하여 기술하세요. 본 연구 주제와 관련돼서 현재까지 알려진 것이 무엇이고, 아직까지 불분명한 것이 무엇인지, 확인해야 할 것이 무엇인지 기술해 보세요. [수정]^

셋째, 선행 연구들에 대한 현황분석 및 한계를 근간으로 이번 연구의 목적 및 방향에 대하여 기술하세요. 연구의 목적은 간단하고 명확하게 기술하고 연구 방향은 본 연구를 위하여 어떠한 새로운 방식(독창성)을 적용하려고 하는지 기술하세요(예를 들어 기존연구들에서 사용된 적이 없는 이론을 본 연구에서 사용했는지, 기존의 연구에서 사용된 변수를 세분해서 사용했는지). 아울러 새로운 방식을 적용한 이유(정당성)도 기술하세요. [수정]^

[수정]^

마지막으로 예상되는 연구결과의 이론적 기여도와 실무적인 시사점에 대하여 기술하세요.[수정]^

일반적인 서론의 작성요령은 다음과 같다. 첫째, 연구주제의 중요성에 대하여 기술한다. 아울러 연구영역에서의 종속변수의 실무적인 관점에서의 중요성에 대하여 기술한다. 연주주제의 중요성은 기존의 관련연구들에서는 연구주제의 중요성을 어떻게 기술하였는지도 참조하여 기술하는 것도 바람직하다. 둘째, 현재까지의 관련 선행연구들의 현황 및 한계에 대하여 기술한다. 연구주제와 관련돼서 현재까지 알려진 것이 무엇이고, 아직까지 불분명한 것이 무엇인지, 확인해야 할 것이 무엇인지 등에 대하여 기술한다. 셋째, 선행연구들에 대한 현황분석 및 한계를 근간으로 하여 이번 연구의 목적 및 방향에 대하여 기술한다. 연구의 목적은 가능한 간단하고 명확하게 기술하고 연구 방향은 연구를 위하여 어떠한 새로운 방식을 적용하려고 하는지 기술한다. 예를 들어 기존연구들에서 사용된 적이 없는 이론을 연구에서 사용했는지, 기존의 연구에서 사용된 변수를 세분해서 사용했는지 등이 포함될 수 있다. 아울러 연구에서 새로운 방식을 적용한 이유에 대한 정당성도 기술한다. 마지막으로 예상되는 연구결과의

[그림 12 – 8] **서론 수정 화면**

1. 서 론[수정]

재래시장은 소비자들이 필요한 물품을 구입하는 장소라는 기본적인 기능 이외에 지역주민들의 정서가 담긴 곳으로 영세한 상인들에게 고용의 기회를 제공하고 서민들에게는 저렴하게 물건을 구매할 수 있는 기회를 제공하여 왔다(김준식.김종진, 2012). 또한 재래시장은 사회적·문화적인 활동과 정보의 교류가 이루어지는 지역 커뮤니티공간으로서의 기능과 우리의 옛 모습을 보존하고 문화적 정서를 대변하는 공간으로서 기능을 수행하여왔다(김애경 등, 2012;Prastyawan et al. 2015). 최근 대형유통점, 편의점, 무점포영업, 온라인 매장 등의 새로운 업태의 상거래 유형들이 급속하고 확장 및 팽창하고 있고 소비자들의 구매패턴이 변화함에 따라 재래시장은 침체일로를 걷고 있다(김용 2015). 특히 지난 몇 년 동안의 코로나 감염증으로 인하여 재래시장의 침체일로는 가중되고 있다(강은서 등 2021). [수정]^

이론적 기여도와 실무적인 시사점에 대하여 간략하게 기술한다.

서론 내용의 수정은 문장 단위 또는 절 전체의 수정이 가능하며, 오른쪽의 [수정]을 선택하여 수정한다. 참고로 서론의 일부 수정된 내용은 [그림 12 – 8]과 같다.

(3) 이론적 배경

결과보고서로 생성된 이론적 배경의 구성과 내용은 [그림 12 – 9]와 같다. 이론적 배경은 일반적인 사회과학연구의 이론적 배경에 포함되는 개념적틀, 선행연구, 그리고 연구변수들에 대한 3개의 절로 구성되어 있다.

[그림 12 – 9] **이론적 배경 화면**

2. 이론적 배경[수정]

2.1. 개념적틀(이론)[수정]

본 모형의 근간이 되는 이론들에 대하여 기술하세요. 예를 들면 기술수용모델(TAM) 모형을 이론적 근간으로 한 연구의 경우 모형을 설명하고 사용된 이론 또는 모형에 사용된 변수들에 대한 개념적 정의 등을 언급하세요.[수정]^

2.2. 선행연구[수정]

본 연구와 관련된 선행 연구들을 연구 목적에 맞게 분류하고, 가능하면 선행 연구들을 [표]로 추가하여 작성하세요. [표]에는 연구자(연도), 근간이론, 연구내용 또는 주요변수, 연구목적 등이 기본적으로 포함되는 것이 바람직하며, 최종적으로 선행 연구를 분석한 내용이 결과로서 정리 되어야 합니다.[수정]^

2.3. 연구변수들[수정]

연구모형에 사용될 변수들에 대하여 설명하세요. 변수의 정의, 선행연구에서의 역할 등이 포함되며, 연구변수로 도출된 정당성도 기재할 필요가 있습니다.[수정]^

개념적틀(conceptual framework)은 연구모형의 근간이 되는 이론들에 대하여 독자들에게 설명하기 위한 목적으로 기술한다. 예를 들면 기술수용모형(TAM)을 연구모형의 이론적 근간으로 활용한 연구의 경우 기술수용모형 이론과 구성개념들에 대한 개념적 정의 등을 언급한다. 필요에 따라 이론의 구성개념 간의 관계를 그림을 이용하여 작성한다. 선행연구는 연구와 관련된 선행연구들을 연구목적에 맞게 분류하고, 가능하면 선행연구들을 [표]를 동반하여 작성한다. [표]에는 연구자(연도), 근간이론, 연구내용 또는 주요변수, 연구목적 등이 기본적으로 포함되는 것이 바람직하며, 최종적으로 선행 연구를 분석한 내용이 결과로서 정리가 필요하다. 연구변수들은 연구모형에 사용될 변수들에 대하여 설명하는 것으로 연구변수의 정의, 선행연구에서의 역할 등이 포함되며, 연구변수로 도출된 정당성에 대하여도 기재할 필요가 있다.

모든 장 및 절의 내용은 물론 명칭의 변경이 가능하다. 예를 들어 '개념적틀(이론)' 대신에 다른 절 제목으로 변경을 원할 경우 [그림 12 - 10]에서와 같이 절 제목의 옆의 [수정]을 선택하여 상단의 제목을 원하는 제목, 아래와 같이 '재

[그림 12 - 10] 이론적 배경 목차 수정

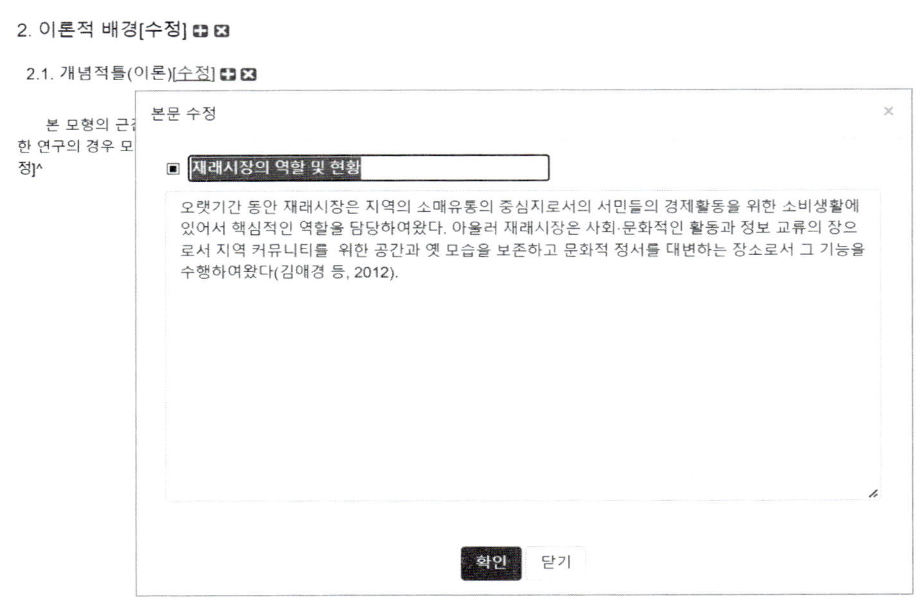

[그림 12 - 11] 제목 및 내용이 수정된 이론적 배경 화면

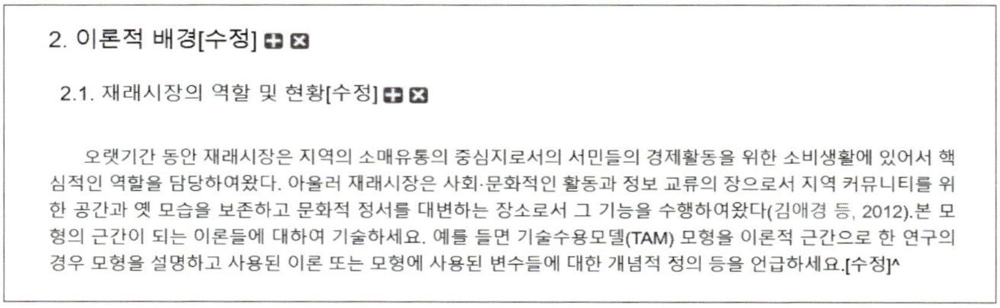

래시장의 역할 및 현황'로 변경하고 [확인]을 선택하면 [그림 12 - 11]과 같이 저장·변경된 사항을 볼 수 있다.

참고로 본문의 내용에는 글자는 물론 문헌 연구에서 작성한 표의 삽입도 가능하다.

(4) 연구모형 및 가설

결과보고서로 생성된 연구모형과 가설의 내용은 [그림 12 - 12]와 [그림 12 - 13]과 같다. [그림 12 - 12]의 연구모형은 분석한 구조방정식모형에 대한 간략한 설명과 연구모형 그림으로 구성되어 있으므로 연구자는 연구모형 설명에 있어 연구모형의 변수들 간의 관계로 설명하고 연구변수 선정 이유에 대해서도 추가로 기술할 필요가 있다. 또한 필요에 따라 선행연구들에서 사용된 주요 독립변수들이 연구모형에 포함되지 않았으면 그 이유에 관하여도 기술하는 것이 바람직하다. 아울러 연구모형에 특정 이론을 연구모형의 근간으로 사용하였을 경우 연구모형에서 사용된 근간이론의 당위성에 대하여도 간략하게 기술할 필요가 있다.

가설 설정 부분은 [그림 12 - 13]에 보이는 바와 같이 구조방정식모형 분석 시에 정의된 가설들이 기본적으로 제시되어 있다. 연구자는 추가적으로 가설들에 대한 설정 이유에 대하여 상세하게 기술해야만 한다. 일반적인 가설 설정 방법은 첫째, 가설에서 사용된 두 변수간의 관계가 특정한 이론을 근간으로 설정되었는지 살펴보고 사용된 이론을 근간으로 가설 설정에 대해 설명을 한다. 즉 연역적 방법으로 가설을 설정한다. 둘째, 두 변수간의 관계를 실증적으로 분석

[그림 12－12] 연구모형 초기 화면

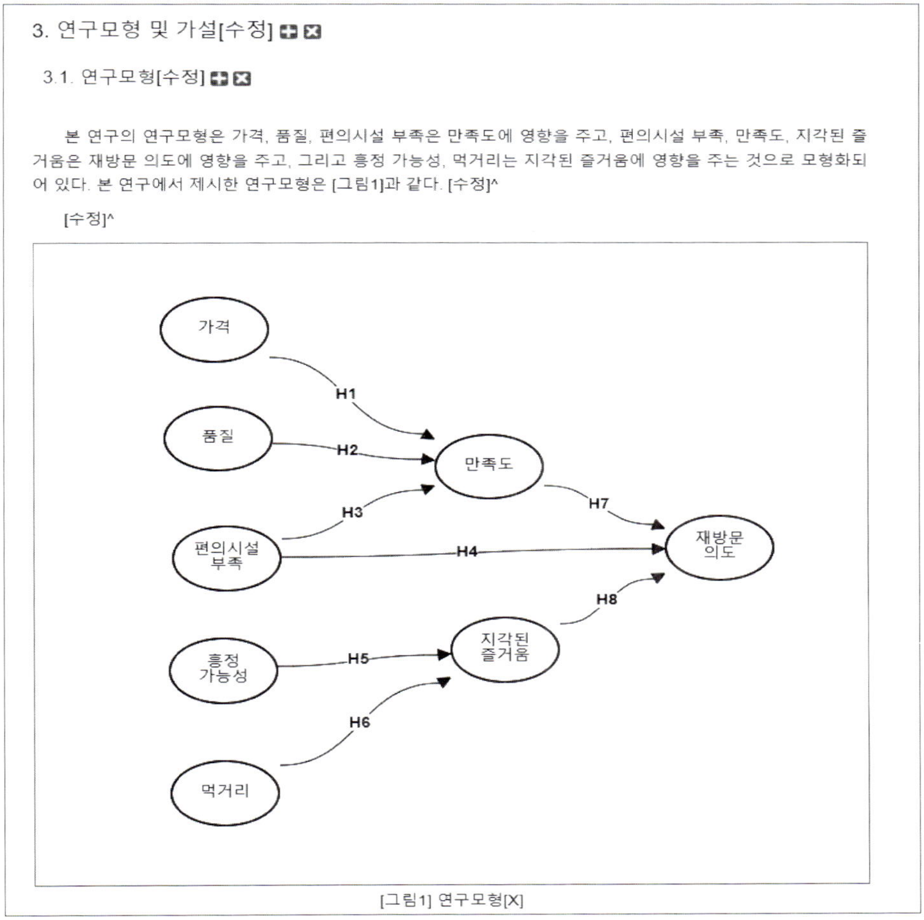
3. 연구모형 및 가설[수정]

3.1. 연구모형[수정]

본 연구의 연구모형은 가격, 품질, 편의시설 부족은 만족도에 영향을 주고, 편의시설 부족, 만족도, 지각된 즐거움은 재방문 의도에 영향을 주고, 그리고 흥정 가능성, 먹거리는 지각된 즐거움에 영향을 주는 것으로 모형화되어 있다. 본 연구에서 제시한 연구모형은 [그림1]과 같다. [수정]^

[수정]^

[그림1] 연구모형[X]

한 선행연구들이 있는가를 살펴보고 참조된 선행연구들은 근간으로 하여 실증적 근거를 이용하여 가설을 설정한다. 셋째, 두 변수간의 관계를 논리적으로 설명할 수 있는가를 경험적 근거를 가지고 가설을 설정한다. 이러한 경우 예시를 가설 설정에 기술하여 가설 설정의 설득력을 높이는 것이 바람직하다. 넷째, 가설에서 설정된 변수와 유사한 개념을 포함하는 이론이나 선행연구가 있는가를 살펴보고 설정된 변수와 유사한 개념을 포함하는 이론과의 관계를 연관 지어 가설을 설정한다. 가설들은 상기의 4가지 가설 설정 방법들이 혼합되어 충분한 논리적인 근거를 가지고 설정되는 것이 바람직하다.

[그림 12-13] 가설 설정 초기 화면

3.2. 가설설정[수정]

가설설정은 다음과 같은 사항들에 근거하여 설정해 보세요. 첫째, 가설에서 사용된 변수와 두 변수간의 관계가 특정이론을 근간으로 설정되었는가? 이론을 배경으로 가설을 설정하세요. 둘째, 두 변수들의 관계를 실증적으로 분석한 선행연구들이 있는가? 참조된 선행연구들은 근간으로 하여 가설을 설정하세요. 셋째, 두 변수간의 관계를 예를 들어 논리적으로 설명할 수 있는가? 그 예를 들어 가설을 설정하세요.넷째, 가설에서 설정된 변수와 유사한 개념을 포함하는 이론이나 선행연구가 있는가? 설정된 변수와 유사한 개념을 포함하는 이론과의 관계를 연관지어 가설을 설정하세요.[수정]^

가설1. 가격은 만족도에 긍정적인(+) 영향을 미친다.[수정]^

가설2. 품질은 만족도에 긍정적인(+) 영향을 미친다.[수정]^

가설3. 편의시설 부족은 만족도에 부정적인(-) 영향을 미친다.[수정]^

가설4. 편의시설 부족은 재방문 의도에 부정적인(-) 영향을 미친다.[수정]^

가설5. 흥정 가능성은 지각된 즐거움에 긍정적인(+) 영향을 미친다.[수정]^

가설6. 먹거리는 지각된 즐거움에 긍정적인(+) 영향을 미친다.[수정]^

가설7. 만족도는 재방문 의도에 긍정적인(+) 영향을 미친다.[수정]^

가설8. 지각된 즐거움은 재방문 의도에 긍정적인(+) 영향을 미친다.[수정]^

[수정]^

(5) 연구방법론

결과보고서로 생성된 초기 연구방법론은 자료수집과 측정지표 개발 절로 구성되어 있다. [그림 12-14]의 자료수집의 초기 내용은 응답자의 일반현황, 즉 표본의 분포현황을 기술한 내용과 빈도표를 보여준다. 자료수집에서 연구자는 자료수집의 시기와 방법은 물론 자료가 연구 분석을 위한 표본으로서의 적정성이 있다는 객관적인 주장도 추가로 기술하는 것이 바람직하다.

[그림 12 - 14] **자료수집 초기 화면**

4. 연구방법론[수정]

본 연구의 설문조사 및 통계분석은 클라우드 사회과학연구 자동화(social science research automation, SSRA) 사이트(ssra.or.kr)를 이용하여 수행하였다. SSRA는 클라우드 기반으로 사회과학 연구자들의 설문지 작성을 도와주고, 웹과 모바일을 이용한 자료수집을 지원하며, 수집된 자료에 대한 통계처리를 지원하는 시스템으로 연구 생산성을 향상시키고, 자료변환 및 통계처리 시 발생할 수 있는 오류를 제거하며, 연구수행 과정에 대한 투명성을 보장하는 것으로 알려져 있다(윤철호 2015).[수정]^

4.1. 자료수집[수정]

총 210부의 유효한 자료가 설문조사를 통하여 수집되었다. 응답자들의 인구통계학적 특성을 살펴보면 성별은 남성이 82명(39.0%)이고 여성이 128명(61.0%)이며, 연령대는 20-24세 가 3명(1.4%), 25-29세 가 8명(3.8%), 30-34세 가 18명(8.6%), 35-39세 가 22명(10.5%), 40-44세 가 30명(14.3%), 45-49세 가 37명(17.6%), 50세 이상이 92명(43.8%)이었다. 직업은 없음이 3명(1.4%), 학생이 4명(1.9%), 사무직이 23명(11.0%), 회사원이 38명(18.1%), 주부가 65명(31.0%), 전문직이 40명(19.0%), 기타가 37명(17.6%)이었다. 결혼 여부는 기혼이 125명(59.5%), 미혼이 85명(40.5%), 출신지는 도시가 104명(49.5%), 시골이 106명(50.5%), 방문빈도는 거의 매일이 117명(55.7%), 1주 1회 이상이 36명(17.1%), 2주 1회 정도가 29명(13.8%), 1개월 1회 정도가 14명(6.7%), 3개월 1회 정도가 10명(4.8%), 6개월 1회 정도가 3명(1.4%), 1년 1회 정도가 1명(0.5%), 표본 특성의 상세한 내용은 [표1]과 같다. [수정]^

[수정]^

[표1] 응답자의 일반현황[수정][X]

변수	항목	인원	백분율
성별	남자	82	39.0
	여자	128	61.0
	합계	210	100.0
연령대	20-24세	3	1.4
	25-29세	8	3.8
	30-34세	18	8.6
	35-39세	22	10.5
	40-44세	30	14.3
	45-49세	37	17.6
	50세 이상	92	43.8

[그림 12 - 15]의 측정지표 개발은 측정지표 개발 방법에 대하여 설명하는 것으로, 잠재변수들이 어떻게 개발되었는지 기술한다. 대부분의 사회과학 연구의 경우 측정지표의 표면타당도 확보를 위해 기존이 선행연구들에서 사용된 측정지표들을 수정하여 사용하는 경우가 바람직하다. 이러한 경우 참조된 연구들에 대하여 언급하는 것이 바람직하다.

[그림 12-15] 측정지표 개발 초기 화면

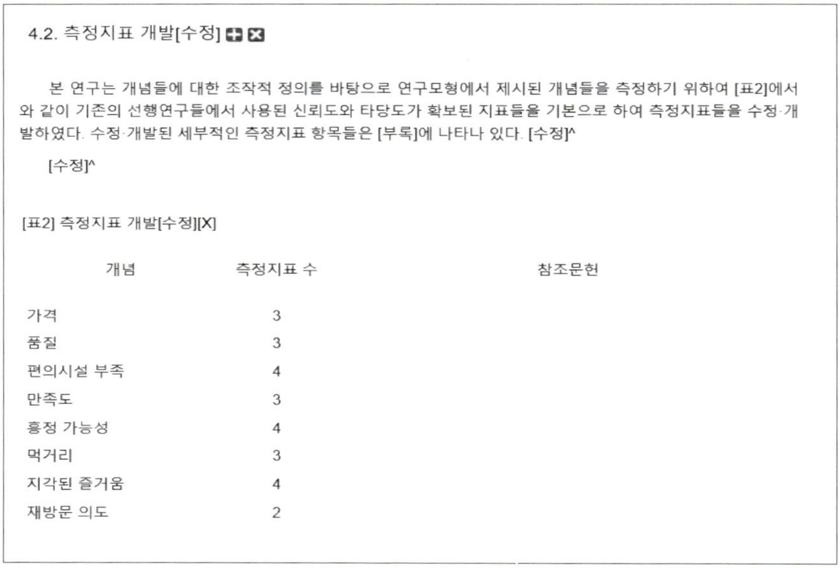

4.2. 측정지표 개발[수정]

본 연구는 개념들에 대한 조작적 정의를 바탕으로 연구모형에서 제시된 개념들을 측정하기 위하여 [표2]에서와 같이 기존의 선행연구들에서 사용된 신뢰도와 타당도가 확보된 지표들을 기본으로 하여 측정지표들을 수정·개발하였다. 수정·개발된 세부적인 측정지표 항목들은 [부록]에 나타나 있다. [수정]^

[수정]^

[표2] 측정지표 개발[수정][X]

개념	측정지표 수	참조문헌
가격	3	
품질	3	
편의시설 부족	4	
만족도	3	
흥정 가능성	4	
먹거리	3	
지각된 즐거움	4	
재방문 의도	2	

연구방법론의 기본 구성이 자료수집과 측정지표 개발로만 구성되어 있으나 필요에 따라 본문에 조작적 정의를 포함시킬 필요가 있다. 이런 경우 제목 오른쪽의 아이콘을 선택하여 장이나 절을 아래에 추가할 수 있다. 조작적 정의는 자료수집 밑에 추가하기 위해서는 4.1 자료수집[수정] 옆의 아이콘을 선택하여 아래와 같이 화면을 호출한 후 신규자료 명칭은 '조작적 정의'로 삽입자료 명칭은 '[Text] 변수의 정의'를 선택하고 [확인]을 수행한다.

[그림 12-16] 조작적 정의 신규자료 추가 화면

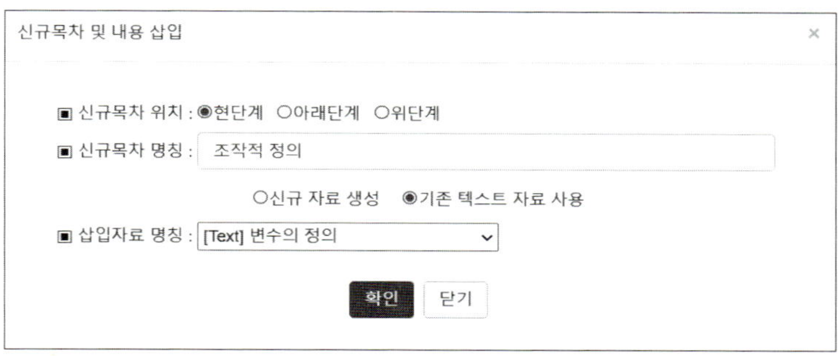

[그림 12 - 17] **조작적 정의 초기 화면**

4.2. 조작적 정의[수정]

본 연구모형에서 제시된 구성개념들에 대한 조작적 정의는 [표2]와 같다. [수정]^

[수정]^

[표2] 개념의 조작적 정의[수정][X]

개념	조작적 정의
가격	재래시장에서 판매되는 가격의 저렴성, 합리성, 적정성 정도
품질	재래시장에서 판매되는 물건의 신뢰성, 우수성 정도
편의시설 부족	재래시장의 주차시설, 휴게시설, 이동(카트) 시설 등의 지각된 부족 정도
만족도	재래시장에서의 방문 후 느끼는 전반적인 만족도
흥정 가능성	물건의 품질이나 가격을 조정할 수 있는 정도
먹거리	재래시장에서의 먹거리의 다양성, 기호의 적합성과 맛의 우수성 등
지각된 즐거움	재래시장 방문 자체가 즐거운 것으로 인식되는 정도
재방문 의도	향후에 지속적으로 재래시장에 방문하겠다는 의지

[그림 12 - 16]의 신규자료가 추가되면 [그림 12 - 17]과 같은 조작적 정의에 대한 초기 화면이 본문에 추가된다. 연구자는 개념들에 대한 조작적 정의와 관련하여 근거가 되는 내용은 상세하게 기술할 필요가 있다.

(6) 연구결과

결과보고서로 생성된 연구결과는 연구결과 소개, 신뢰도 및 타당도 분석, 그리고 가설 검증으로 구성되어 있다. [그림 12 - 18]의 연구결과 소개는 구조방

[그림 12 - 18] **연구결과 초기 화면**

5. 연구결과[수정]

본 연구에서는 연구결과 분석을 위하여 오프소스 소프트웨어인 R이 사용되었다. 측정지표들에 대한 신뢰도 및 타당도 분석 및 연구모형에 대한 가설검증을 위하여 PLS(Partial Least Squares, 최소자승추정법) 방식의 구조방정식모델링((Structural Equation Modeling, SEM)이 사용되었으며, PLS 구조방정식모델링 지원하기 위하여 R의 패키지인 plspm 패키지(Sanchez et al. 2013)가 이용되었습니다. [수정]^

PLS 방식은 기존의 공분산기반의 구조방정식모델링(covariance-based SEM, CB-SEM)과 달리 상대적으로 표본크기나 잔차분포에 대한 요구사항에 덜 엄격하여 탐색적인 연구를 수행(Chin 1998)하거나 복잡한 모형을 분석하는데 유리하며, 일반적으로 비정규 분포를 이루는 자료들에 대한 개념들을 포함하는 연구모형 분석에 유리한 것(Henseler & Sarstedt 2013)으로 알려져 있다 [수정]^

정식모델링에서 사용된 기법에 대하여 일반적인 내용이 기술되어 있다. 연구자는 연구모형 분석을 위하여 사용된 통계분석 기법에 대한 자세한 소개는 물론 왜 그러한 통계분석 기법이 자료분석에서 사용되었는지에 대한 타당성을 좀 더 추가하여 기술할 필요가 있다.

[그림 12-19], [그림 12-20] 그리고 [그림 12-21]은 측정지표들에 대한 신뢰도와 타당도 분석에 대하여 기술되어 있다. 신뢰도 분석을 보여주는 [그림 12-19]에는 신뢰도 평가와 관련된 일반적인 내용과 신뢰도 분석 결과표인 잠재변수들에 대한 클론바흐 알파 계수와 합성신뢰도 그리고 평균분산추출 값들을 보여주고 있다. 연구자는 신뢰도 분석 결과표의 내용을 참조하여 잠재변수별로 신뢰도 분석 결과를 좀 더 자세하게 기술할 필요가 있다.

[그림 12-19] 신뢰도 분석 결과 초기 화면

5.1. 신뢰도 및 타당도[수정]

측정지표들에 대한 신뢰도 평가는 잠재변수들의 클론바흐 알파계수와 합성신뢰도(Composite Reliability)값을 기준으로 평가하였다. [표3]에서 보이는 봐와 같이 클론바흐 알파계수 통산적인 기준인 0.70 이상을 보여주고 있고, 합성신뢰도 값 역시 수용기준인 0.70(Bagozzi & Yi 1988)을 상위하여 모든 개념들에 대한 측정지표들이 신뢰도가 있는 것으로 검증되었다. [수정]^

[수정]^

[표3] 신뢰도 분석결과[수정][X]

잠재변수	항목수	클론바흐 알파계수	합성신뢰도 값	평균분산추출 값
가격	3	0.851	0.910	0.770
품질	3	0.917	0.948	0.858
편의시설 부족	4	0.902	0.933	0.778
만족도	3	0.920	0.950	0.863
홍정 가능성	4	0.858	0.904	0.702
먹거리	3	0.879	0.926	0.804
지각된 즐거움	4	0.961	0.972	0.896
재방문 의도	2	0.941	0.971	0.944

타당도를 보여주는 [그림 12 – 20]에서는 집중타당도 평가와 관련된 일반적인 분석 및 평가 방법과 확인적 요인분석 결과표를 보여주고 있다. 연구자는 확인적 요인분석 결과표의 내용을 참조하여 집중타당도 분석 결과를 잠재변수별로 좀 더 자세하게 기술할 필요가 있다.

[그림 12 – 20] 집중 타당도 분석 결과 초기 화면

연구모형의 개념(construct)들에 대한 타당도 검증을 위하여 집중타당도와 판별타당도 평가가 시행되었다. 집중타당도의 평가는 측정지표들의 유의성과 개념들의 표준분산추출 값(Average Variance Extracted)의 검토로 이루어진다. 즉, 측정지표의 추정치가 유의적(t값 >1.96)이고(Gefen & Straub 2005) 표준분산추출 값이 0.50 이상 이라면 집중타당도가 있다고 볼 수 있다(Fornell & Larcker 1981). [표4]에 보이듯이 측정지표 추정치의 모든 t값들이 1.96 이상을 나타내고 있고, [표3]의 모든 잠재변수들의 표준분산추출 값이 0.5 이상으로 나타나고 있어, 이는 개념들의 집중타당도가 있음을 보여주고 있다. [수정]^

[수정]^

[표4] 확인적요인분석표[수정][X]

측정지표	가격	품질	편의시설 부족	만족도	흥정 가능성	먹거리	지각된 즐거움	재방문 의도	t-값
a1	**0.81**	0.38	-0.41	0.42	0.45	0.36	0.35	0.33	17.16
a2	**0.93**	0.57	-0.48	0.53	0.49	0.35	0.51	0.49	73.88
a3	**0.89**	0.64	-0.49	0.56	0.53	0.37	0.57	0.54	55.9
a4	0.59	**0.91**	-0.56	0.53	0.58	0.29	0.63	0.54	32.68
a5	0.54	**0.93**	-0.61	0.55	0.68	0.35	0.71	0.66	68.31
a6	0.57	**0.94**	-0.61	0.59	0.65	0.38	0.72	0.65	75.65
a7	-0.46	-0.62	**0.91**	-0.59	-0.65	-0.41	-0.59	-0.57	56.15
a8	-0.49	-0.57	**0.93**	-0.61	-0.66	-0.44	-0.62	-0.61	83.81
a9	-0.46	-0.62	**0.91**	-0.60	-0.66	-0.37	-0.63	-0.60	63.83
a10	-0.43	-0.44	**0.76**	-0.59	-0.65	-0.38	-0.52	-0.51	18.23
a18	0.50	0.53	-0.64	**0.91**	0.67	0.64	0.62	0.60	53.98
a19	0.54	0.57	-0.62	**0.95**	0.67	0.59	0.71	0.68	92.18
a20	0.56	0.56	-0.63	**0.93**	0.71	0.57	0.70	0.66	66.58
a11	0.51	0.59	-0.63	0.71	**0.84**	0.54	0.60	0.56	31.94
a12	0.49	0.63	-0.68	0.61	**0.91**	0.44	0.69	0.60	64.53
a13	0.46	0.65	-0.54	0.58	**0.86**	0.43	0.69	0.60	33.32
a14	0.42	0.41	-0.66	0.58	**0.73**	0.51	0.49	0.43	16.42
a15	0.35	0.38	-0.44	0.63	0.55	**0.91**	0.44	0.42	65.64
a16	0.35	0.28	-0.37	0.55	0.45	**0.90**	0.31	0.34	39.36
a17	0.40	0.32	-0.40	0.54	0.50	**0.88**	0.40	0.41	34.33
a21	0.53	0.70	-0.65	0.67	0.70	0.40	**0.94**	0.79	80.14
a22	0.52	0.65	-0.64	0.69	0.70	0.43	**0.94**	0.78	69.82
a23	0.54	0.71	-0.60	0.71	0.69	0.41	**0.95**	0.84	76.17
a24	0.51	0.76	-0.66	0.68	0.73	0.40	**0.96**	0.84	114.77
a25	0.52	0.65	-0.65	0.68	0.67	0.43	0.86	**0.97**	154.83
a26	0.51	0.64	-0.62	0.68	0.61	0.43	0.81	**0.97**	120.11

: 최대값

[그림 12 - 21]에서는 판별타당도 평가와 관련된 일반적인 평가 방법에 대한 내용과 평균분산추출 값을 이용한 판별타당도 분석결과 표를 보여주고 있다. 연구자는 표의 평균분산추출 값과 상관계수에 대한 내용을 참조하여 잠재변수별로 판별타당도 분석 결과를 좀 더 자세하게 기술할 필요가 있다.

[그림 12 - 21] 판별타당도 분석 결과 초기 화면

판별타당도는 상이한 개념을 측정하는 경우에는 동일한 측정방법을 사용하더라도 그 측정값 간에는 차별성이 나타나야 한다는 것으로 PLS를 이용한 구조 방정식에서는 1) 측정지표들이 확인적 요인분석에서 다른 개념들보다 그들이 측정하는 요인에 보다 뚜렷하게 높게 적재되고 있고 (2) 한 개념의 평균분산추출(average variance extracted: AVE) 제곱근 값이 그 개념과 다른 개념들 간의 상관계수 값들보다 높을 때 판별 타당도가 있다고 본다(Gefen & Straub 2005). [수정]^

[표4]에서 보이는 바와 같이 모든 측정지표들은 다른 개념들보다 그들이 측정하는 요인에 뚜렷하게 높게 적재되어 있다. [표5]은 평균분산추출 값의 제곱근과 상관관계 값들이다. [표5]에서 보면 모든 개념의 평균분산추출 제곱근 값들이 그 개념과 다른 개념들 간의 상관계수의 값들보다 높다. 즉 판별 타당도가 있음을 알 수 있다. [수정]^

[수정]^

[표5] 평균 분산추출 값을 이용한 판별타당도 분석결과[수정][X]

개념	가격	품질	편의시설 부족	만족도	흥정 가능성	먹거리	지각된 즐거움	재방문 의도
가격	(0.88)							
품질	0.61	(0.93)						
편의시설 부족	-0.52	-0.64	(0.88)					
만족도	0.58	0.6	-0.68	(0.93)				
흥정 가능성	0.56	0.69	-0.74	0.74	(0.84)			
먹거리	0.41	0.37	-0.46	0.64	0.56	(0.9)		
지각된 즐거움	0.55	0.75	-0.67	0.73	0.75	0.43	(0.95)	
재방문 의도	0.53	0.67	-0.65	0.7	0.66	0.44	0.86	(0.97)
평균	4.76	5.60	3.07	5.01	5.08	4.71	5.50	5.46
표준편차	1.13	1.19	1.29	1.26	1.16	1.20	1.26	1.35

( ): 평균분산추출의 제곱근(Square Root of AVE)

[그림 12 - 22]와 [그림 12 - 23]은 가설 검증과 관련한 내용으로 구조방정식 모델링 수행 결과인 구조모형과 가설 검증 내역에 대하여 기술되어 있다. 구조모형을 보여주는 [그림 12 - 22]에는 가설 검증과 관련된 일반적인 내용과 잠재변수들 간의 경로계수와 유의확률 값을 보여주고 있다.

[그림 12 - 22] 구조모형 초기 화면

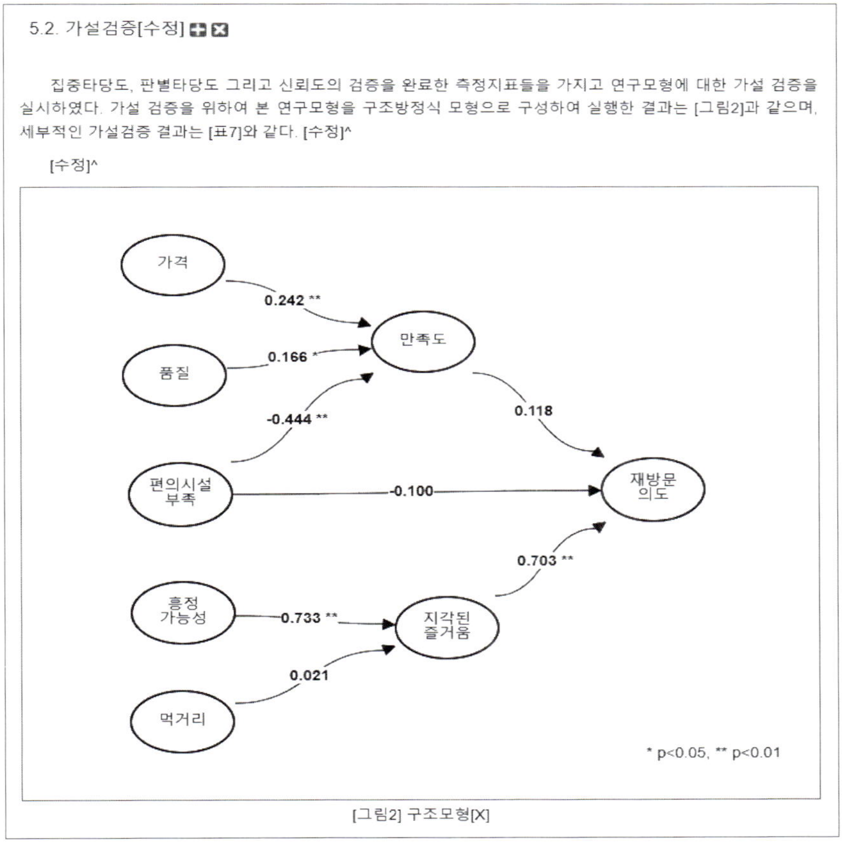
5.2. 가설검증[수정]

집중타당도, 판별타당도 그리고 신뢰도의 검증을 완료한 측정지표들을 가지고 연구모형에 대한 가설 검증을 실시하였다. 가설 검증을 위하여 본 연구모형을 구조방정식 모형으로 구성하여 실행한 결과는 [그림2]과 같으며, 세부적인 가설검증 결과는 [표7]와 같다. [수정]^

[수정]^

[그림2] 구조모형[X]

가설 검증 내역을 보여주는 [그림 12 - 23]에는 가설 검증 결과와 가설 검증 결과표를 보여주고 있다. 연구자는 가설 검증 결과표를 확인하고 가설 검증 결과표 내용을 참조하여 상단의 가설 검증 결과 내용을 확인 후 좀 더 자세하게 재작성할 필요가 있다.

[그림 12 – 23] 가설 검증 내역

가설검증 결과는 [표7]에서 보이는 봐와 같이 H1. "가격은 만족도에 긍정적인(+) 영향을 미친다.", H3. "편의시설 부족은 만족도에 부정적인(-) 영향을 미친다.", H5. "흥정 가능성은 지각된 즐거움에 긍정적인(+) 영향을 미친다.", 그리고 H8. "지각된 즐거움은 재방문 의도에 긍정적인(+) 영향을 미친다.", 는 4개의 가설들은 경로계수들이 0.01 수준에서 유의한 것으로 나타내고(p값 < 0.01)있어 채택되었다. 또한 H2. "품질은 만족도에 긍정적인(+) 영향을 미친다.", 는 가설은 경로계수들이 0.05 수준에서 유의한 것으로 나타내고(p값 < 0.05)있어 역시 채택되었다. 그러나 H4. "편의시설 부족은 재방문 의도에 부정적인(-) 영향을 미친다.", H6. "먹거리는 지각된 즐거움에 긍정적인(+) 영향을 미친다.", H7. "만족도는 재방문 의도에 긍정적인(+) 영향을 미친다.", 는 가설들은 경로계수가 0.05 수준에서 유의하지 않은 것으로 나타나(p값 > 0.05) 기각되었다.[수정]^

한편, 53.9%의 만족도의 변량 (R^2 = 0.539)은 가격, 품질, 편의시설 부족에 의하여 설명되고, 55.5%의 지각된 즐거움의 변량 (R^2 = 0.555)은 흥정 가능성, 먹거리에 의하여 설명되고, 74.8%의 재방문 의도의 변량 (R^2 = 0.748)은 편의시설 부족, 만족도, 지각된 즐거움에 의하여 설명되었다. [수정]^

[수정]^

[표7] 가설검정 결과[수정][X]

가설	부호	경로계수	t값	p값[1)]	결과
H1. 가격 -> 만족도	(+)	0.242	3.468	0.000	채택
H2. 품질 -> 만족도	(+)	0.166	2.233	0.013	채택
H3. 편의시설 부족 -> 만족도	(-)	-0.444	-6.586	0.000	채택
H4. 편의시설 부족 -> 재방문 의도	(-)	-0.100	-1.480	0.070	기각
H5. 흥정 가능성 -> 지각된 즐거움	(+)	0.733	14.096	0.000	채택
H6. 먹거리 -> 지각된 즐거움	(+)	0.021	0.389	0.349	기각
H7. 만족도 -> 재방문 의도	(+)	0.118	1.488	0.069	기각
H8. 지각된 즐거움 -> 재방문 의도	(+)	0.703	9.638	0.000	채택

만족도 R^2 : 0.539

지각된 즐거움 R^2 : 0.555

재방문 의도 R^2 : 0.748

[1)]단측검정

(7) 논의

결과보고서로 생성된 논의의 내용은 [그림 12 – 24]와 같이 분석 결과에 대한 요약과 논의 부분으로 구분된다. 논의는 창의적인 방식으로 주요 결과에 대하여 논의해야하며. 일반적인 논의의 작성 요령은 다음과 같다.

첫째, 가설 결과를 근간으로 한 새로운 발견을 순차적으로 논의하며, 선행연구와 어떠한 차이가 있는지, 차이의 이유는 무엇인지에 관하여 기술한다. 둘째, 기각된 가설에 대하여 기각 이유를 기존의 이론이나 기존 연구를 기반으로 논리적으로 가능한 설명을 한다. 셋째, 논의는 4~5개 정도를 구성하는 것이 바람직하며, 단위는 가설 또는 여러 개의 관련 가설들을 묶어서 작성한다. 마지막으로 논의는 중요도를 고려하여 순서화하여 작성한다.

[그림 12-24] 논의 초기 화면

6. 논의[수정]

본 연구의 가설들에 대한 검증결과 가격, 품질, 편의시설 부족은 만족도에 영향을 주고, 지각된 즐거움은 재방문 의도에 영향을 주고, 그리고 흥정 가능성은 지각된 즐거움에 영향을 주는 것으로 분석되었다. 그러나 편의시설 부족, 만족도는 재방문 의도에 영향이 없고, 또한 먹거리는 지각된 즐거움에 영향이 없는 것으로 나타나 가설들이 기각되었다 [수정]^

창의적인 방식으로 주요 결과에 대해 논의해 보세요. 새로운 발견(가설결과)에 따라 순차적으로 논의하며, 선행연구와 어떠한 차이가 있는지, 차이의 이유는 무엇인지 기술하세요. 또한 기각된 가설에 대하여 이론이나 기존 연구를 기반으로 기각 이유에 대한 가능한 설명을 하세요. 논의는 4-5개 정도를 구성하는 것이 바람직하여, 단위는 가설 또는 여러 개의 관련 가설들을 그룹화하여 기술하세요. [수정]^

본 연구 결과에 대하여 토의할 내용은 다음과 같다. 본 연구 결과에 대하여 토의할 내용은 다음과 같다. [수정]^

첫째, [수정]^

둘째, [수정]^

셋째, [수정]^

마지막으로[수정]^

(8) 결론

결과보고서로 생성된 결론의 내용은 [그림 12-25]와 같이 전반적인 연구에 대한 요약과 [그림 12-26]과 같이 기여도 및 시사점 그리고 연구의 한계 부분으로 구성되어 있다. 연구자는 연구에 대한 전반적인 내용을 함축적으로 기술할 필요가 있으며 연구결과를 근간으로 기여도를 도출한 후 기술해야 한다.

[그림 12-25] 결론 초기 화면

7. 결론 및 시사점[수정]

본 연구는 재래시장 재방문 의도에 관한 실증적 연구를 수행하기 위하여 가격, 품질, 편의시설 부족이 만족도에 영향을 주고, 편의시설 부족, 만족도, 지각된 즐거움이 재방문 의도에 영향을 주고, 그리고 흥정 가능성, 먹거리가 지각된 즐거움에 영향을 주는 것으로 연구모형을 설정하고 구조방정식모델링을 통해 연구모형을 실증적으로 분석하였다. 연구결과 가격, 품질, 편의시설 부족은 만족도에 영향을 주고, 지각된 즐거움은 재방문 의도에 영향을 주고, 그리고 흥정 가능성은 지각된 즐거움에 영향을 주는 것으로 나타났다. 그러나 편의시설 부족, 만족도는 재방문 의도에 영향이 없고, 또한 먹거리는 지각된 즐거움에 영향이 없는 것으로 나타났다. [수정]^

본 연구의 주요 발견 사항(기여도) 3-4가지를 기술해 보세요(기술 후 삭제). [수정]^

[그림 12-26]에서와 같이 연구자는 마지막으로 연구의 이론적 기여도와 실무적인 시사점을 기술한다. 이론적 기여도는 연구가 새로운 연구(분야)를 창출할 수 있는지, 후속연구에서 근간모형으로 사용될 수 있는지, 후속연구에서 기초자료로 활용할 수 있는지를 확인하여 기술한다. 실무적인 시사점은 연구가 실

무분야를 활성화시킬 수 있는지, 관리자에게 전략적 또는 실무자들에게 운영적 시사점을 제공하는지, 정부의 정책 수립을 위한 기초자료로 활용이 가능한지, 또는 교육 자료로 활용할 수 있는지 등을 확인하여 기술한다.

마지막으로 연구의 한계 및 향후 연구방향을 제시한다. 연구결과의 일반화의 필요성, 자료수집의 편향성, 횡단연구의 한계, 연구변수의 미비, 이론적 배경의 미비 등의 일반적으로 제시되는 연구의 한계를 고려하여 기술하고 기술된 연구의 한계를 근간으로 이를 해결할 수 있는 향후 연구방향이나 방법을 제시한다.

[그림 12 – 26] **시사점 및 연구의 한계 초기 화면**

7.1. 시사점[수정]

연구의 기여도를 기반으로 본 연구의 이론적 시사점를 기술해 보세요. [수정]^

본 연구가 새로운 연구(분야)를 창출할 수 있는지, 후속연구에서 근간모형(이론)으로 사용될 수 있는지, 후속연구에서 기초자료로 활용이 가능한지를 확인해 기술해보세요. [수정]^

[수정]^

연구의 기여도를 기반으로 본 연구의 실무적 시사점을 기술하세요. [수정]^

실무분야를 활성화 시킬 수 있는지, 관리자에게 어떠한 전략적/운영적 시사점을 제공하는지, 어떠한 정부의 정책 수립을 위한 기초자료로 활용이 가능한지, 교육자료로 활용이 가능한지를 확인해 기술해보세요.[수정]^

7.2. 연구의 한계[수정]

일반화의 필요성, 자료수집의 편향성, 횡단연구의 한계, 연구변수의 미비, 이론적 배경의 미비 등을 확인해 보세요. [수정]^

본 연구결과가 이론 및 실무자를 위한 의미있는 시사점을 제시하고 있지만 본 연구는 다음과 같은 한계점과 제약사항들이 있다. 첫째, [수정]^

둘째, [수정]^

셋째, [수정]^

마지막으로[수정]^

참고문헌 등록 12.4

참고문헌 등록은 작성된 보고서에 논문에 인용된 참고문헌을 등록하는 작업이다. [보고서 작성 자동화]에서는 구글의 학술검색 기능과 연계하여 기존의 참고문헌관리 시스템들이 지원하는 기능들보다 좀 더 유연하고 편리한 참고문헌 등록기능을 제공한다.

12.4.1 참고문헌 등록

참고문헌 등록은 [편집]을 선택하여 보고서 편집 화면에서 직접 수행한다. [그림 12 – 27]과 같이 편집 화면의 본문에서 인용에 대한 참고문헌이 필요한 부분은 자동적으로 빨간색 글씨로 표시가 된다.

[그림 12 – 27] 보고서 편집 화면

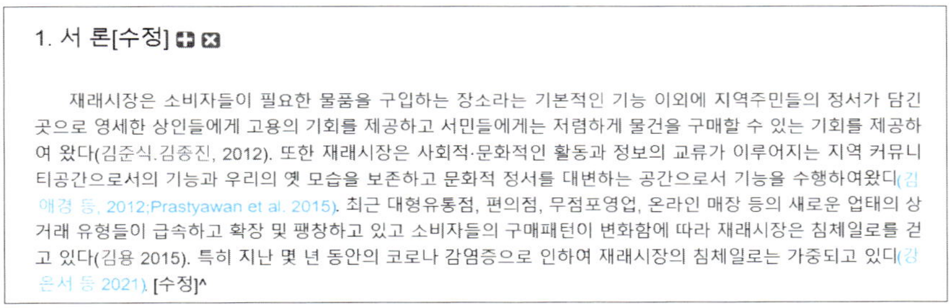
1. 서 론[수정]

재래시장은 소비자들이 필요한 물품을 구입하는 장소라는 기본적인 기능 이외에 지역주민들의 정서가 담긴 곳으로 영세한 상인들에게 고용의 기회를 제공하고 서민들에게는 저렴하게 물건을 구매할 수 있는 기회를 제공하여 왔다(김준식.김종진, 2012). 또한 재래시장은 사회적·문화적인 활동과 정보의 교류가 이루어지는 지역 커뮤니티공간으로서의 기능과 우리의 옛 모습을 보존하고 문화적 정서를 대변하는 공간으로서 기능을 수행하여왔다(김애경 등, 2012;Prastyawan et al. 2015). 최근 대형유통점, 편의점, 무점포영업, 온라인 매장 등의 새로운 업태의 상거래 유형들이 급속하고 확장 및 팽창하고 있고 소비자들의 구매패턴이 변화함에 따라 재래시장은 침체일로를 걷고 있다(김용 2015). 특히 지난 몇 년 동안의 코로나 감염증으로 인하여 재래시장의 침체일로는 가중되고 있다(강은서 등 2021). [수정]^

상기와 같은 본문 화면에서 참고문헌 등록은 등록을 원하는 빨간색의 참고문헌 인용 부분을 선택한다. 선택을 하면 [그림 12 – 28]과 같이 참고문헌 등록을 위한 화면이 나타난다.

[그림 12 – 28]에서 연구자가 직접적으로 참고문헌을 APA 형식으로 등록을 하여도 되지만 파란색의 저자명을 선택하여 구글 학술검색 사이트로 연결되어 참고문헌을 복사한 후 붙여넣기를 수행하는 것이 바람직하다. [그림 12 – 29]와 같이 구글 학술검색 바로가기를 선택하면 저자명칭 및 연도가 구글의 학술검색 사이트로 전달되어 아래와 같이 참고문헌 목록을 볼 수가 있다.

[그림 12-28] **참고문헌 등록 화면**

[그림 12-29] **구글 학술검색 선택 및 복사**

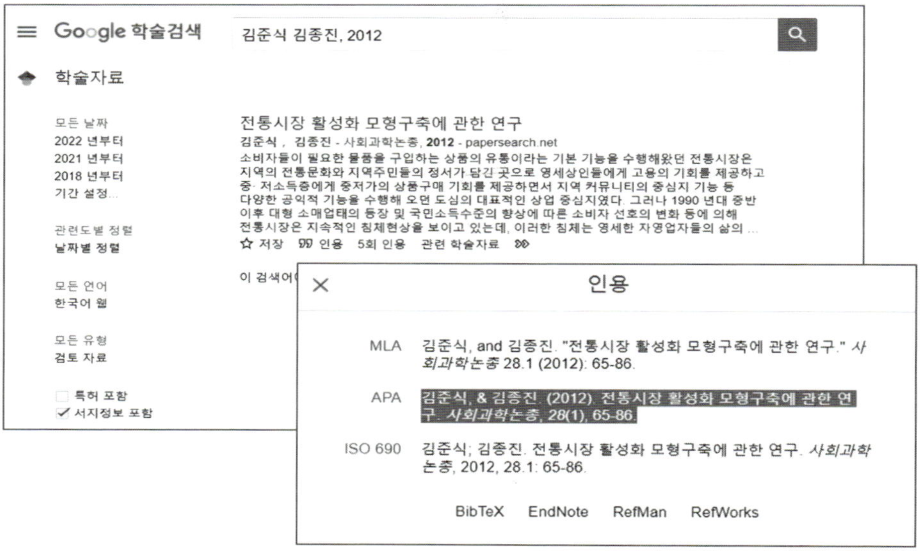

구글 학술검색의 참고문헌 목록 하단의 인용(❞) 선택한 후 APA 형식의 참고문헌 정보를 복사한다. 최종적으로 복사된 참고문헌 자료를 [그림 12-30]의 참고문헌 등록 화면에 붙여넣기한 후 확인 버튼을 누르면 등록된 참고문헌이 본문 중에서 파란색으로 변경되고 결과보고서 마지막 부분에 참고문헌이 추가 등록된다.

[그림 12 - 30] 수정된 참고문헌

1. 서 론[수정]

재래시장은 소비자들이 필요한 물품을 구입하는 장소라는 기본적인 기능 이외에 지역주민들의 정서가 담긴 곳으로 영세한 상인들에게 고용의 기회를 제공하고 서민들에게는 저렴하게 물건을 구매할 수 있는 기회를 제공하여 왔다(김준식·김종진 2012). 또한 재래시장은 사회적·문화적인 활동과 정보의 교류가 이루어지는 지역 커뮤니티 공간으로서의 기능과 우리의 옛 모습을 보존하고 문화적 정서를 대변하는 공간으로서 기능을 수행하여왔다(김애경 등, 2012;Prastyawan et al. 2015). 최근 대형유통점, 편의점, 무점포영업, 온라인 매장 등의 새로운 업태의 상거래 유형들이 급속하고 확장 및 팽창하고 있고 소비자들의 구매패턴이 변화함에 따라 재래시장은 침체일로를 걷고 있다(김용 2015). 특히 지난 몇 년 동안의 코로나 감염증으로 인하여 재래시장의 침체일로는 가중되고 있다(강은서 등 2021). [수정]^

12.5 결과보고서 검토 및 완료

결과보고서 검토 및 완료는 완성된 보고서를 검토하고 출판을 준비하는 것으로 [결과보고서 현황] 화면에서 중앙의 보고서 제목을 선택하여 수행할 수 있다. 중앙의 제목을 선택하면 [그림 12 - 31]과 같은 검토를 위한 결과보고서가 중앙에 나타나며, 연구자는 결과보고서를 살펴보면서 검토를 수행할 수 있다. 필요에 따라 하단의 [출력하기]를 선택하여 종이나 PDF로 출력하여 검토를 할 수 있다.

결과보고서에 대한 검토가 완료되면 [파일받기]를 선택하여 워드(word)에서 최종적으로 검토 및 세밀한 수정작업을 수행하고 출판을 준비한다.

[그림 12-31] 결과보고서

재래시장 재방문의도에 관한 실증적 연구

국문요약

본 연구의 목적은 재래시장 재방문의도에 관한 실증적 연구를 수행하는 것이다. 이를 위해 본 연구에서는 가격, 품질, 편의시설 부족이 만족도에 영향을 주고, 편의시설 부족, 만족도, 지각된 즐거움이 재방문 의도에 영향을 주고, 그리고 흥정 가능성, 먹거리가 지각된 즐거움에 영향을 주는 것으로 연구모형을 구성하였다. 총 210부의 유효한 자료가 설문조사를 통하여 수집되었고, 이를 구조방정식모델링을 이용한 확인적 요인분석과 경로분석을 실시하여 연구모형을 실증적으로 분석하였다.

연구결과 가격, 품질, 편의시설 부족은 만족도에 영향을 주고, 지각된 즐거움은 재방문 의도에 영향을 주고, 그리고 흥정 가능성은 지각된 즐거움에 영향을 주는 것으로 나타났다. 그러나 편의시설 부족, 만족도는 재방문 의도에 영향이 없고, 또한 먹거리는 지각된 즐거움에 영향이 없는 것으로 나타났다. 본 연구에서는 분석결과들을 바탕으로 재래시장 재방문의도에 관한 실증적 연구 위한 실천적 방안을 제시하였다.

주제어

재래시장, 재방문의도, 흥정, 즐거움

출력하기 파일받기

닫기

참고문헌

1. 김계수. (2006). 인과분석 연구방법론. 청람.
2. 김장현, 심경환, & 이철성. (2014). PLS 구조모델의 이해, 피앤씨미디어.
3. 김형순. (2003). 논문 10%만 고쳐써라! 야스미디어.
4. 김흥회. (2011). 21 세기를 규정하는 사회과학이론의 주요 개념들 (Key Words). 한국균형발전연구, 2(3), 99-115.
5. 남기성. (2004). 사회과학에서 통계분석 방법의 선택에 관한 연구. Journal of the Korean Data Analysis Society, 6(5), 1255-1265.
6. 민태선. (2011). How to Make R&D Proposal? (연구계획서 작성법). https://www.koreascience.or.kr/article/CFKO201125752349718.pdf
7. 박범조. (2007). EXCEL 을 이용한 현대통계학 이론과 활용. 시그마프레스 (주), 371-375.
8. 배병렬. (2005). LISREL 구조방정식모델: 이해와 활용. 서울: 도서출판 청람, 209.
9. 백순근. (2004). 교육연구 및 통계분석. 서울: 교육 과학사.
10. 서울대학교 기초교육원. (2018). 서울대 기초교육원 글쓰기 관악인. http://writer.snu.ac.kr/index.php?hCode=INVESTIGATE_02_02_01_02
11. 신우종. (2015). 체계적 고찰과 메타분석의 개요. Hanyang Medical Reviews, 35(1).
12. 오일환. (2001). 사회과학 오디세이. 을유문화사.
13. 윤철호. (2015) 클라우드 사회과학연구 자동화 사용자 매뉴얼 Version 1.0, http://ssra.or.kr/ssra_manual.pdf
14. 윤철호, & 김상훈. (2014). R 을 이용한 PLS 구조방정식모형 분석 튜토리얼: 예시 연구모형 및 데이터를 중심으로. Information Systems Review, 16(3), 89-112.
15. 윤철호, & 최광돈. (2015). R 을 이용한 공분산 기반 구조방정식 모델링 튜토리얼: Lavaan 패키지를 중심으로. Journal of Digital Convergence, 13(10), 121-133.
16. 윤철호, & 최광돈. (2016). 구조방정식모형에서의 R 을 이용한 부트스트랩 기반의 이중매개효과 분석 방안에 대한 연구. Journal of Digital Convergence, 14(9), 111-121.
17. 윤철호, 김창규, 김상훈, & 박일규. (2014). 사회적 자본, 지식 품질 그리고 온라인 브랜드 커뮤니티의 성공. 한국 IT 서비스학회지, 13, 183-200.
18. 윤철호. (2015). 클라우드 기반의 사회과학연구 자동화 시스템 개발에 관한 연구. Information Systems Review, 17(1), 217-238.
19. 윤철호. (2017). PLS 경로분석모형에서의 R 을 이용한 다중그룹 분석 방안에 대한 연구. 경영과학, 34(4), 1-13.

20. 윤철호. (2019). R을 이용한 통계분석. 비앤엠북스.

21. 윤철호. (2021). 빅데이터 분석과 R활용. 생능출판사.

22. 이동엽. (2012). 심리학적 도구 '5 요인 성격 특성'에 의한 소셜 게임 연구:〈심즈 소셜〉 게임의 분석사례를 중심으로. 만화애니메이션 연구, 129-149.

23. 이형석. (2014). 통계분석방법, 서울: 한경사.

24. 정승혜. (2017). 국내 광고학 분야의 사례 연구 방법론에 대한 고찰: 1990 년~ 2016 년 연구 논문을 중심으로. 광고연구, (112), 107-133.

25. 채서일, 김선철, & 최수호. (2002). SPSS WIN 을 이용한 통계분석. 서울: 학현사.

26. 채서일. (1997). 사회과학조사방법론, 제 2 판, 서울: 학현사. Review of Theory and Research in the 1990s, Journal of Management, 25(3), 293-315.

27. 채서일. (2010). 사회과학조사방법론. 비앤엠북스.

28. 한희선. (2009). SPSS를 활용한 사회조사분석, 이담북스.

29. Adams, J. S. (1963). Towards an understanding of inequity. The Journal of Abnormal and Social Psychology, 67(5), 422-436.

30. Ahn, E., & Kang, H. (2018). Introduction to systematic review and meta-analysis. Korean journal of anesthesiology, 71(2), 103.

31. Ajzen, I. (1991). The theory of planned behavior. Organizational behavior and human decision processes, 50(2), 179-211.

32. Anderson, J. C., & Gerbing, D. W. (1988). Structural equation modeling in practice: A review and recommended two-step approach. Psychological bulletin, 103(3), 411.

33. Bagozzi, R. P., & Yi, Y. (1988). On the evaluation of structural equation models. Journal of the academy of marketing science, 16(1), 74-94.

34. Bandura, A. (1986). Social foundations of thought and action: A social cognitive theory. Englewood Cliffs, NJ: Prentice Hall.

35. Bandura, A. (1997). Self-efficacy: The exercise of control. New York: Freeman.

36. Baron, R. M., & Kenny, D. A. (1986). The moderator-mediator variable distinction in social psychological research: Conceptual, strategic, and statistical considerations. Journal of personality and social psychology, 51(6), 1173.

37. Blau, P. M. (1964). 1964 Exchange and power in social life. New York: Wiley.

38. Chin, W. W. (2000). Frequently Asked Questions . Partial Least Squares & PLS-Graph. Available from: http://disc-nt.cba.uh.edu/chin/plsfaq.htm

39. Chin, W. W. (1998). Commentary: Issues and opinion on structural equation modeling. MIS quarterly, vii-xvi.

40. Chin, W. W. (1998). The partial least squares approach to structural equation modeling. Modern methods for business research, 295(2), 295-336.

41. Chin, W. W. (2003). A Permutation Based Procedure for Multi-Group Comparison of PLS Models, in: Vilares Tenenhaus Coelho, Vinzi, Morineau (eds.) PLS and Related Methods. Proceedings of the PLS'03 International Symposium Lisbon, 33-43.

42. Chin, W. W., & Dibbern, J. (2010). An introduction to a permutation based procedure for multi-group PLS analysis: Results of tests of differences on simulated data and a cross cultural analysis of the sourcing of information system services between Germany and the USA. Handbook of partial least squares, 171-193.

43. Chin, W. W., & Todd, P. A. (1995). On the use, usefulness, and ease of use of structural equation modeling in MIS research: A note of caution. MIS quarterly, 237-246.

44. Chiu. (2008). How to Write Research Papers. Department of Information Management National Central University

45. Clemmer, E. C., & Schneider, B. (1996). Fair service. Advances in services marketing and management, 5, 109-126.

46. Davis, F. D. (1989). Perceived usefulness, perceived ease of use, and user acceptance of information technology. MIS quarterly, 319-340.

47. Davis, F. D. (1986). A Technology Acceptance Model for Empirically Testing New End-User Information Systems: Theory and Results, Doctoral dissertation, Sloan School of Management, Massachusetts Institute of Technology.

48. Davis, F. D., Bagozzi, R. P., & Warshaw, P. R. (1989). User acceptance of computer technology: A comparison of two theoretical models. Management science, 35(8), 982-1003.

49. De Groot, J. I., & Steg, L. (2009). Morality and prosocial behavior: The role of awareness, responsibility, and norms in the norm activation model. The Journal of social psychology, 149(4), 425-449.

50. Deci, E. L., & Ryan, R. M. (1985). The general causality orientations scale: Self-determination in personality. Journal of research in personality, 19(2), 109-134.

51. DeLone, W. H., & McLean, E. R. (1992). Information systems success: The quest for the dependent variable. Information systems research, 3(1), 60-95.

52. DeLone, W. H., & McLean, E. R. (2003). The DeLone and McLean model of information systems success: a ten-year update. Journal of management information systems, 19(4), 9-30.

53. Diamantopoulos, A., & Siguaw, J. A. (2006). Formative versus reflective indicators in organizational measure development: A comparison and empirical illustration. British journal of management, 17(4), 263-282.

54. Efron, B., & Tibshirani, R. J. (1994). An introduction to the bootstrap. CRC press.

55. Fishbein, M., & Ajzen, I. (1975). Belief. Attitude, Intention and Behavior: An Introduction to Theory and Research, 578.

56. Floyd, D. L., Prentice-Dunn, S., & Rogers, R. W. (2000). A meta-analysis of research on protection motivation theory. Journal of applied social psychology, 30(2), 407-429.

57. Fornell, C., & Larcker, D. F. (1981). Evaluating structural equation models with unobservable variables and measurement error. Journal of marketing research, 18(1), 39-50.

58. Gefen, D., & Straub, D. (2005). A practical guide to factorial validity using PLS-Graph: Tutorial and annotated example. Communications of the Association for Information systems, 16(1), 5.

59. Gefen, D., Rigdon, E., & Straub, D. (2011). An update and extension to SEM guidelines for administrative and social science research. Editorial comment. Mis Quarterly, 35(2), 1-7.

60. Gefen, D., Straub, D., & Boudreau, M. C. (2000). Structural equation modeling and regression: Guidelines for research practice. Communications of the association for information systems, 4(1), 7.

61. Hair Jr, J. F., Hult, G. T. M., Ringle, C. M., & Sarstedt, M. (2016). A primer on partial least squares structural equation modeling (PLS-SEM). Sage publications.

62. Hair, J. F., Sarstedt, M., Ringle, C. M., & Mena, J. A. (2012). An assessment of the use of partial least squares structural equation modeling in marketing research. Journal of the academy of marketing science, 40(3), 414-433.

63. Henseler, J. (2007). A new and simple approach to multi-group analysis in partial least squares path modeling. In: H. Martens, T. Næs & M. Martens (Eds), PLS'07 international symposium on PLS and related methods ? causalities explored by indirect observation (pp. 104?107). Norway: Matforsk, A° s.

64. Henseler, J., & Sarstedt, M. (2013). Goodness-of-fit indices for partial least squares path modeling. Computational statistics, 28(2), 565-580.

65. Henseler, J., Ringle, C. M., & Sarstedt, M. (2015). A new criterion for assessing discriminant validity in variance-based structural equation modeling. Journal of the academy of marketing science, 43(1), 115-135.

66. Henseler, J., Ringle, C. M., & Sinkovics, R. R. (2009). The use of partial least squares path modeling in international marketing. In New challenges to international marketing. Emerald Group Publishing Limited.

67. Hofstede, G. (2001). Culture's consequences: Comparing values, behaviors, institutions and organizations across nations. Sage publications.

68. Hofstede, G. (2022). The Hofstede Center. Retrieved from www.geert-hofstede.com

69. Hu, L. T., & Bentler, P. M. (1999). Cutoff criteria for fit indexes in covariance structure analysis: Conventional criteria versus new alternatives. Structural equation modeling: a multidisciplinary journal, 6(1), 1-55.

70. Jager, N. W., Newig, J., Challies, E., Kochskämper, E., & von Wehrden, H. (2022). Case study meta–analysis in the social sciences. Insights on data quality and reliability from a large–N case survey. Research Synthesis Methods, 13(1), 12-27.

71. Joreskog, K. (1973). A general method for estimating a linear structural equation system In Goldberger AS, & Duncan OD (Eds.), Structural equation models in the social sciences. New York, NY: Seminar Press.[Google Scholar].

72. Jöreskog, K. G., & Sörbom, D. (1989). LISREL 7: A guide to the program and applications. Spss.

73. Judd, C. M., & Kenny, D. A. (1981). Process analysis: Estimating mediation in treatment evaluations. Evaluation review, 5(5), 602-619.

74. Katz, E., & Blumler, J. G. (1974). The uses of mass communications: Current perspectives on gratifications research.

75. Keil, M., Tan, B. C., Wei, K. K., Saarinen, T., Tuunainen, V., & Wassenaar, A. (2000). A cross-cultural study on escalation of commitment behavior in software projects. MIS quarterly, 299-325.

76. MacKenzie, S. B., Podsakoff, P. M., & Jarvis, C. B. (2005). The problem of measurement model misspecification in behavioral and organizational research and some recommended solutions. Journal of applied psychology, 90(4), 710.

77. Moon, B. (1995). Paradigms in migration research: exploring'moorings' as a schema. Progress in human geography, 19(4), 504-524.

78. Nachmias, D., & Nachmias, C. (1976). Research methods in the social sciences.

79. Nahapiet, J., & Ghoshal, S. (1998). Social capital, intellectual capital, and the organizational advantage. Academy of management review, 23(2), 242-266.

80. Nunally, J. C., & Bernstein, I. H. (1994). Psychonometric theory.

81. Nunnally, J. C. (1994). Psychometric theory 3E. Tata McGraw-hill education.

82. Oliver, R. L. (1980). A cognitive model of the antecedents and consequences of satisfaction decisions. Journal of marketing research, 17(4), 460-469.

83. Organ, D. W. (1988). Organizational citizenship behavior: The good soldier syndrome. Lexington books/DC heath and com

84. Parasuraman, A., Berry, L., & Zeithaml, V. (2002). Refinement and reassessment of the SERVQUAL scale. Journal of retailing, 67(4), 114.

85. Parasuraman, A., Zeithaml, V. A., & Berry, L. L. (1985). A conceptual model of service quality and its implications for future research. Journal of marketing, 49(4), 41-50.

86. Pitt, L. F., Watson, R. T., & Kavan, C. B. (1995). Service quality: a measure of information systems effectiveness. MIS quarterly, 173-187.

87. Ringle, C. M., Sarstedt, M., & Straub, D. W. (2012). Editor's comments: a critical look at the use of PLS-SEM in" MIS Quarterly". MIS quarterly, iii-xiv.

88. Rogers, E. M. (1962). Diffusion of innovations. New York, NY: Free Press of Glencoe.

89. Rogers, R. W. (1975). A protection motivation theory of fear appeals and attitude change. The Journal of Psychology, 91, 93-114.

90. Rosenstock, I. M. (1974). Historical origins of the health belief model. Health education monographs, 2(4), 328-335.

91. Sarstedt, M., Henseler, J., & Ringle, C. M. (2011). Multigroup analysis in partial least squares (PLS) path modeling: Alternative methods and empirical results. In Measurement and research methods in international marketing (pp. 195-218). Emerald Group Publishing Limited.

92. Schwartz, S. H. (1977). Normative influences on altruism. In Advances in experimental social psychology (Vol. 10, pp. 221-279). Academic Press.

93. Schwarzer, R., & Fuchs, R. (1996). Self-efficacy and health behaviours. Predicting health behavior: Research and practice with social cognition models, 163(196), 9781315800820-10.

94. Sheth, J. N., Newman, B. I., & Gross, B. L. (1991). Why we buy what we buy: A theory of consumption values. Journal of business research, 22(2), 159-170.

95. Sobel, M. E. (1982). Asymptotic confidence intervals for indirect effects in structural equation models. Sociological methodology, 13, 290-312.

96. Song, J., Kim, M., & Bhattacherjee, A. (2014). Social Science Research: Principles, Methods, and Practices [In Korean], KOCW Open Access Textbook

97. Stahl, B. C., Timmermans, J., & Flick, C. (2017). "Ethics of Emerging Information and Communication Technologies On the implementation of responsible research and innovation". Science and Public Policy, 44(3), 369-381.

98. Steiger, J. H. (1990). Structural model evaluation and modification: An interval estimation approach. Multivariate behavioral research, 25(2), 173-180.

99. Tenenhaus. (2005). PLS path modeling. Computational statistics & data analysis, 48(1), 159-205.

100. van Ravenstein, T. (1989). Optimal spacing of points on a circle. Fibonacci Quart, 27(1), 18-24.

101. Whetten, D. A. (1989). What constitutes a theoretical contribution?. Academy of management review, 14(4), 490-495.

102. Wikipedia. (2021). 논문. https://ko.wikipedia.org/wiki/%EB%85%BC%EB%AC%B8

103. Wilson, E. O. (1999). "The natural sciences". Consilience: The Unity of Knowledge (Reprint ed.). New York, New York: Vintage, 49-71. ISBN 978-0-679-76867-8.

104. Wold, H. (1975). Path models with latent variables: The NIPALS approach. In Quantitative sociology (pp. 307-357). Academic Press.

105. Wold, H. (1982). Soft modeling: the basic design and some extensions. Systems under indirect observation, 2, 343.

106. Yin, R. K. (2003). Case study research design and methods third edition. Applied social research methods series, 5.

107. Yin, R. K. (2003). Designing case studies. Qualitative Research Methods, 5, 359-386.

108. Yoon, C. (2009). The effects of national culture values on consumer acceptance of e-commerce: Online shoppers in China. Information & Management, 46(5), 294-301.

109. Yoon, C. (2009). The effects of organizational citizenship behaviors on ERP system success. Computers in Human Behavior, 25(2), 421-428.

110. Yoon, C. (2018). Extending the TAM for Green IT: A normative perspective. Computers in Human Behavior, 83, 129-139.

111. Yoon, C. H., & Lim, D. S. (2018). The effect of the big five and the MBTI on impulsive and compulsive buying behaviors: an integrated analysis in online shopping. Journal of International Trade & Commerce, 14(3), 101-117.

112. Yoon, C., & Kim, H. (2013). Understanding computer security behavioral intention in the workplace: An empirical study of Korean firms. Information Technology & People, 26(4), 401-419

113. Yoon, C., & Lim, D. (2020). An empirical study on factors affecting customers' acceptance of internet-only banks in Korea. Cogent Business & Management, 7(1), 179-259.

114. Yoon, C., & Rolland, E. (2012). Knowledge-sharing in virtual communities: familiarity, anonymity and self-determination theory. Behaviour & Information Technology, 31(11), 1133-1143.

115. Yoon, C., & Wang, Z. W. (2011). The role of citizenship behaviors and social capital in virtual communities. Journal of Computer Information Systems, 52(1), 106-115.

116. Yoon, C., Lim, D., & Park, C. (2020). Factors affecting adoption of smart farms: The case of Korea. Computers in Human Behavior, 108, 106309.

찾아보기

ㅊ

ㅋ

ㅌ

ㅍ

ㅎ

기타

저자소개

윤철호 (carlyoon@mokpo.ac.kr)

현재 국립목포대학교 경영학과 교수로 재직 중이며, R 프로그램을 근간으로 개발한 클라우드 사회과학연구 자동화(social science research automation, SSRA)* 사이트를 운영하고 있다. Information & Management, Journal of Computer Information Systems, Journal of Business Ethics, Electronic Commerce Research and Applications, Computers in Human Behavior, Behaviour & Information Technology, Journal of Organizational Computing and Electronic Commerce, Journal of Information Systems Education, Information Technology & People, Information Technology and Management 등 수십여 편의 국제 저명학술지와 경영학연구, Asia Pacific Journal of Information Systems, 한국경영과학회지, 경영과학, Information Systems Reviews 등의 국내학술지에 다수의 논문을 게재한 바 있으며, Concepts in Computer & Management(한경사), SAP ERP를 중심으로 한 ERP개론(생능출판사), R을 이용한 통계분석(비엔엠북스), 빅데이터분석과 R 활용(생능출판사) 등의 저서가 있다.

* 클라우드 사회과학연구 자동화: 온라인 설문조사, 통계분석, 보고서 작성 등 클라우드 기반의 사회과학연구를 위한 통합도구, 일반통계, 위계적 회귀분석, 구조방정식 모델링, 계층과정분석(AHP), 데이터 분석 및 그래프 작성, 자료포락분석(DEA), 다층모형분석(HLM), 데이터마이닝, 텍스트마이닝, 소셜네트워크 분석 등 다양한 통계 및 데이터 분석 기능들을 통합적으로 지원하는 세계 유일 GUI(그래픽 유저 인터페이스) 방식의 분석 플랫폼(www.ssra.or.kr)

클라우드 사회과학연구 자동화를 이용한

사회과학 논문 작성하기

초판 발행 2022년 6월 10일

지은이 윤철호
펴낸이 김중용
편 집 심성보
펴낸곳 도서출판 정독
경기도 고양시 일산서구 하이파크로 113, 102-204
등록 제406-2014-000093호

전 화 031) 924-7203 팩 스 02)718 - 8554
홈페이지 www.jeongdok.co.kr 이메일 admin@jeongdok.co.kr
ISBN 979 - 11 - 6858 - 060 - 2 93320

정 가 23,000원